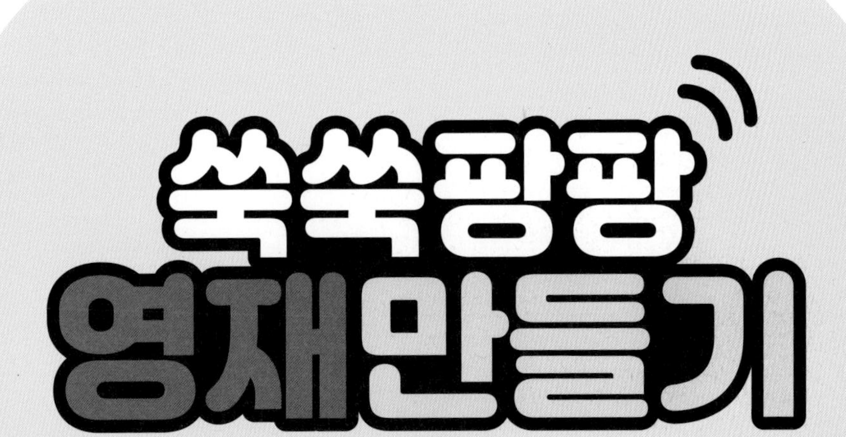

Step 2. 파워포인트 2021

Step 2. 파워포인트 2021

초판 1쇄 발행일 2025년 1월 15일
지 은 이 이미경
발 행 인 유정환
제작총괄 신효순
기획편집 오은라이프사이언스 R&D 팀
마 케 팅 신효순
발 행 처 오은라이프사이언스(주)
등 록 2021년 9월 23일(제 2022-000340호)
주 소 서울특별시 강남구 선릉로 660, 207호(삼성동, 브라운스톤레전드)
전 화 (070)4354-0203

ISBN 979-11-92255-41-5 13000

- 잘못된 책은 구입하신 서점에서 교환해 드립니다. 책값은 뒤표지에 표시되어 있습니다.
- 이 책에 대한 의견이나 잘못된 내용에 대한 수정 정보는 아래 도서카페로 문의주십시오.
  café.naver.com/oeunlife

참 잘 했어요.~~

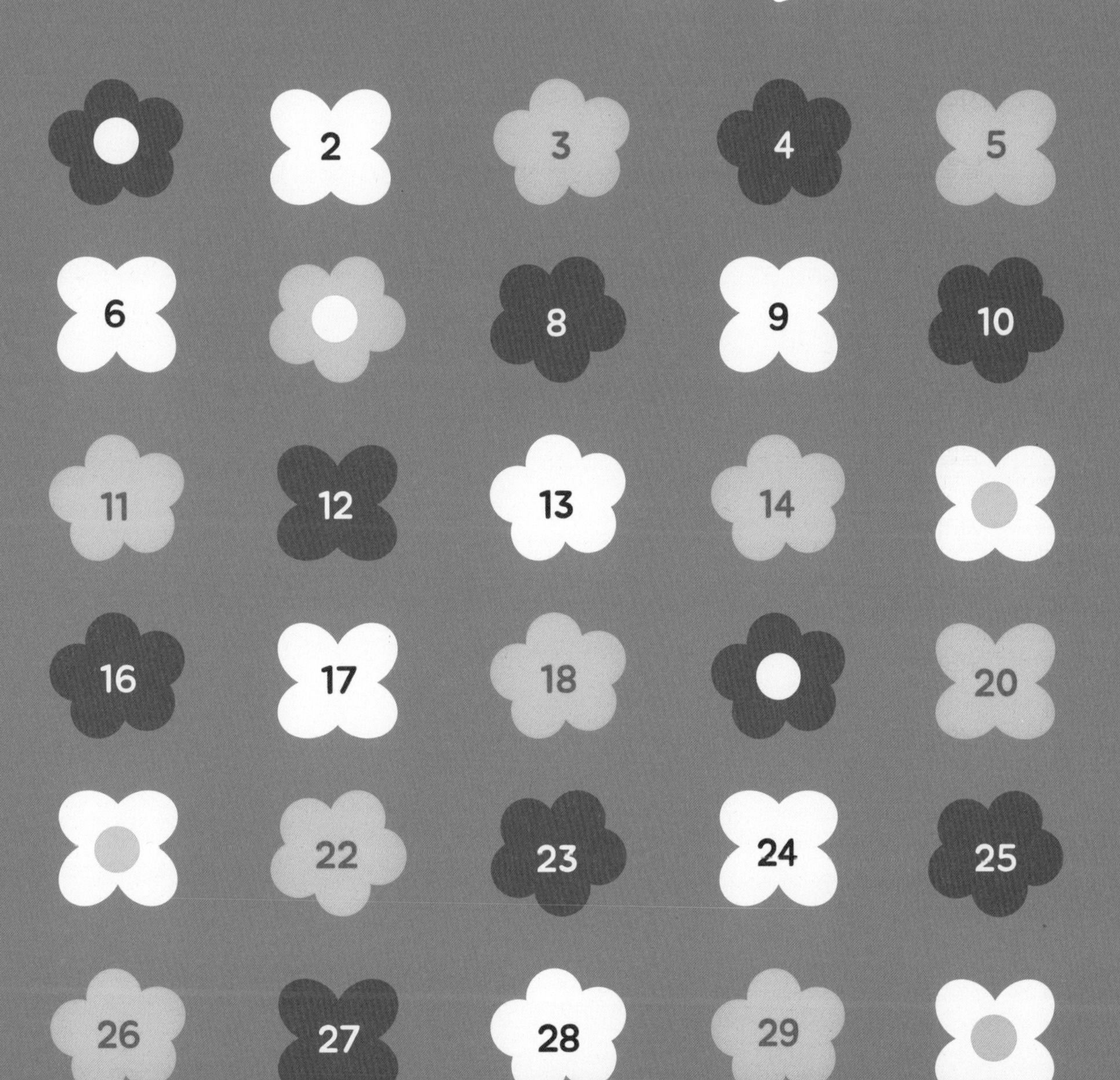

단계	나는야 타자왕								
1단계	자리연습								
	낱말연습								
2단계	자리연습								
	낱말연습								
3단계	자리연습								
	낱말연습								
4단계	자리연습								
	낱말연습								
5단계	자리연습								
	낱말연습								
6단계	자리연습								
	낱말연습								
7단계	자리연습								
	낱말연습								
8단계	자리연습								
	낱말연습								
짧은글 연습									

목차 Contents

1 파워포인트와 인사하기

파워포인트는 그림과 글을 포함한 슬라이드를 만들어 내용을 쉽게 전달할 수 있도록 돕는 도구입니다. 지금부터 파워포인트를 시작해 어떻게 사용하는지 알아볼까요.

작품 완성

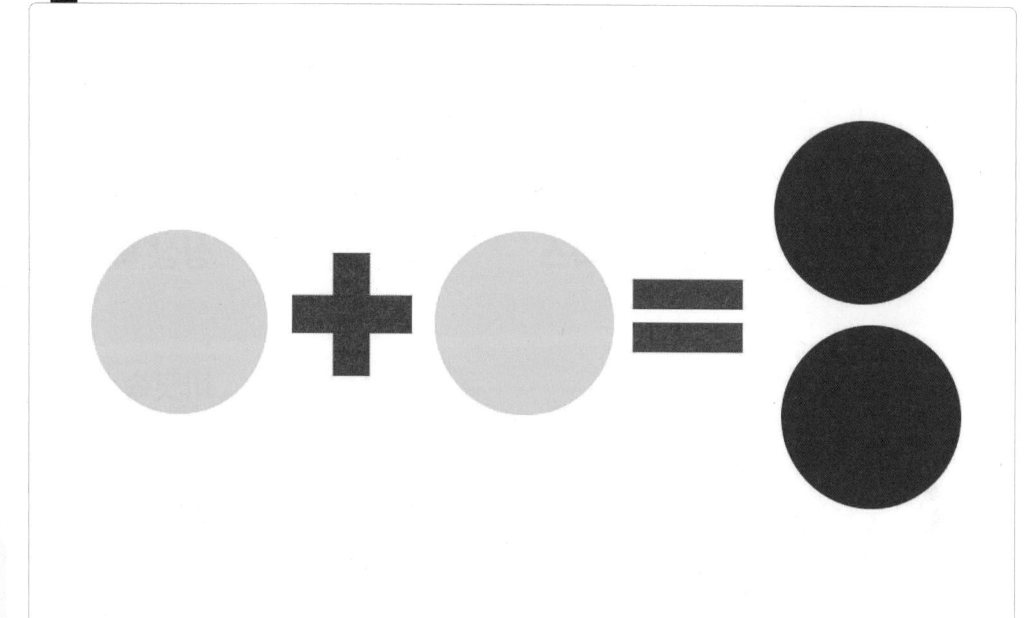

준비 파일 : 없음
완성 파일 : 1_완성.pptx

문장 연습

다음 문장을 소리 내어 읽어본 후 입력해 보세요.

나는 학교에 가요.

학교에는 친구들이 있어요. 우리는 같이 놀고 공부해요.

선생님은 친절하고, 수업이 재미있어요.

점심시간에는 맛있는 밥을 먹어요.

오후에는 운동장에서 뛰어놀아요. 오늘 하루도 즐거웠어요

※ 여러 그림 중 다른 그림을 하나를 찾아 ○표 해 보세요.

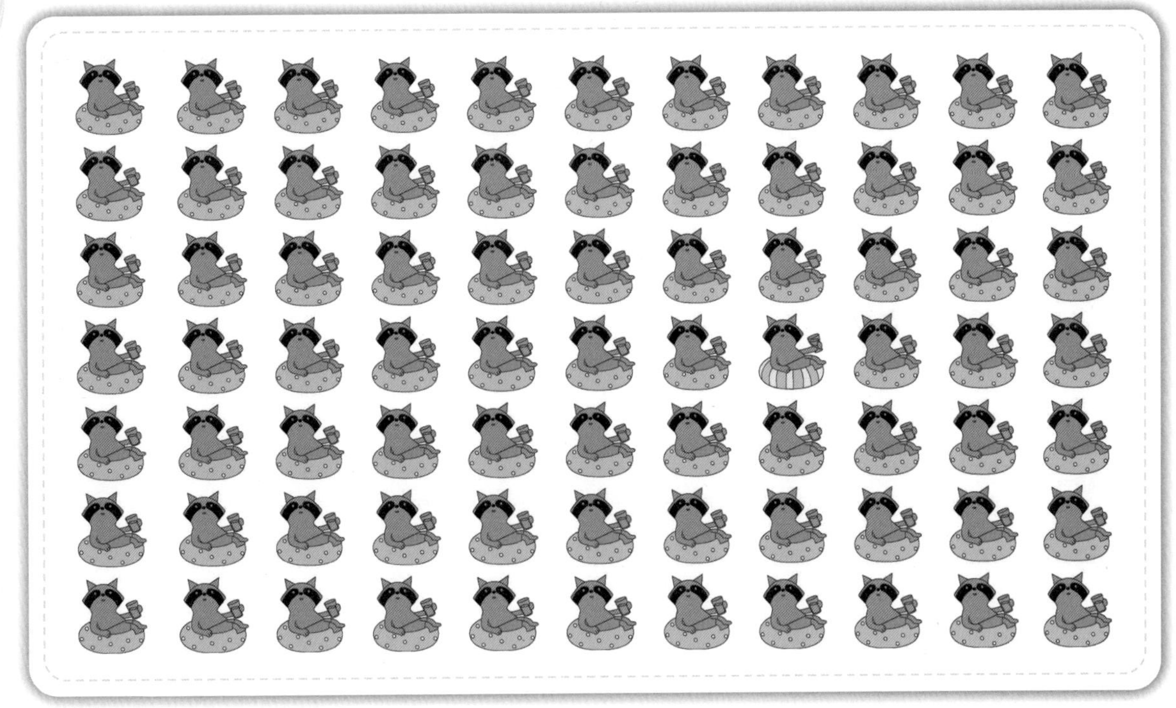

01 파워포인트(Power Point) 실행하기

1 파워포인트를 실행하려면 [시작(■)] 버튼을 클릭한 다음 [모든 앱]의 [PowerPoint]를 클릭합니다.

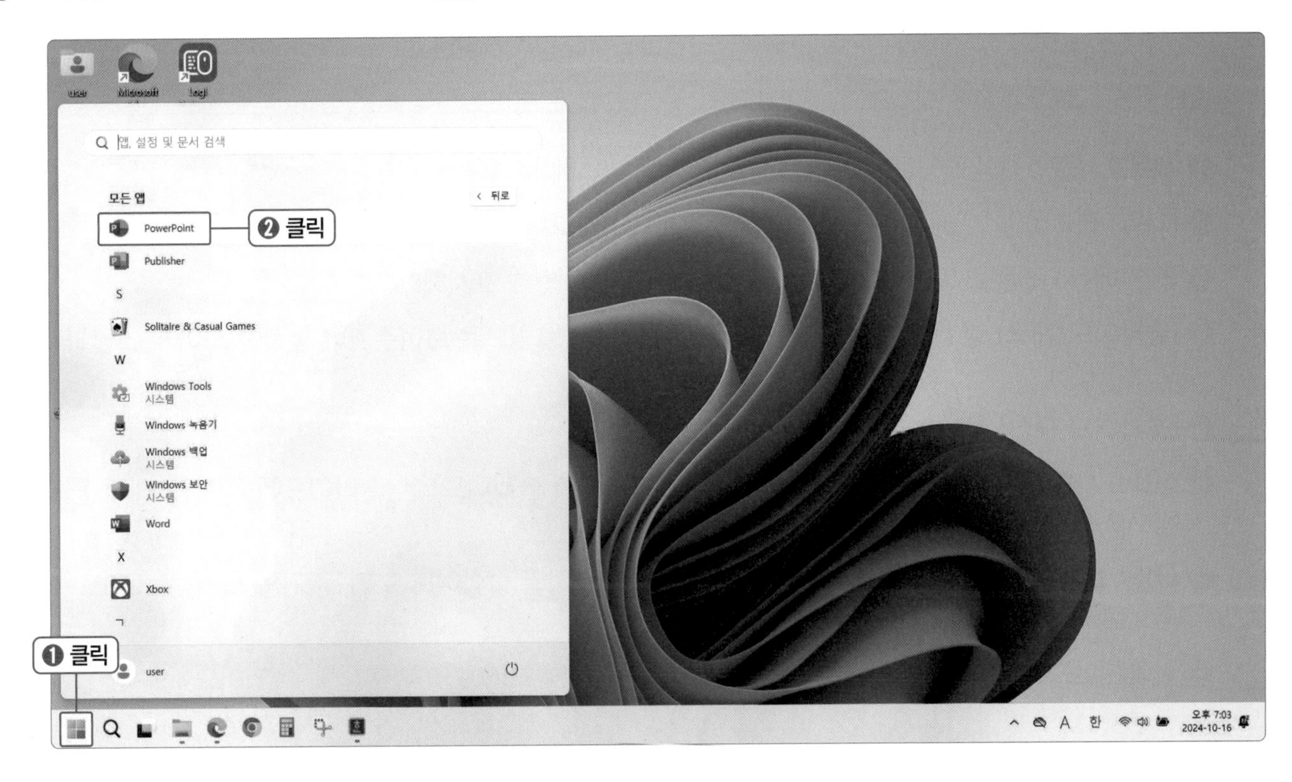

2 파워포인트가 실행되면 [새로 만들기]에서 [새 프레젠테이션]을 선택합니다. 이렇게 하면 슬라이드를 편집할 수 있는 화면이 나타납니다.

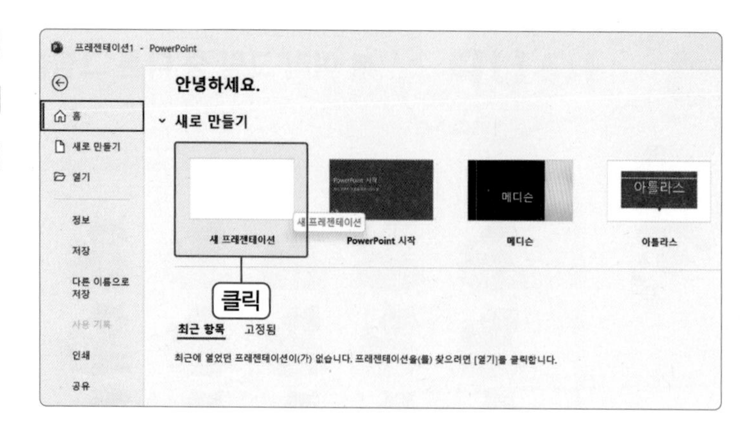

파워포인트의 화면 구성

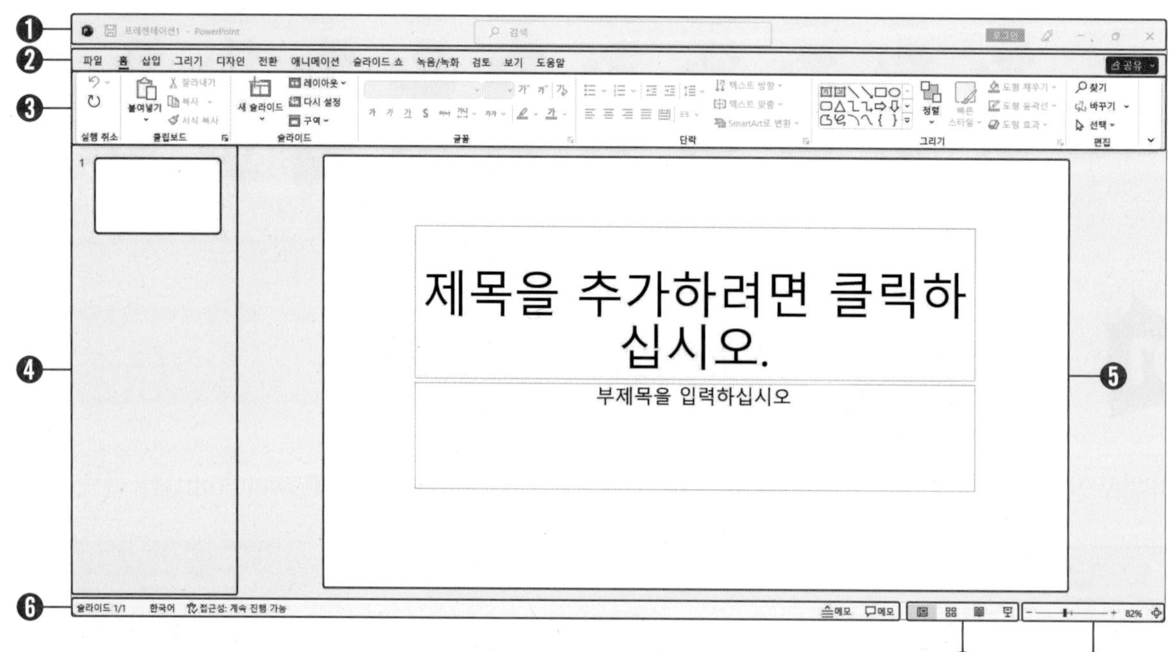

❶ **제목표시줄 :** 지금 작업하고 있는 파일의 이름이 화면에 보여요.

❷ **[파일] 탭 :** 삽입, 그리기, 디자인, 전환, 애니메이션 등 기본 메뉴들로 구성되어 있어요.

❸ **리본 메뉴 :** 명령을 아이콘으로 만들어 쉽게 선택할 수 있게 표시해요.

❹ **[슬라이드/개요] 창 :** 파일 안에 있는 슬라이드를 작은 그림으로 보여주거나 글자만 모아서 간단하게 보여줘요.

❺ **[슬라이드 편집] 창 :** 슬라이드를 편집하는 공간이에요.

❻ **상태표시줄 :** 현재 작업 중인 슬라이드의 번호와 전체 슬라이드 수, 슬라이드에 적용된 테마 등의 정보를 표시해요.

❼ **[화면 보기] 단추 :** 슬라이드 보기 방식을 기본 보기, 여러 슬라이드 보기, 읽기용 보기, 슬라이드 쇼 등으로 바꿀 수 있어요.

❽ **확대/축소 :** 화면을 확대하거나 축소하고, 슬라이드를 창 크기에 맞춰 조절할 수 있어요.

02 도형 그리기

1 슬라이드의 레이아웃을 바꾸기 위해 [홈] 탭의 [슬라이드] 그룹에서 [레이아웃]-[빈 화면]을 선택합니다.

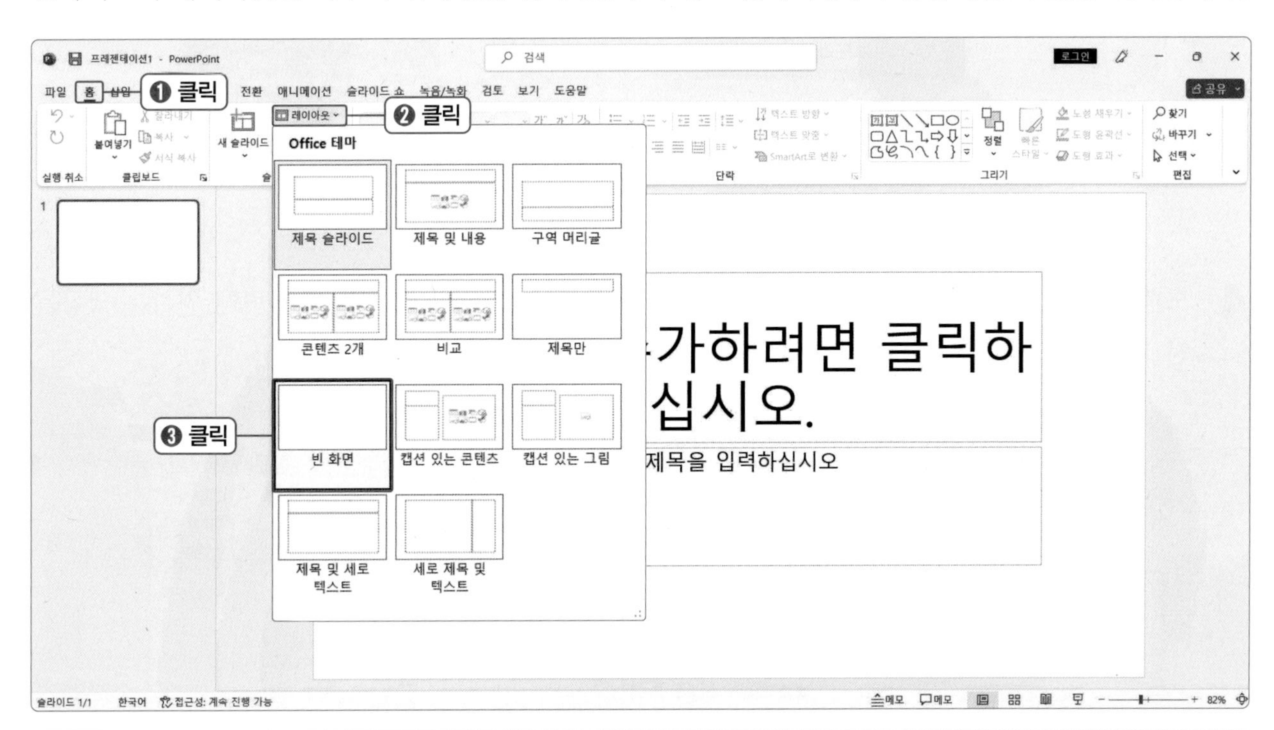

TIP 슬라이드의 레이아웃은 슬라이드를 어떻게 꾸밀지 미리 정해진 여러 가지 모양 중에서 하나를 선택하는 거예요.

2 [삽입] 탭의 [일러스트레이션] 그룹에서 [도형]을 클릭한 후 [기본 도형]-[타원(◯)]을 선택합니다.

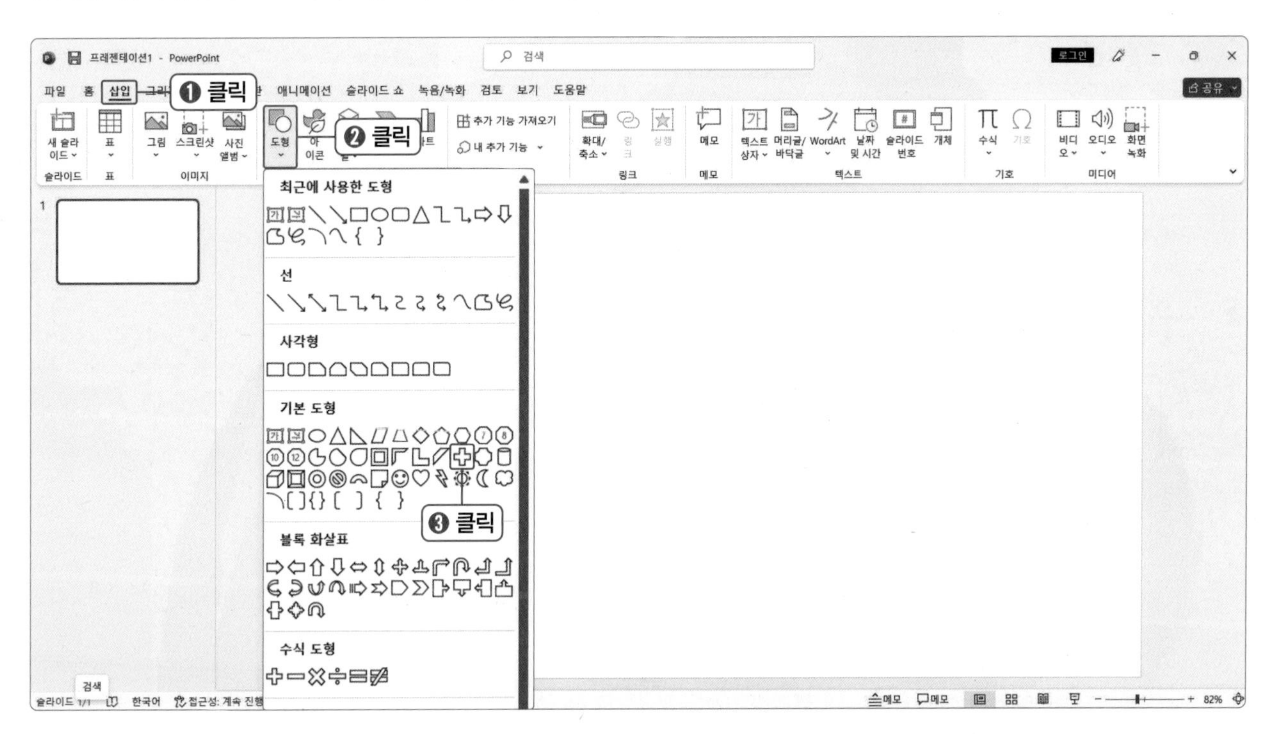

3 마우스 포인터의 모양이 [+]로 바뀌면 슬라이드에 드래그해 도형을 그립니다.

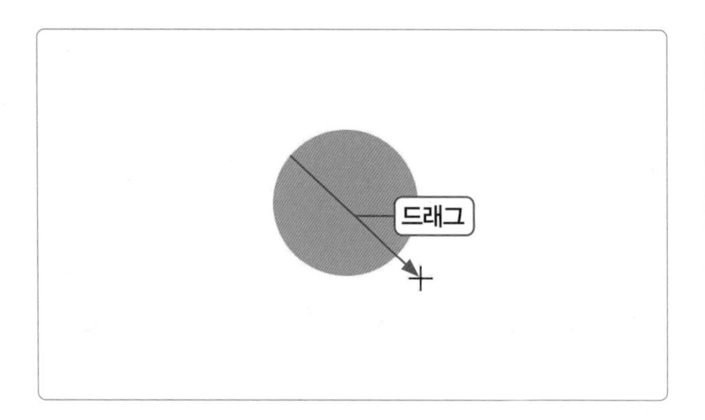

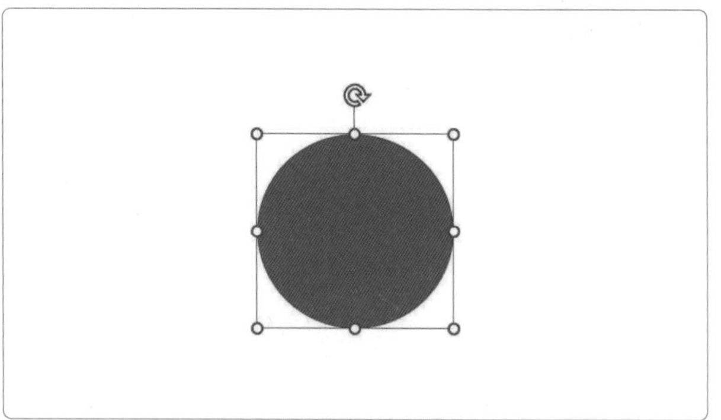

4 도형을 선택하고 [도형 서식] 탭의 [도형 스타일] 그룹에서 [도형 채우기]를 클릭해 원하는 색상을 선택합니다. 이렇게 하면 선택한 도형의 색상을 바꿀 수 있습니다.

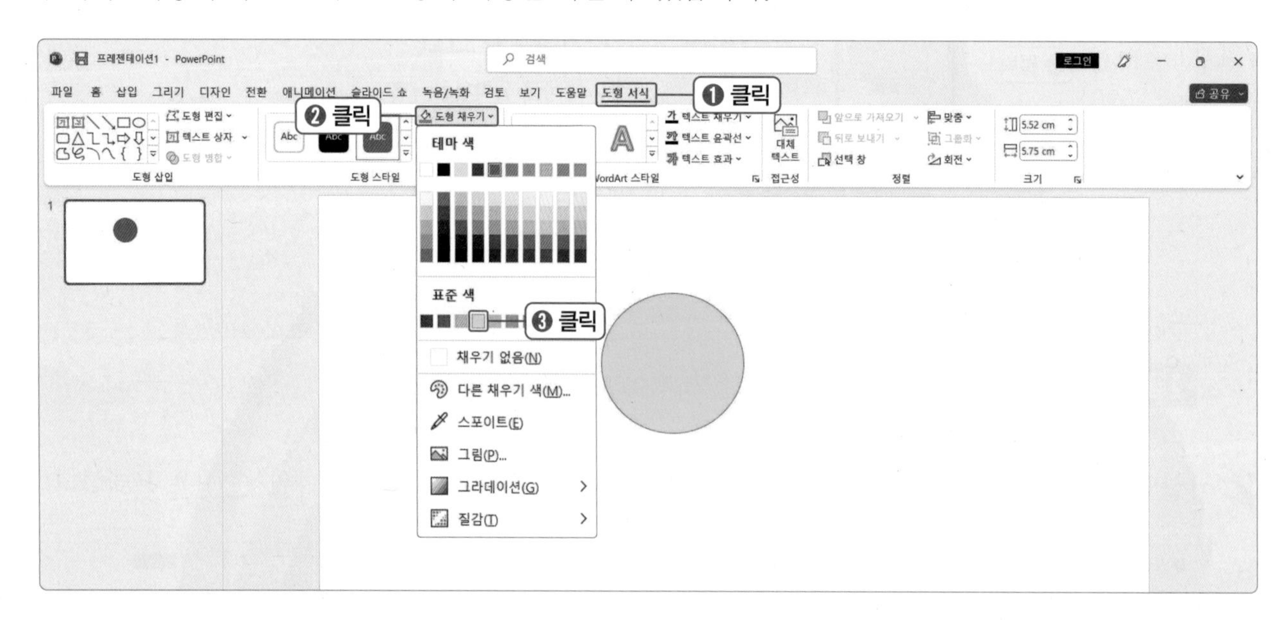

5 [도형 서식] 탭의 [도형 스타일] 그룹에서 [도형 윤곽선]을 클릭하여 도형의 윤곽선 색상을 바꿉니다.

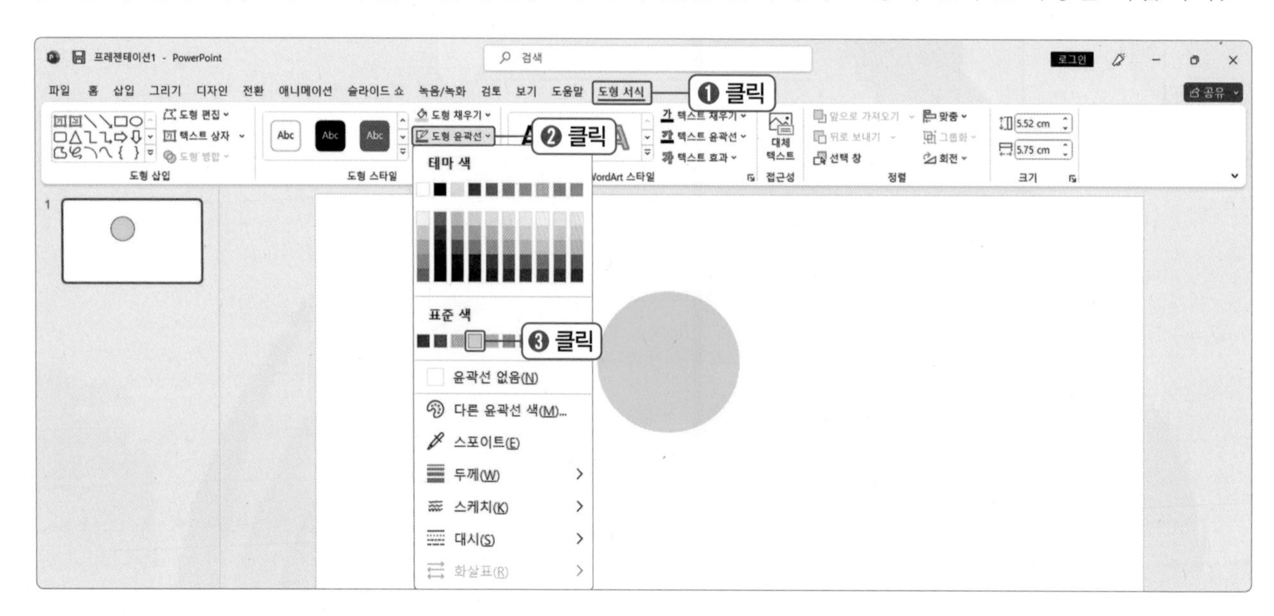

6 [삽입] 탭의 [일러스트레이션] 그룹을 클릭한 후 [도형]을 클릭한 후 [기본 도형]-[십자형(✚)]을 선택하고 드래그하여 도형을 그립니다.

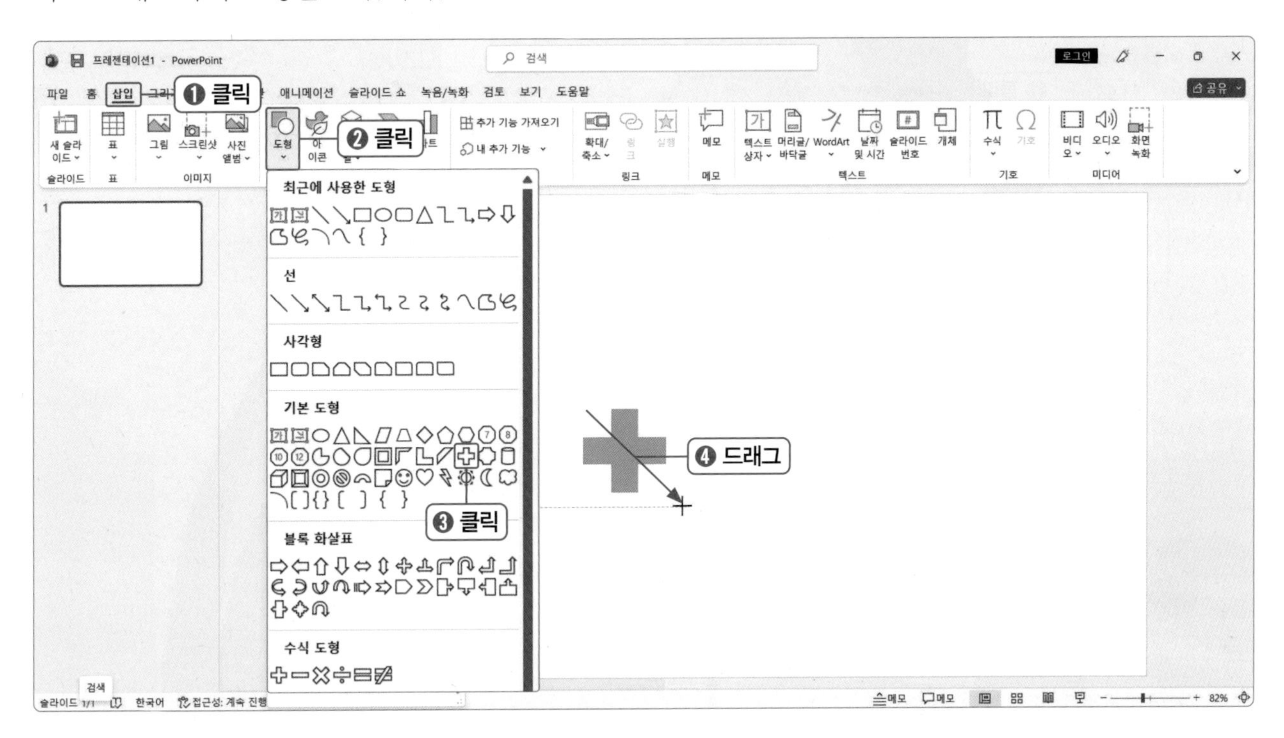

7 도형을 선택하면 노란색의 모양 조절점(◉)이 있는데 좌우로 드래그해 모양을 바꿉니다.

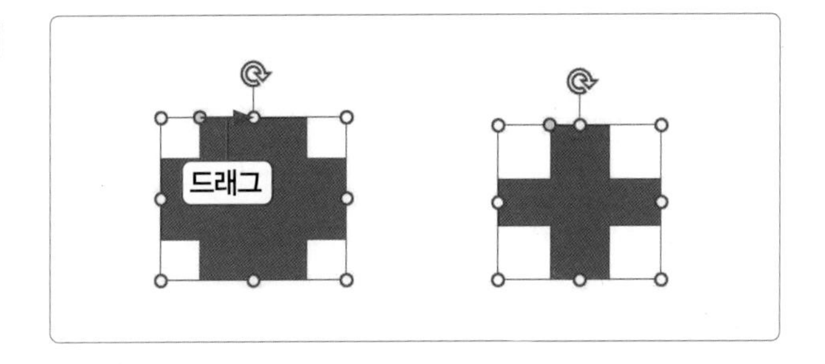

8 도형을 선택하고 [도형 서식] 탭의 [도형 스타일] 그룹에서 [도형 채우기], [도형 윤곽선]을 각각 클릭한 후 원하는 색으로 바꿉니다.

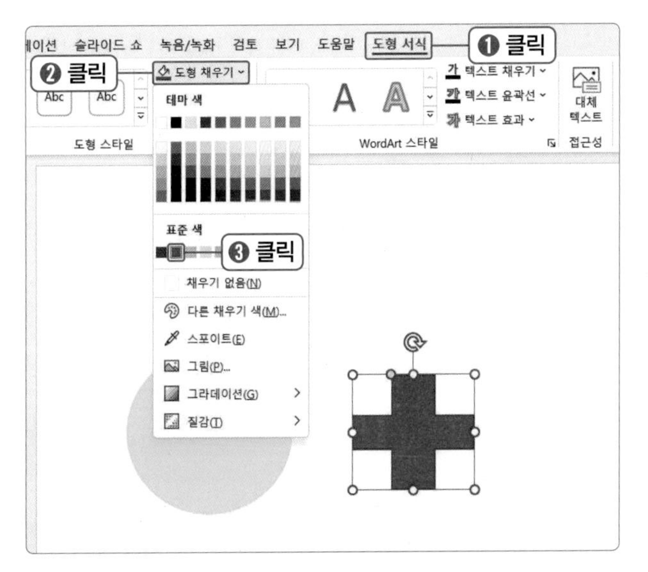

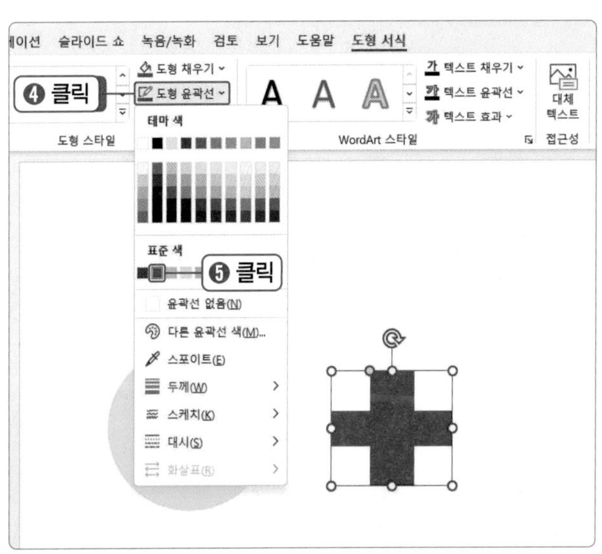

9 도형을 더 만들기 위해 [기본 도형]-[타원(◯)]과 [수식 도형]-[같음 기호(⊟)]를 선택하여 도형을 그린 후 도형의 채우기 색과 윤곽선 색을 바꿉니다.

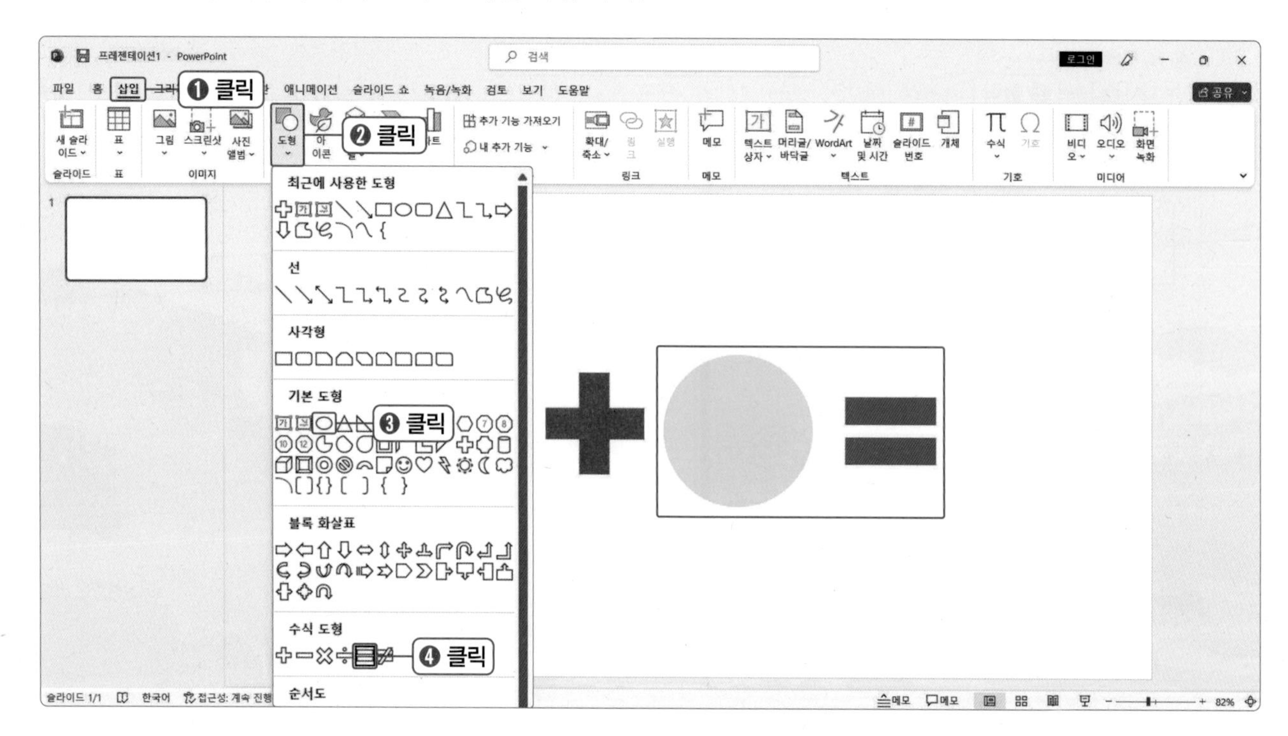

10 도형의 채우기 색과 윤곽선 색을 바꾼 후 새로운 타원 모양의 도형을 추가합니다. 추가한 타원의 색을 바꾼 다음 도형의 크기와 위치를 바꿔 완성합니다.

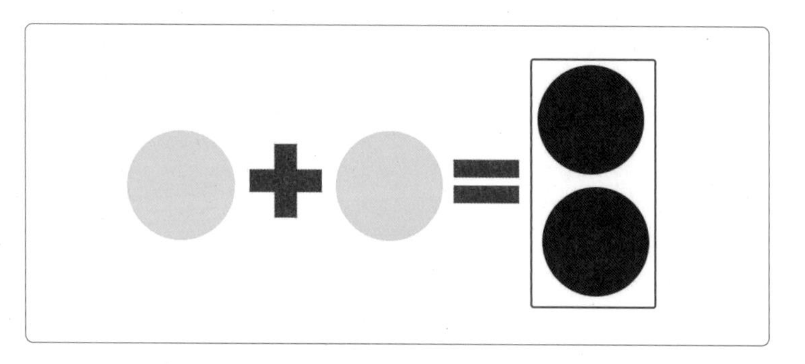

11 [파일] 탭의 [다른 이름으로 저장]을 클릭해 [다른 이름으로 저장] 창이 열리면 저장할 위치(폴더)를 선택합니다. 파일 이름을 입력하고 [저장]을 클릭합니다.

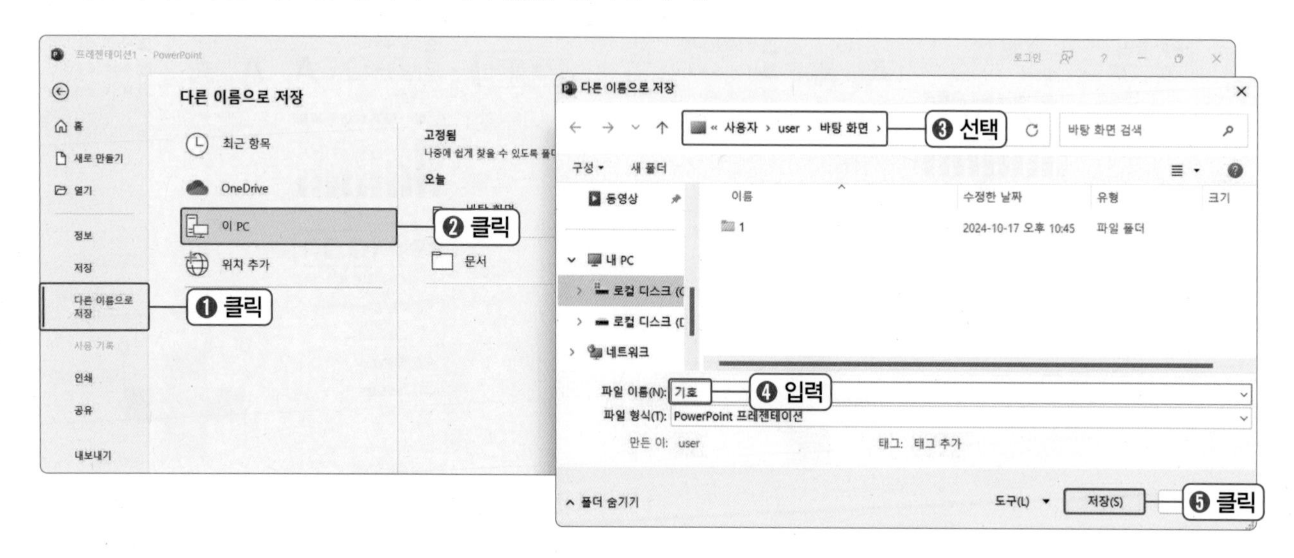

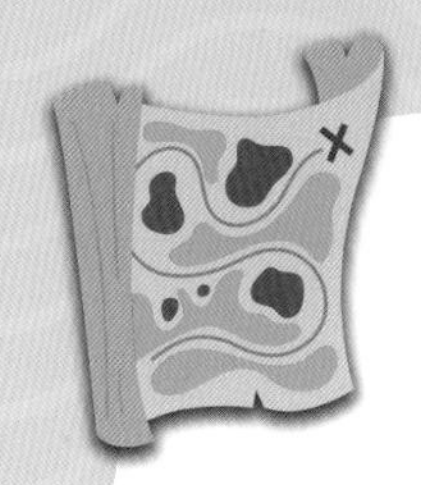

❶ 파워포인트를 실행한 다음 슬라이드의 레이아웃을 [빈 화면]으로 바꾸고 도형을 추가해 곱셈을 완성해 보세요.

▶ 준비 파일 : 없음 ▶ 완성 파일 : 1_혼자해보기1(완성).pptx

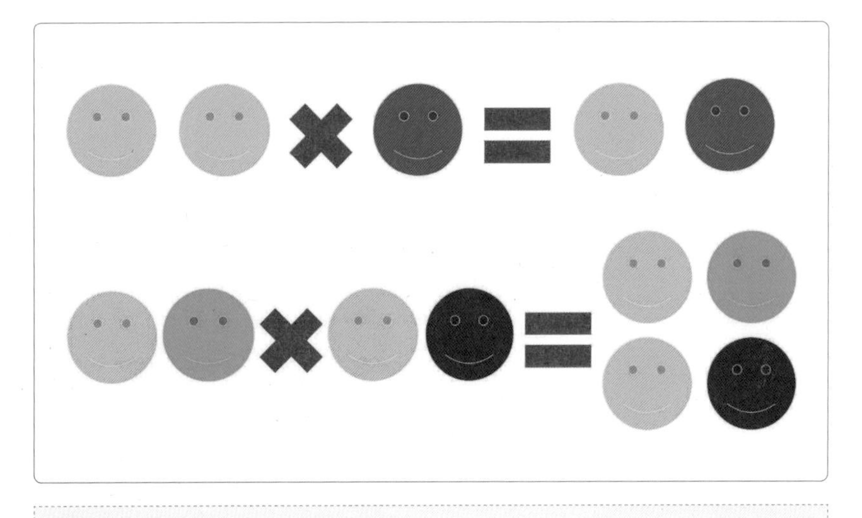

힌트
- [기본 도형]-[웃는 얼굴]
- [수식 도형]-[곱하기 기호]
- [수식 도형]-[같음 기호]

❷ 파워포인트를 실행한 다음 슬라이드의 레이아웃을 [빈 화면]으로 바꾸고 도형을 추가해 나누기를 완성해 보세요.

▶ 준비 파일 : 없음 ▶ 완성 파일 : 1_혼자해보기2(완성).pptx

힌트
- [기본 도형]-[하트]
- [수식 도형]-[나누기 기호]
- [수식 도형]-[같음 기호]

2 내가 좋아하는 맛있는 과일

파워포인트는 여러 가지 모양의 도형을 그릴 수 있고 그린 도형을 복사해서 여러 개로 만들 수 있어요. 도형 그리기 기능을 사용해서 맛있는 과일을 만들어 볼까요.

작품 완성

준비 파일 8 2_준비.pptx
완성 파일 8 2_완성.pptx

문장 연습

다음 문장을 소리 내어 읽어본 후 입력해 보세요.

오늘은 화창한 날씨예요. 나는 공원에 갔어요.

거기서 작은 개와 함께 놀았어요.

나무 아래에서 그늘을 찾아 쉬었어요.

새들이 노래하고 꽃들이 피었어요.

친구도 만나서 같이 축구를 했어요. 정말 즐거운 하루였어요!

※ 그림을 비교하여 다른 그림 5개를 찾아 ○표 해 보세요.

01 사과나무 만들기

1 파워포인트를 실행하려면 [시작( )] 버튼을 클릭한 다음 [모든 앱]의 [PowerPoint]를 클릭합니다. 파워포인트가 실행되면 [파일] 탭에서 [열기]를 선택합니다. [열기] 창이 열리면 '2_준비. pptx' 파일을 선택한 다음 [열기]를 선택합니다.

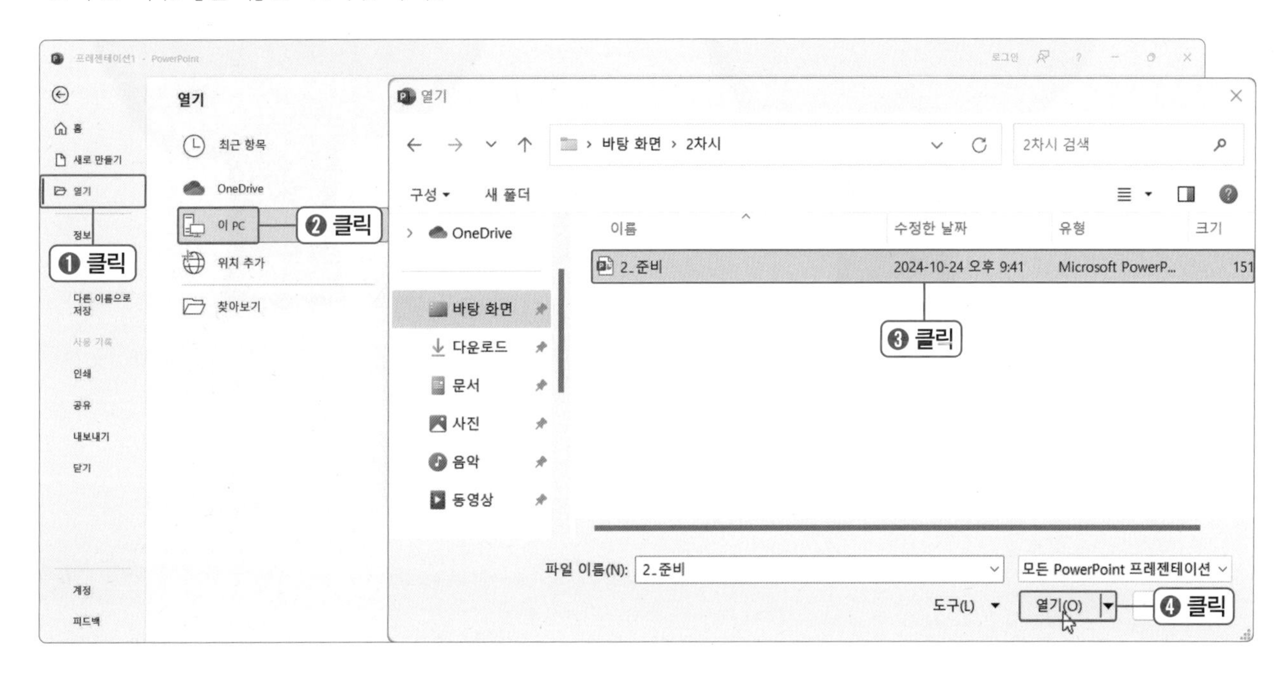

2 파일이 열리면 [슬라이드/개요] 창에서 '슬라이드 1'을 클릭합니다.

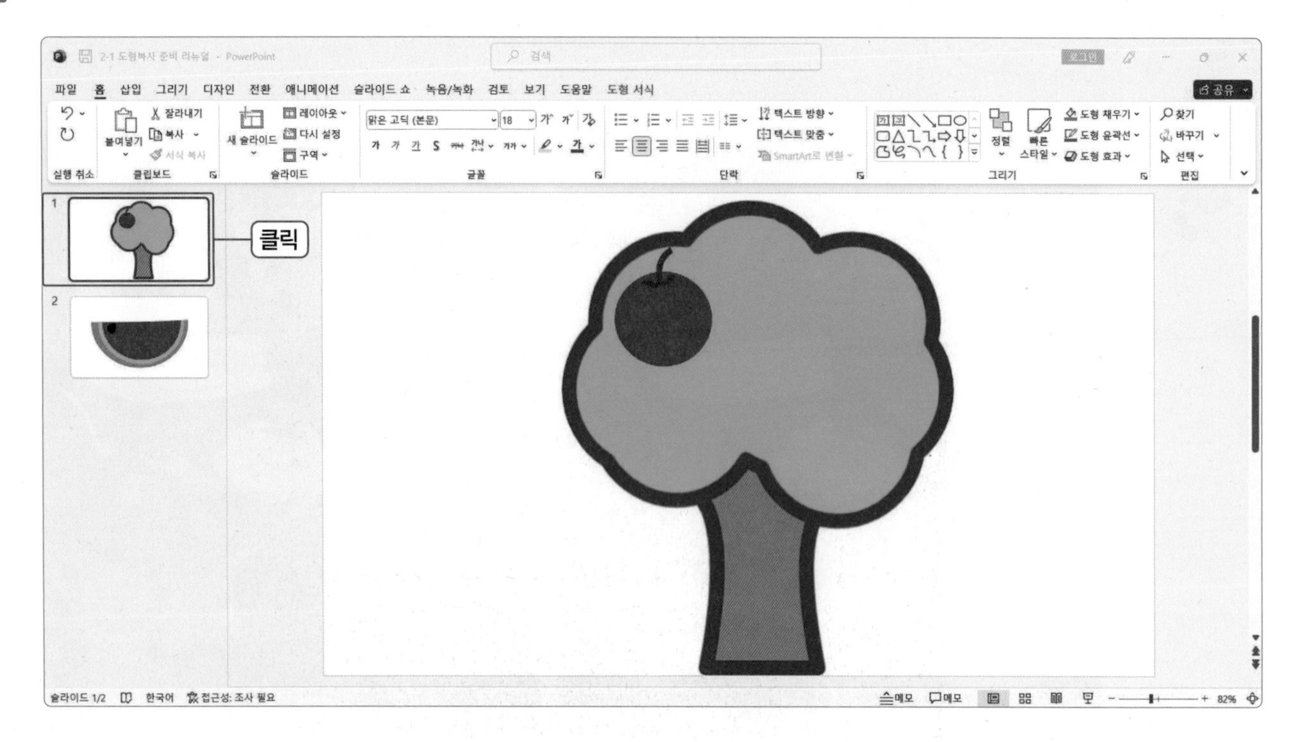

3 [슬라이드 편집] 창에서 '사과'를 선택한 후 Ctrl 키를 누르면서 드래그하여 복사합니다. 나무에 사과가 달린 모양이 되도록 여러 개를 복사하여 줍니다.

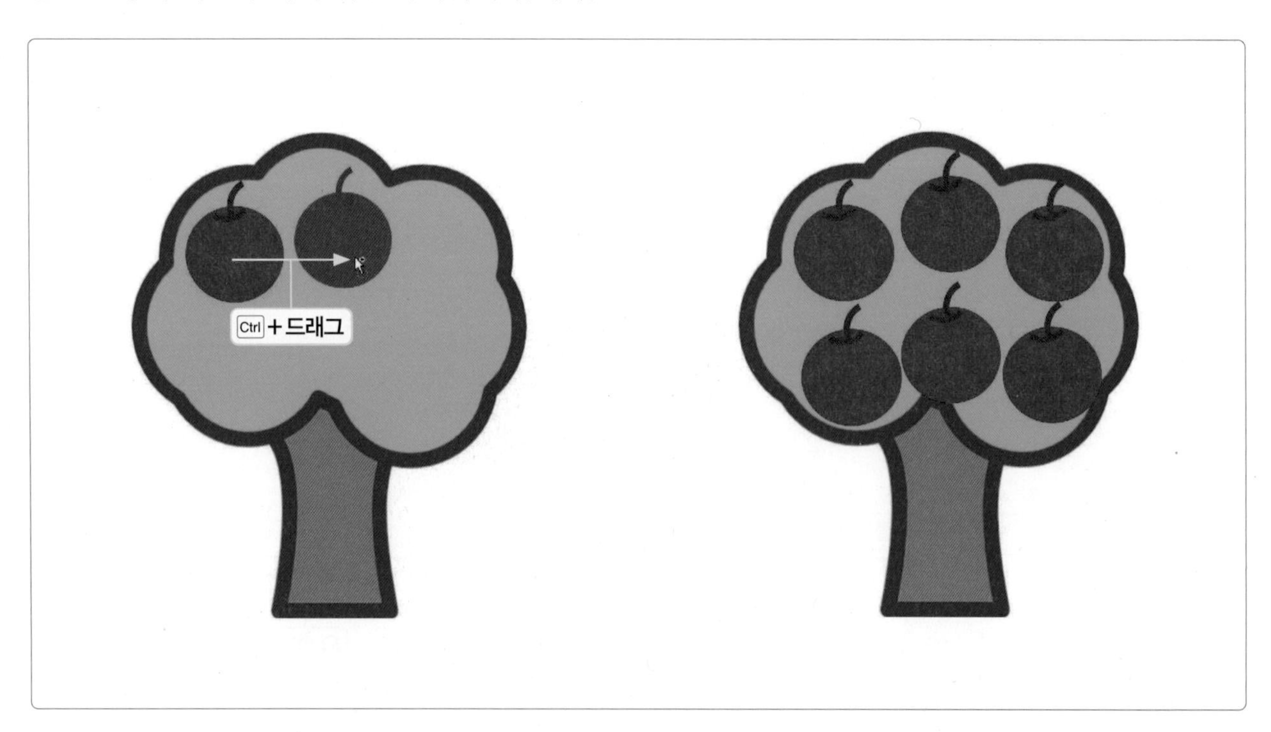

02 수박 만들기

1 [슬라이드/개요] 창에서 '슬라이드 2'를 클릭합니다.

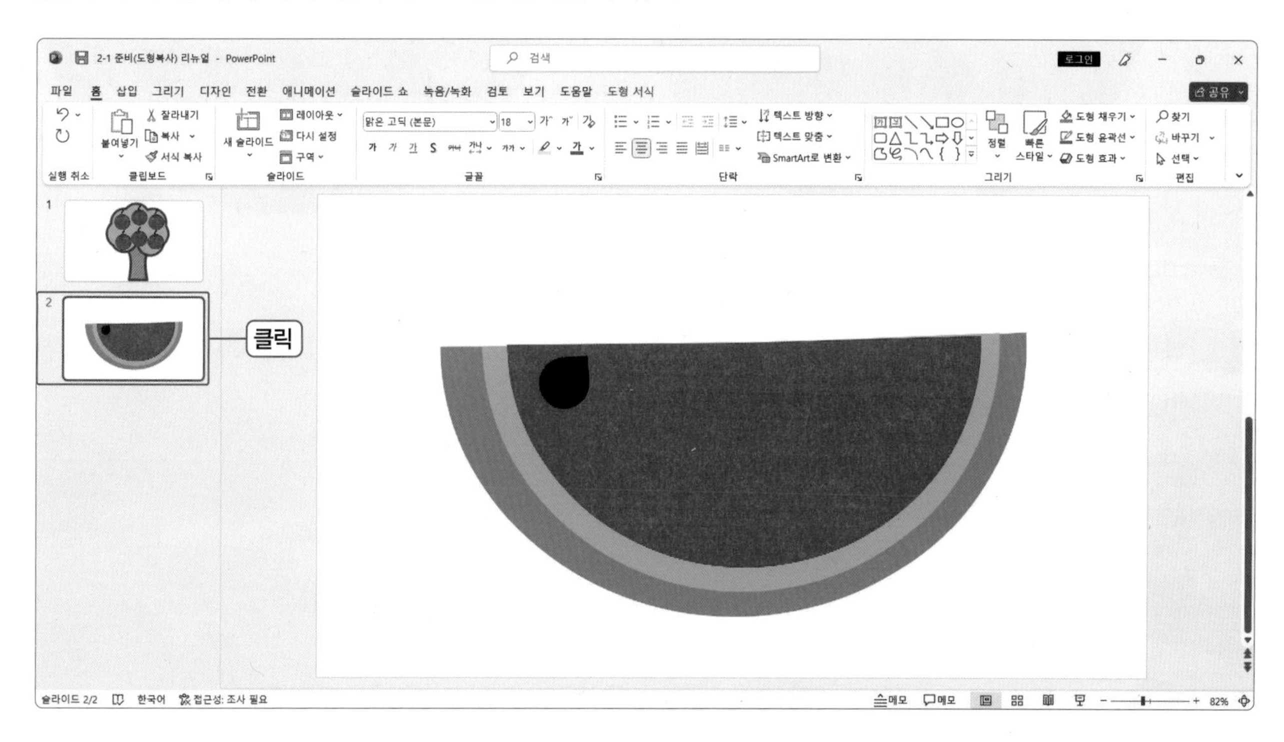

2 [슬라이드 작업] 창에서 '수박씨'를 선택한 후 Ctrl 키를 누르면서 드래그하여 복사합니다. 수박에 씨가 달린 모양이 되도록 여러 개를 복사하여 줍니다.

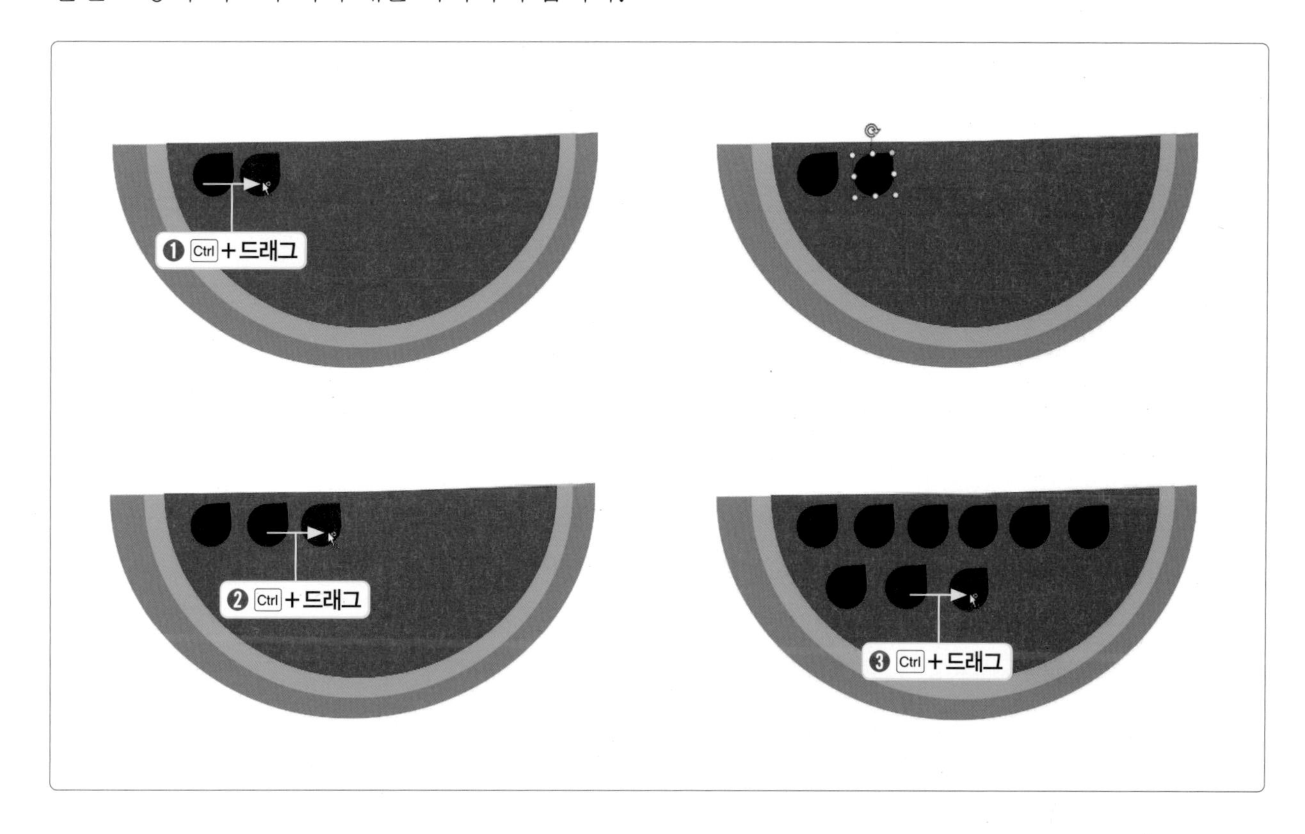

3 같은 방법으로 '수박씨'를 더 복사해 수박을 완성합니다.

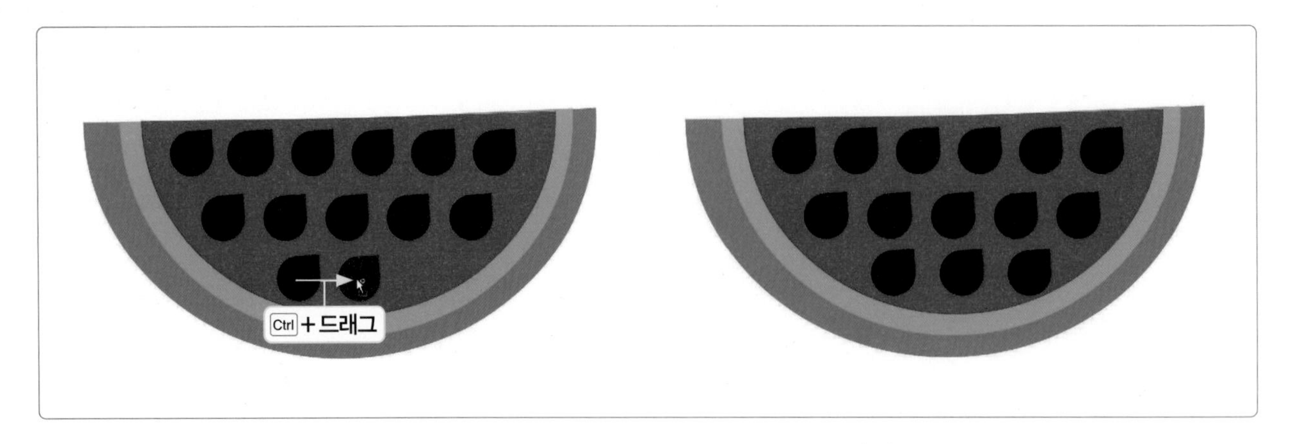

4 [파일] 탭의 [다른 이름으로 저장]을 클릭해 [다른 이름으로 저장] 창이 열리면 파일을 저장할 폴더를 선택한 후 이름을 입력하고 [저장]을 클릭합니다.

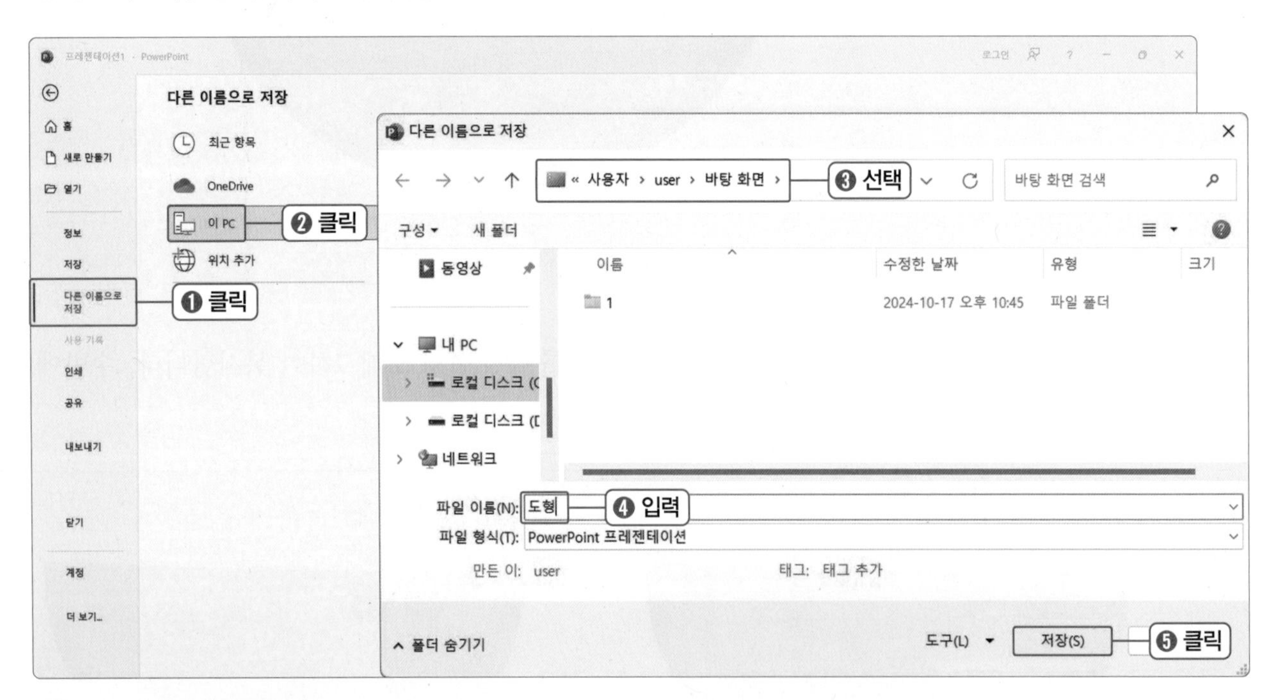

저장하기 방법

- **[파일] 탭의 [저장]을 선택** : 처음으로 [저장]을 선택할 경우 저장할 위치와 이름을 입력해야 해요. 다음 저장할 때는 위치와 이름이 정해졌기 때문에 그냥 저장이 돼요.
- **[파일] 탭의 [다른 이름으로 저장]을 선택** : 처음 저장한 위치와 이름을 변경하고 싶을 때 사용할 수 있어요.
- **단축키 사용** : Ctrl + S 키를 누르면 [저장], Ctrl + Shift + S 키를 같이 누르면 [다른 이름으로 저장]이에요.

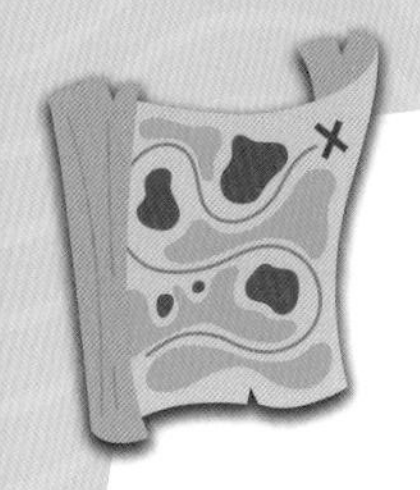

❶ 도형을 복사해 포도를 완성해 보세요.

▶ 준비 파일 : 2_혼자해보기1(준비).pptx ▶ 완성 파일 : 2_혼자해보기1(완성).pptx

❷ 도형을 복사해 방울 토마토를 완성해 보세요.

▶ 준비 파일 : 2_혼자해보기2(준비).pptx ▶ 완성 파일 : 2_혼자해보기2(완성).pptx

3 내 컴퓨터 꾸미기

파워포인트에는 꾸미기에 사용할 수 있는 다양한 아이콘이 준비되어 있는데 도형 그리기 기능과 아이콘을 사용해서 컴퓨터를 만들어 볼까요.

작품 완성

준비 파일 : 3_준비.pptx
완성 파일 : 3_완성.pptx

문장 연습

다음 문장을 소리 내어 읽어본 후 입력해 보세요.

오늘은 학교에서 그림을 그렸어요.

나는 나무와 꽃을 그렸어요. 친구는 동물을 그렸어요.

선생님은 우리를 칭찬해 주셨어요.

점심시간에는 친구와 함께 밥을 먹었어요.

오후에는 운동장에서 뛰어놀았어요. 재미있는 하루였어요!

※ 그림을 비교하여 다른 그림 3개를 찾아 ○표 해 보세요.

01 컴퓨터 그리기

1 파워포인트를 실행하려면 [시작( )] 버튼을 클릭한 다음 [모든 앱]의 [PowerPoint]를 클릭합니다. 파워포인트가 실행되면 [파일] 탭에서 [열기]를 선택하여 '3_준비.pptx' 파일을 불러온 후 [슬라이드/개요] 창에서 '슬라이드 1'을 클릭합니다.

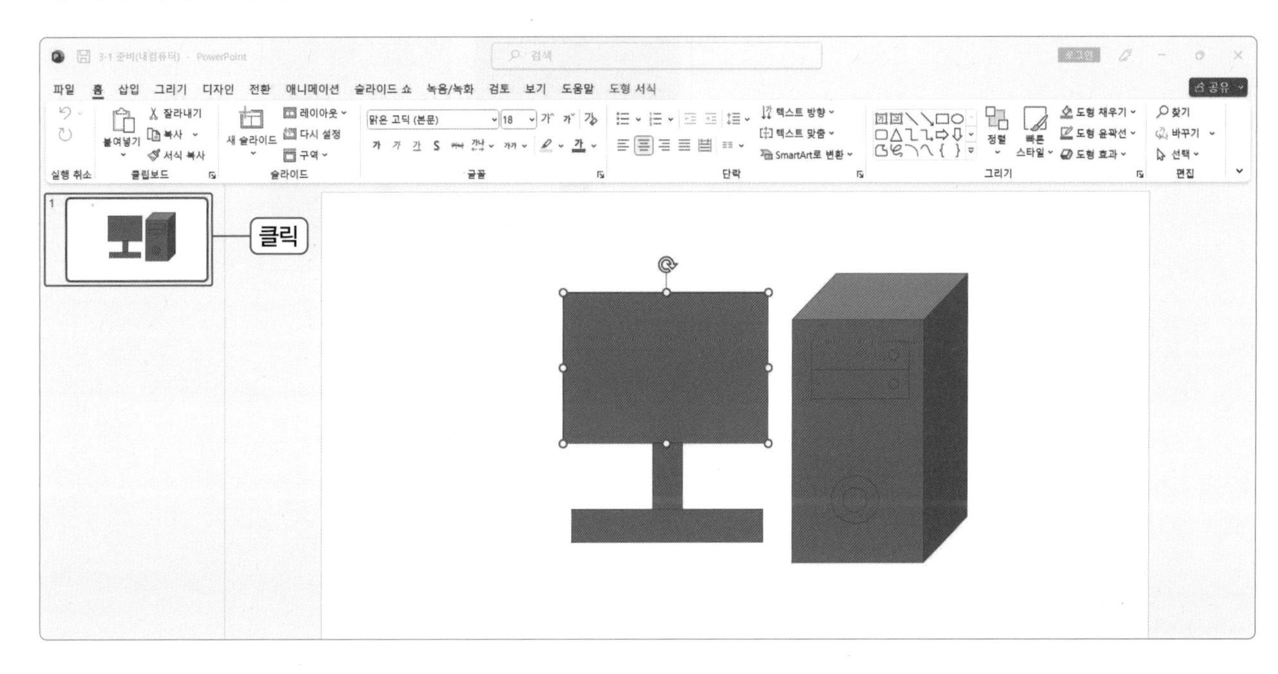

2 [슬라이드 편집] 창에서 '모니터(사각형)'를 선택합니다. [도형 서식] 탭의 [도형 스타일] 그룹에서 [도형 채우기], [도형 윤곽선]을 각각 클릭한 후 원하는 색으로 바꿉니다.

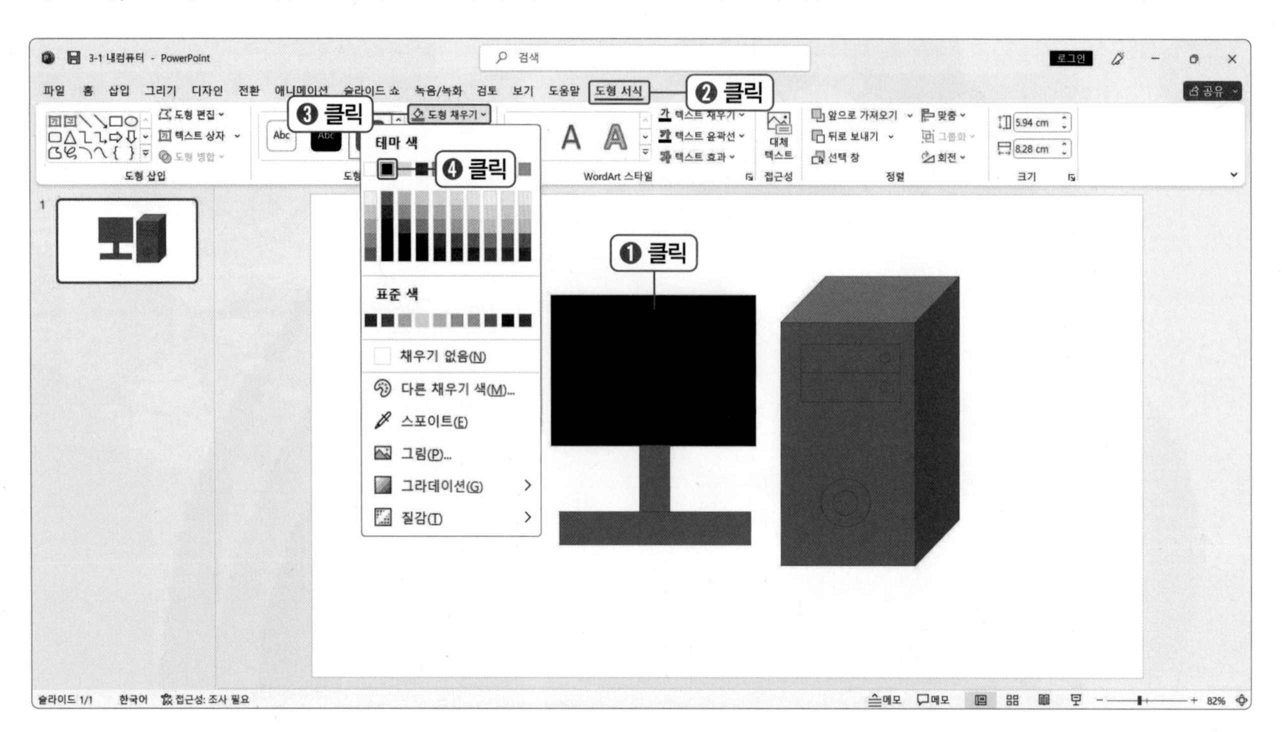

3 [도형 채우기], [도형 윤곽선]를 선택해 모니터 다리 부분과 컴퓨터를 원하는 색으로 바꿉니다.

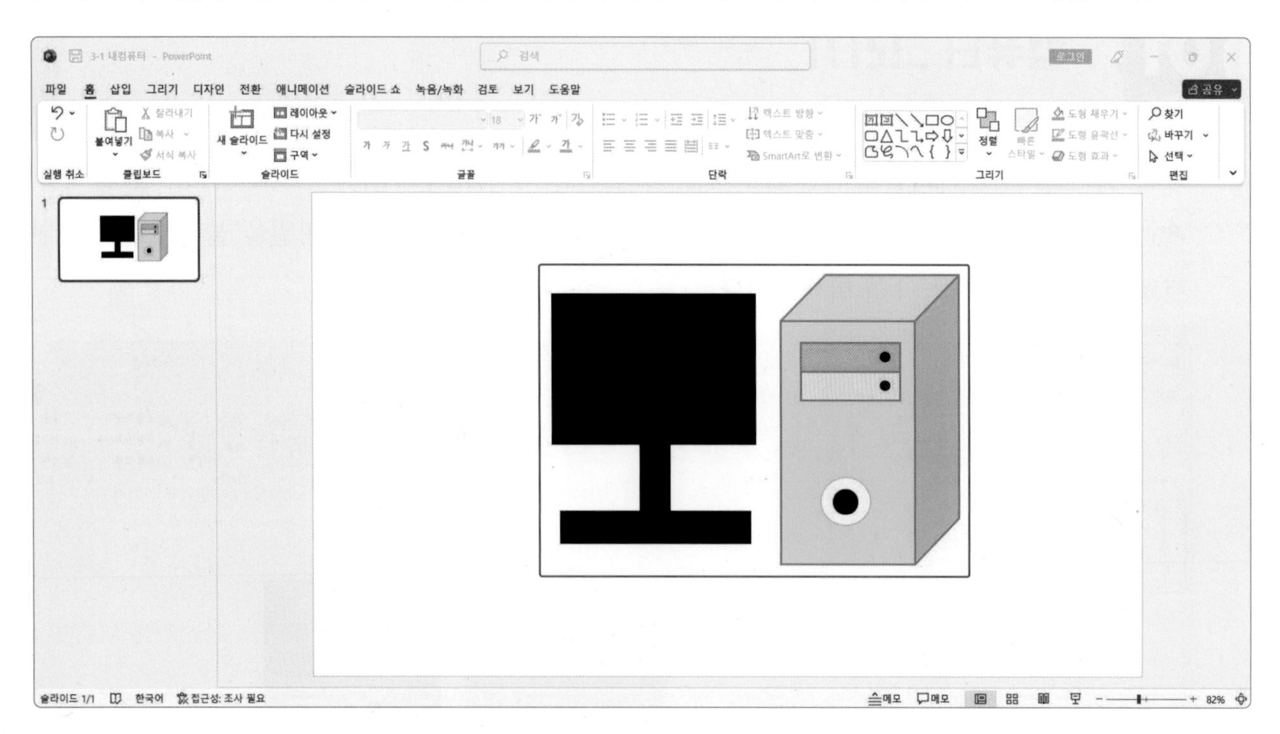

4 [삽입] 탭의 [일러스트레이션] 그룹에서 [도형]을 클릭한 후 [사각형]-[사각형: 둥근 모서리(▢)]를 선택합니다. [슬라이드 편집] 창에 드래그해 도형을 그린 후 위치를 정합니다.

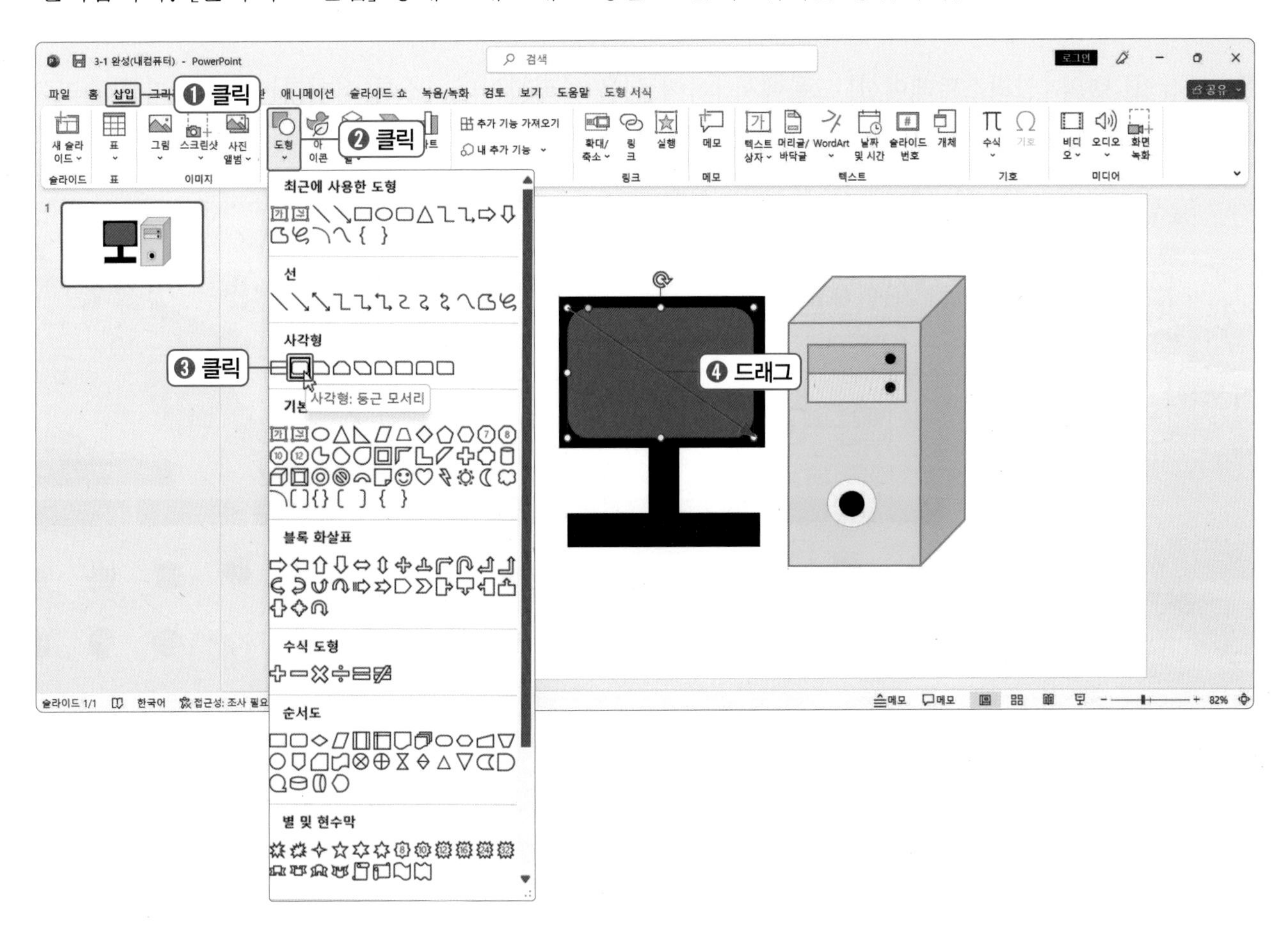

5 도형의 채우기 색과 윤곽선 색을 변경하여 완성합니다.

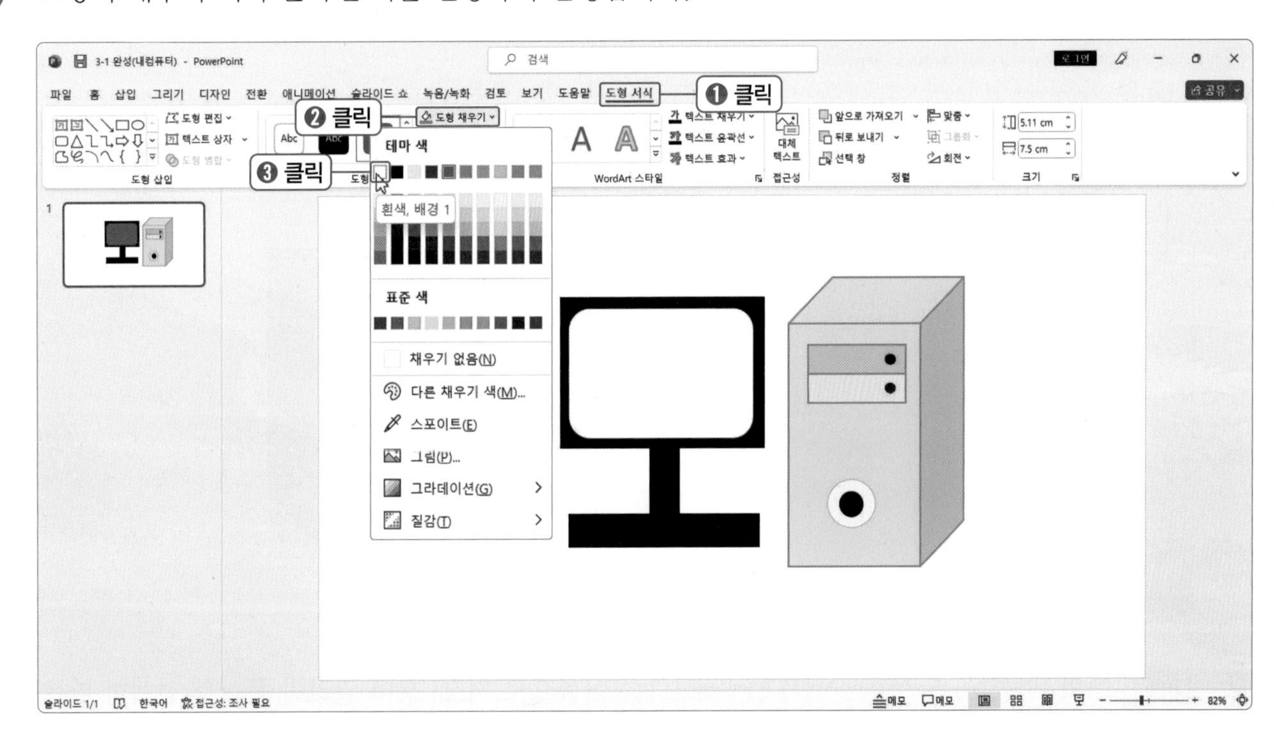

02 아이콘 삽입하기

1 [삽입] 탭의 [일러스트레이션] 그룹에서 [아이콘]을 클릭합니다. [스톡 이미지] 창이 열리면 슬라이드에 삽입할 이미지를 선택하고 [삽입]을 클릭합니다.

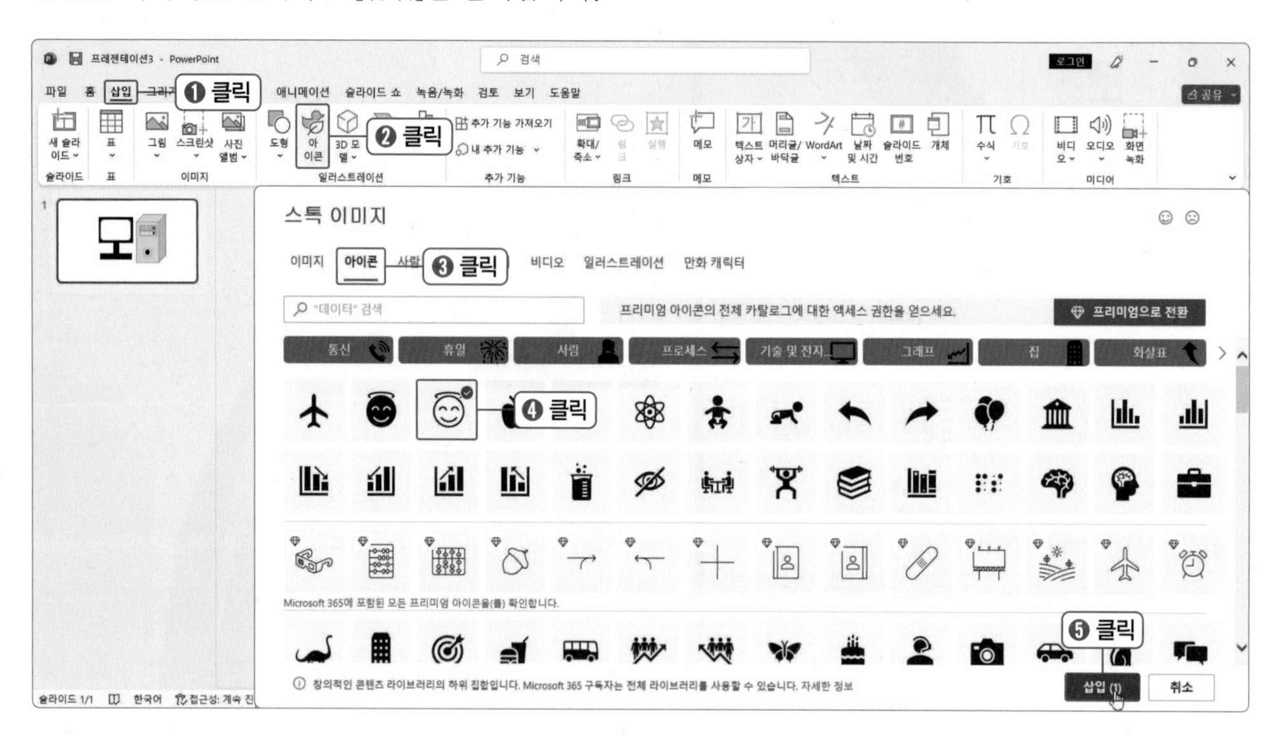

2 삽입된 아이콘을 드래그해 위치를 정해 아이콘을 추가합니다.

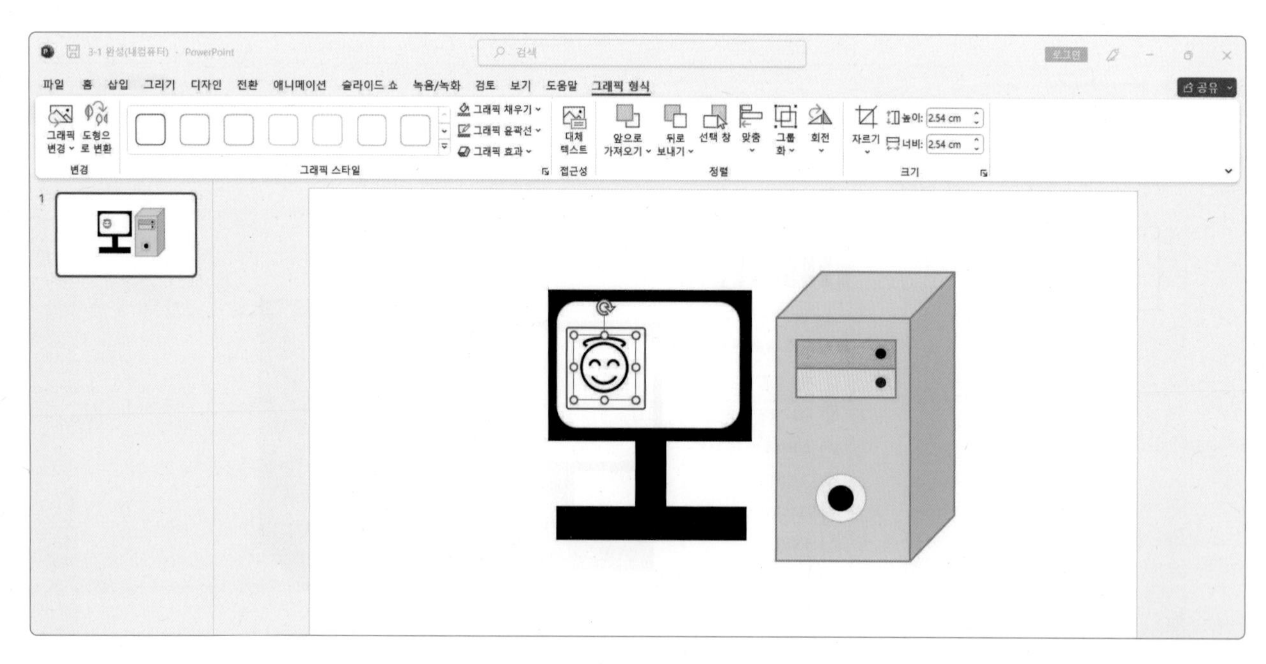

3 [파일] 탭의 [다른 이름으로 저장]을 클릭해 [다른 이름으로 저장] 창이 열리면 폴더를 선택한 다음 파일 이름을 입력하고 [저장]을 클릭합니다.

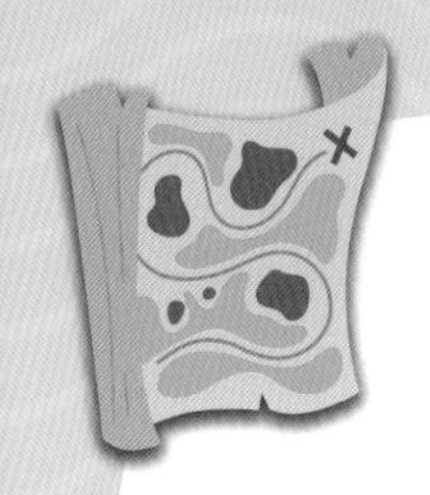

혼자해 보기

❶ **파워포인트를 실행한 다음 [새 프레젠테이션]을 선택합니다. 슬라이드의 레이아웃을 [빈 화면]으로 바꾼 다음 도형을 이용해 텔레비전을 만들어 보세요.**

▶ 준비 파일 : 없음 ▶ 완성 파일 : 3_혼자해보기1(완성).pptx

힌트
- [사각형]-[사각형: 둥근 모서리]
- [기본 도형]-[사다리꼴]

❷ **파워포인트를 실행한 다음 [새 프레젠테이션]을 선택합니다. 슬라이드의 레이아웃을 [빈 화면]으로 바꾼 다음 도형을 이용해 로봇을 만들어 보세요.**

▶ 준비 파일 : 없음 ▶ 완성 파일 : 3_혼자해보기2(완성).pptx

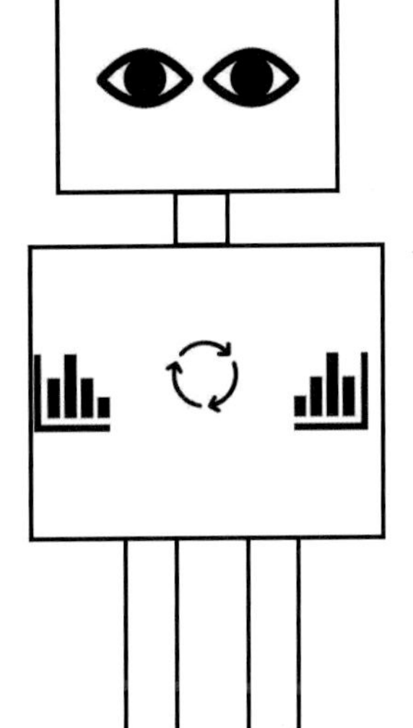

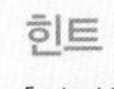

힌트
[사각형]-[직사각형]

4 여러 가지 색깔 크레파스

파워포인트 도형 기능을 사용하여 크레파스와 연필, 지우개와 같은 학용품을 만들고 만든 학용품을 복사해서 여러 개로 만들어 볼까요.

작품 완성

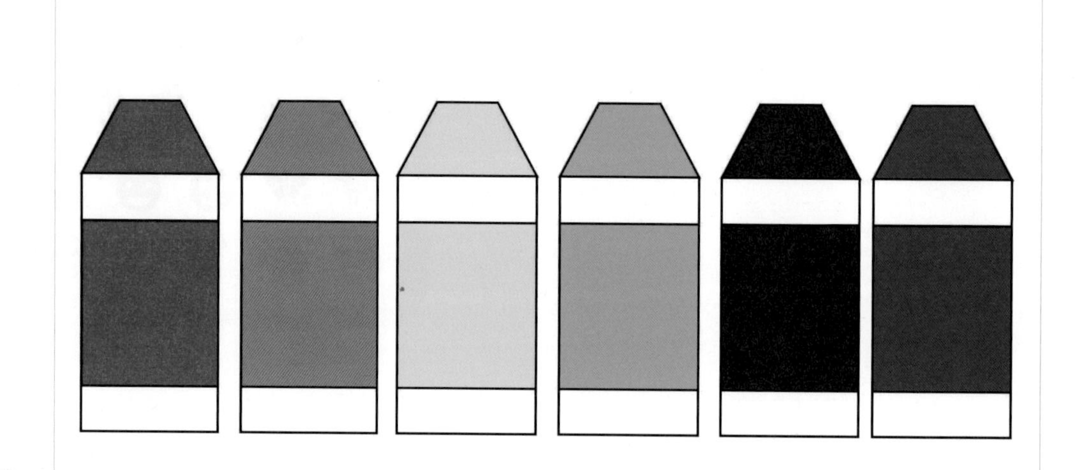

준비 파일 : 없음
완성 파일 : 4_완성.pptx

문장 연습

다음 문장을 소리 내어 읽어본 후 입력해 보세요.

나는 오늘 아침에 일찍 일어났어요.

엄마와 함께 아침을 먹었어요.

학교에 가는 길에 예쁜 꽃을 봤어요.

학교에서는 친구들과 책을 읽고 수업을 들었어요.

점심시간에는 김밥을 먹었어요. 오늘은 정말 즐거운 하루였어요!

※ 비슷한 그림 중에서 2개의 같은 그림을 찾아보세요.

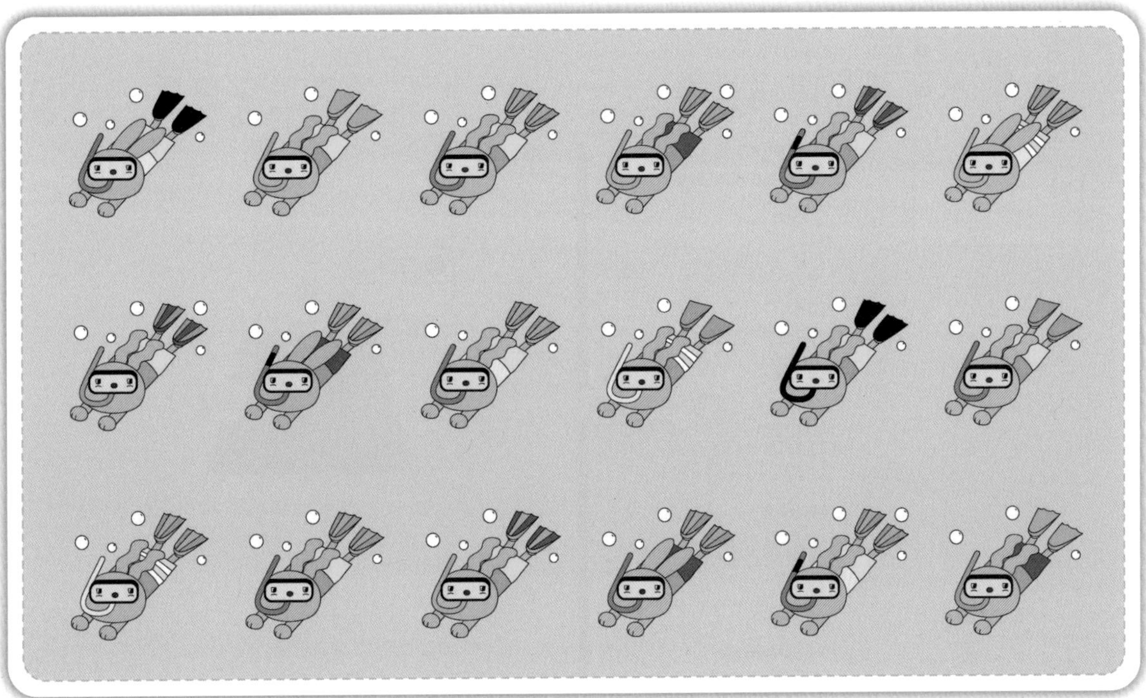

01 크레파스 만들기

1 [시작( )]을 클릭해 [모든 앱]의 [PowerPoint]를 클릭하여 파워포인트를 실행합니다. 파워포인트가 실행되면 [새로 만들기]-[새 프레젠테이션]을 선택합니다. [홈] 탭의 [슬라이드] 그룹에서 [레이아웃]의 [빈 화면]을 클릭합니다.

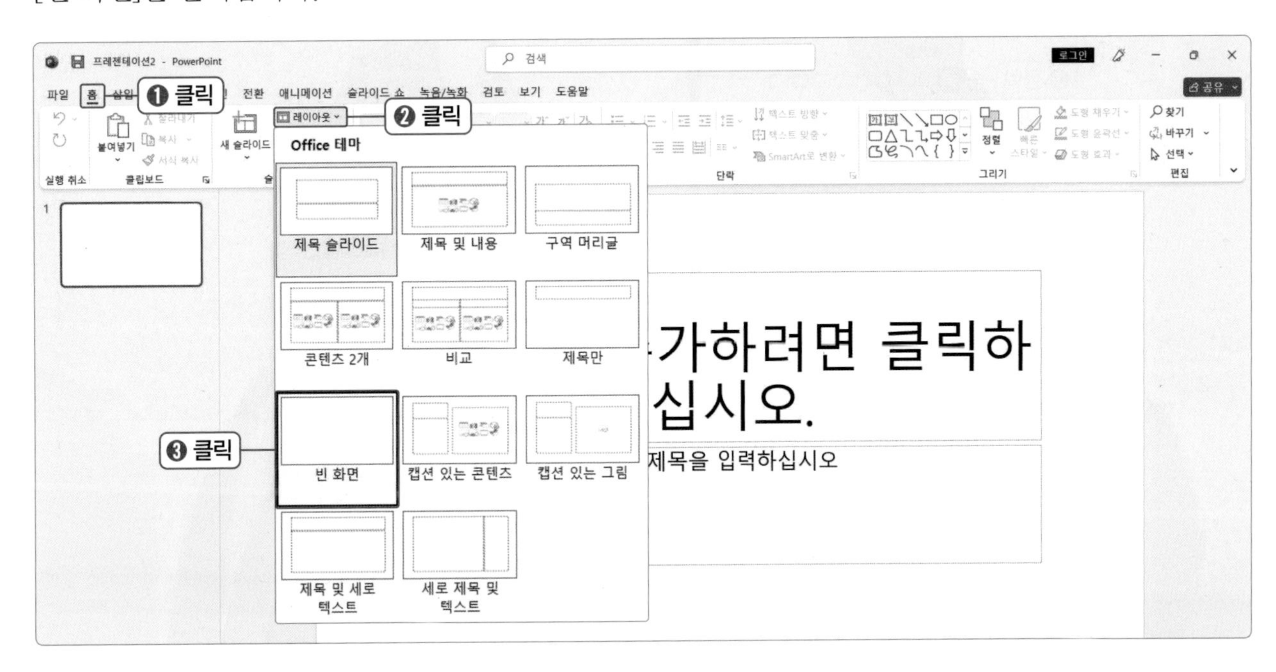

2 [삽입] 탭의 [일러스트레이션] 그룹에서 [도형]을 클릭한 후 [기본 도형]-[사다리꼴(△)]을 선택합니다. 슬라이드에 드래그해 도형을 그린 후 모양 조절점(●)을 사용하여 모양을 바꿉니다.

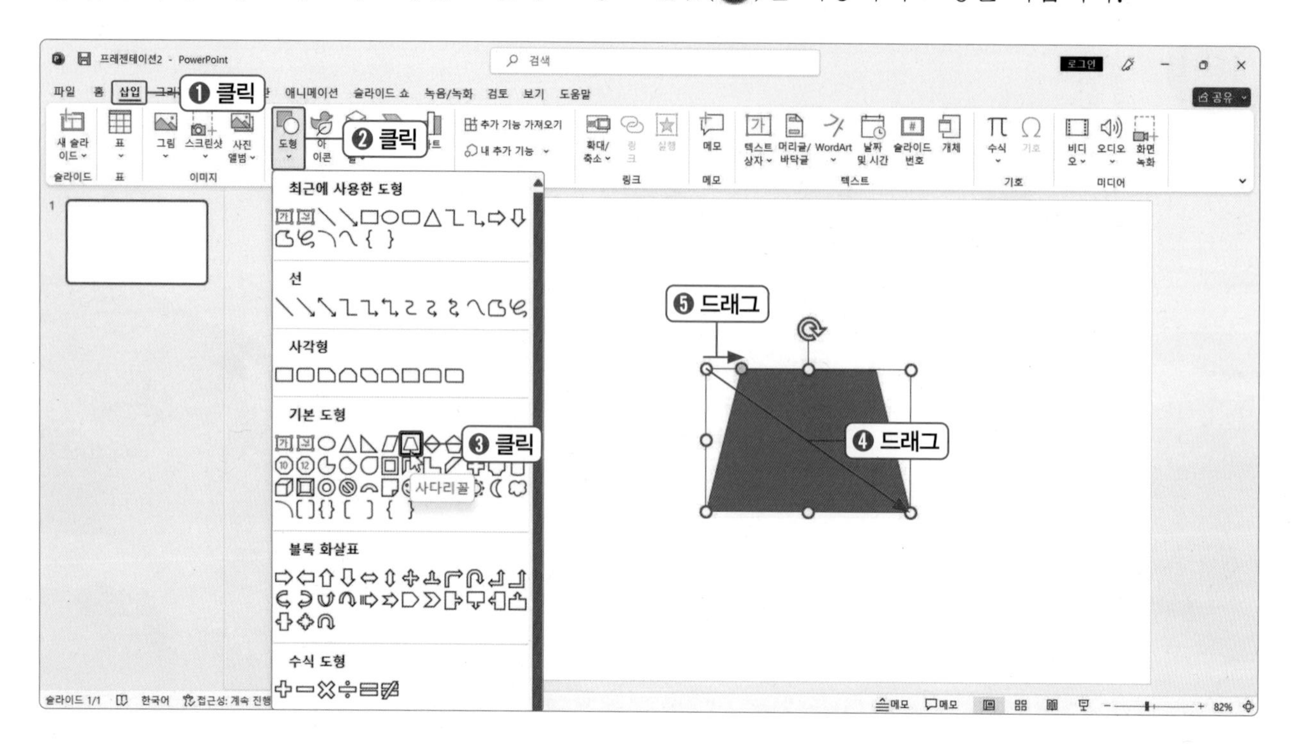

3 [도형]을 클릭한 후 [사각형]-[직사각형(□)]을 선택해 사각형을 그립니다.

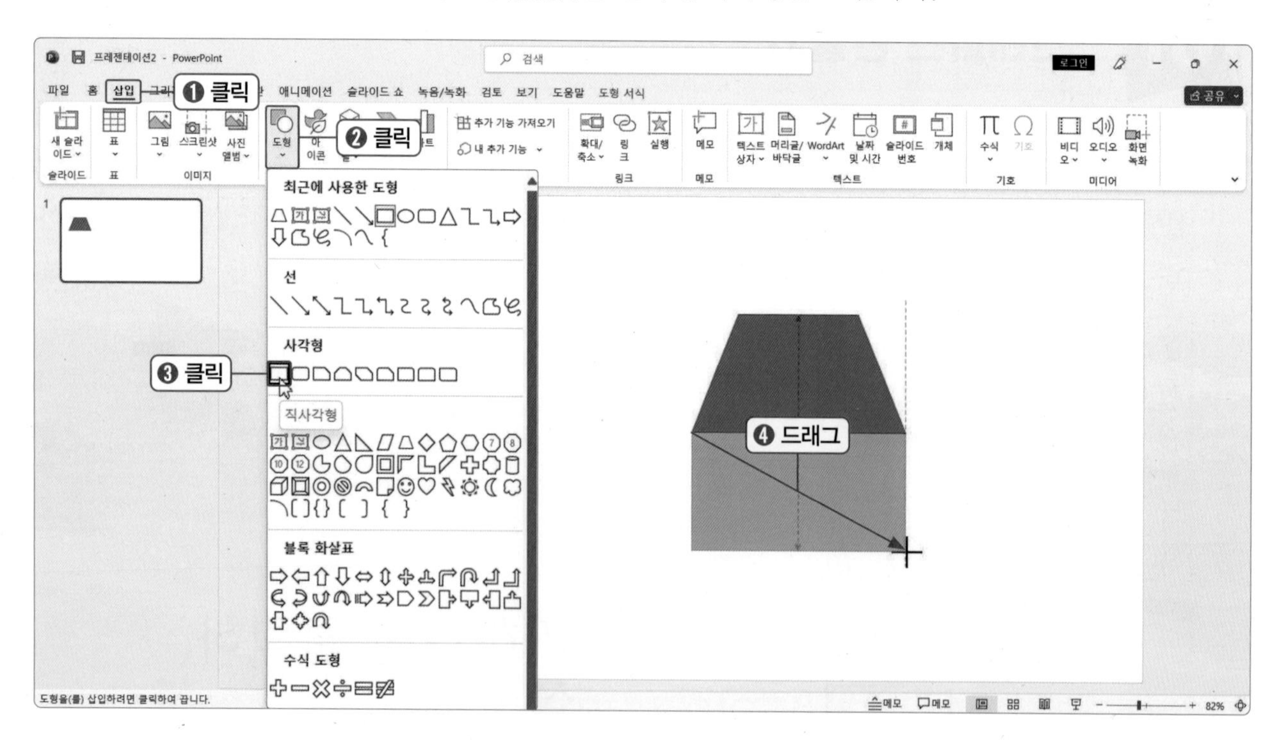

4 같은 방법으로 여러 개의 직사각형을 그린 다음 드래그해 위치를 정합니다.

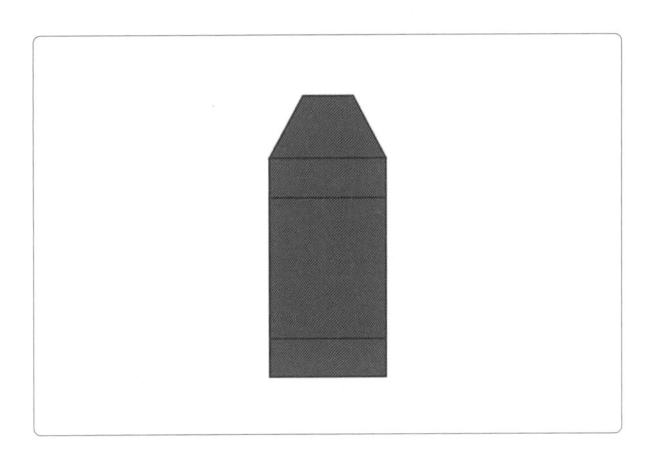

5 [도형 서식] 탭에서 [도형 스타일] 그룹의 [도형 채우기]로 각각의 도형을 원하는 색으로 바꿉니다.

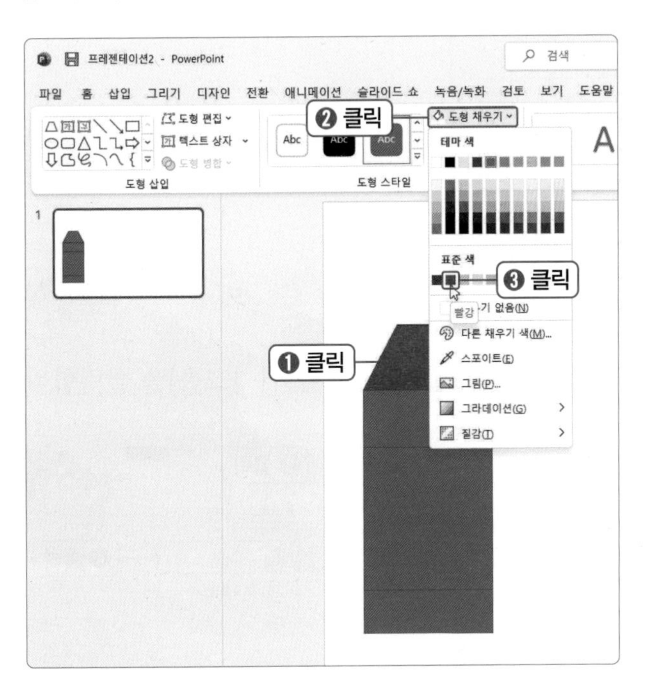

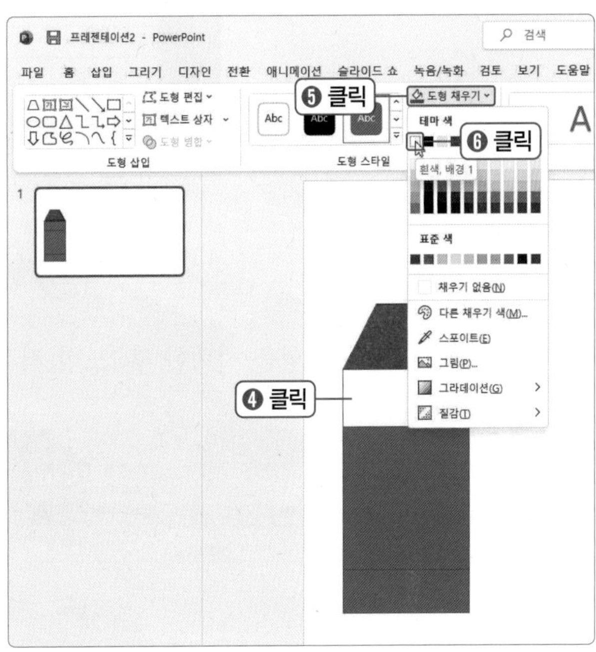

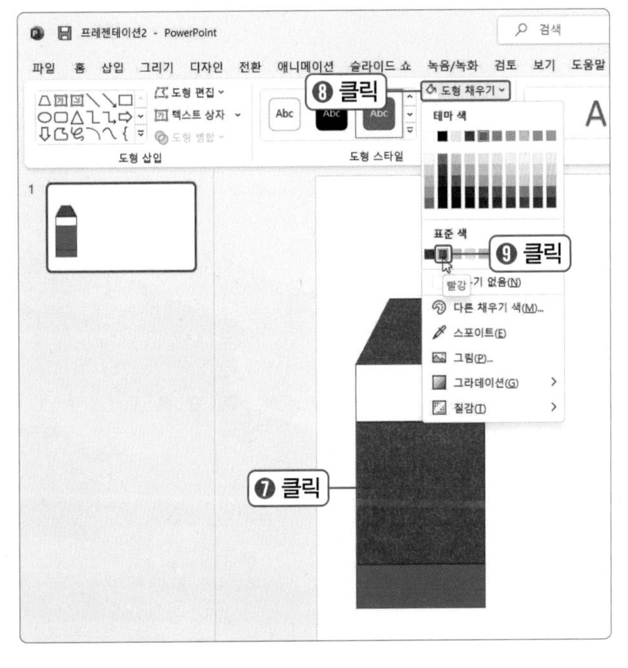

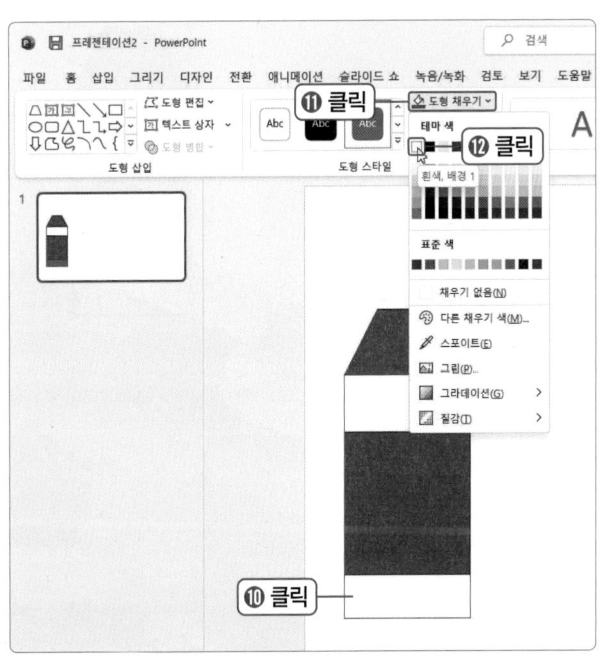

6 [도형 서식] 탭의 [도형 스타일] 그룹에서 [도형 윤곽선]을 클릭해 윤곽선 색을 바꾸고 [두께]를 클릭해 굵기를 정합니다.

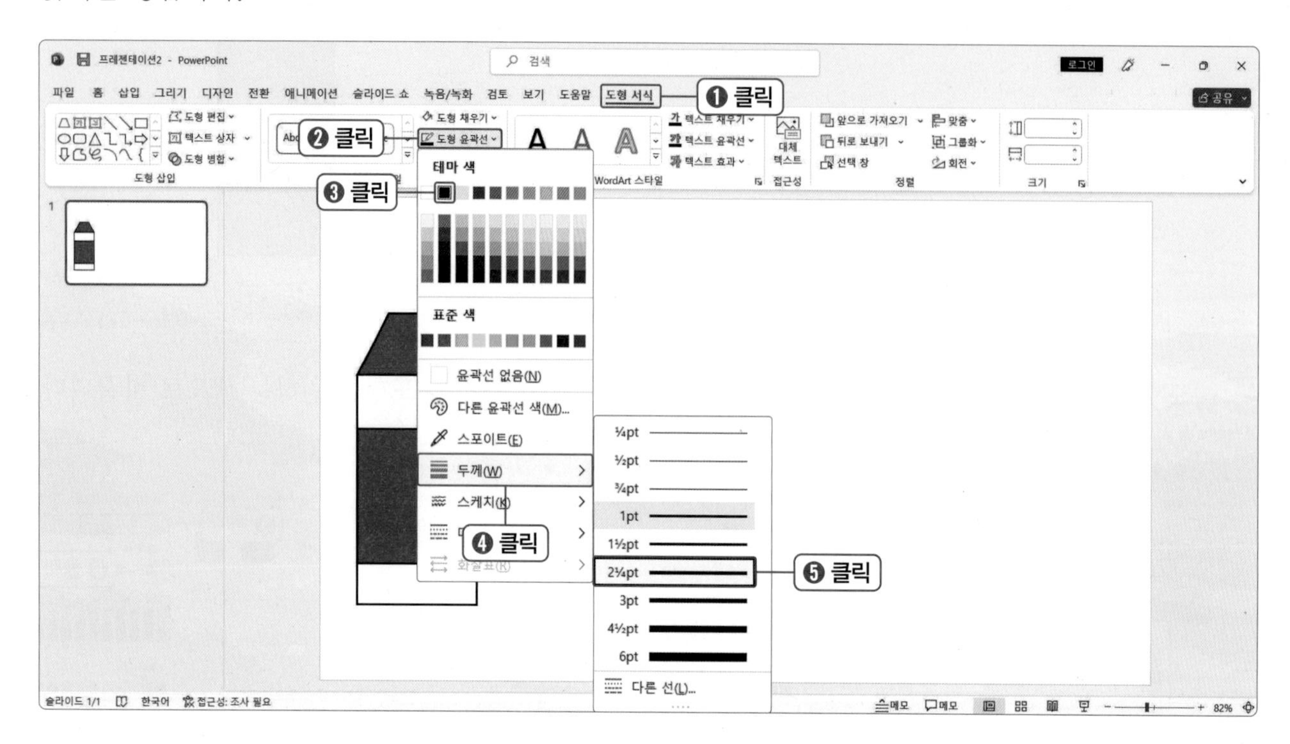

7 드래그하여 모든 도형을 선택한 후 [도형 서식] 탭의 [정렬] 그룹에서 [그룹화]-[그룹]을 클릭합니다.

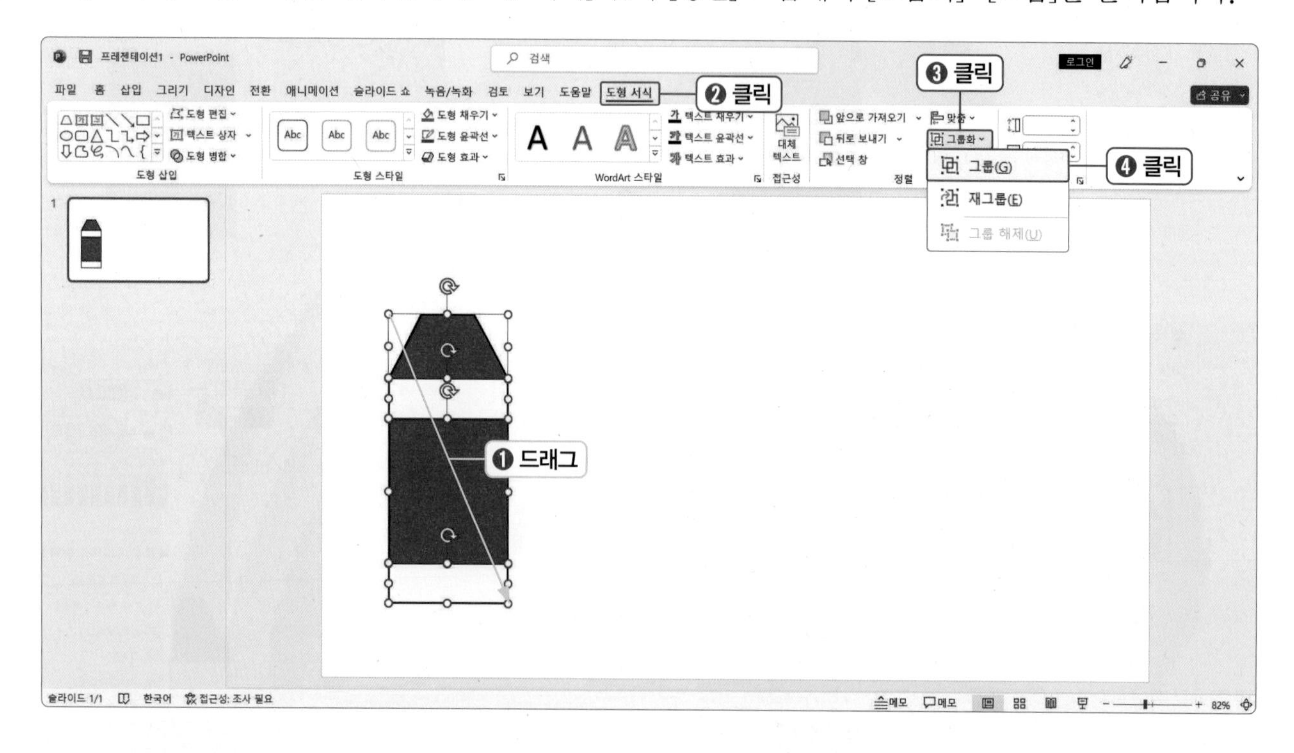

02 도형을 복사해 크레파스 만들기

1 그룹화된 도형을 선택한 다음 Ctrl + Shift 키를 누른 채 드래그하여 복사합니다. 같은 방법으로 여러 개의 크레파스를 복사합니다.

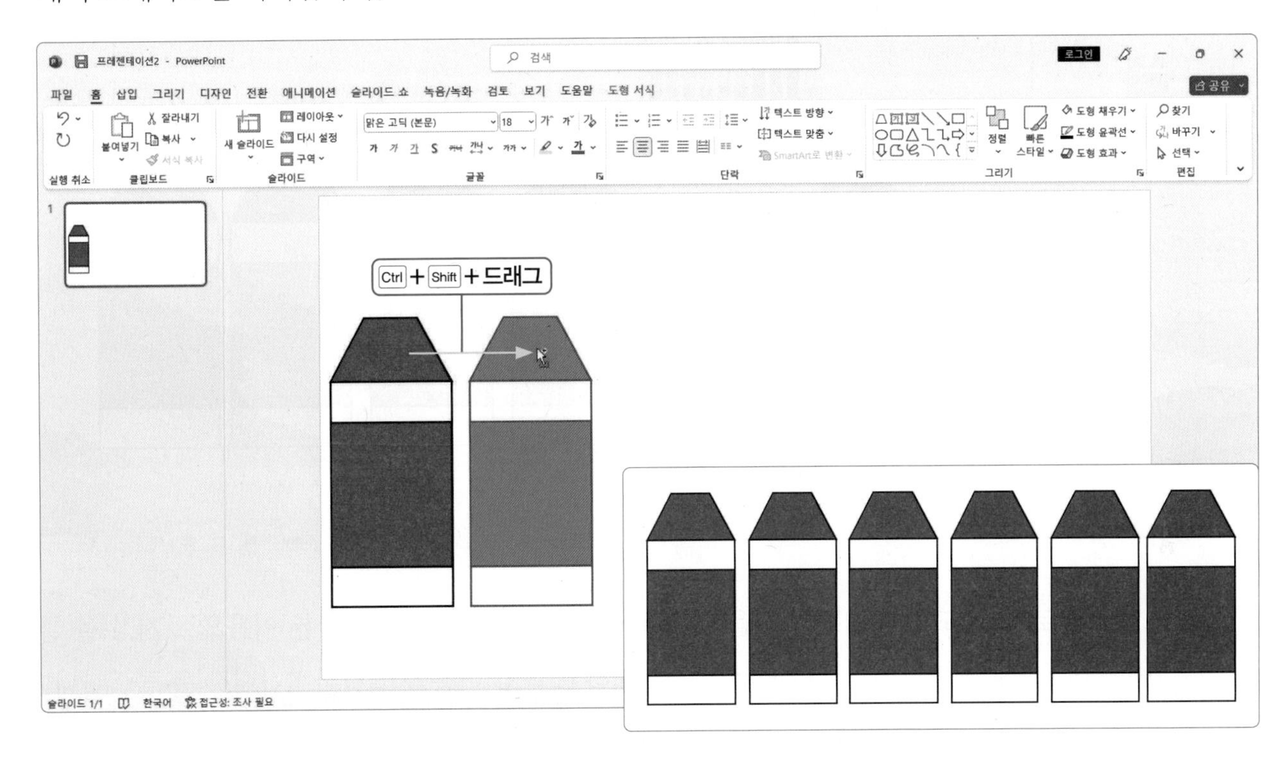

2 도형의 색을 바꾸기 위해 도형을 선택하고 [도형 서식] 탭의 [정렬] 그룹에서 [그룹화]-[그룹 해제]를 클릭합니다.

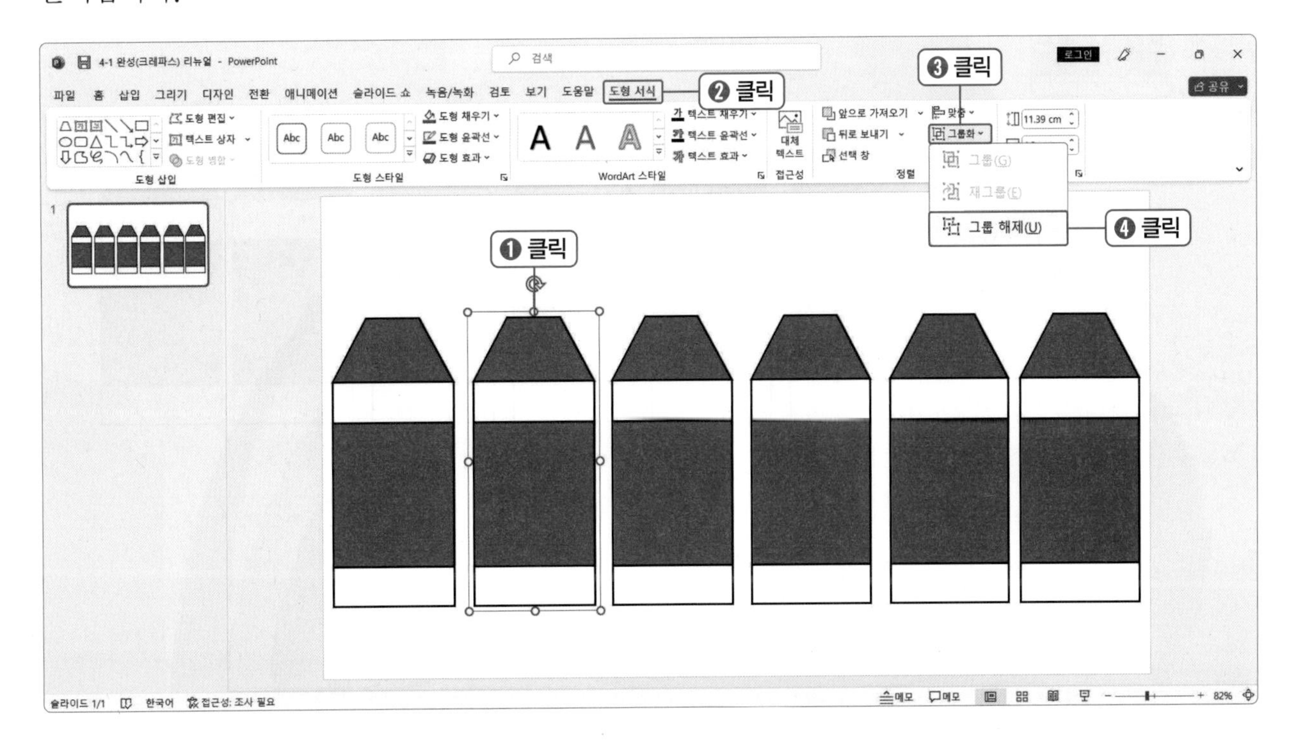

3 색을 바꿀 도형을 선택하고 [도형 서식] 탭의 [도형 스타일] 그룹에서 [도형 채우기]를 클릭해 원하는 색으로 바꿉니다.

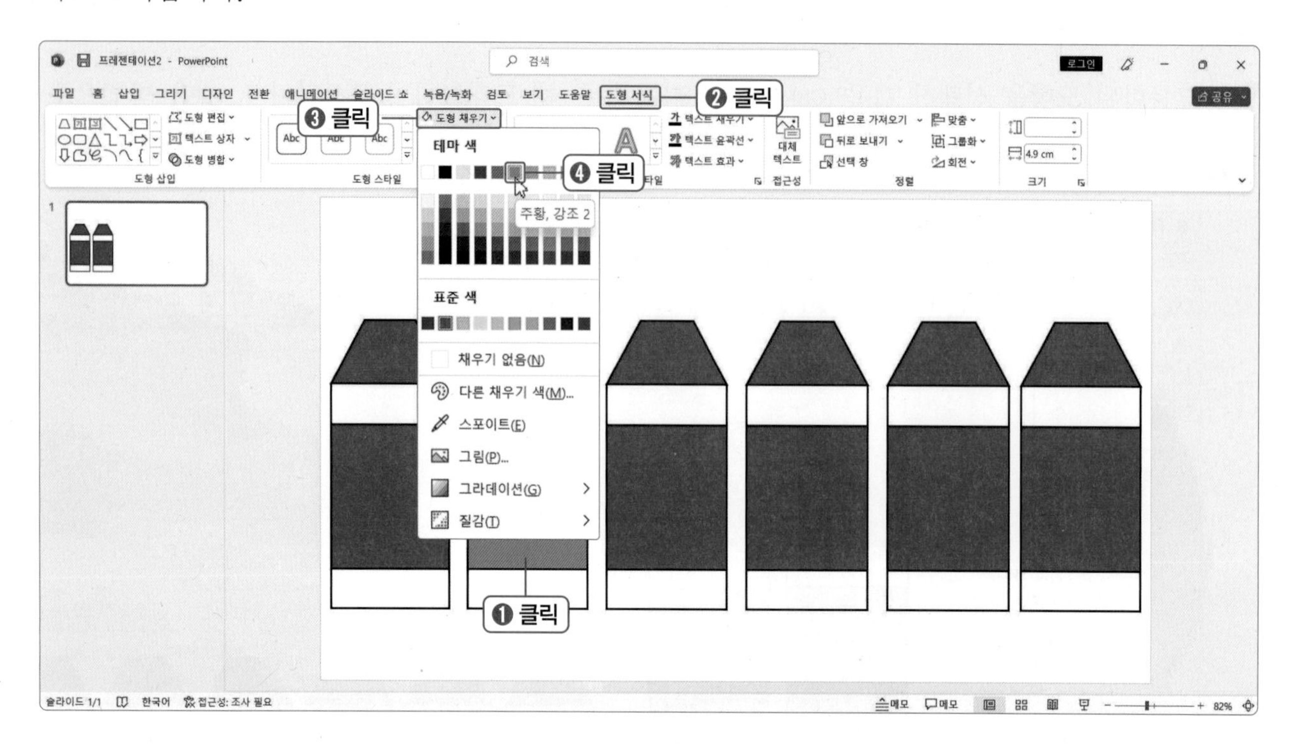

4 같은 방법으로 다른 도형의 채우기 색을 바꿔 완성합니다. [파일] 탭의 [다른 이름으로 저장]을 클릭한 후 [다른 이름으로 저장] 창이 열리면 폴더를 선택하고 파일 이름을 입력한 후 [저장]을 클릭합니다.

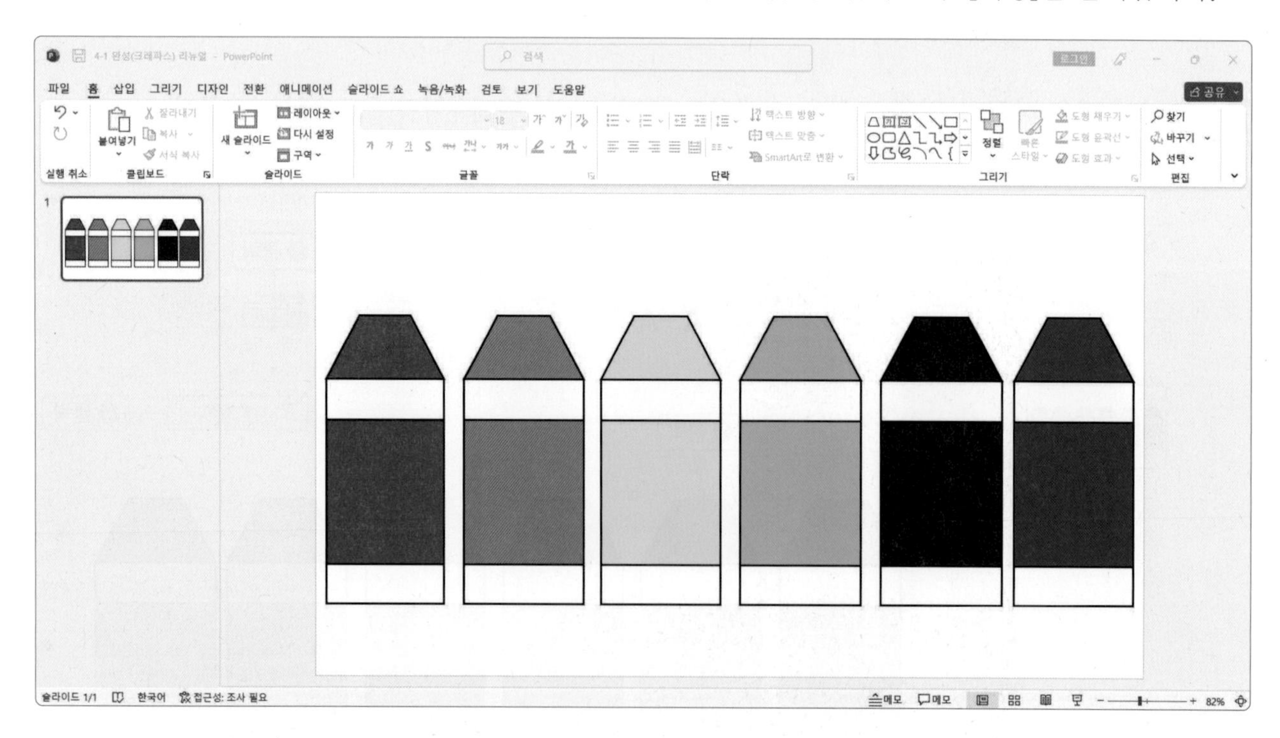

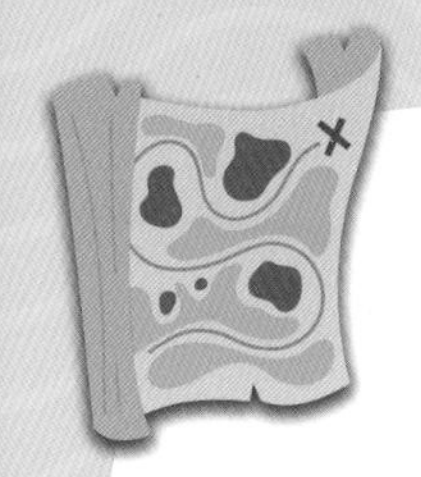

❶ 도형을 사용하여 연필 모양을 그리고 그룹으로 지정해 보세요.

▶ 준비 파일 : 없음 ▶ 완성 파일 : 4_혼자해보기1(완성).pptx

힌트
- [기본 도형]-[이등변 삼각형]
- [사각형]-[직사각형]
- [순서도]-[순서도: 지연]

❷ 도형을 사용하여 공책 모양을 그리고 그룹으로 지정해 보세요.

▶ 준비 파일 : 없음 ▶ 완성 파일 : 4_혼자해보기2(완성).pptx

힌트
- [사각형]-[사각형: 둥근 모서리]
- [기본 도형]-[타원]
- [선]-[선]

5 맛있는 아이스크림

파워포인트의 도형 기능을 사용하여 아이스크림을 만들고 아이스크림이 맛있어 보이게 도형 서식을 이용해 꾸며 볼까요.

작품 완성

준비 파일 : 없음
완성 파일 : 5_완성.pptx

문장 연습 다음 문장을 소리 내어 읽어본 후 입력해 보세요.

오늘은 도서관에서 책을 읽었어요.
책 속에는 재미있는 이야기가 가득했어요.
점심시간에는 학교에서 김치를 먹었어요.
오후에는 체육 시간에 공을 차고 놀았어요.
오늘 하루도 아주 재미있었어요!

※ 그림 속에 숨어 있는 그림을 찾아보세요.

01 아이스크림 만들기

1 [시작( )]을 클릭해 [모든 앱]의 [PowerPoint]를 클릭하여 파워포인트를 실행합니다. 파워포인트가 실행되면 [새로 만들기]-[새 프레젠테이션]을 선택합니다. [홈] 탭의 [슬라이드] 그룹에서 [레이아웃]의 [빈 화면]을 클릭합니다.

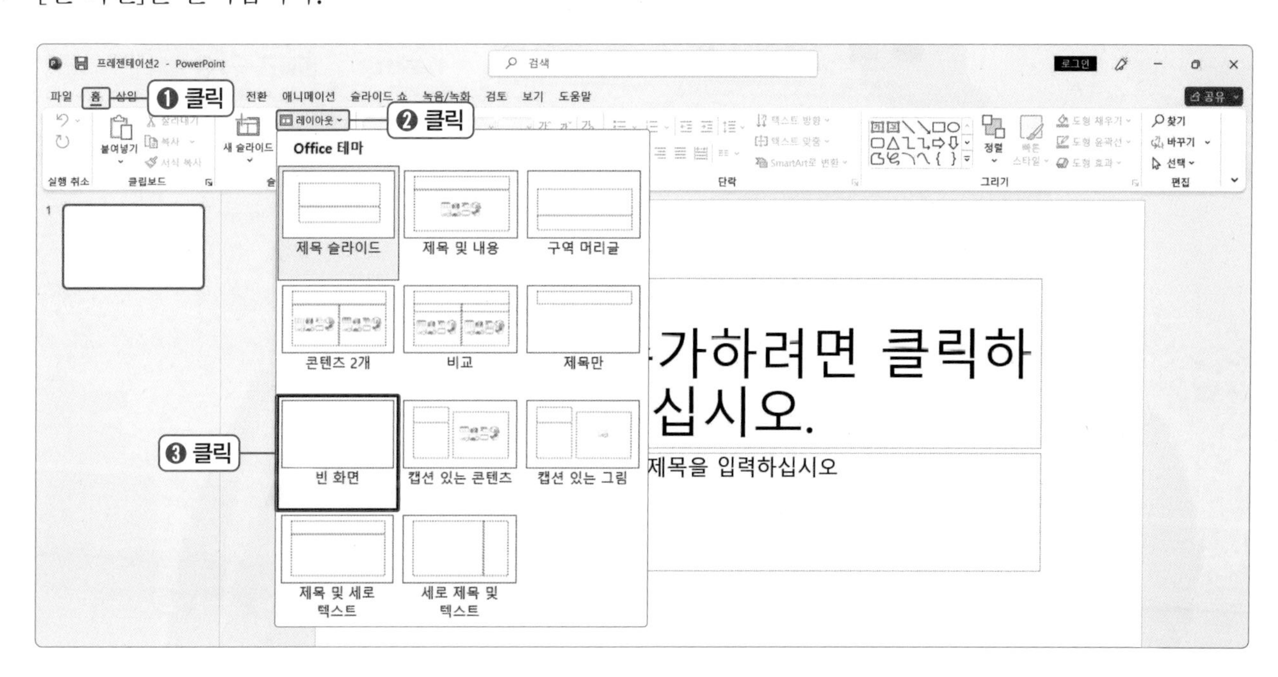

2 [삽입] 탭의 [일러스트레이션] 그룹에서 [도형]을 클릭한 후 [기본 도형]-[이등변 삼각형(△)]을 선택하고 슬라이드에 드래그해 도형을 그립니다.

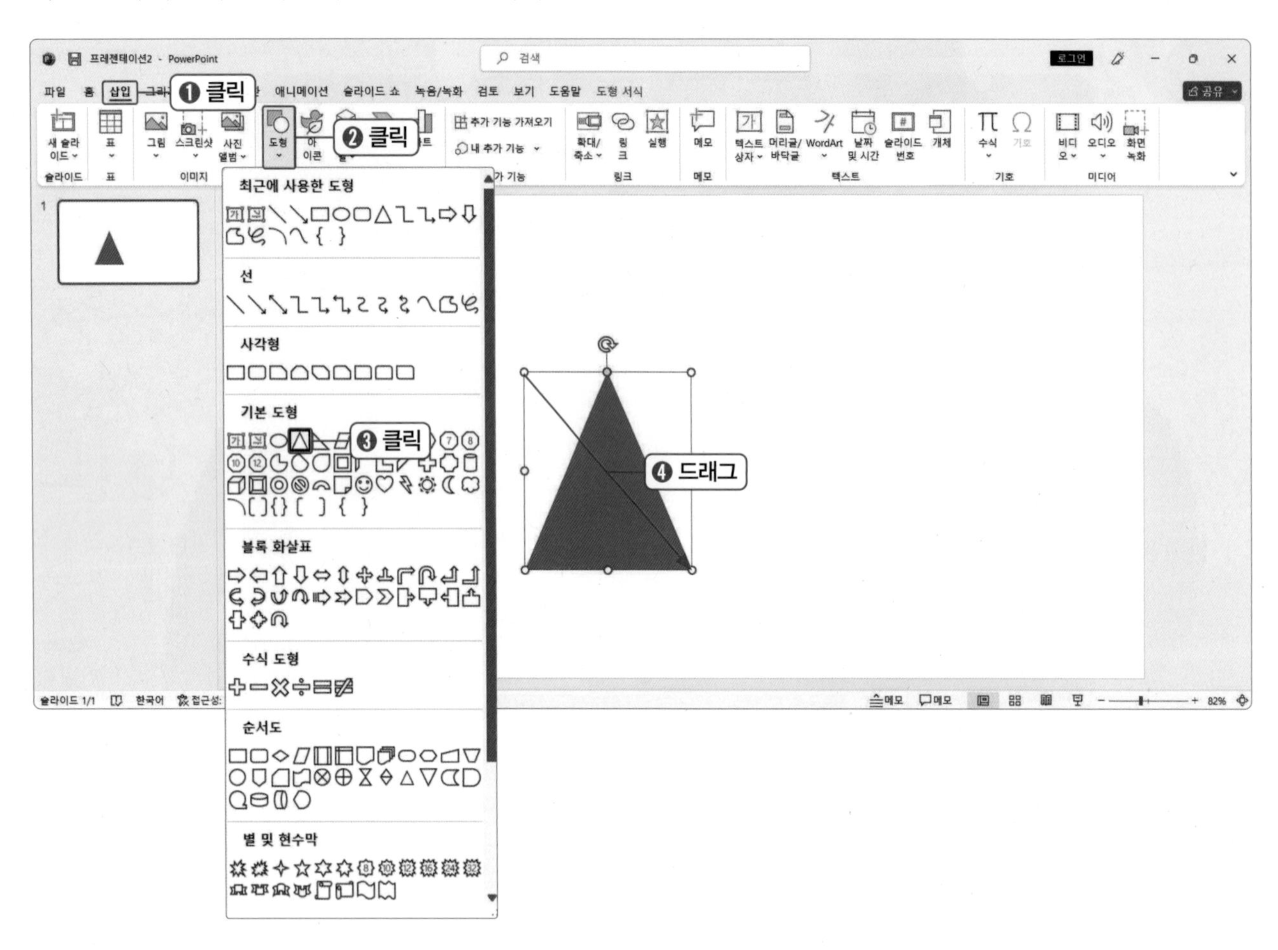

3 도형을 선택하고 [도형 서식] 탭의 [정렬] 그룹에서 [회전]-[상하 대칭]을 클릭합니다.

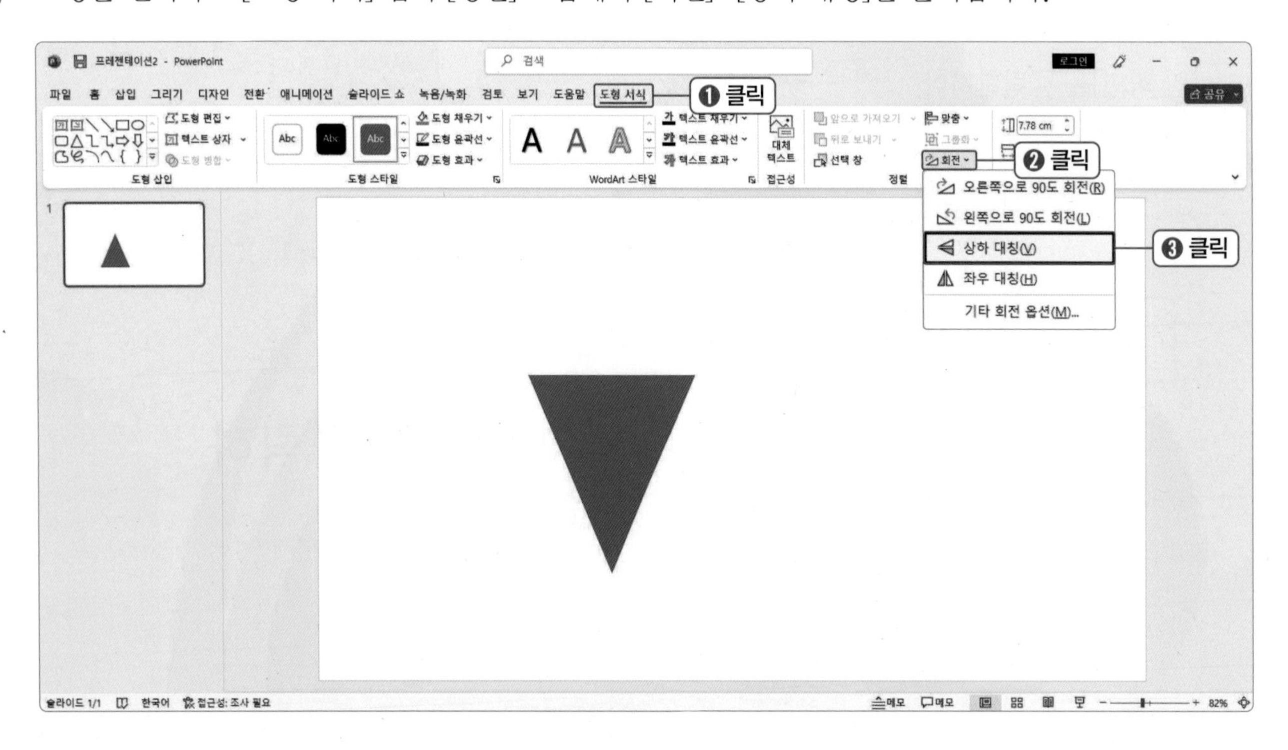

4 [도형 서식] 탭의 [도형 스타일] 그룹에서 [도형 서식(◳)]을 클릭합니다. [도형 서식] 창이 열리면 [채우기]에서 [패턴 채우기]를 클릭한 다음 원하는 패턴을 선택합니다.

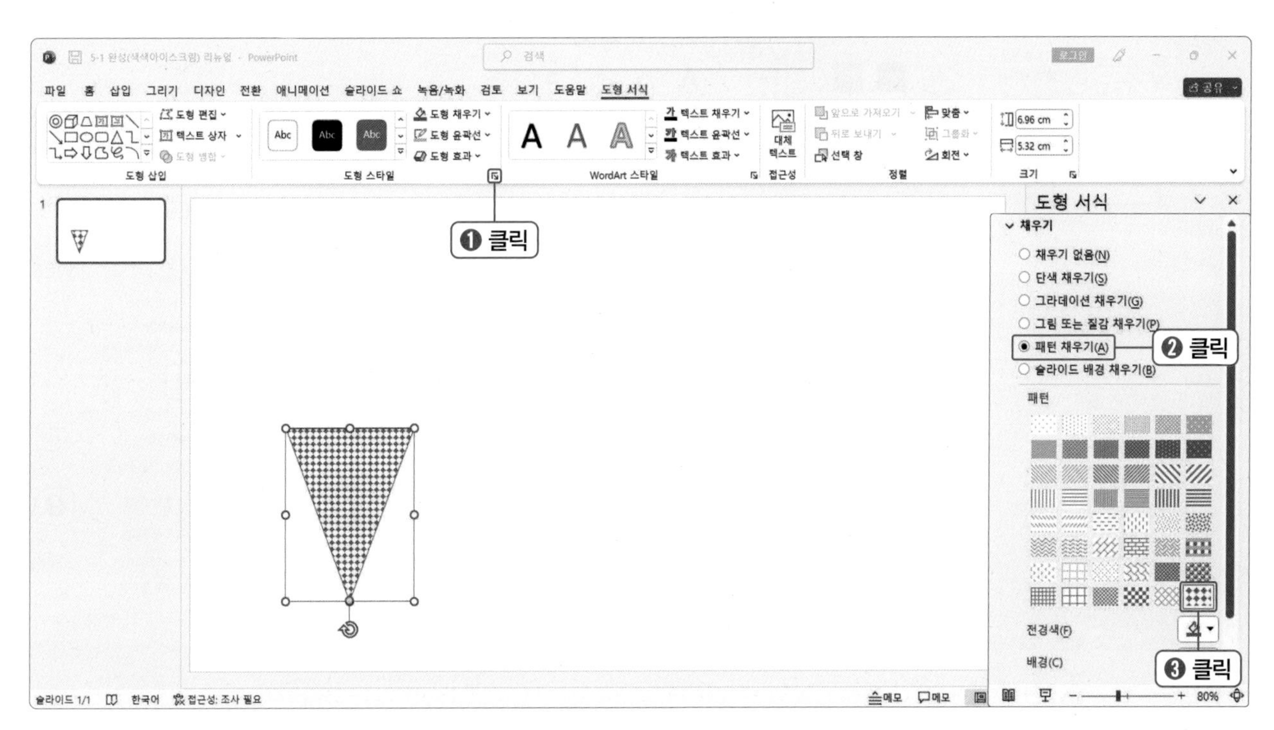

5 패턴에 색을 주기 위해 [전경색]을 클릭해 '주황'을 선택합니다. [배경]을 클릭해 '주황, 강조 2'를 선택합니다.

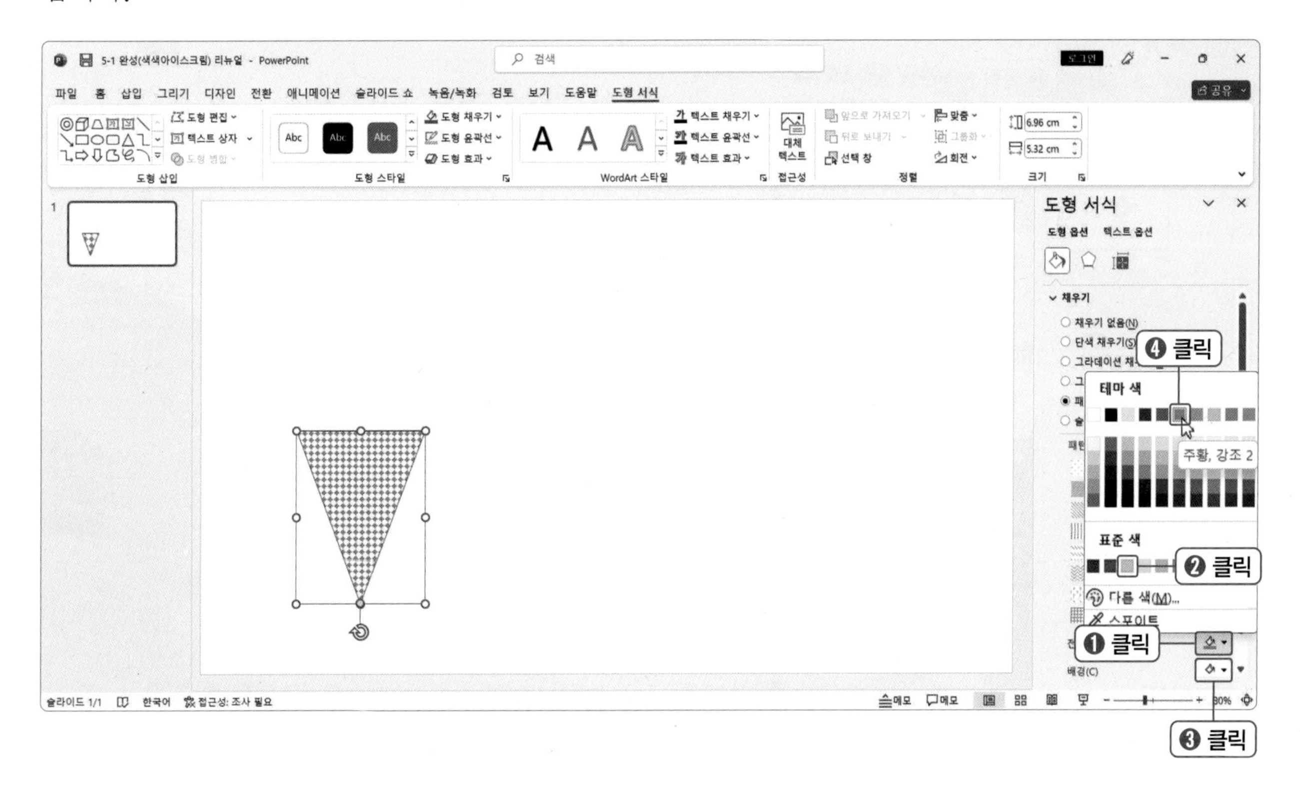

6 [선]에서 [실선]을 선택하고 [색]에 '주황, 강조 2, 25% 더 어둡게'를 [너비]에 '4'를 입력합니다.

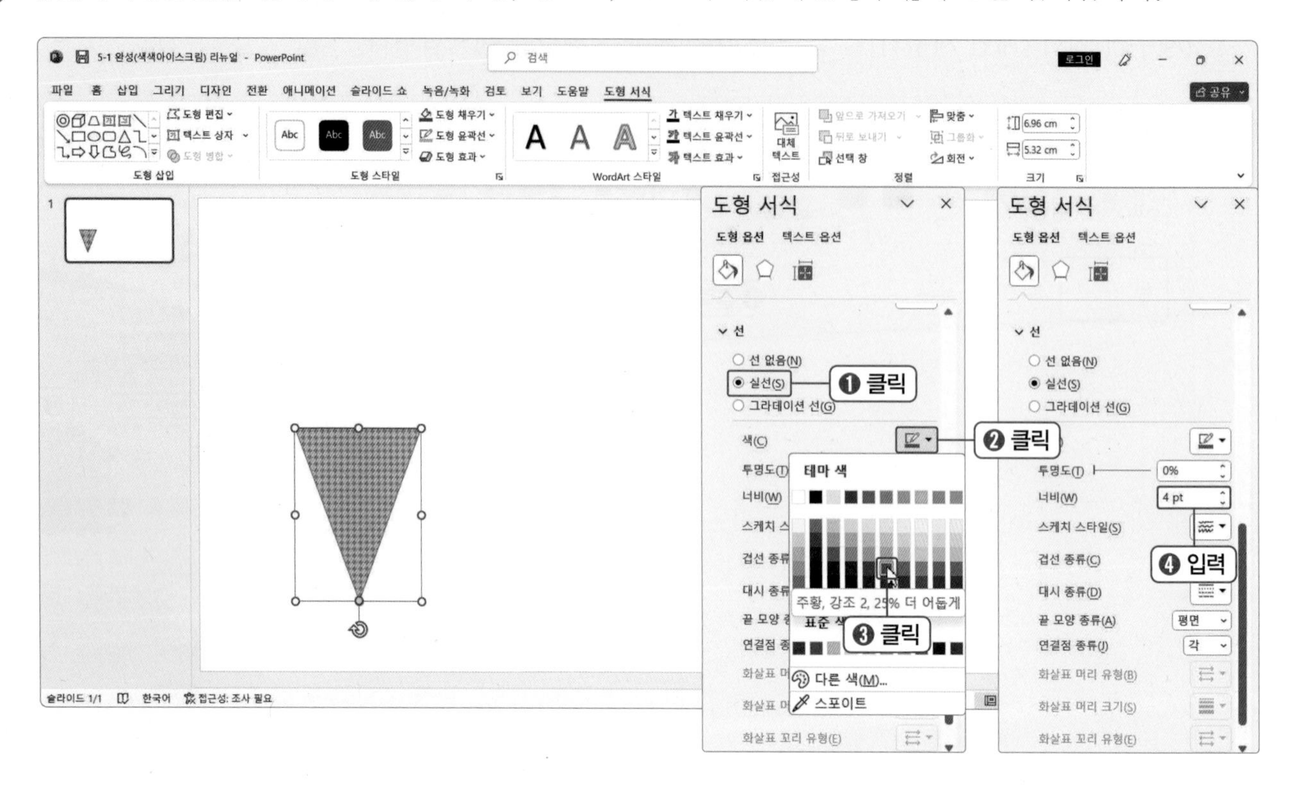

7 [삽입] 탭의 [일러스트레이션] 그룹에서 [도형]을 클릭한 후 [기본 도형]-[타원(◯)]을 선택하고 슬라이드에 드래그해 도형을 그립니다.

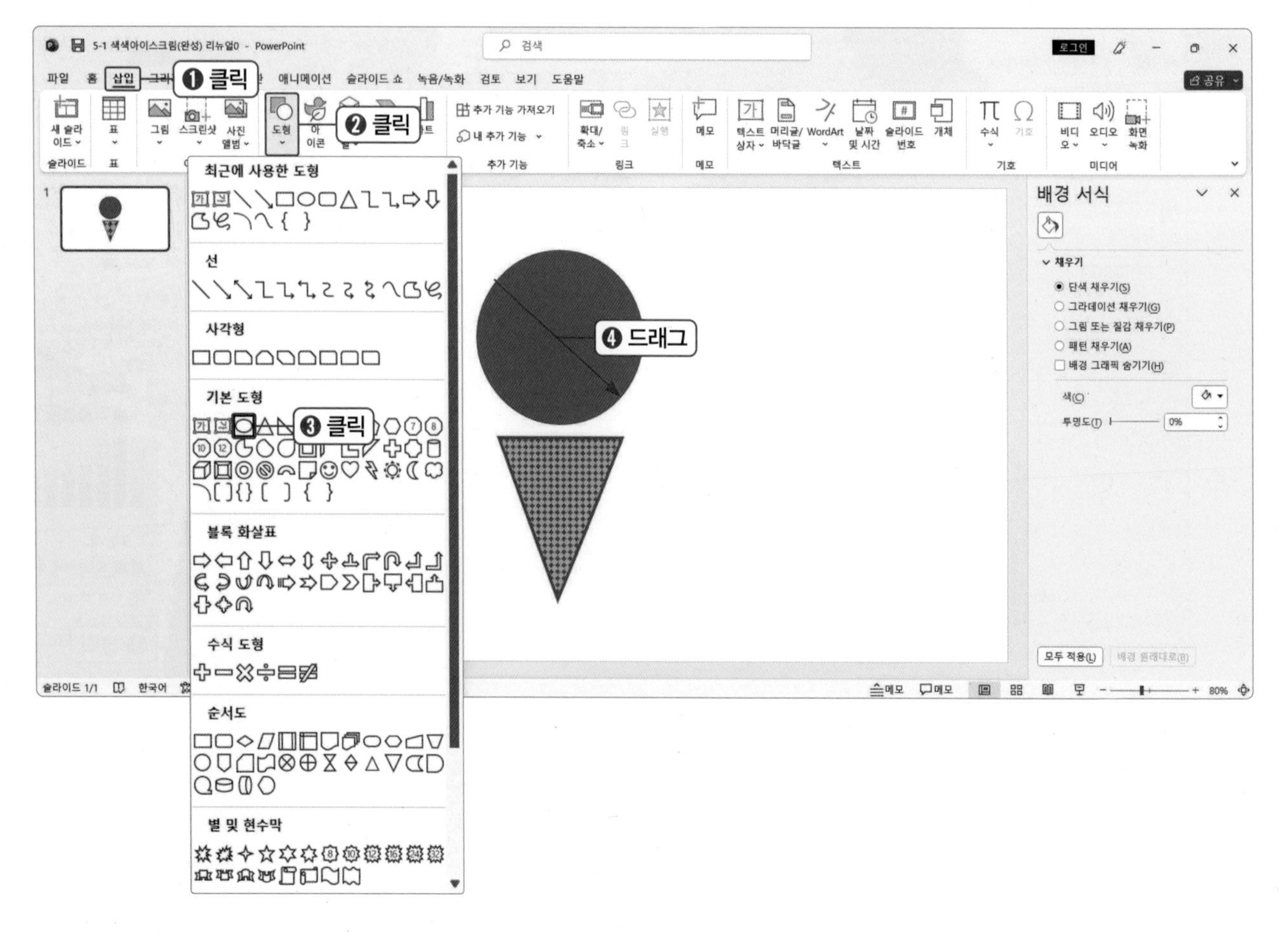

8 [도형 채우기]와 [도형 윤곽선]를 각각 클릭해 '노랑'을 선택합니다.

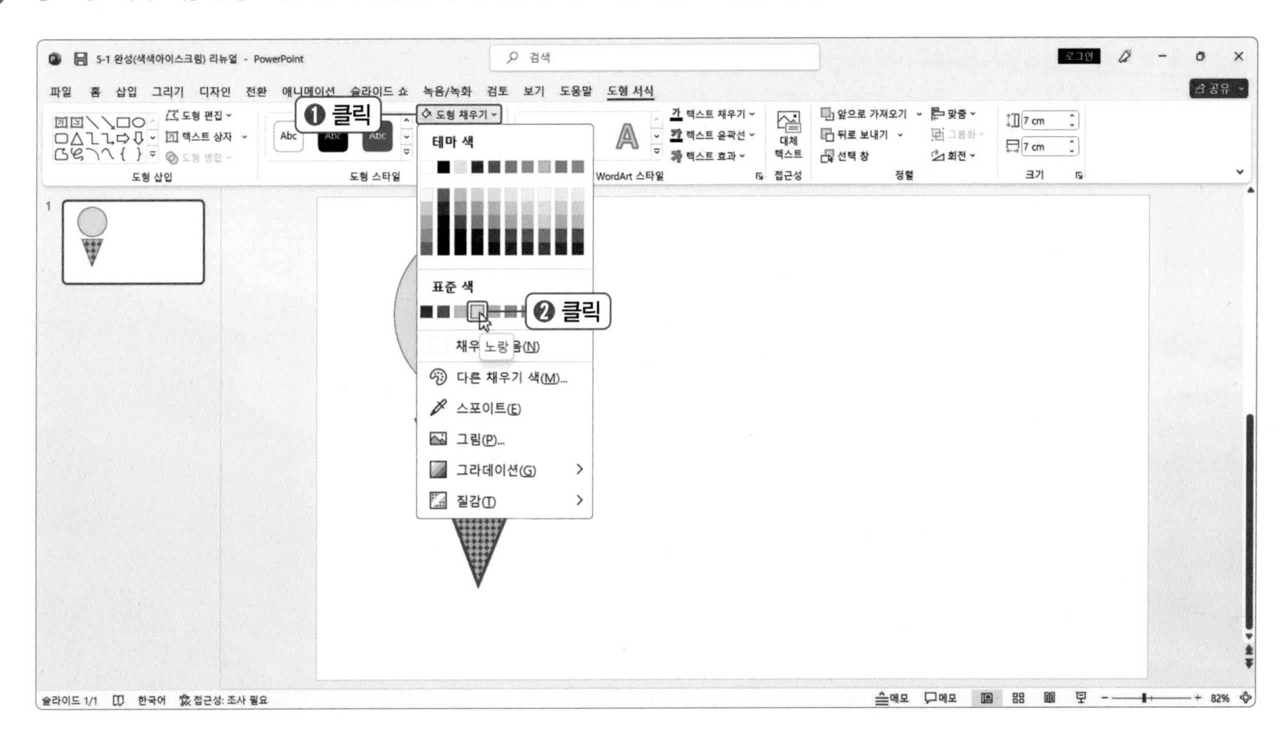

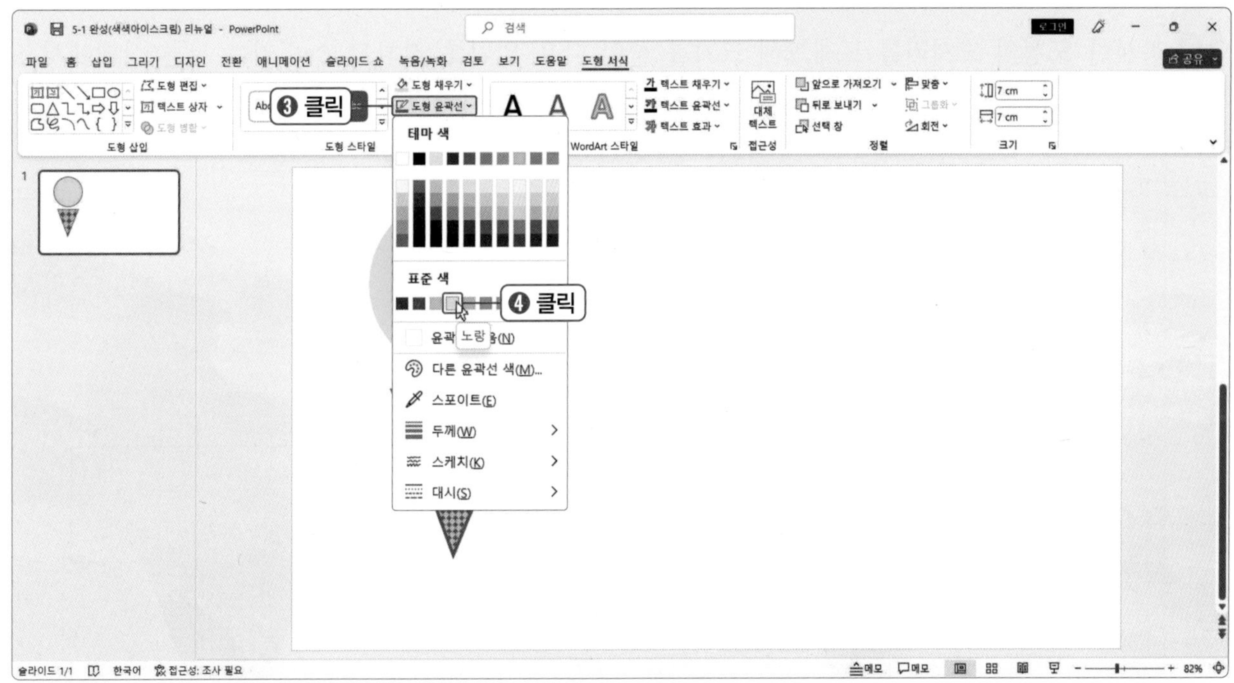

9 타원을 선택한 다음 Ctrl 키를 누른 상태에서 드래그하여 도형을 복사합니다.

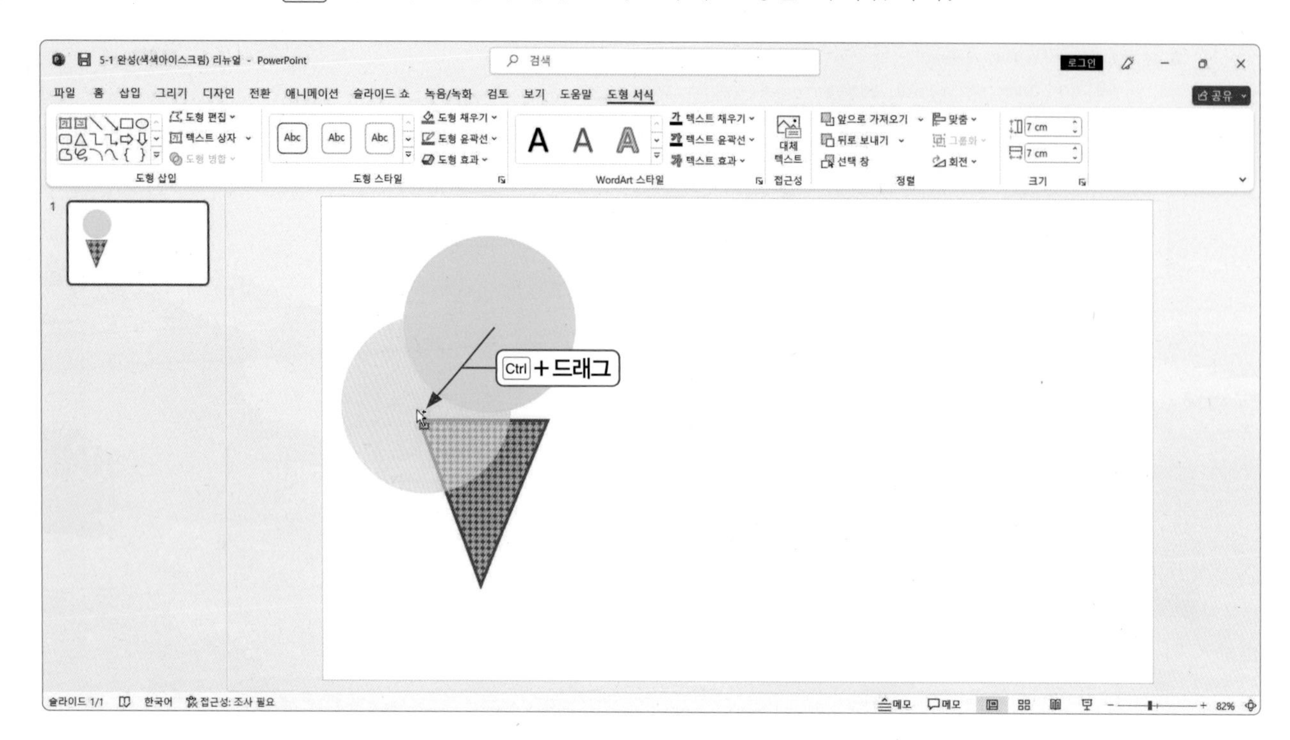

10 복사한 도형의 모서리를 드래그해 크기를 줄인 다음 위치를 정하고 Ctrl 키를 누른 상태에서 도형을 드래그해 복사합니다. 복사한 도형의 크기를 조절하여 아이스크림을 완성합니다.

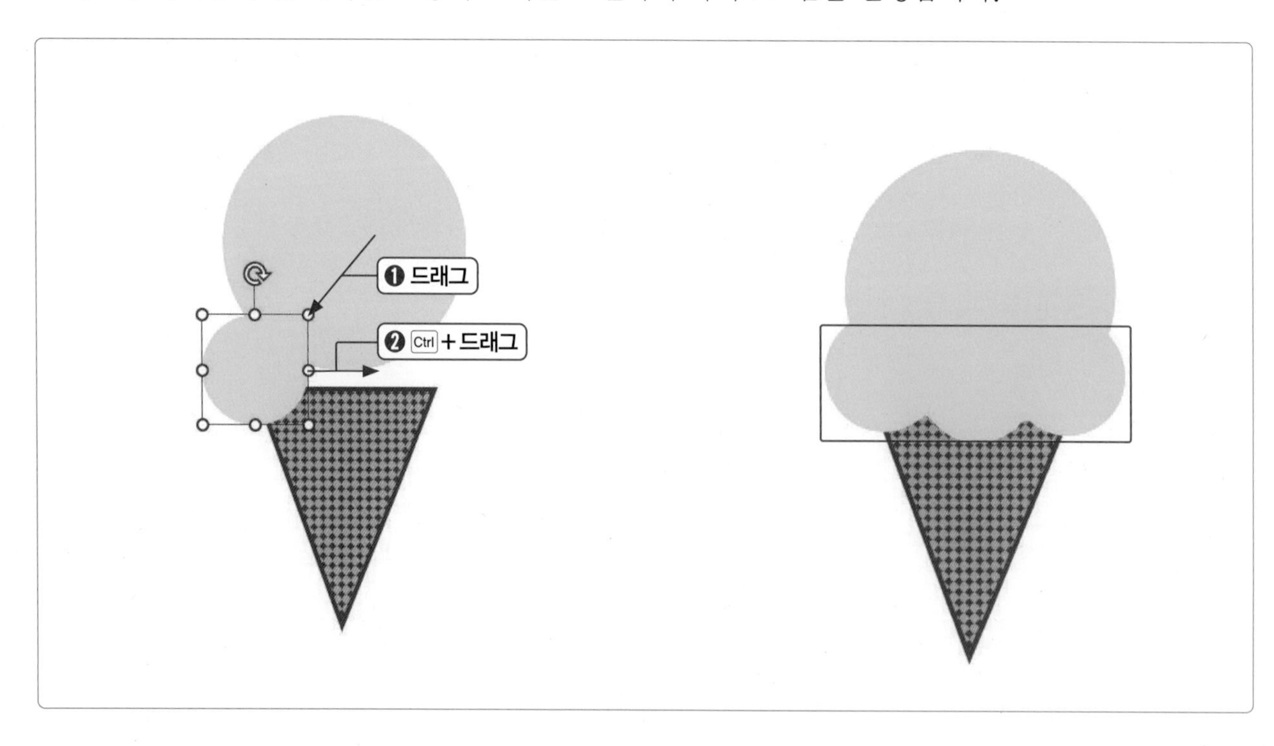

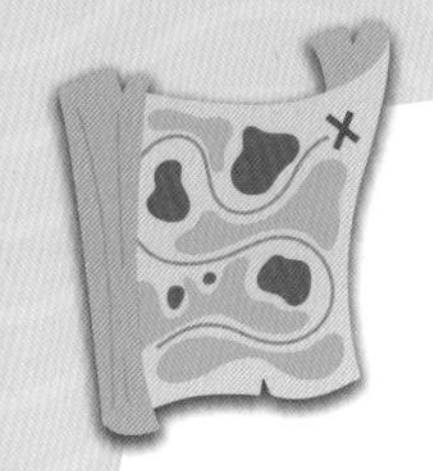

❶ 완성된 아이스크림을 복사하고 색상을 바꿔 보세요.

▶ 준비 파일 : 없음 ▶ 완성 파일 : 5_혼자해보기1(완성).pptx

❷ 도형을 이용하여 막대 아이스크림을 완성해 보세요.

▶ 준비 파일 : 5_혼자해보기2(준비).pptx ▶ 완성 파일 : 5_혼자해보기2(완성).pptx

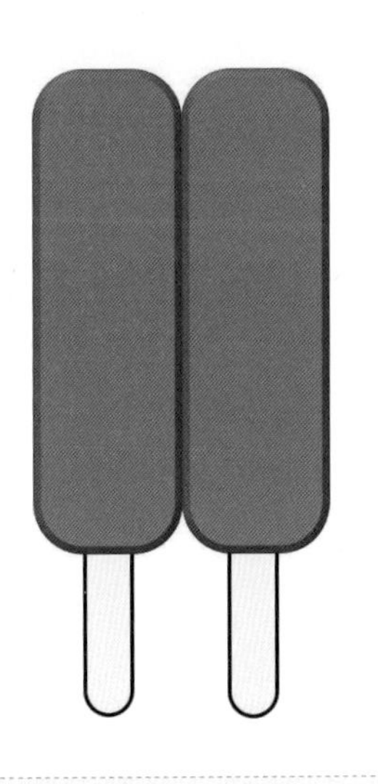

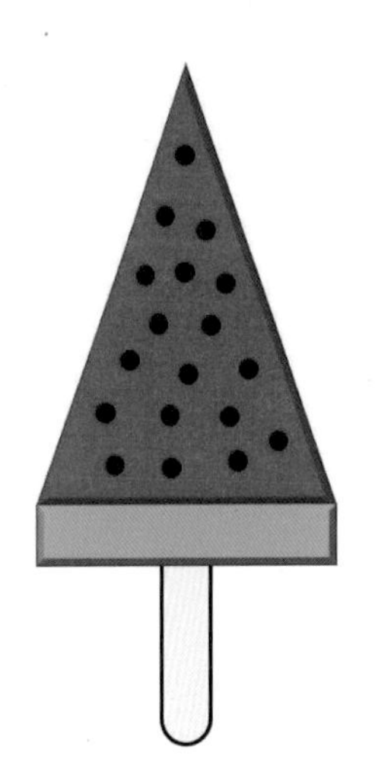

힌트

막대 아이스크림1
- [사각형]-[사각형: 둥근 모서리],
- [도형 효과]-[입체 효과]-[각지게]

막대 아이스크림2
- [기본도형]-[이등변 삼각형], [사각형]-[직사각형]
- [도형 효과]-[입체 효과]-[각지게]

6 밤하늘 꾸미기

파워포인트에는 3D 모델을 넣을 수 있는 기능이 있어요. 이 기능을 사용해서 반짝이는 밤하늘을 꾸며 볼까요.

작품 완성

준비 파일 : 없음
완성 파일 : 6_완성.pptx

문장 연습

다음 문장을 소리 내어 읽어본 후 입력해 보세요.

나는 학교에 가는 길에 친구를 만났어요.

친구는 나에게 오늘 날씨가 참 좋다고 말했어요.

우리는 함께 놀이터에 가서 그네를 타고 미끄럼틀을 탔어요.

정말 즐거운 시간이었어요.

집에 가기 전에 또 만날 거예요.

※ 그림을 비교하여 다른 그림을 찾아 ○표 해 보세요.

01 슬라이드 배경 설정하기

1 [시작(■)]을 클릭해 [모든 앱]의 [PowerPoint]를 클릭하여 파워포인트를 실행합니다. 파워포인트가 실행되면 [새로 만들기]-[새 프레젠테이션]을 선택합니다. [홈] 탭의 [슬라이드] 그룹에서 [레이아웃]의 [빈 화면]을 클릭합니다.

2 슬라이드의 배경색을 바꾸기 위해 슬라이드의 빈 부분에 마우스 오른쪽 버튼을 클릭한 후 [배경 서식]을 클릭합니다.

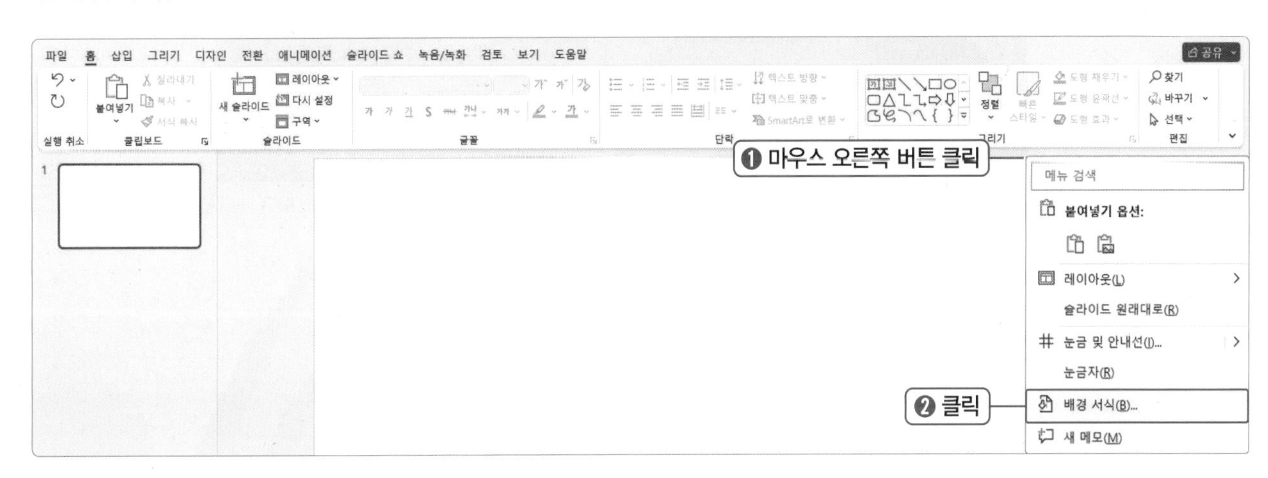

3 [배경 서식] 창이 열리면 [채우기]–[단색 채우기]를 선택하고 [색]을 클릭해 '검정, 텍스트 1'을 선택합니다.

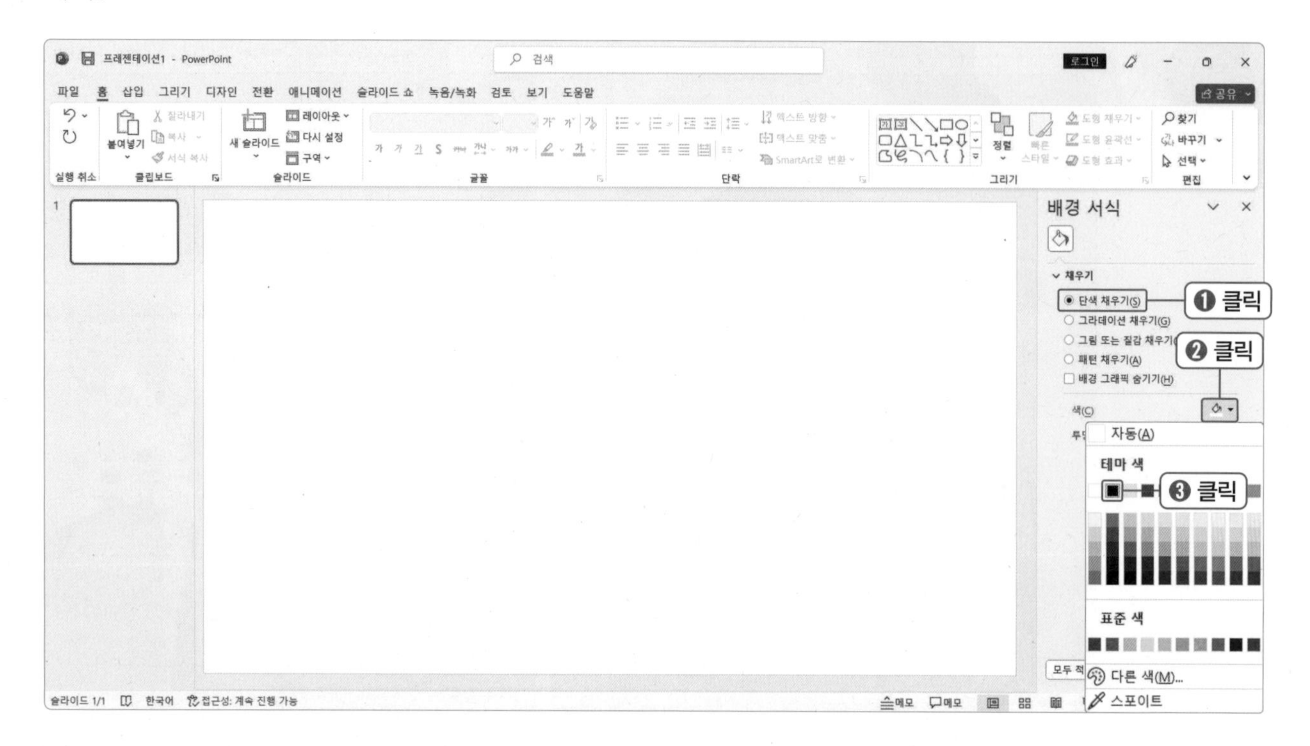

4 슬라이드의 배경색이 검정으로 바뀝니다.

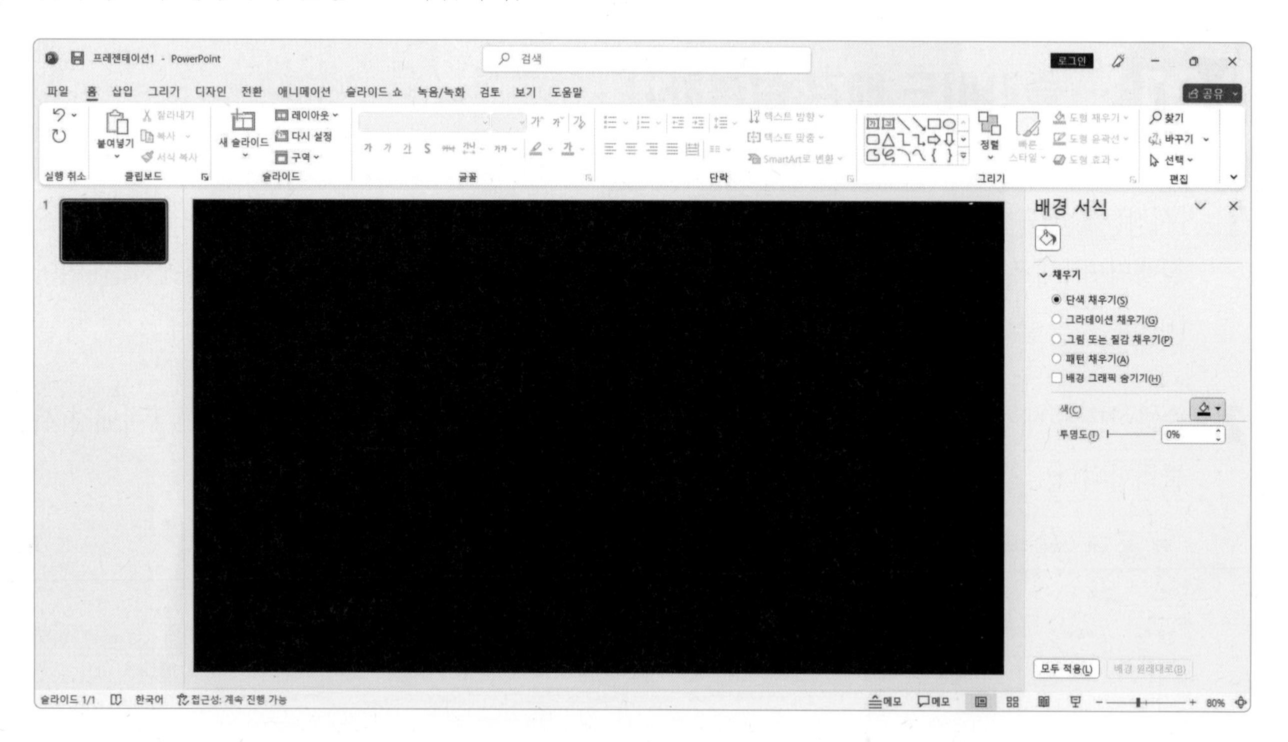

02 별 만들기

1 [삽입] 탭의 [일러스트레이션] 그룹에서 [도형]을 클릭한 후 [별 및 현수막]–[별: 꼭짓점 5개(☆)]를 선택하고 슬라이드에 드래그해 도형을 그립니다.

2 [도형 서식] 탭의 [도형 스타일] 그룹에서 [도형 채우기], [도형 윤곽선]을 각각 클릭한 후 '노랑'을 선택합니다.

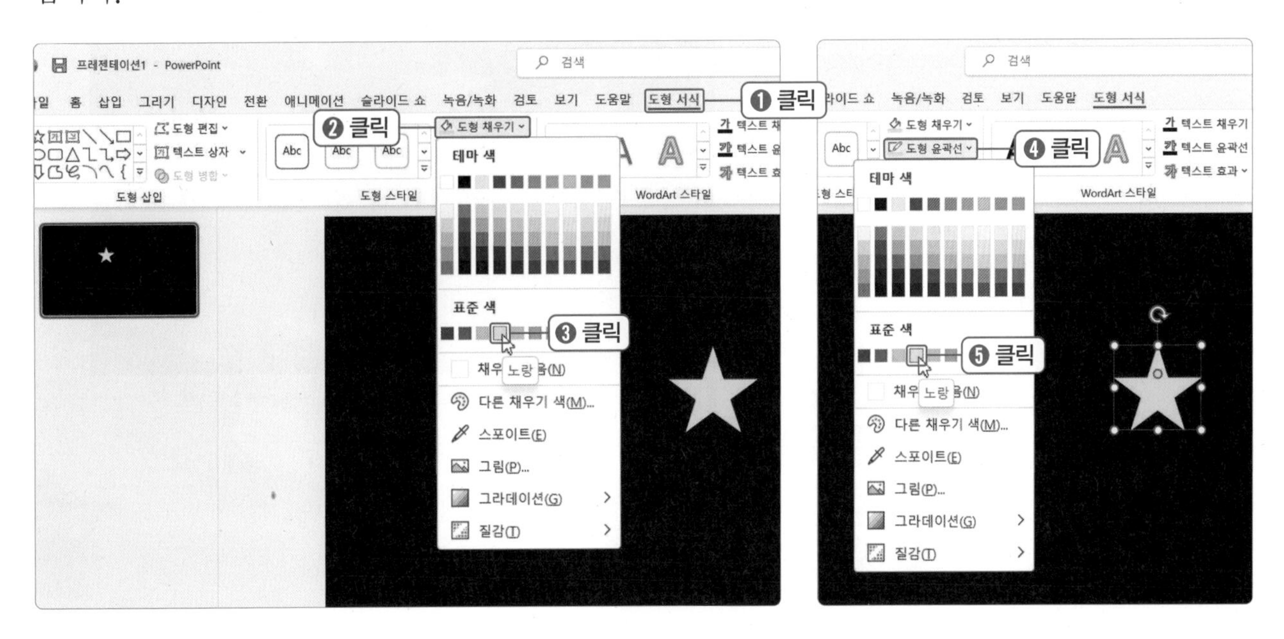

3 Ctrl 키를 누른 상태에서 완성된 별을 드래그해 복사한 후 복사된 별의 크기를 바꿔줍니다.

4 [삽입] 탭의 [일러스트레이션] 그룹에서 [도형]을 클릭한 후 [별 및 현수막]-[별: 꼭짓점 4개(✧)]를 선택하고 슬라이드에 드래그해 도형을 그립니다.

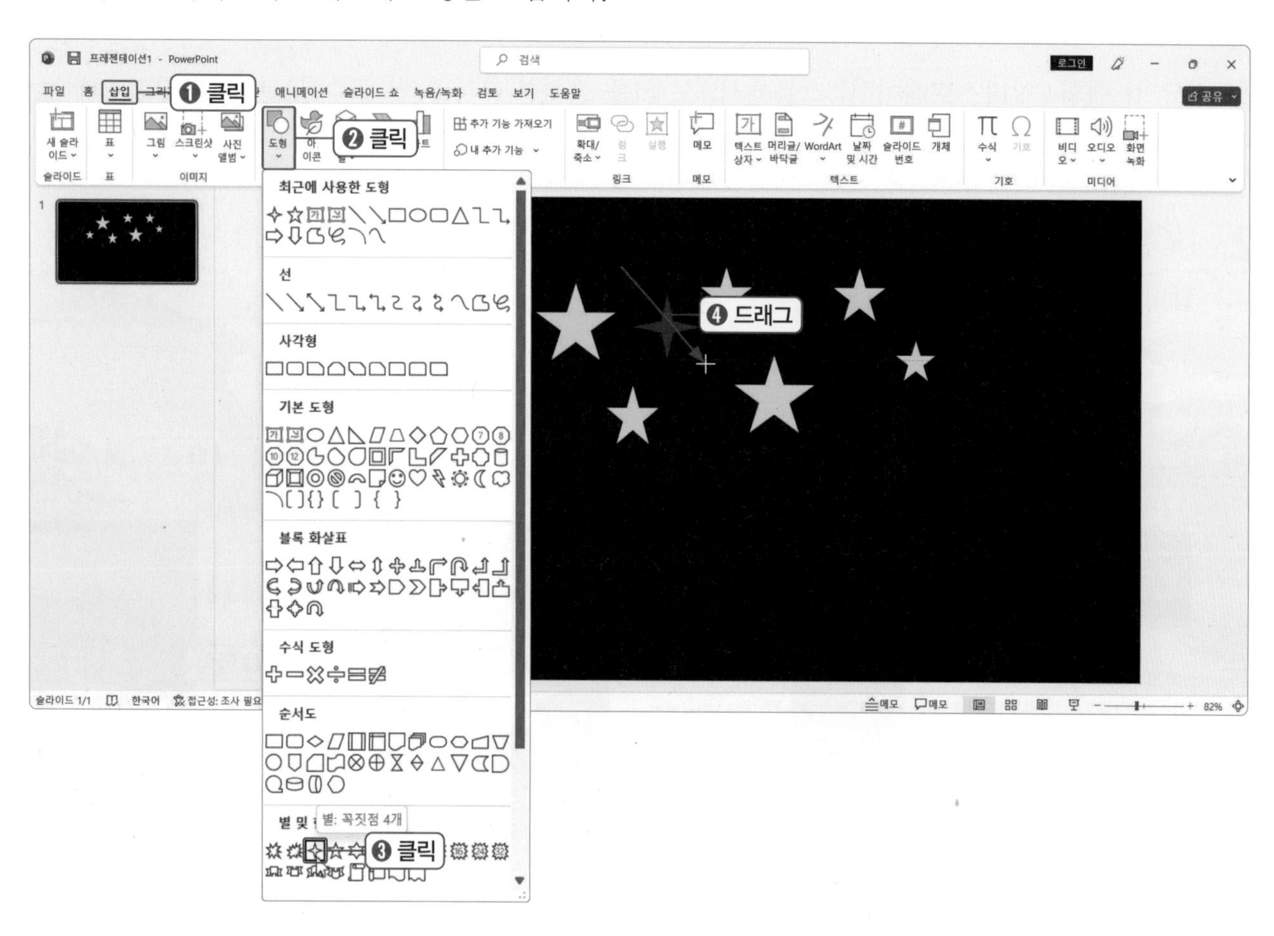

5 [도형 서식] 탭의 [도형 스타일] 그룹에서 [도형 채우기]를 클릭해 '흰색, 배경 1'을 선택하고 [도형 윤곽선]을 클릭해 '노랑'을 선택합니다.

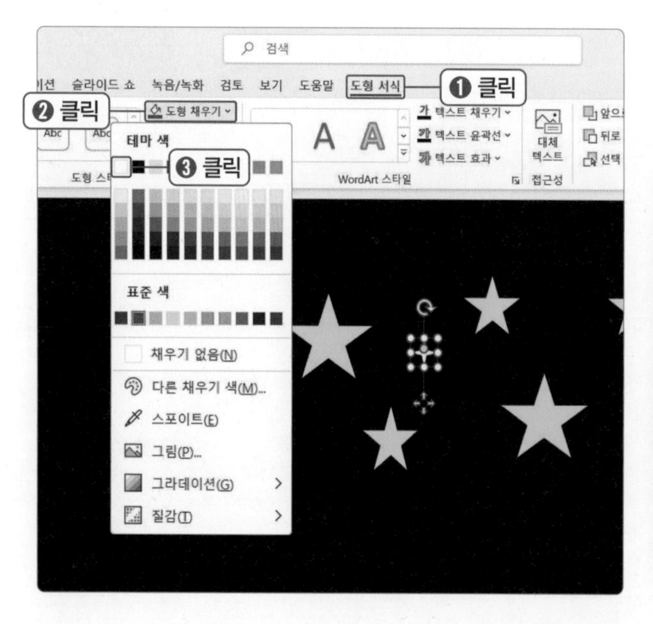

6 완성된 별을 선택한 다음 Ctrl 키를 누른 상태에서 드래그해 복사한 후 복사한 별의 크기를 바꿔 밤하늘의 별을 만듭니다.

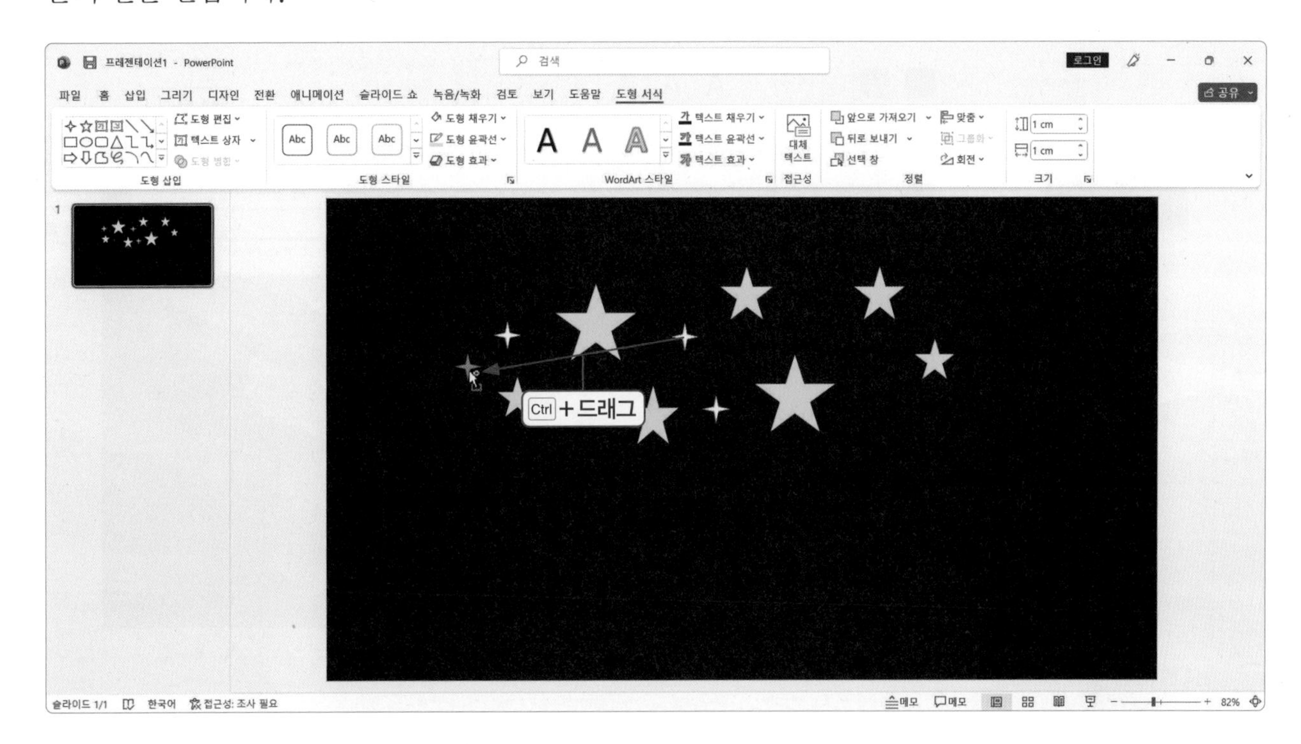

7 [삽입] 탭의 [일러스트레이션] 그룹에서 [도형]을 클릭한 후 [기본 도형]-[달(☾)]을 선택하고 슬라이드에 드래그해 도형을 그립니다.

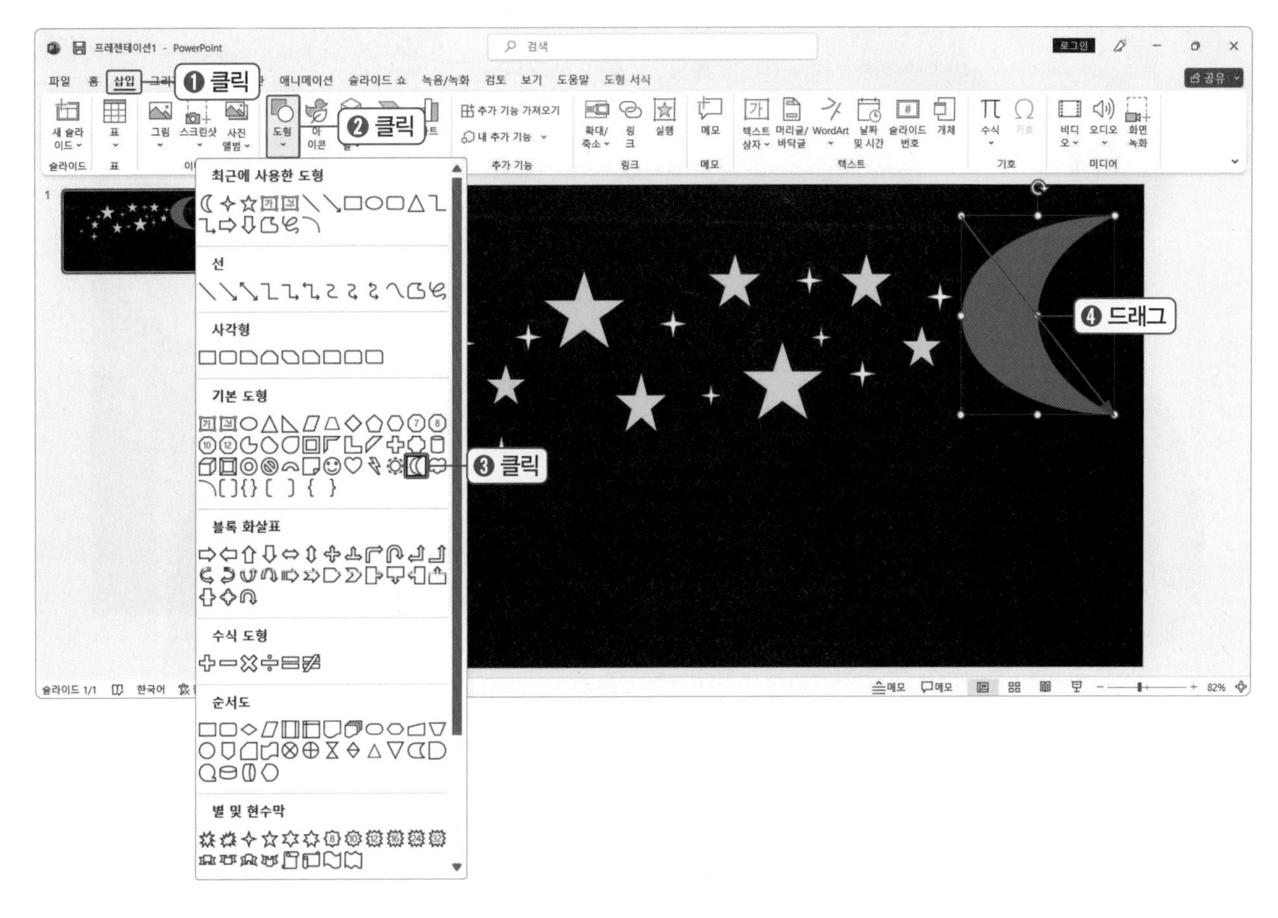

8 [도형 서식] 탭의 [정렬] 그룹에서 [회전]-[좌우 대칭]을 클릭합니다.

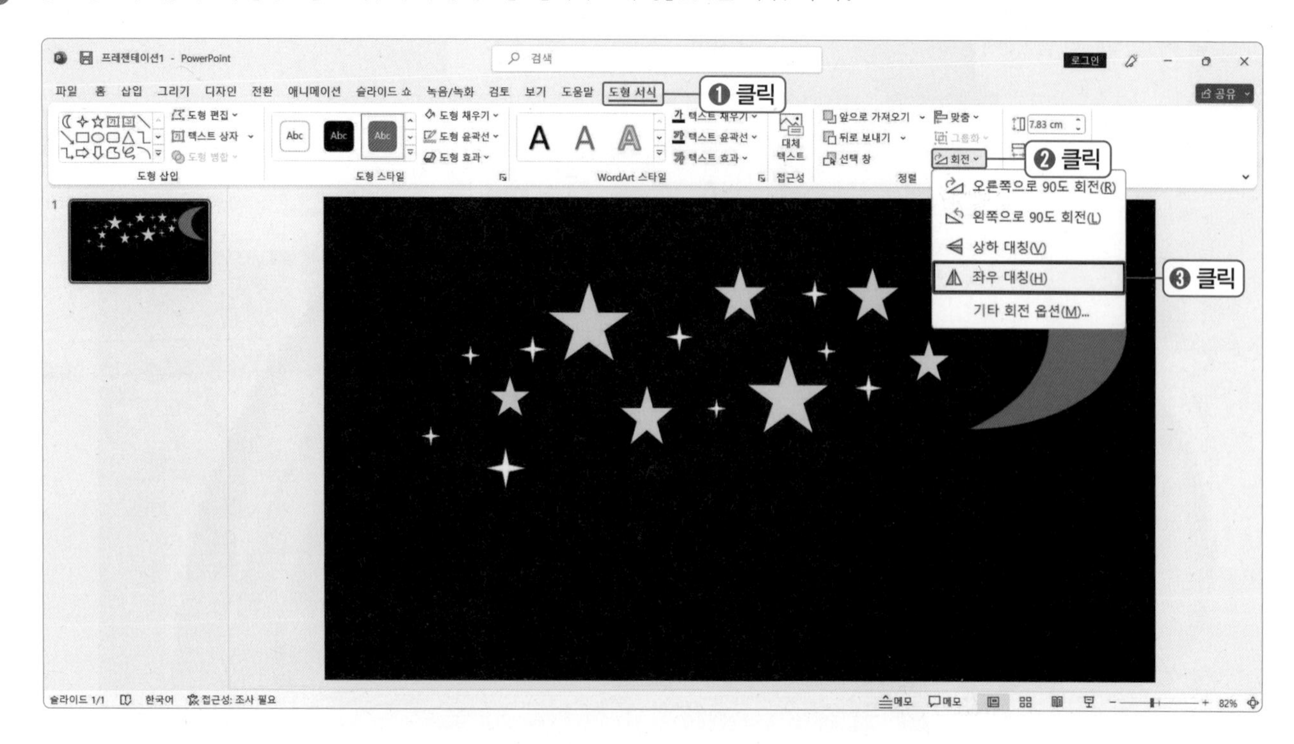

9 [도형 서식] 탭의 [도형 스타일] 그룹에서 [도형 채우기], [도형 윤곽선]을 각각 클릭한 후 원하는 색으로 바꿉니다.

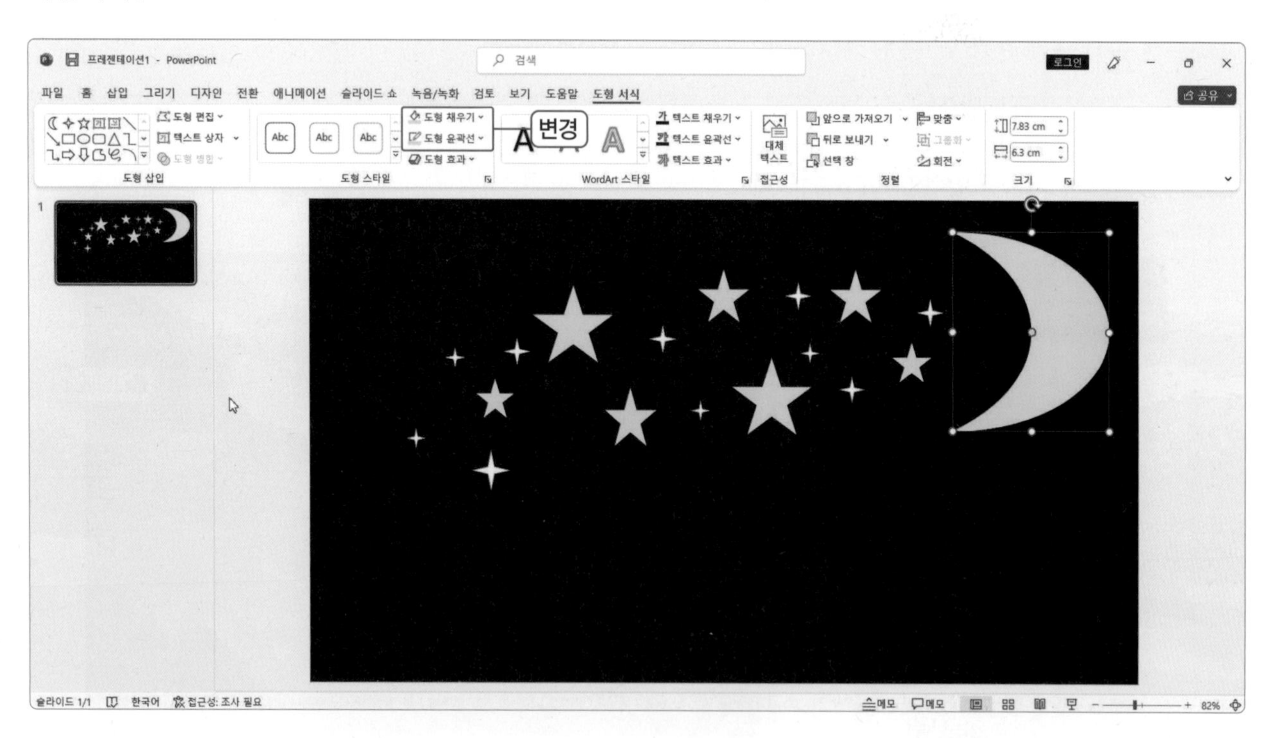

03 3차원 모델 삽입하기

1 [삽입] 탭의 [일러스트레이션] 그룹에서 [3D 모델]-[스톡 3D 모델]을 클릭합니다.

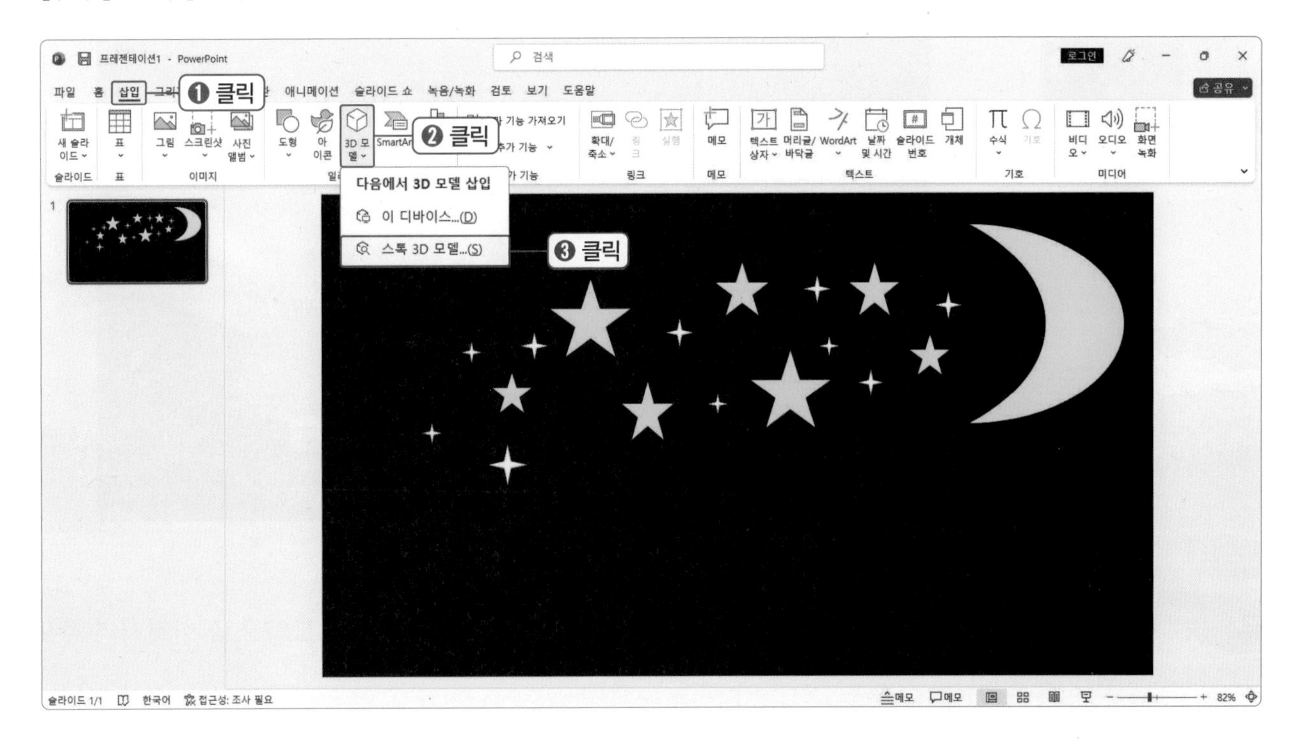

2 [온라인 3D 모델] 창이 열리면 'star'를 입력하고 Enter 키를 누릅니다. 검색된 모델 중 원하는 모델을 클릭한 다음 [삽입]을 클릭합니다.

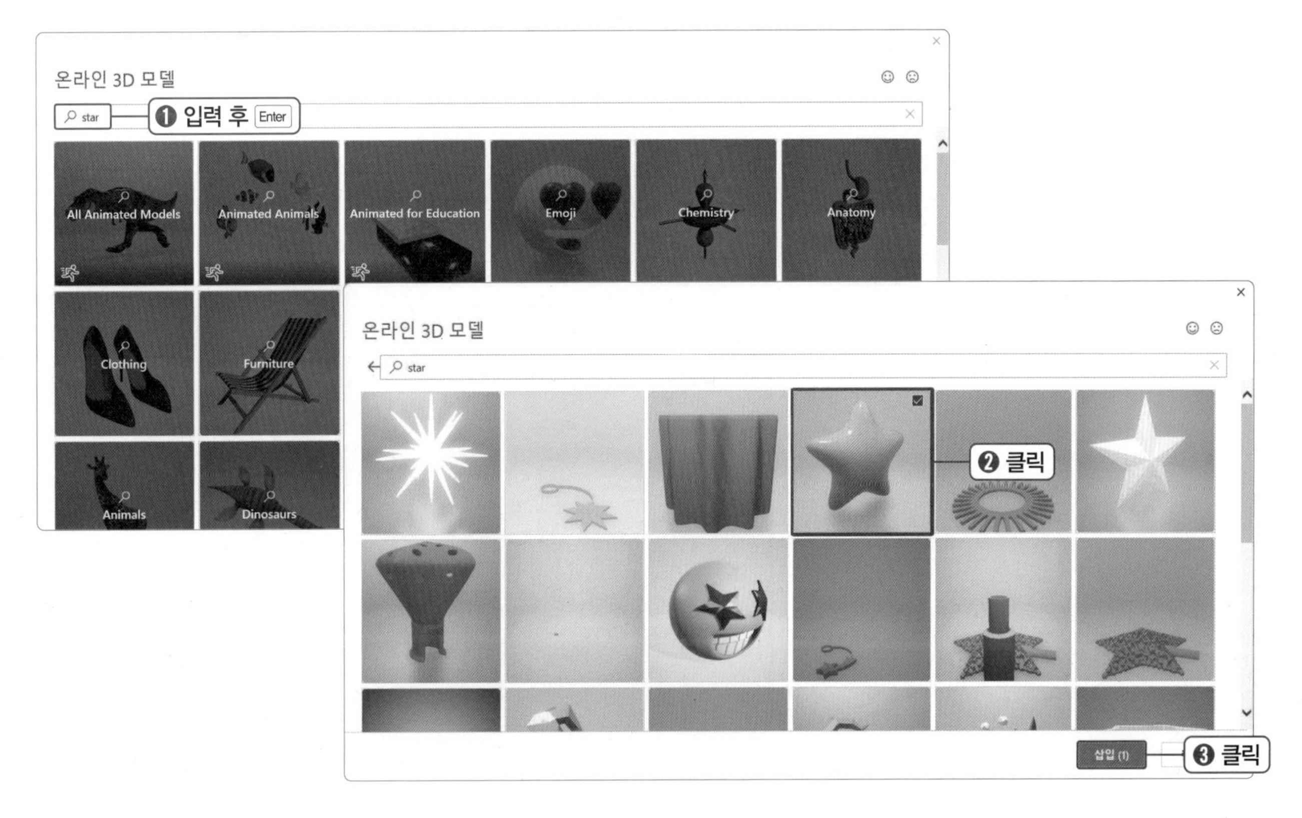

3 3D 모델이 삽입되면 모서리를 드래그해 크기와 위치를 정합니다.

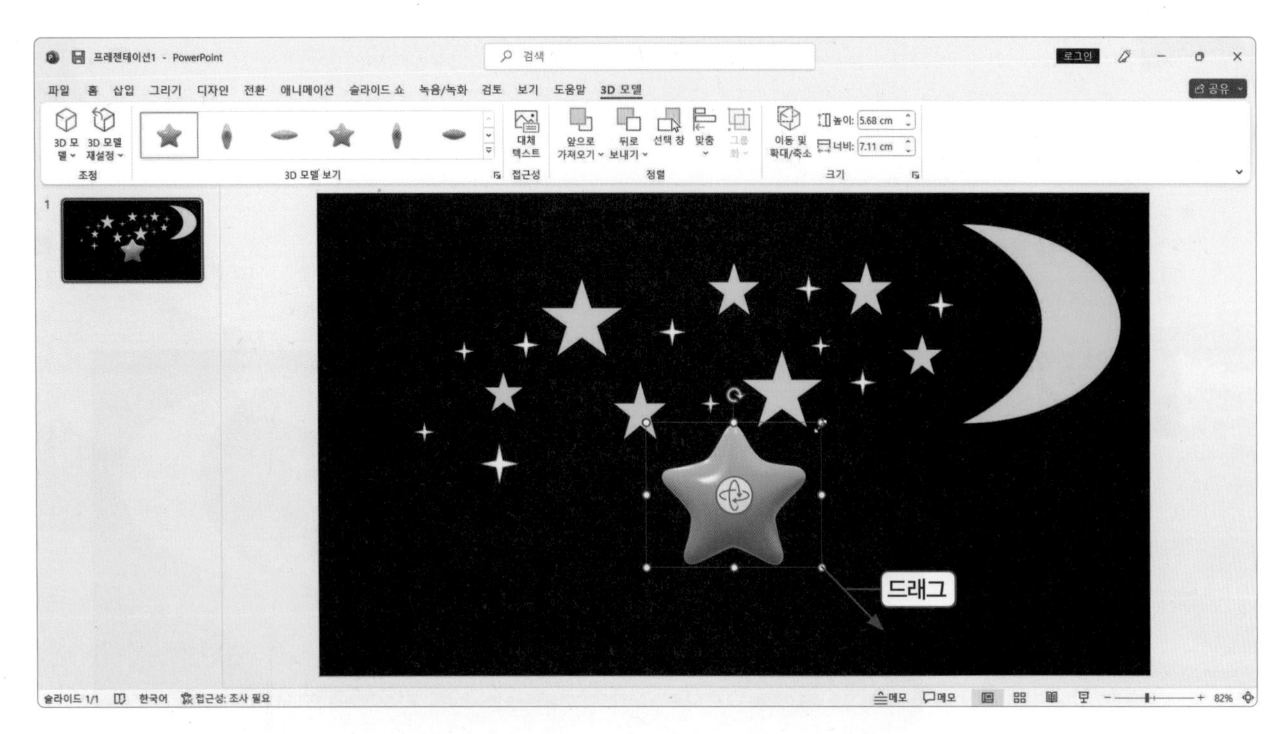

4 3D 모델의 가운데(⊕)를 클릭한 후 마우스를 상하좌우로 움직여 원하는 모양으로 회전시켜 주고 밤하늘을 완성해 봅니다.

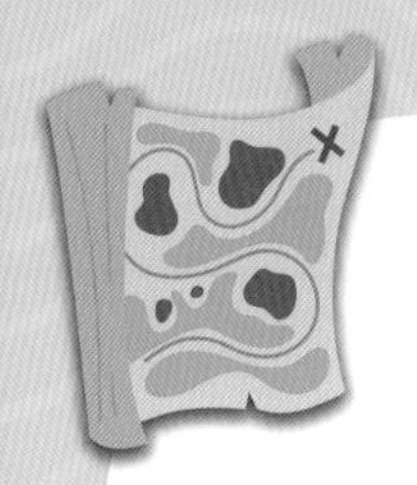

혼자해 보기

❶ 도형을 이용하여 물고기를 만들어 바닷속을 꾸며 보세요.

▶ 준비 파일 : 없음 ▶ 완성 파일 : 6_혼자해보기1(완성).pptx

힌트
- [기본 도형]-[부분 원형], [기본 도형]-[타원], [기본 도형]-[이등변 삼각형]
- 복사하기, [회전]-[좌우 대칭]

❷ 칠교놀이 판 위에 같은 도형을 찾아 그려 넣어 칠교놀이를 완성해 보세요.

▶ 준비 파일 : 6_혼자해보기2(준비).pptx ▶ 완성 파일 : 6_혼자해보기2(완성).pptx

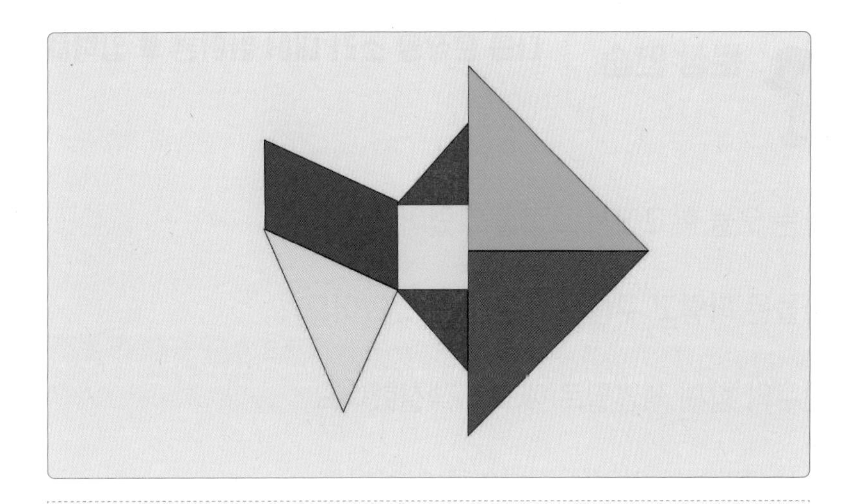

힌트
- [기본 도형]-[직각 삼각형], [기본 도형]-[이등변 삼각형], [기본 도형]-[평행 사변형]
- 복사하기, [회전]

7 반짝이는 밤하늘 애니메이션

애니메이션 기능을 사용하면 도형이나 3차원 모델에 움직이는 효과를 줄 수 있어요.
애니메이션 효과를 사용해 별이 반짝이듯 움직이는 밤하늘을 꾸며 볼까요.

작품 완성

준비 파일 : 7_준비.pptx
완성 파일 : 7_완성.pptx

문장 연습

다음 문장을 소리 내어 읽어본 후 입력해 보세요.

나는 오늘 학교에서 그림을 그렸어요.

하늘은 파랗고 구름은 하얗게 떠 있었어요.

친구와 함께 색연필로 예쁘게 색칠했어요.

점심시간에는 맛있는 떡볶이를 먹었어요.

오늘은 정말 신나는 하루였어요.

※ 너구리가 미로에서 음식을 찾을 수 있도록 길을 알려주세요!

01 애니메이션 효과

1 [시작(■)]을 클릭해 [모든 앱]의 [PowerPoint]를 클릭하여 파워포인트를 실행합니다. 파워포인트가 실행되면 '7_준비.pptx' 파일을 불러옵니다.

2 애니메이션 효과를 주기 위해 '달' 도형을 선택하고 [애니메이션] 탭의 [애니메이션] 그룹에서 [올라오기]를 클릭합니다. 애니메이션 효과가 설정되면 선택한 도형에 '1'과 같이 번호가 표시됩니다.

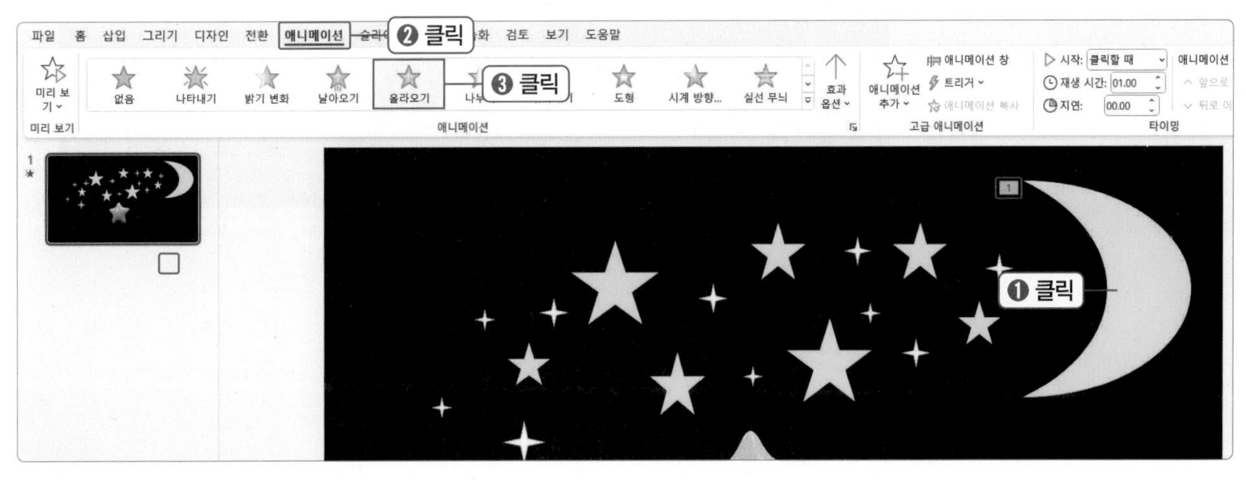

TIP 애니메이션 효과를 주었을 때 도형에 나타나는 숫자는 애니메이션의 재생 순서예요.

3 [애니메이션] 탭의 [타이밍] 그룹에서 [시작]을 '클릭할 때'로 선택합니다.

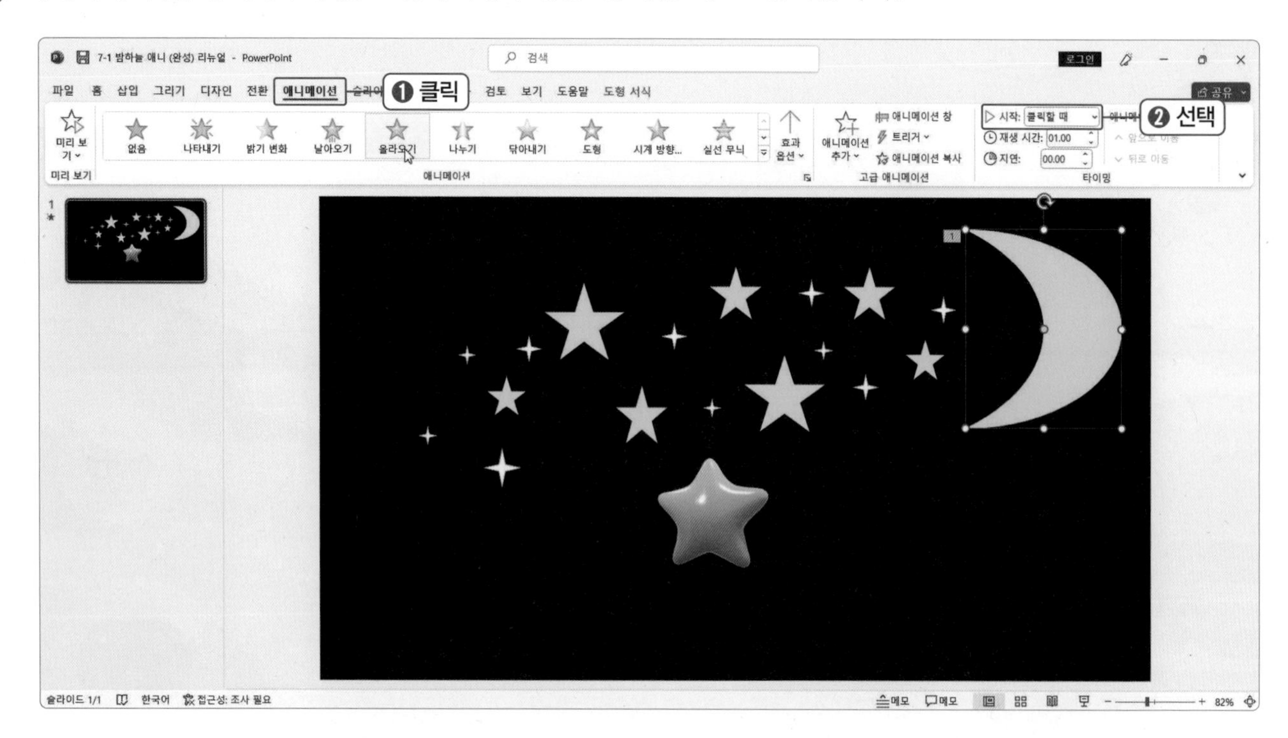

4 [애니메이션] 탭의 [미리 보기] 그룹에서 [미리 보기]를 클릭해 애니메이션을 확인합니다.

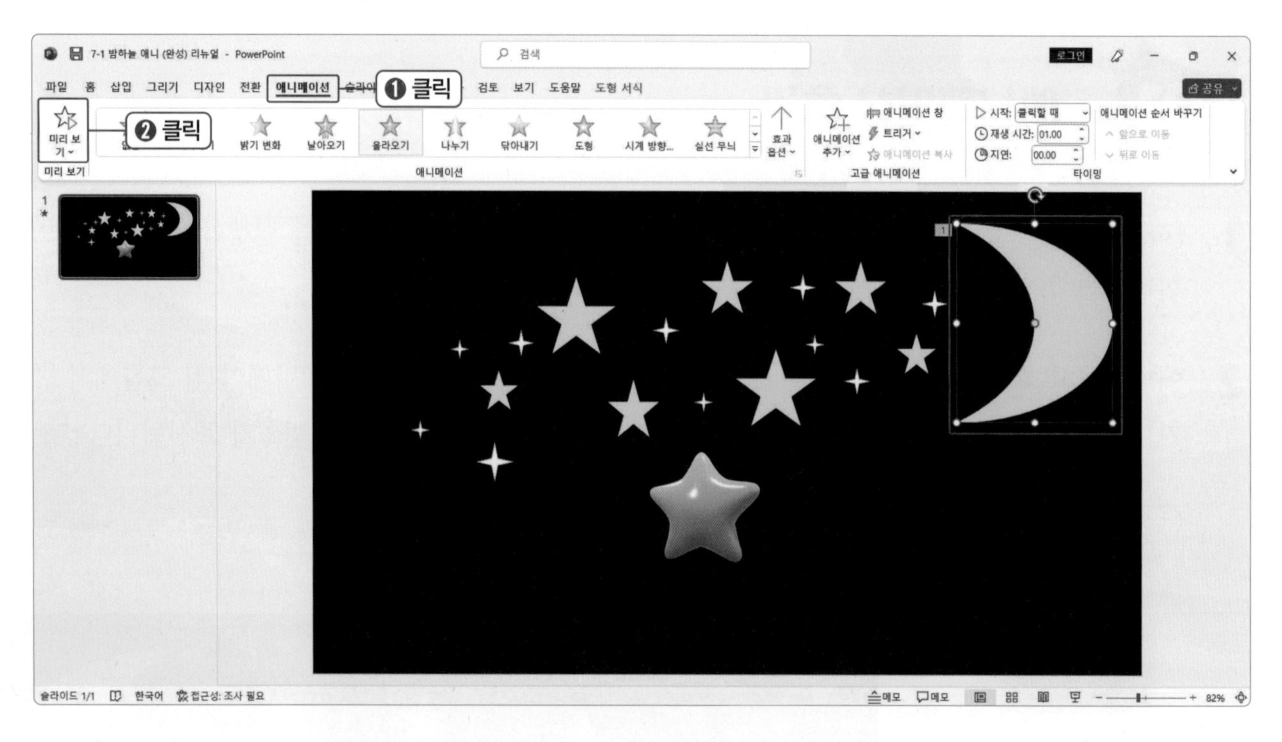

5 '별: 꼭짓점 5개' 도형 모두를 선택한 다음 [애니메이션] 탭의 [애니메이션] 그룹에서 [자세히( )]를 클릭하고 [회전]을 선택합니다.

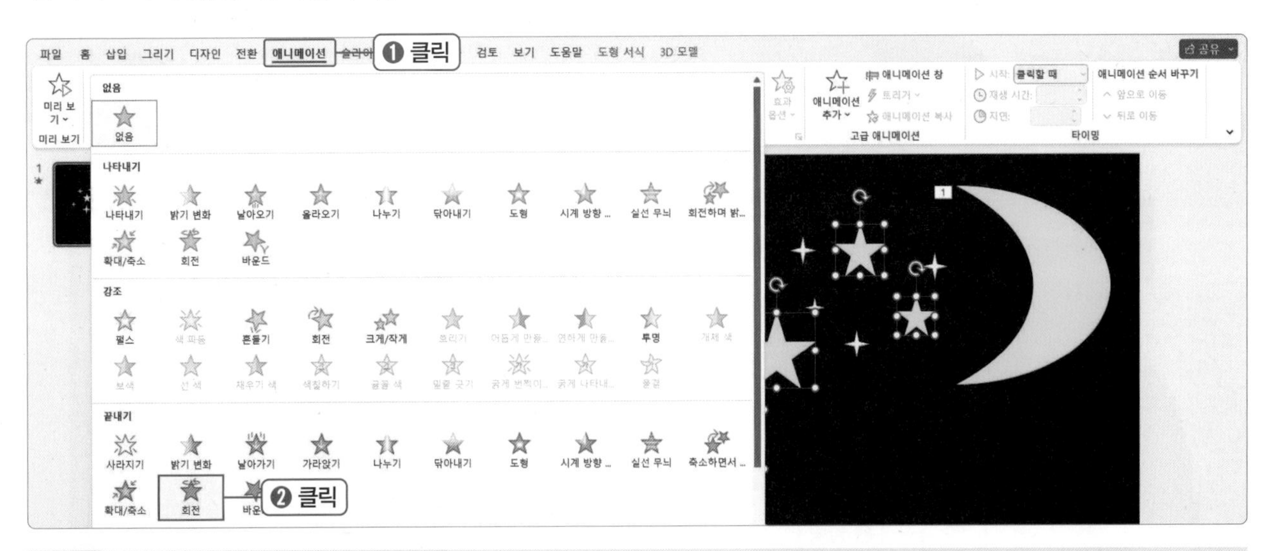

TIP Ctrl 키를 누르고 각 도형을 클릭하면 '별: 꼭짓점 5개' 도형 모두를 선택할 수 있어요.

6 [애니메이션] 탭의 [타이밍] 그룹에서 [시작]을 '클릭할 때'로 선택한 후 [미리 보기]를 클릭해 '별' 도형이 움직이는 것을 확인합니다.

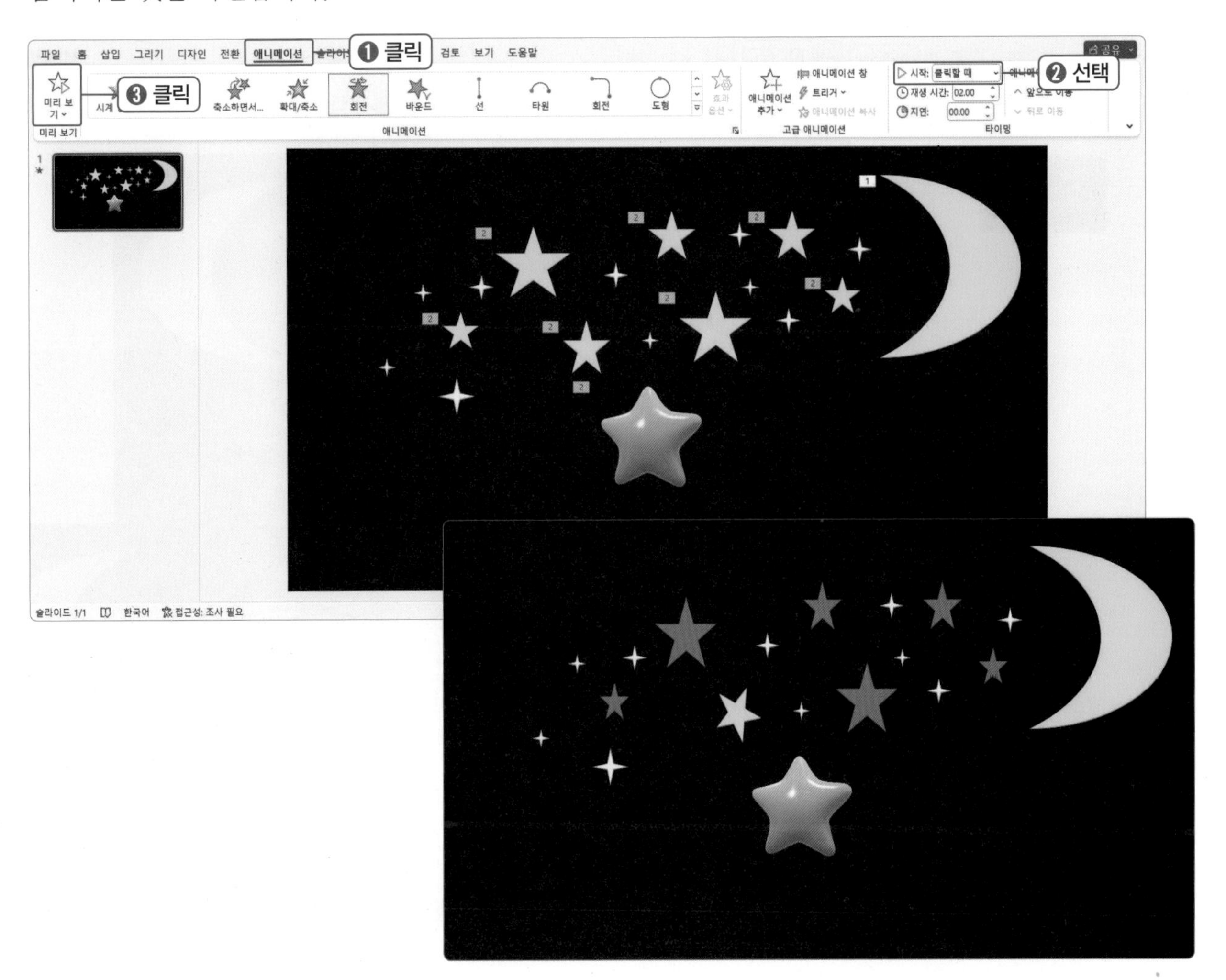

7 '별: 꼭짓점 4개' 도형을 모두 선택한 다음 [애니메이션] 탭의 [애니메이션] 그룹에서 [자세히(▿)]를 클릭하고 [바운드]를 선택합니다.

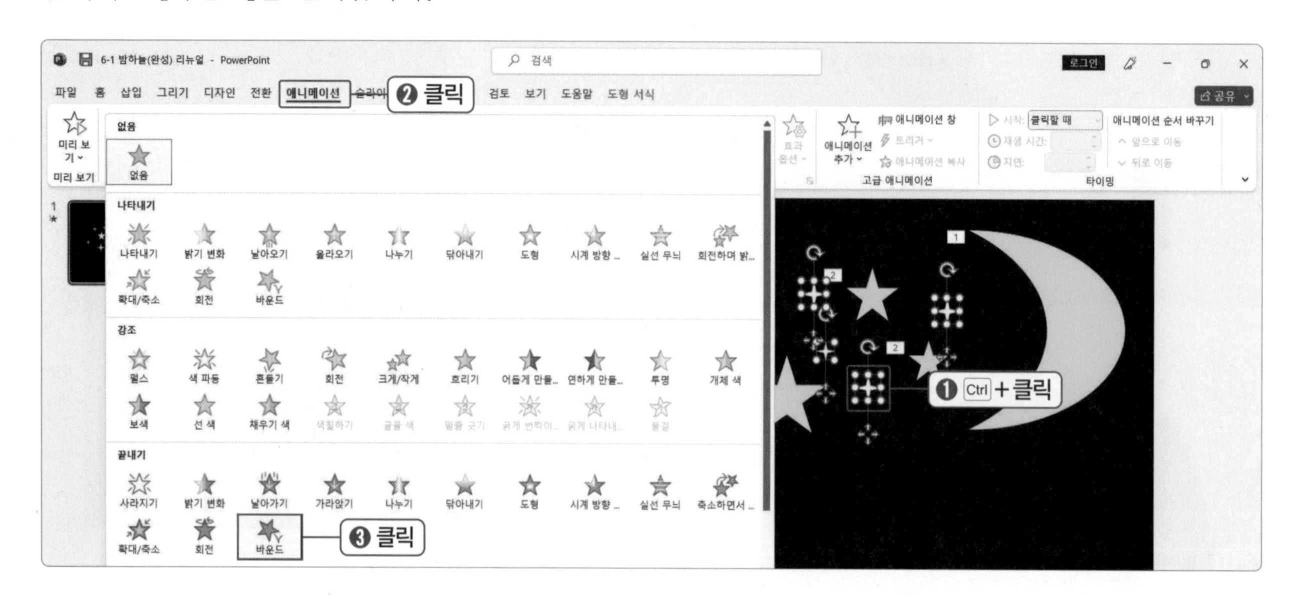

8 [애니메이션] 탭의 [타이밍] 그룹에서 [시작]을 '이전 효과와 함께'로 선택한 후 [미리 보기]를 클릭해 별이 움직이는 것을 확인합니다.

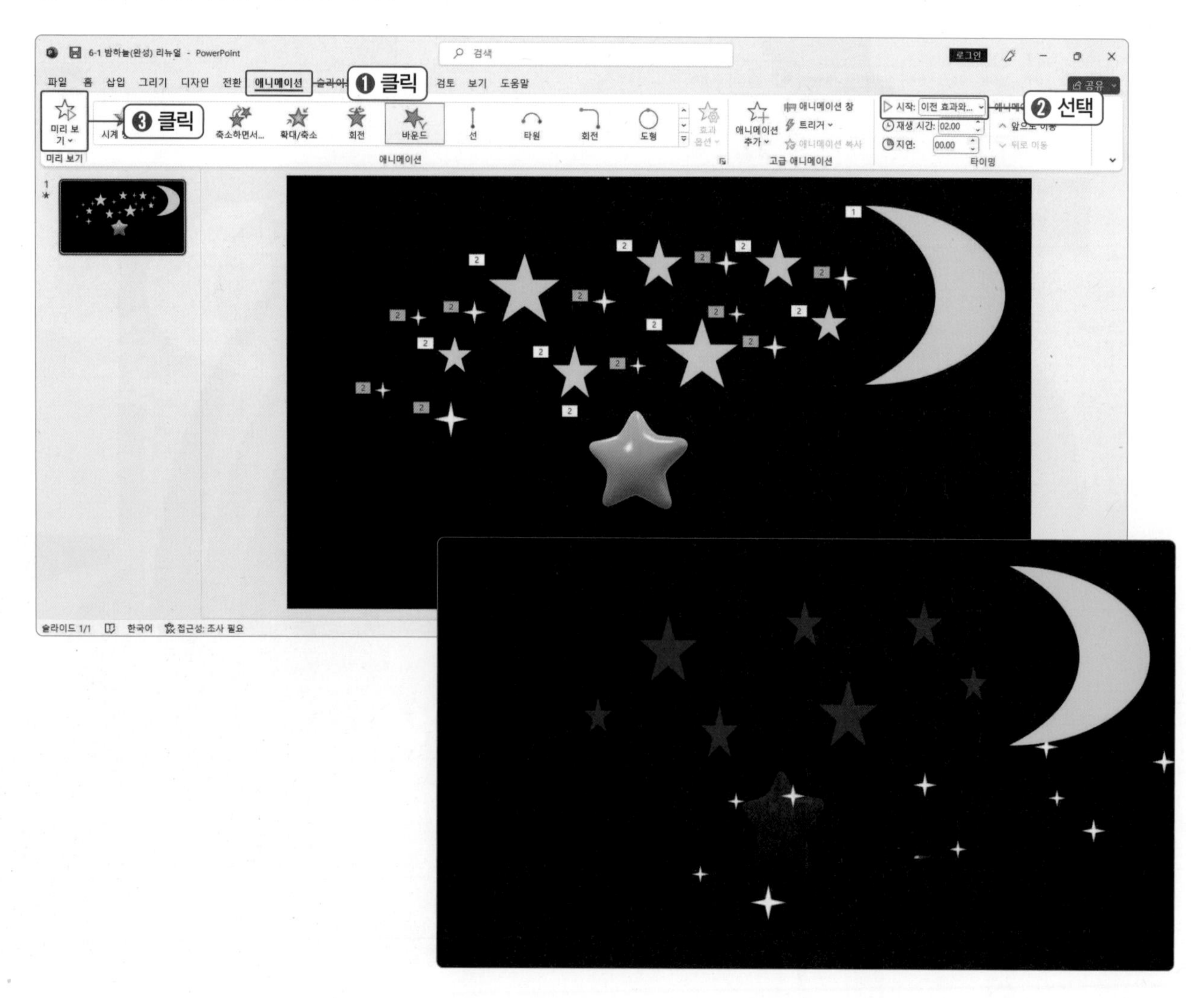

02 애니메이션 효과 지우기

1 애니메이션 효과를 지울 도형을 선택한 후 '1'과 같이 애니메이션 재생 순서를 나타내는 번호를 클릭하고 Delete 키를 누릅니다.

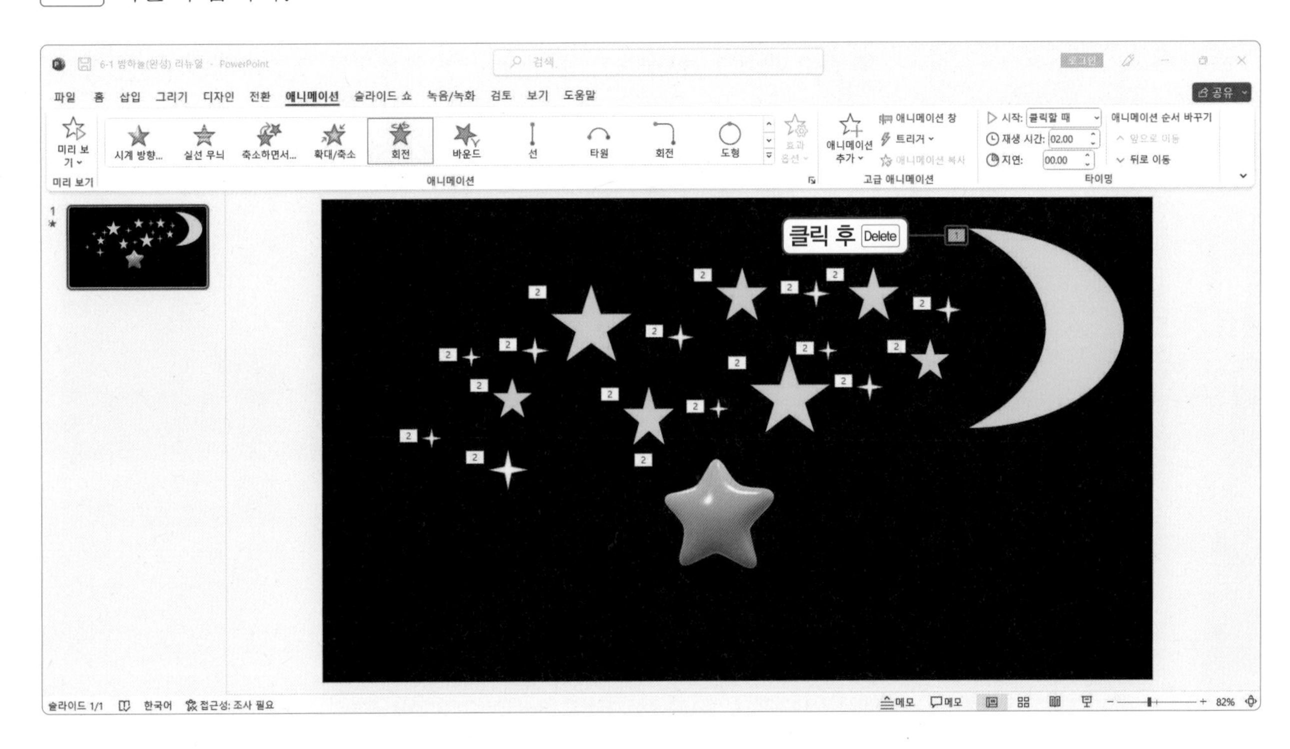

2 선택한 도형의 번호가 사라지고 재생할 애니메이션 효과가 지워졌습니다.

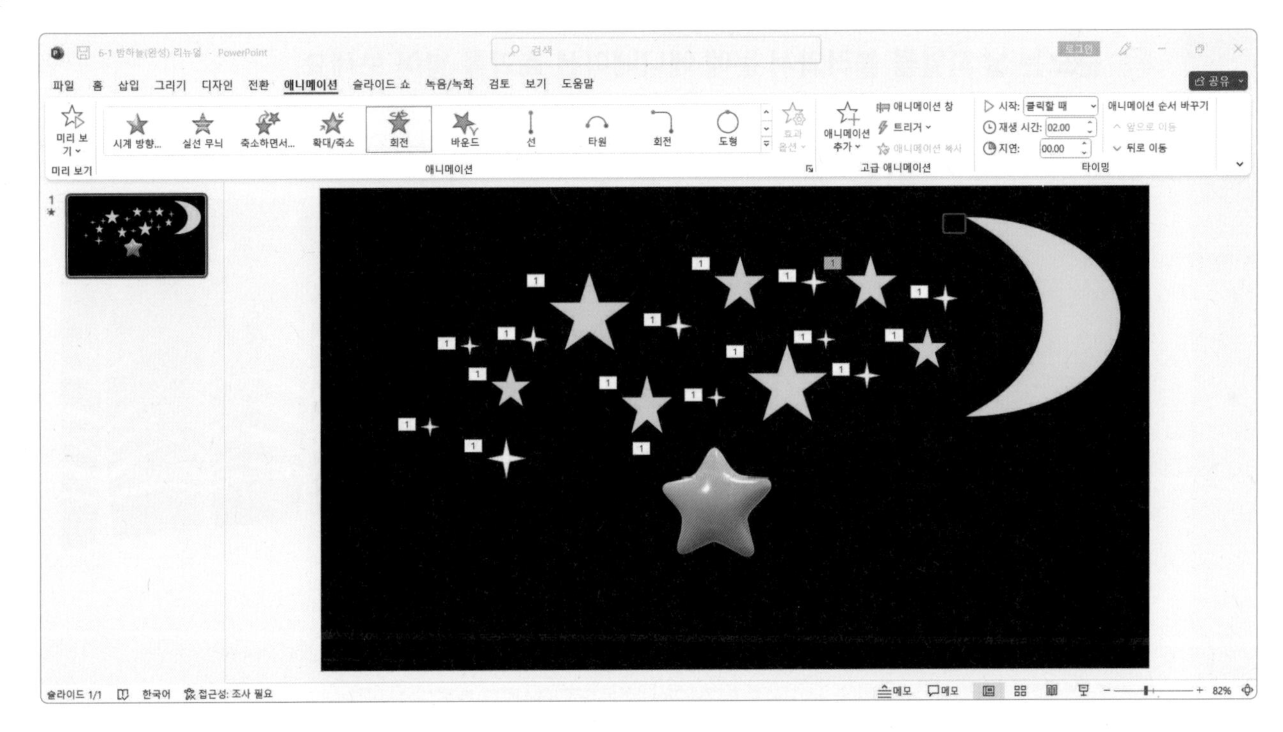

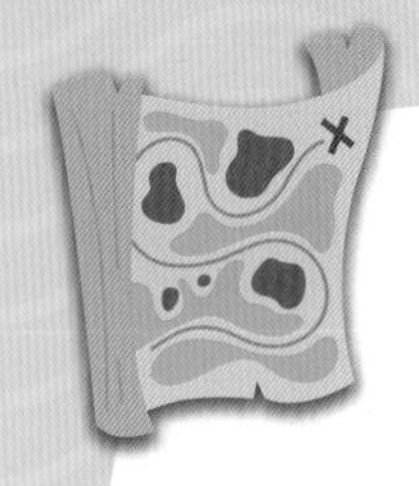

혼자해 보기

❶ 물고기 파일을 불러와서 물고기들에게 애니메이션 효과를 넣어 보세요.

▶ 준비 파일 : 7_혼자해보기1(준비).pptx ▶ 완성 파일 : 7_혼자해보기1(완성).pptx

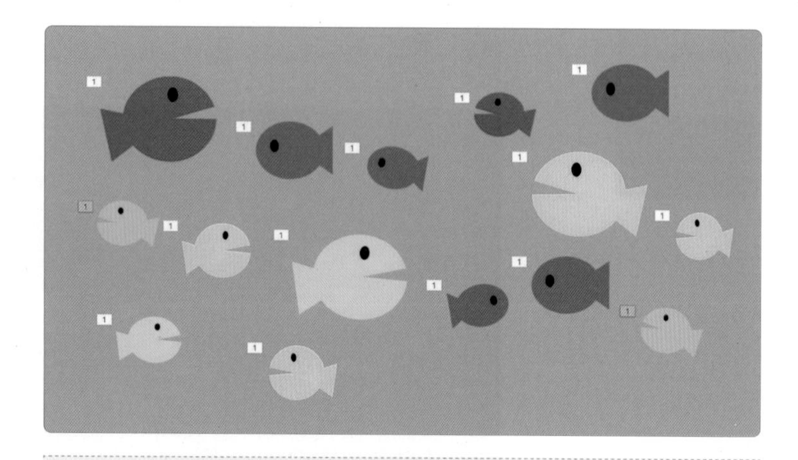

힌트
- 분홍 물고기 애니메이션 : 날아오기(클릭할 때)
- 파랑 물고기 애니메이션 : 회전(이전 효과와 함께)
- 노랑 물고기 애니메이션 : 흔들기(이전 효과와 함께)
- 하늘 물고기 애니메이션 : 크게 작게(이전 효과와 함께)
- 초록 물고기 애니메이션 : 펄스(이전 효과와 함께)

❷ 눈오는 날 파일을 불러와서 눈에 애니메이션 효과를 넣어 보세요.

▶ 준비 파일 : 7_혼자해보기2(준비).pptx ▶ 완성 파일 : 7_혼자해보기2(완성).pptx

힌트
눈 애니메이션 : 이동경로-선(클릭할 때)

8 칙칙폭폭 도형 기차 만들기

파워포인트의 도형을 사용해서 칙칙폭폭 기차를 만들어 보고 도형에 멋진 효과를 넣어서 예쁘게 꾸며 볼까요.

작품 완성

준비 파일 : 없음

완성 파일 : 8_완성.pptx

문장 연습

다음 문장을 소리 내어 읽어본 후 입력해 보세요.

오늘은 학교에서 노래를 불렀어요.

선생님이 잘 부른다고 칭찬해 주셨어요.

오후에는 교실에서 그림을 그렸어요.

집에 가는 길에 꽃을 보고 기분이 좋아졌어요.

오늘은 정말 행복한 하루였어요.

※ 오른쪽 그림을 잘 보고 똑같은 그림을 찾아 동그라미 해 보세요.

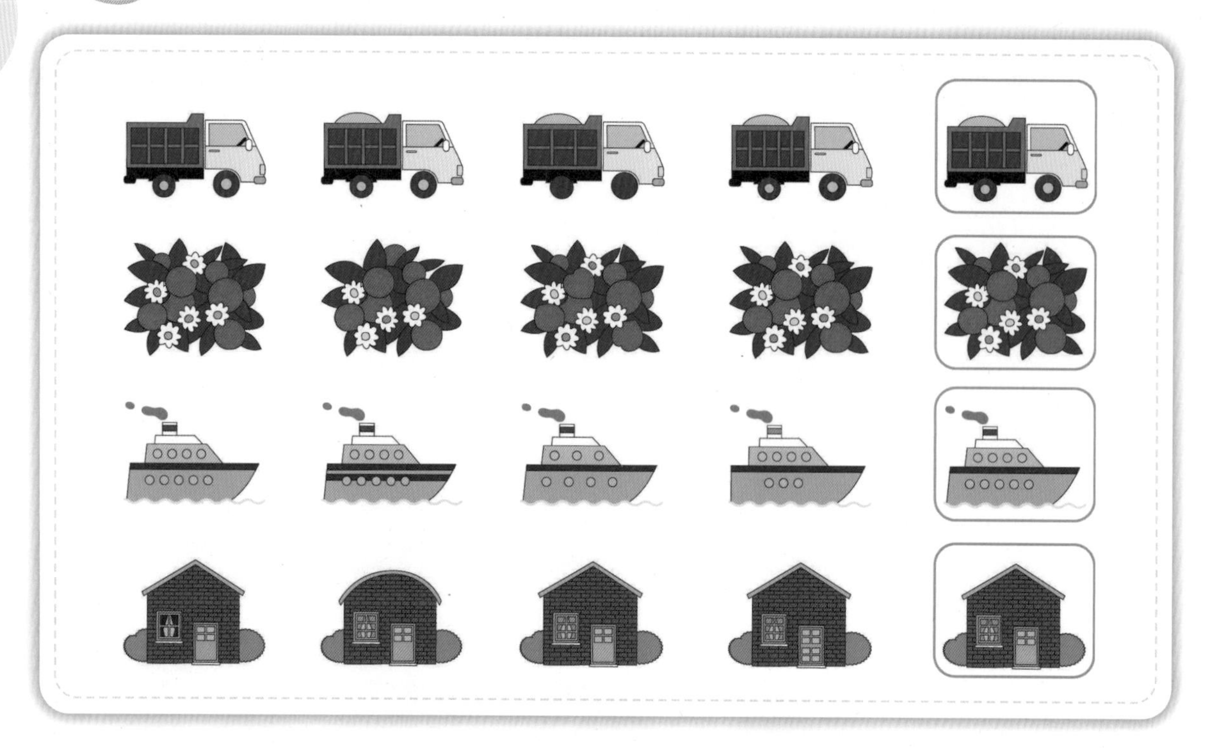

01 기차 만들기

1 파워포인트를 실행한 후 [삽입] 탭의 [일러스트레이션] 그룹에서 [도형]을 클릭합니다. [별 및 현수막]-[별: 꼭짓점 5개(☆)]를 선택하고 슬라이드에 드래그해 도형을 그립니다.

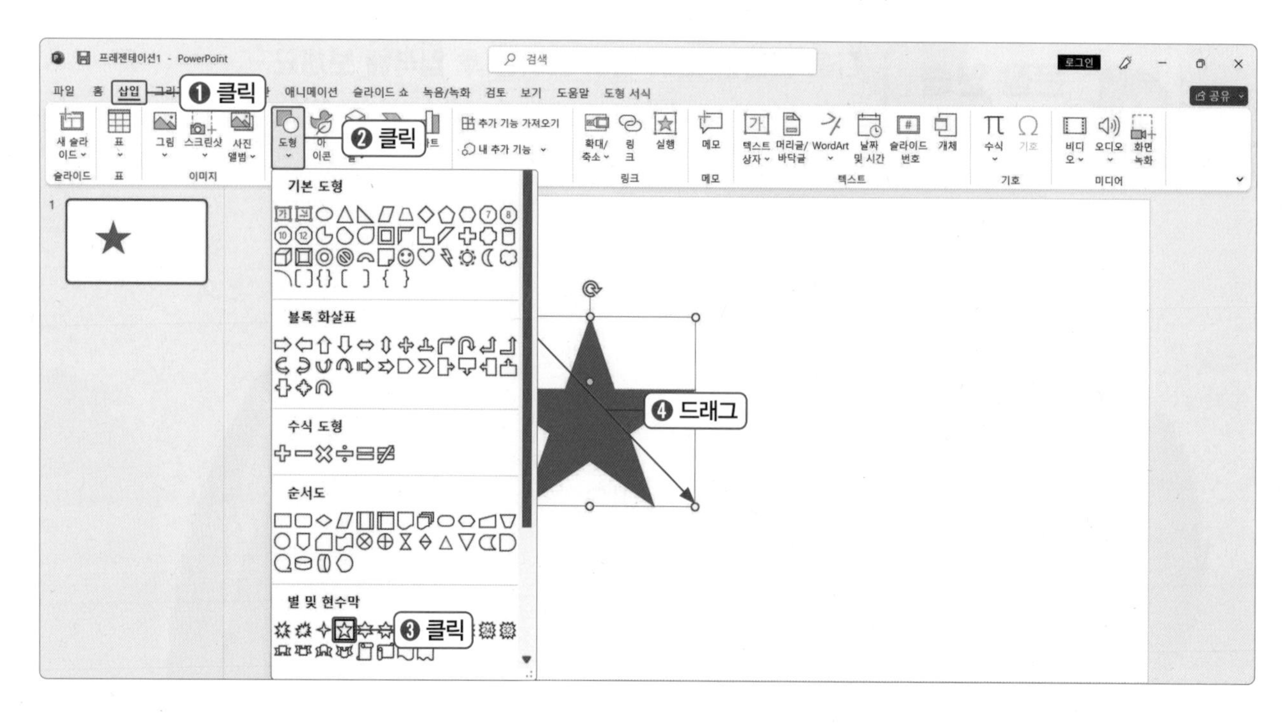

2 [도형 서식] 탭의 [도형 스타일] 그룹에서 [도형 채우기], [도형 윤곽선]을 각각 클릭한 후 원하는 색으로 바꿉니다.

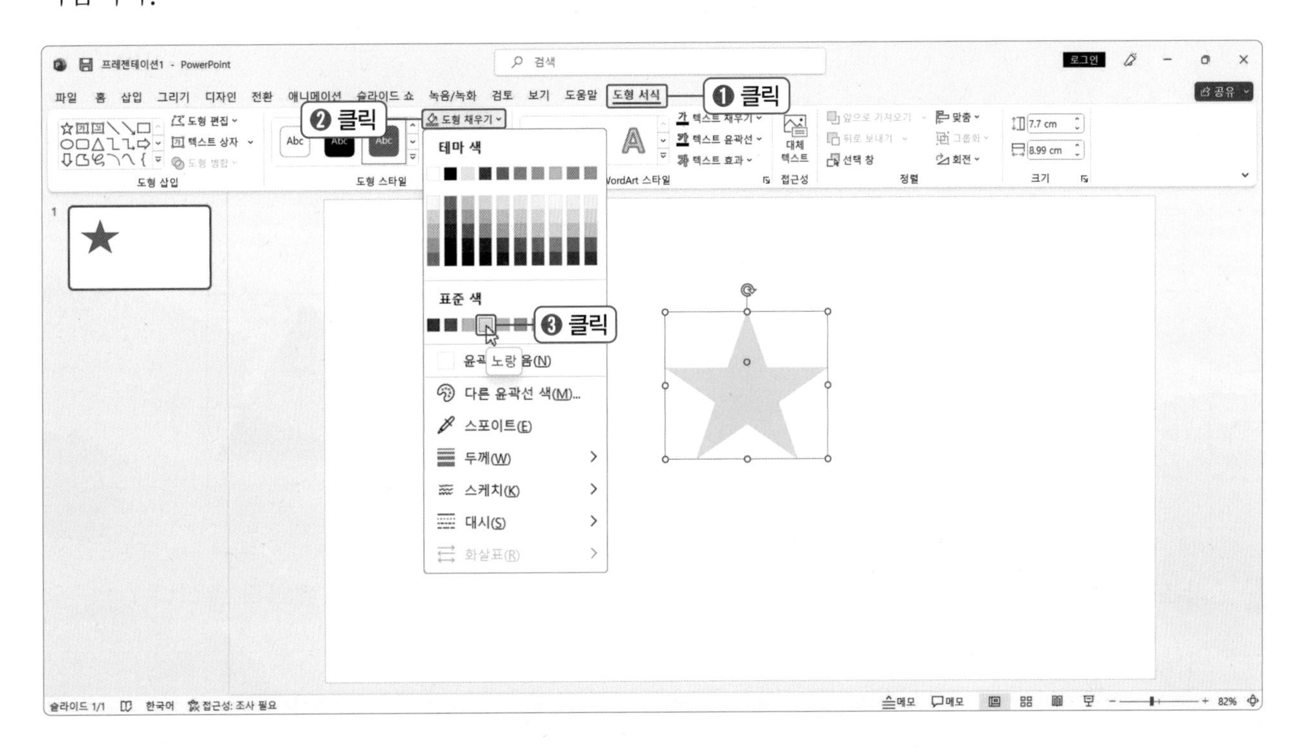

3 [도형 서식] 탭의 [도형 스타일] 그룹에서 [도형 효과]-[네온]을 클릭해 [네온 변형]에서 '네온:18pt, 녹색, 강조색 6'을 선택합니다.

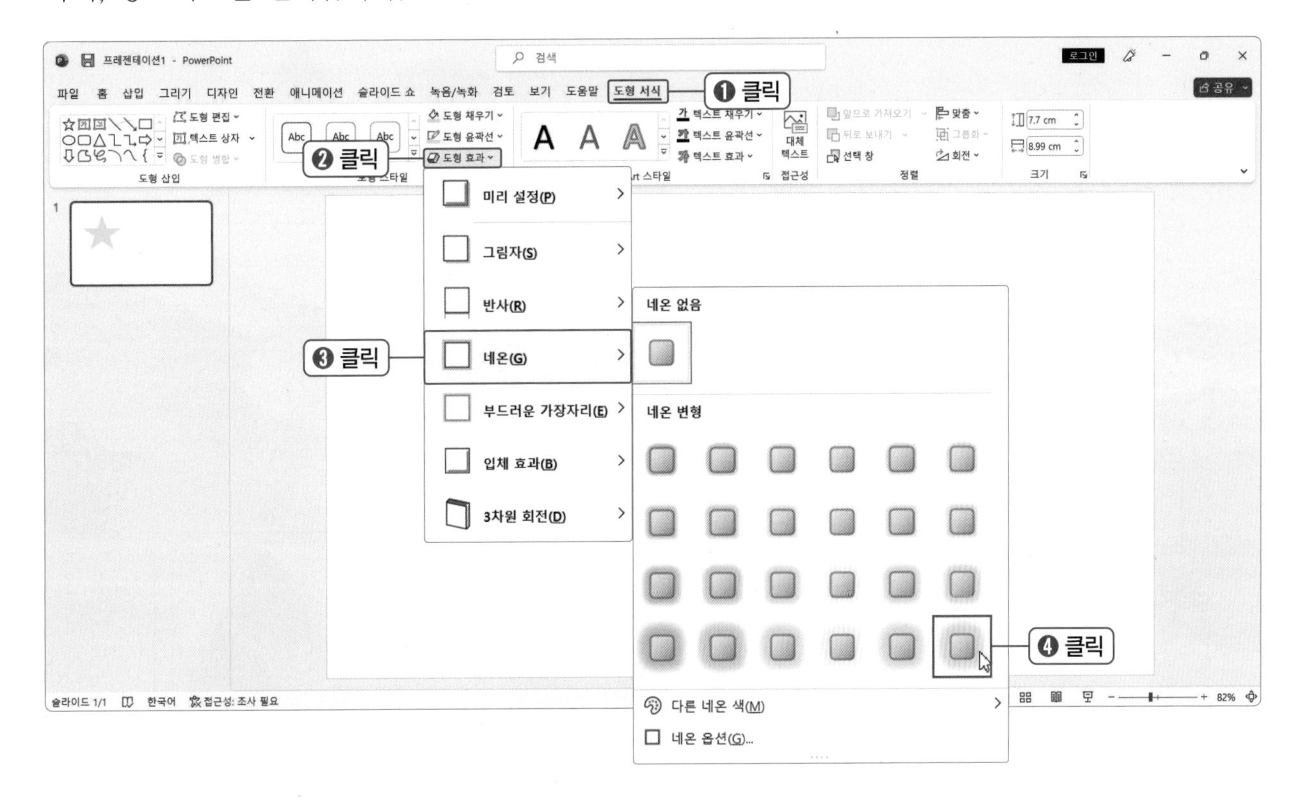

4 [삽입] 탭의 [일러스트레이션] 그룹에서 [도형]을 클릭한 후 [사각형]-[직사각형(□)]과 [기본 도형]-[타원(○)], [이등변 삼각형(△)] 등을 선택해 그립니다.

5 각 도형의 [도형 채우기], [도형 윤곽선]을 변경한 후 [도형 효과]에 원하는 효과를 줍니다.

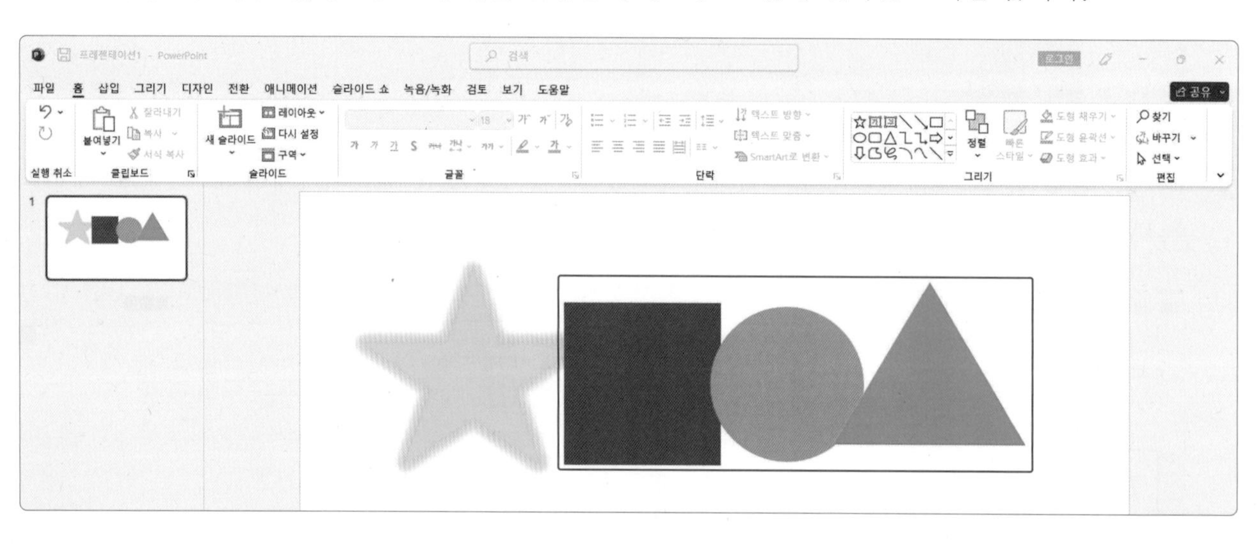

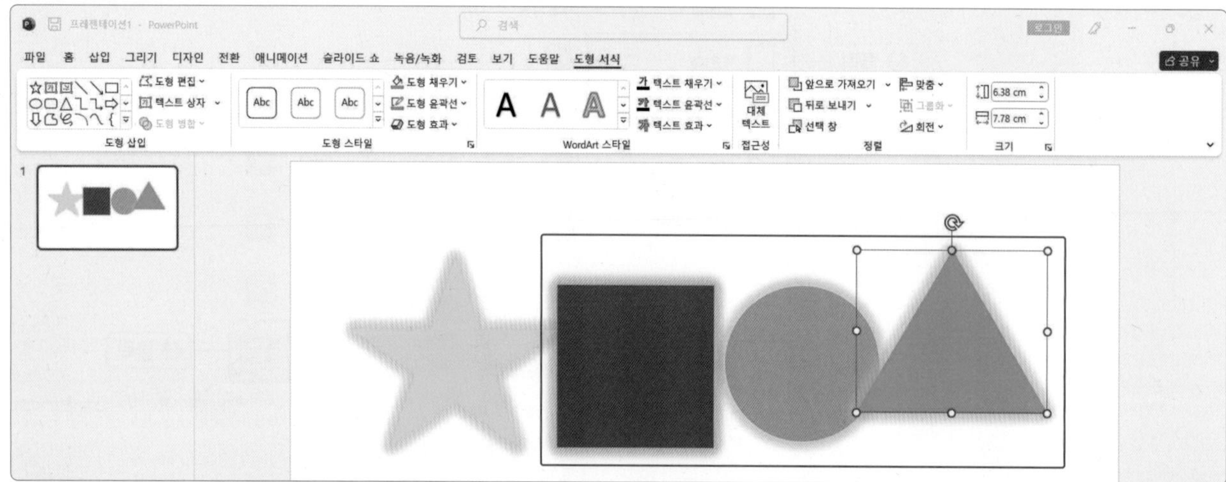

TIP 사각형에는 '네온:18pt, 주황, 강조색 2', 원에는 '네온:18pt, 파랑, 강조색 5', 삼각형에는 '네온:18pt, 녹색, 강조색 6'으로 효과를 주었어요.

6 '별' 도형을 선택하고 [도형 서식] 탭의 [정렬] 그룹에서 [앞으로 가져오기]를 클릭합니다.

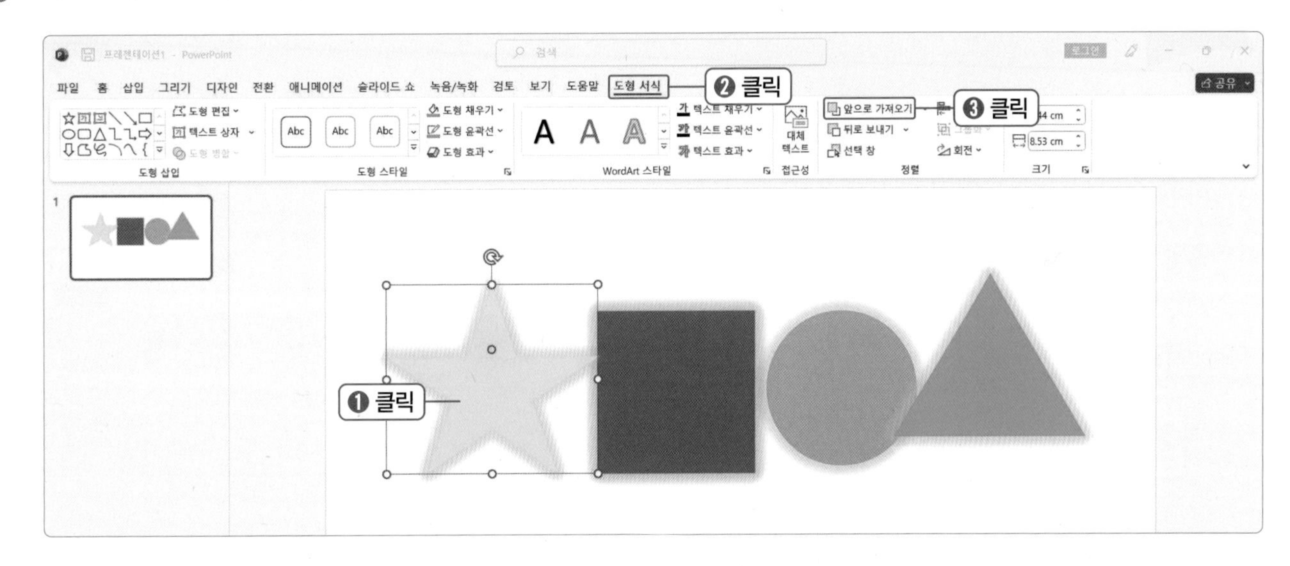

7 '타원' 도형을 선택하고 [홈] 탭의 [그리기] 그룹에서 [정렬]-[앞으로 가져오기]를 클릭합니다.

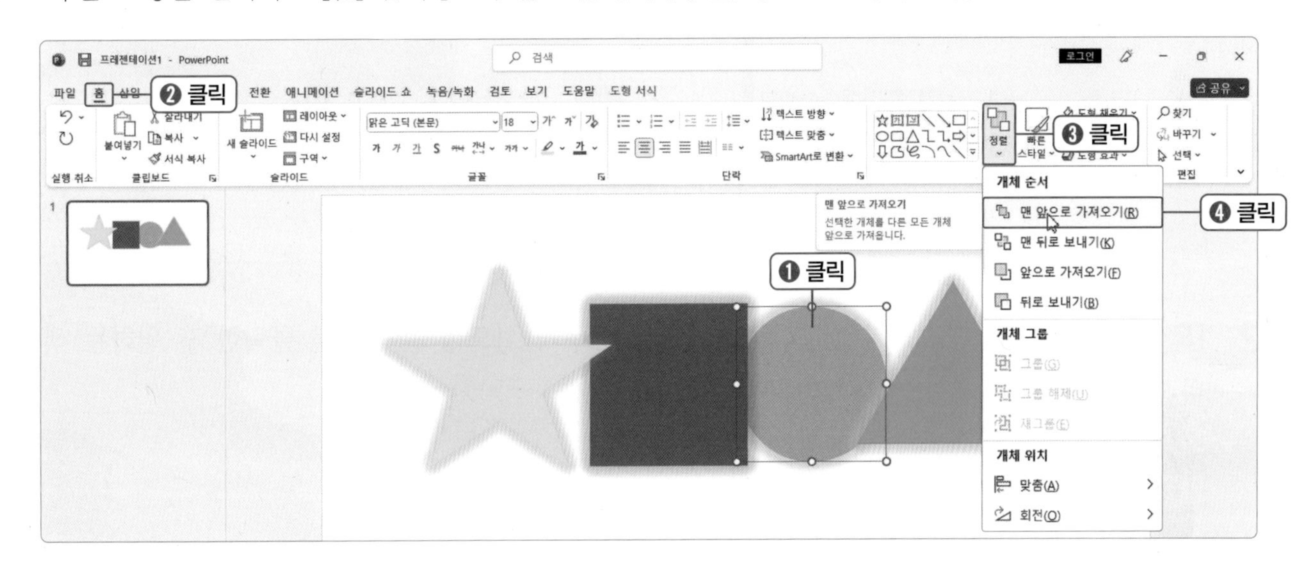

8 '삼각형' 도형을 선택하고 [홈] 탭의 [그리기] 그룹에서 [정렬]-[앞으로 가져오기]를 클릭합니다.

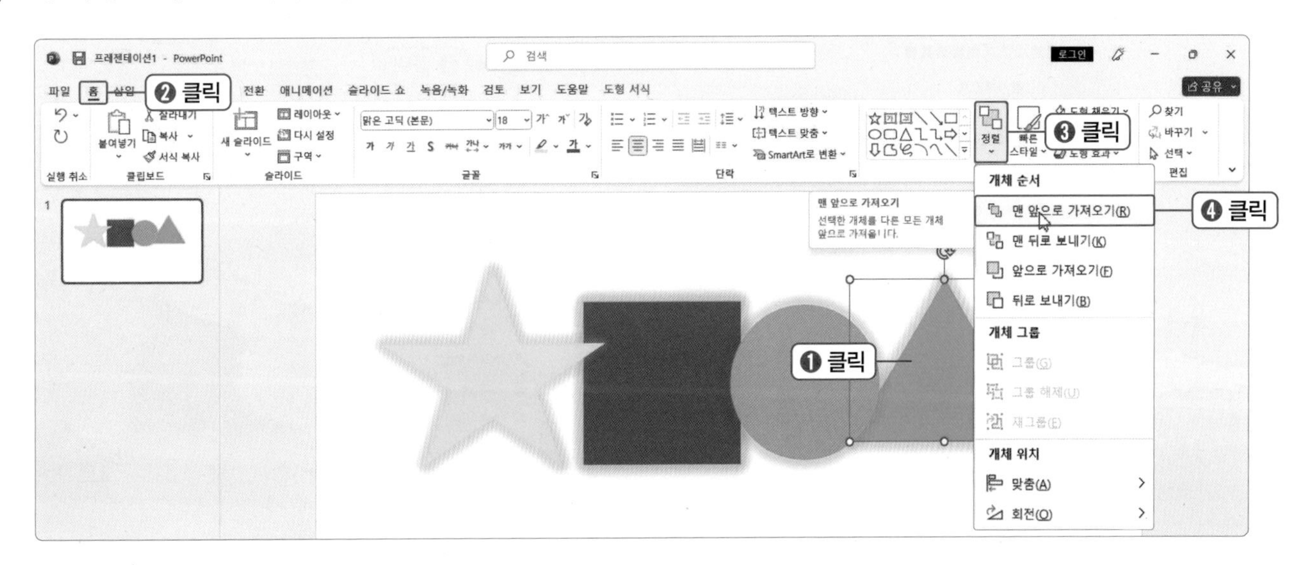

기차 바퀴와 얼굴 만들기

1 [삽입] 탭의 [일러스트레이션] 그룹에서 [도형]을 클릭한 후 [순서도]-[순서도: 가산 접합(⊗)]을 선택하고 슬라이드에 드래그해 도형을 그립니다.

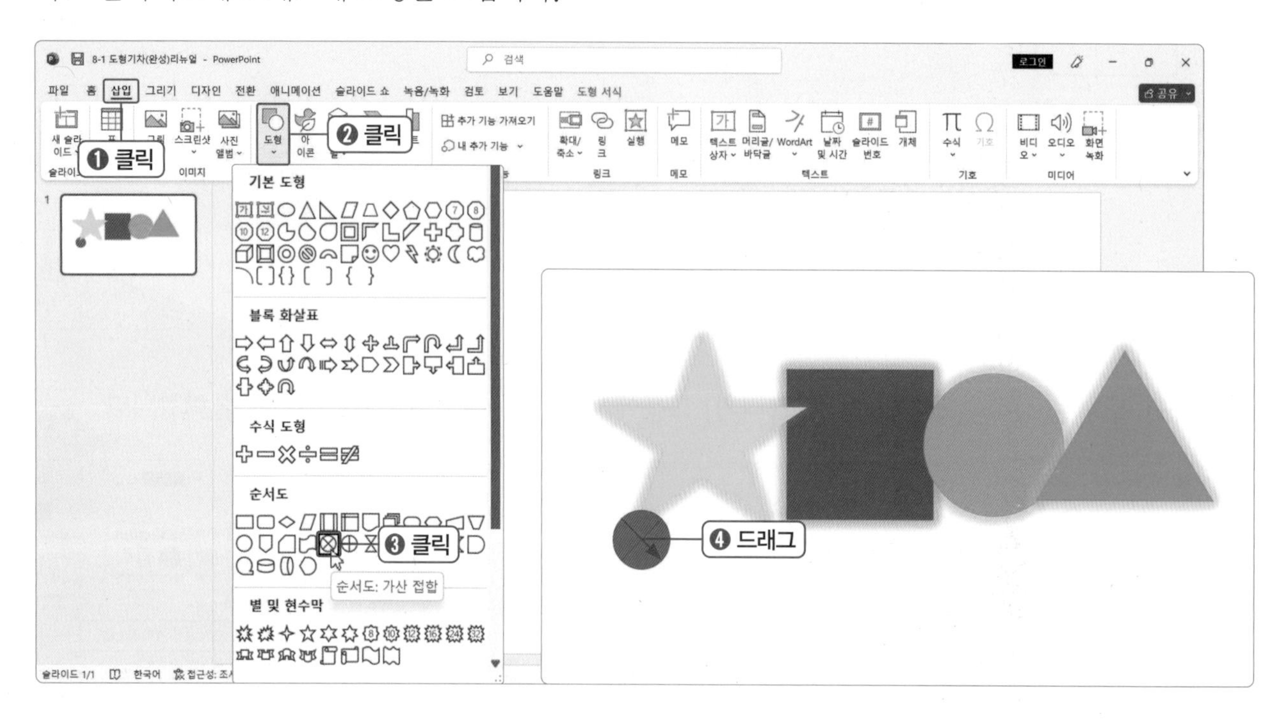

2 [도형 서식] 탭의 [도형 스타일] 그룹에서 [도형 채우기], [도형 윤곽선]를 클릭한 후 원하는 색으로 바꿉니다.

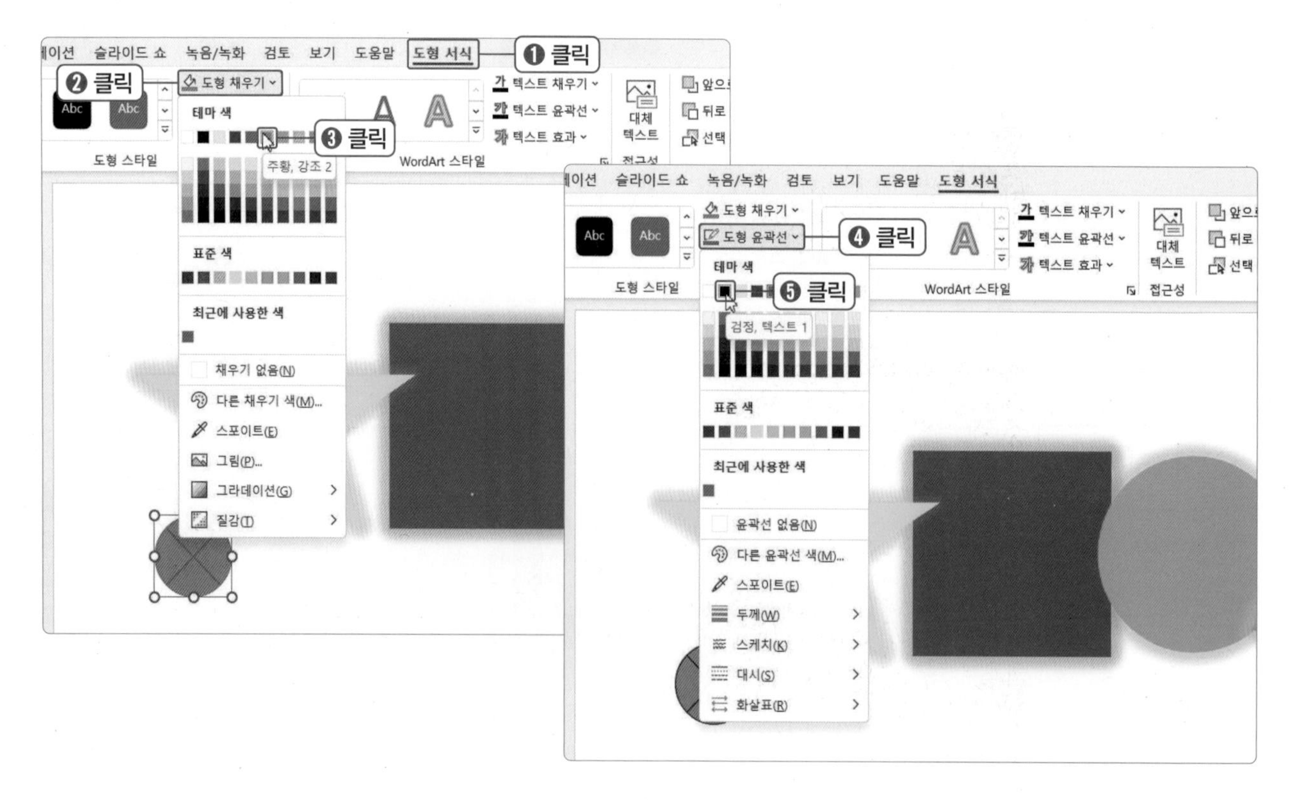

3 [도형 서식] 탭의 [도형 스타일] 그룹에서 [도형 효과]-[네온]을 클릭해 '11pt, 파랑, 강조색 1'을 선택합니다. Ctrl 키를 누른 상태에서 드래그해 완성된 도형을 여러 개 복사합니다.

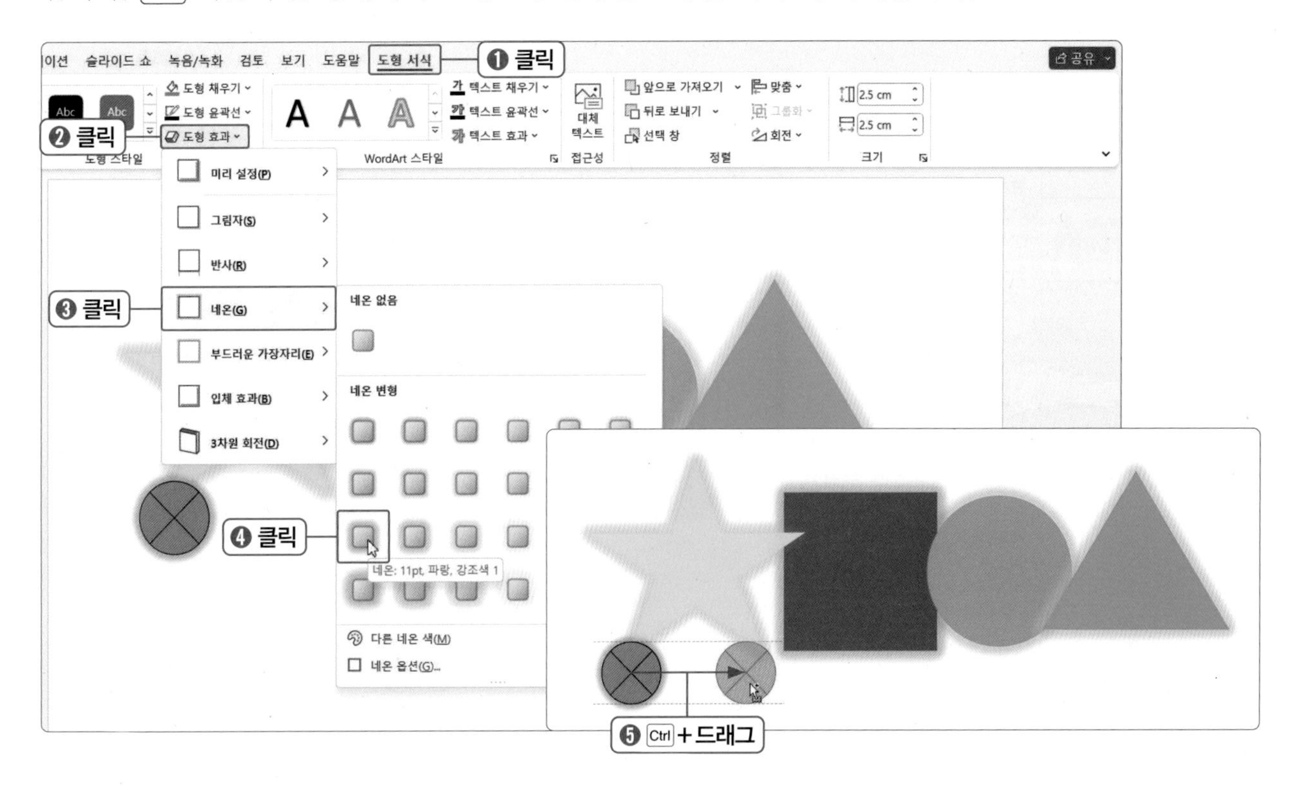

4 복사한 도형을 모두 선택하고 [홈] 탭의 [그리기] 그룹에서 [정렬]-[맨 뒤로 보내기]를 클릭합니다.

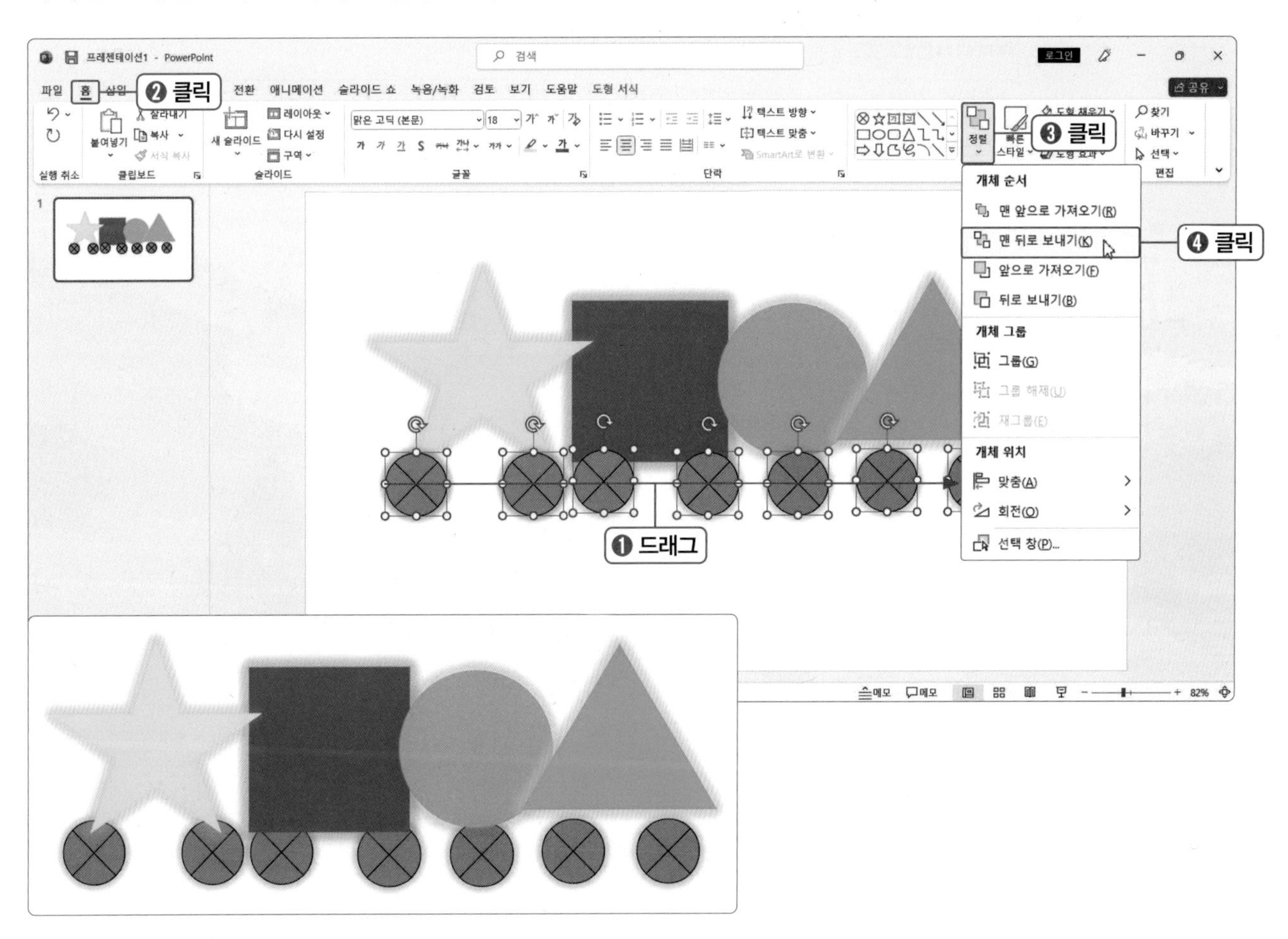

5 [삽입] 탭의 [일러스트레이션] 그룹에서 [도형]을 클릭한 후 [기본 도형]-[막힌 원호( )]을 선택하고 슬라이드에 드래그해 도형을 그립니다.

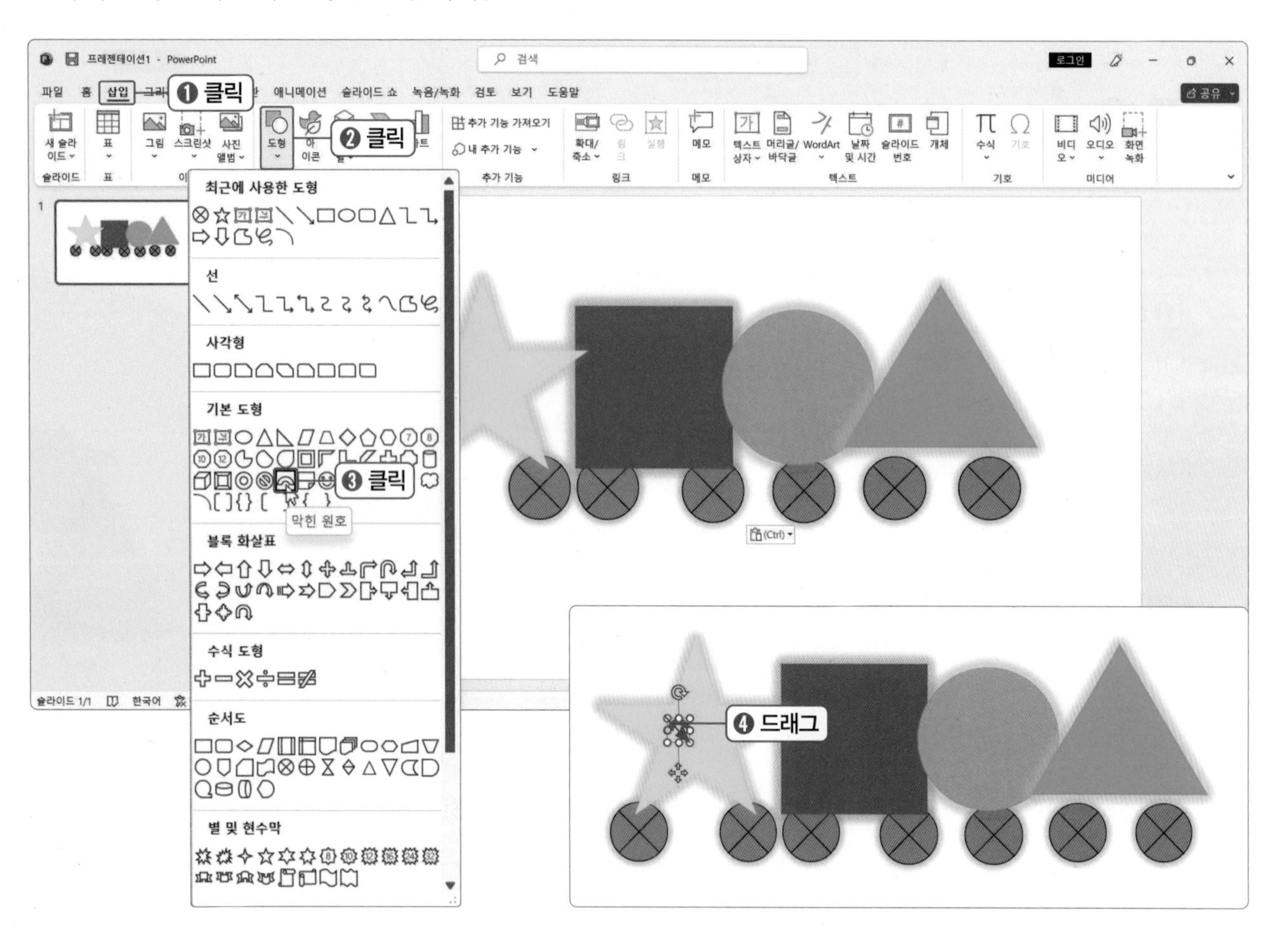

6 [도형 채우기], [도형 윤곽선]를 클릭한 후 원하는 색으로 바꾼 후 완성된 도형을 복사합니다.

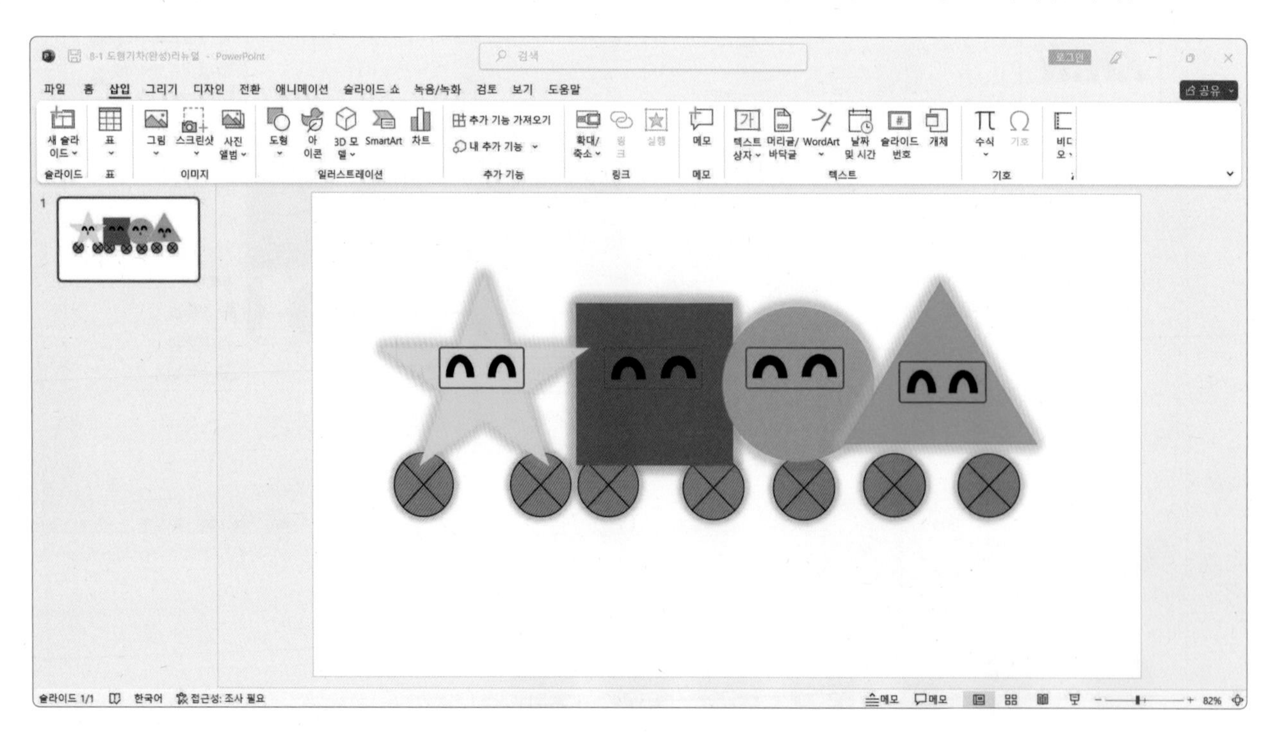

7 [삽입] 탭의 [일러스트레이션] 그룹에서 [도형]을 클릭한 후 [기본 도형]-[타원(◯)]을 선택하고 슬라이드에 드래그해 도형을 그립니다.

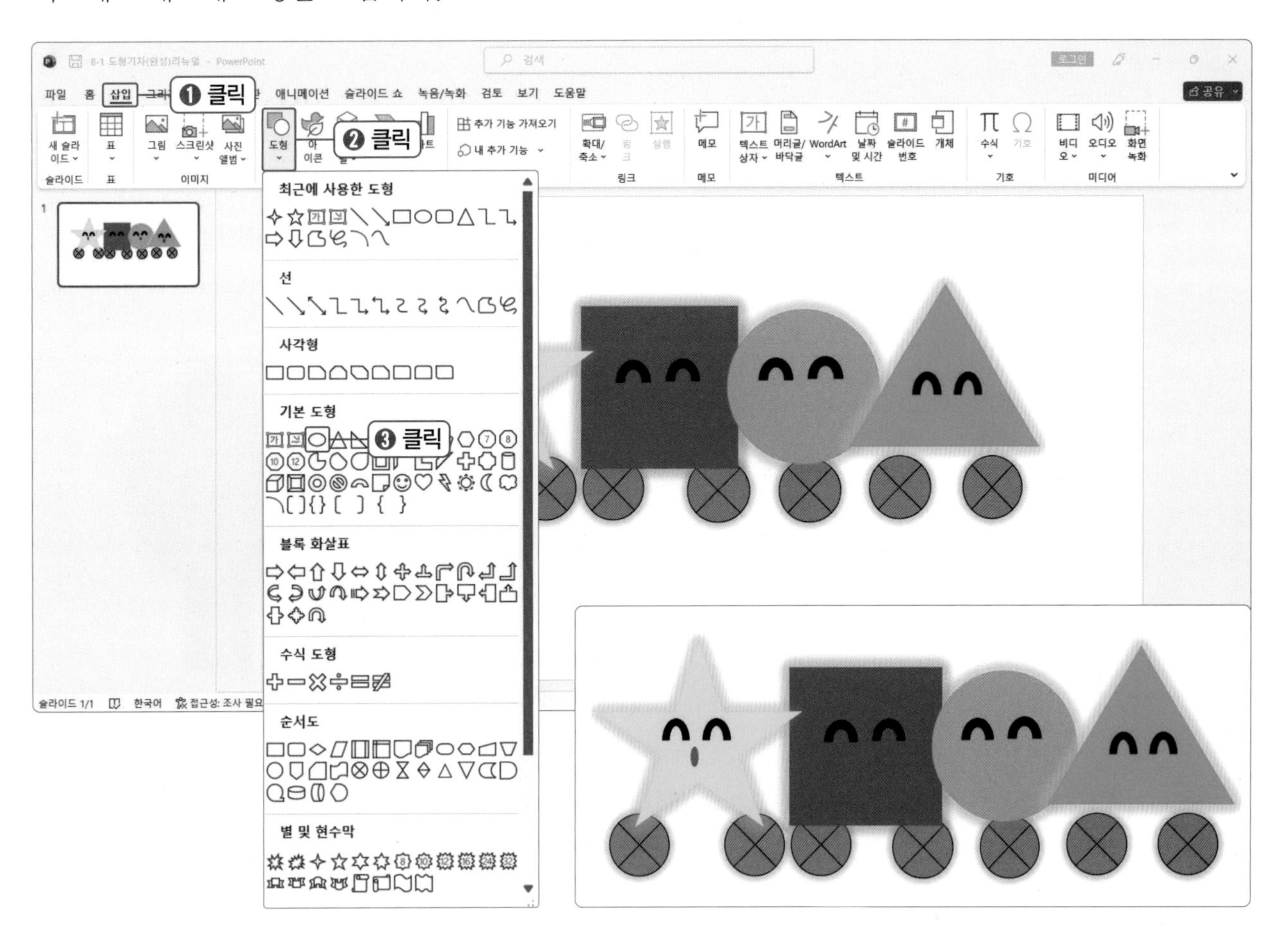

8 [도형 채우기], [도형 윤곽선]를 클릭한 후 원하는 색으로 바꾼 후 완성된 도형을 복사하여 기차를 완성합니다.

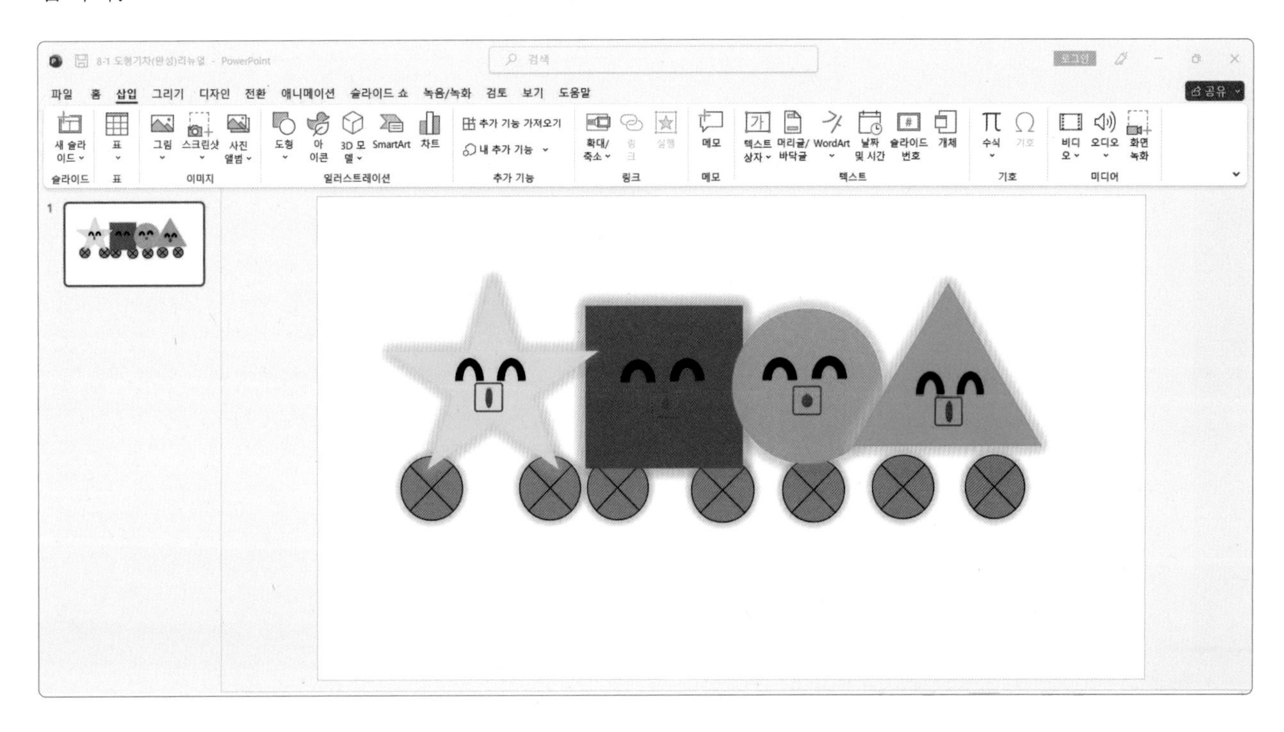

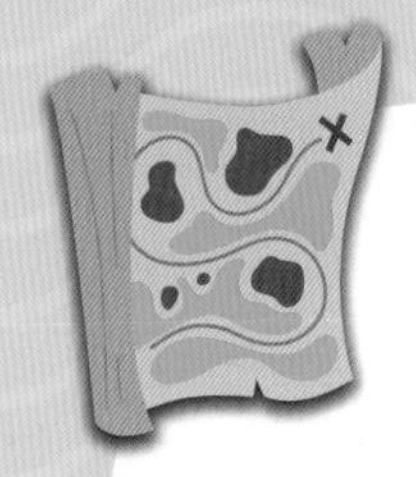

혼자해 보기

❶ 도형을 이용하여 멋진 숲을 완성해 보세요.

▶ 준비 파일 : 없음 ▶ 완성 파일 : 8_혼자해보기1(완성).pptx

힌트

- 도형 : [기본 도형]-[타원], [기본 도형]-[이등변 삼각형], [기본 도형]-[오각형], [사각형]-[직사각형]
- 도형 효과 : [네온] 효과

❷ 도형을 이용하여 구름을 완성해 보세요.

▶ 준비 파일 : 없음 ▶ 완성 파일 : 8_혼자해보기2(완성).pptx

힌트

- 도형 : [기본 도형]-[구름], [기본 도형]-[눈물 방울]
- 도형 효과 : [네온] 효과

9 자동차 경주하기

파워포인트에는 도형이 움직이는 것처럼 애니메이션 효과를 줄 수 있는데 내가 그려주는 데로 자연스럽게 움직이는 자동차를 만들어 볼까요.

작품 완성

준비 파일 : 9_준비.pptx
완성 파일 : 9_완성.pptx

문장 연습

다음 문장을 소리 내어 읽어본 후 입력해 보세요.

봄바람이 불어와 나무에 꽃이 피어요.

토끼가 풀밭을 뛰어다니고 새들이 노래해요.

하늘은 파랗고 구름은 흰색이에요.

나는 친구와 함께 놀이터에서 그네를 타요.

너무 재미있어요

※ 아래 그림에서 일곱 개의 숫자를 찾아 색칠 해 보세요.

01 오른쪽으로 이동하는 자동차

1 [시작( )]을 클릭해 [모든 앱]의 [PowerPoint]를 클릭하여 파워포인트를 실행한 후 '9_준비.pptx' 파일을 불러옵니다. 자동차와 관련된 도형을 드래그해 모두 선택한 후 [도형 서식] 탭의 [정렬] 그룹에서 [그룹화]-[그룹]을 선택하여 도형을 하나로 묶어 줍니다.

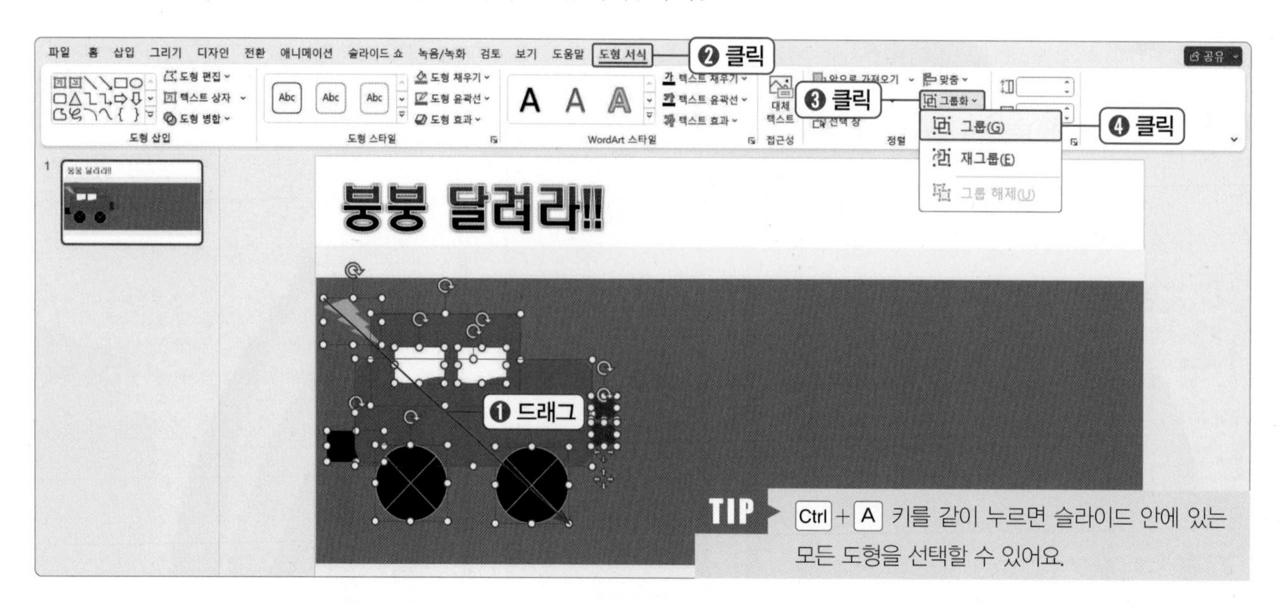

TIP Ctrl + A 키를 같이 누르면 슬라이드 안에 있는 모든 도형을 선택할 수 있어요.

2 [애니메이션] 탭의 [애니메이션] 그룹에서 [자세히(▿)]를 클릭합니다. 애니메이션 목록이 나타나면 [추가 이동 경로]를 선택합니다.

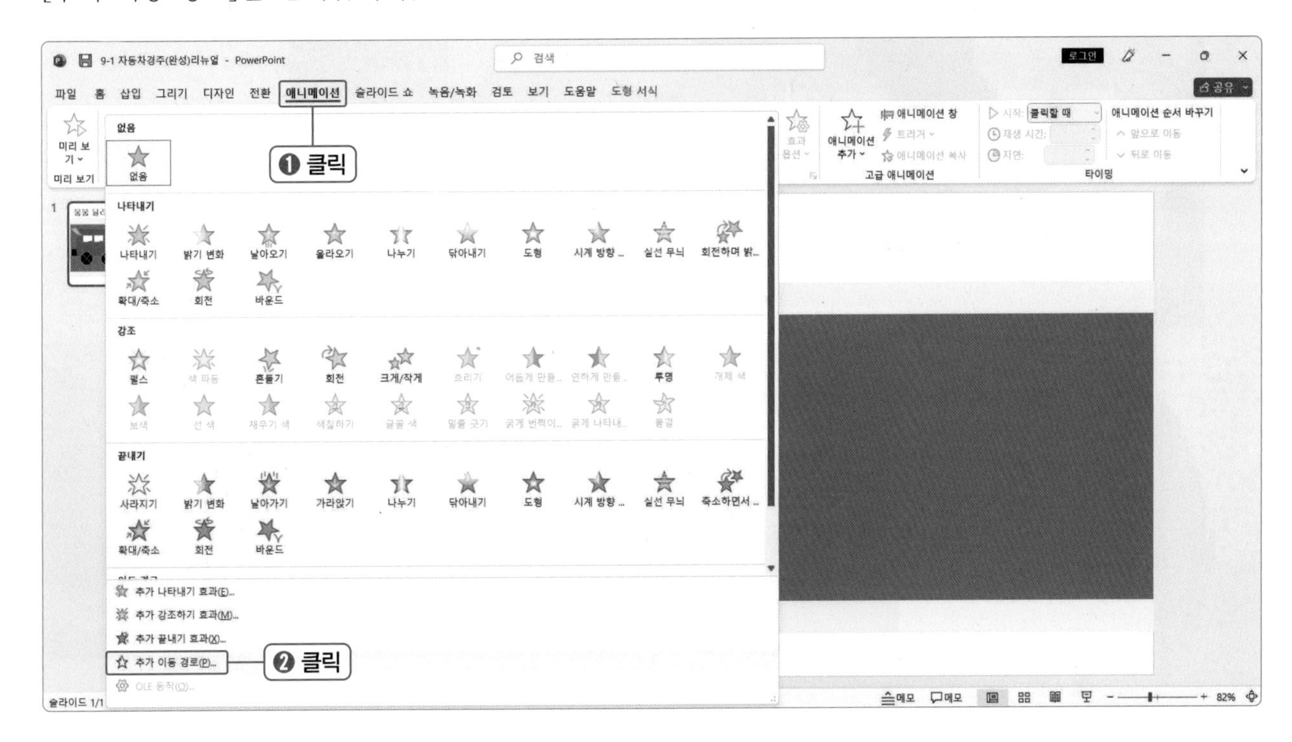

3 [이동 경로 변경] 창이 열리면 [직선 및 곡선 경로]-[오른쪽으로]를 선택하고 [확인]을 클릭합니다.

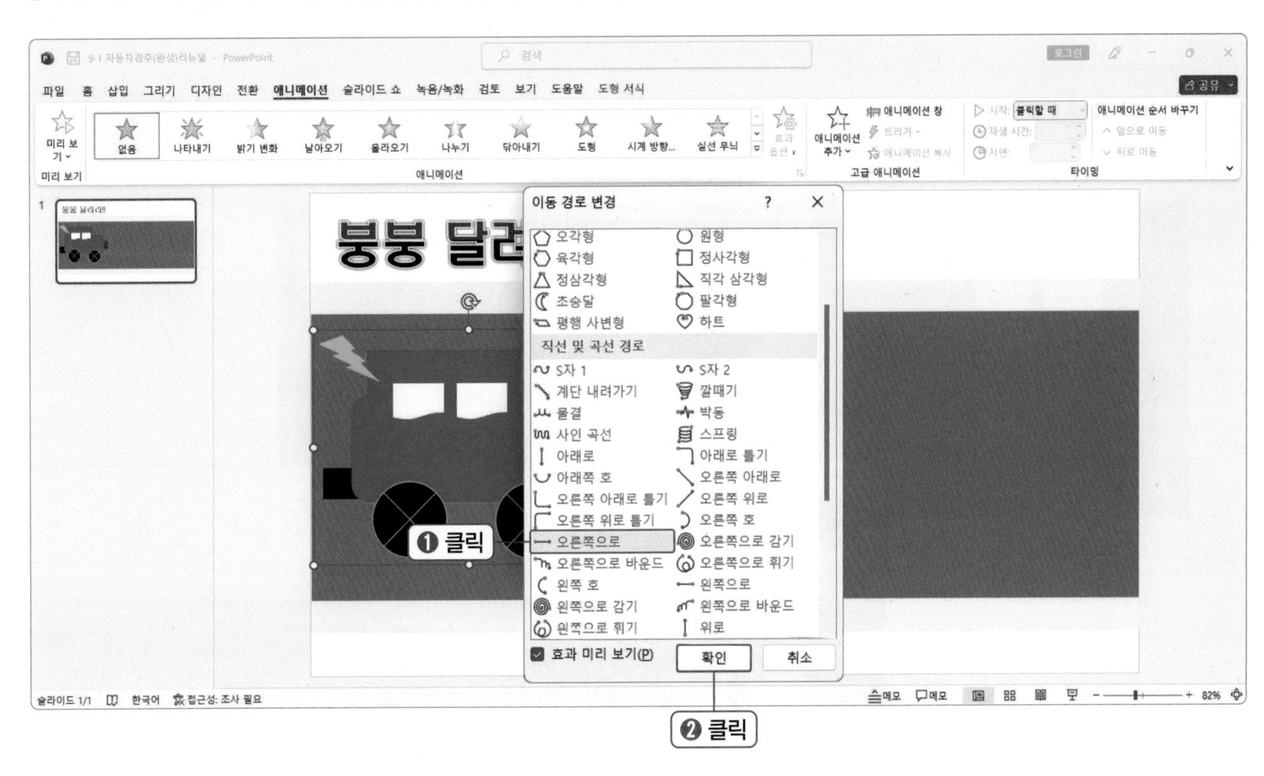

4 이동 경로가 나타나면 원하는 길이만큼 드래그해 경로를 늘립니다.

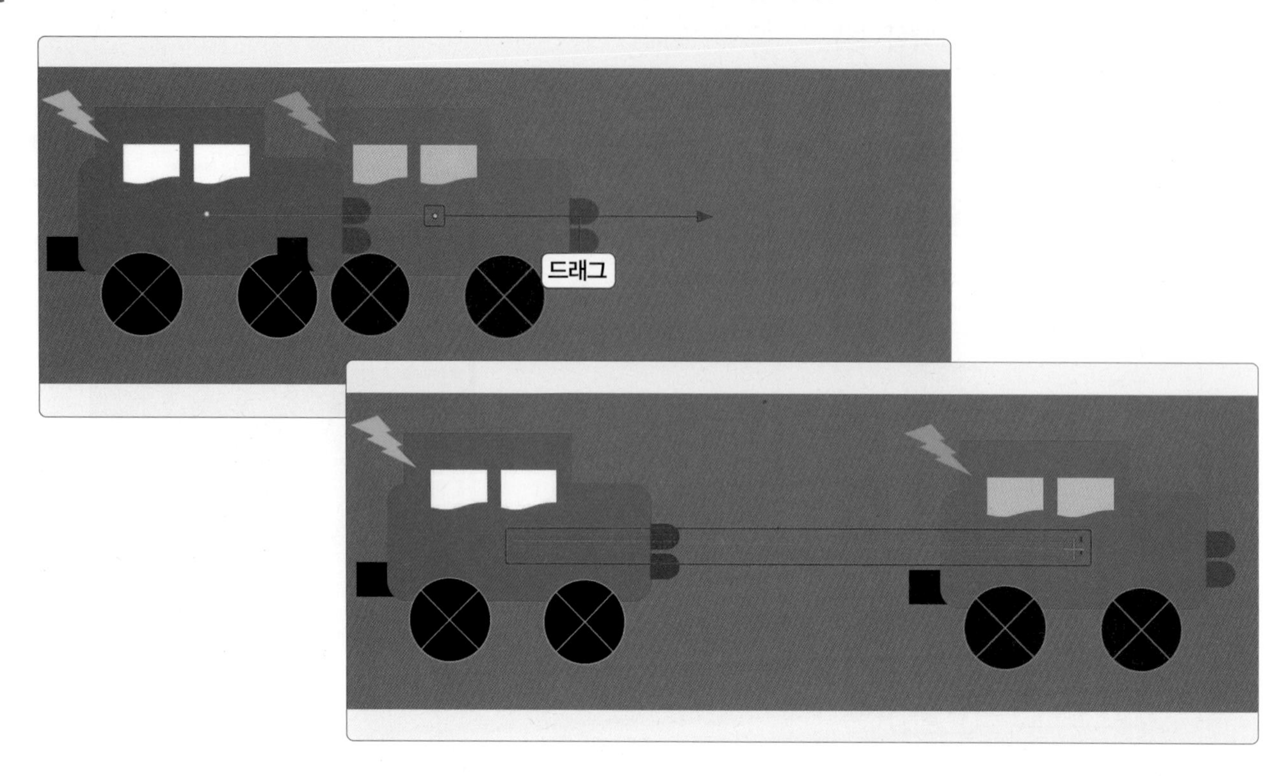

5 [애니메이션] 탭의 [미리 보기] 그룹에서 [미리 보기] 아이콘을 클릭해 적용된 애니메이션을 확인합니다.

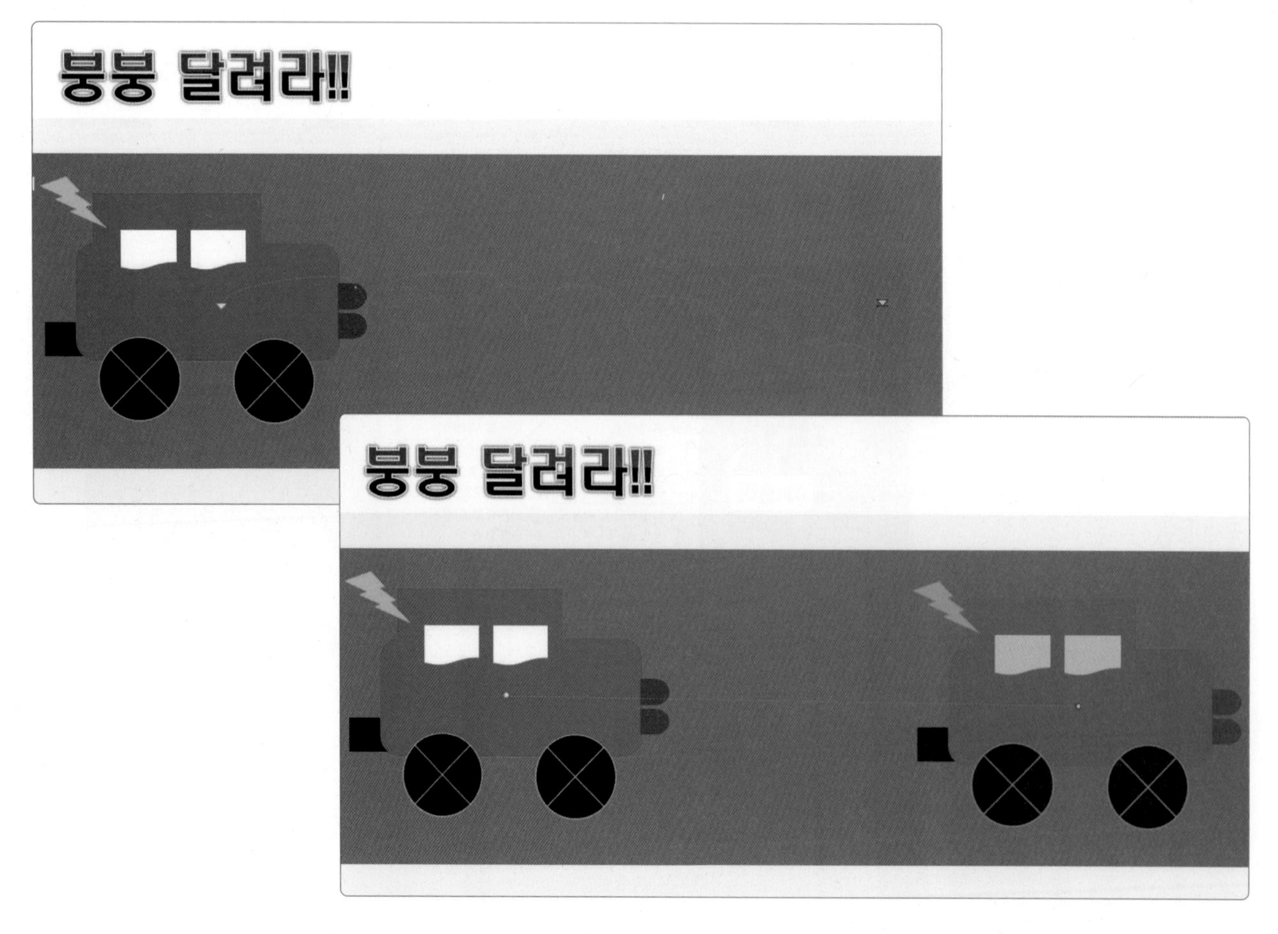

02 사용자 지정 경로 애니메이션 만들기

1 [애니메이션] 탭의 [애니메이션] 그룹에서 [자세히( )]를 클릭해 [이동 경로]-[사용자 지정 경로]를 선택합니다.

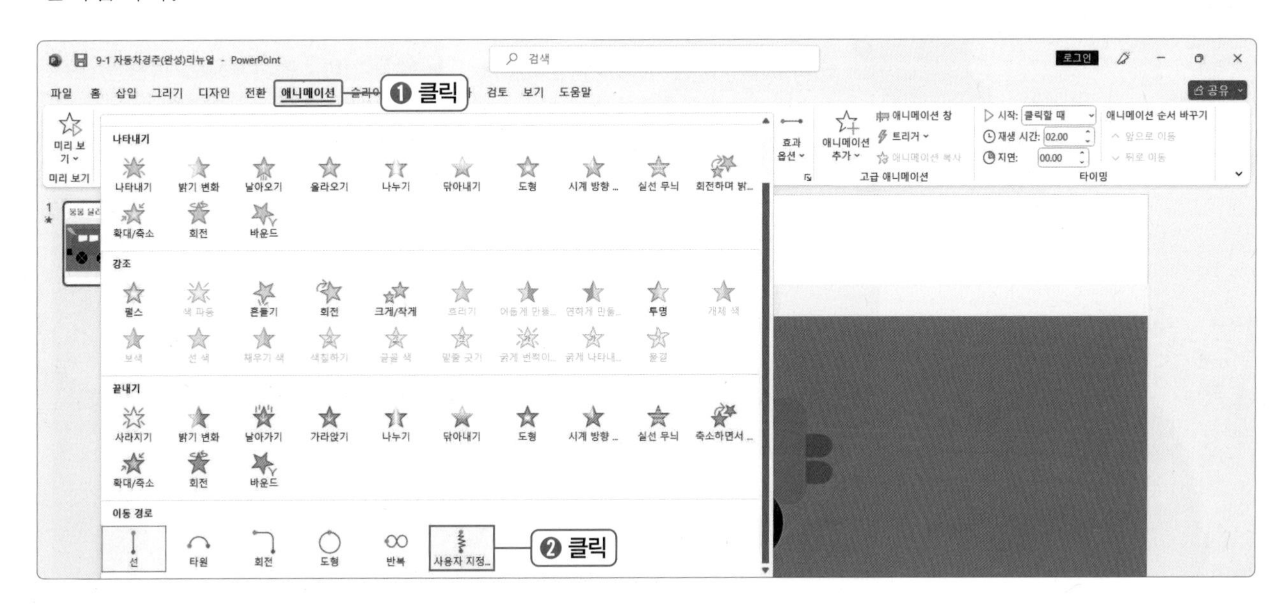

2 마우스 포인터의 모양이 바뀌면 마우스를 드래그하면서 가고자 하는 방향으로 그립니다. 경로를 완성하였으면 더블클릭하여 마무리한 후 [미리 보기]를 클릭하여 애니메이션 효과를 확인합니다.

혼자해 보기

❶ 자동차를 그룹으로 정하고 자동차에 애니메이션 효과를 넣어 보세요.

▶ 준비 파일 : 9_혼자해보기1(준비).pptx ▶ 완성 파일 : 9_혼자해보기1(완성).pptx

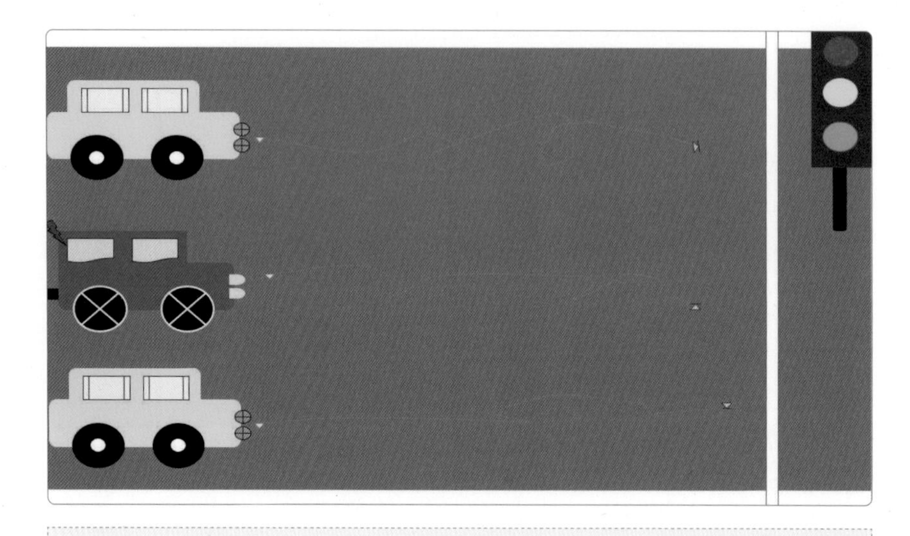

힌트

[애니메이션] 탭의 [자세히]-[이동 경로]-[사용자 지정 경로]

❷ 비행기를 그룹으로 정하고 비행기가 날아가는 것처럼 애니메이션 효과를 넣어 보세요.

▶ 준비 파일 : 9_혼자해보기2(준비).pptx ▶ 완성 파일 : 9_혼자해보기2(완성).pptx

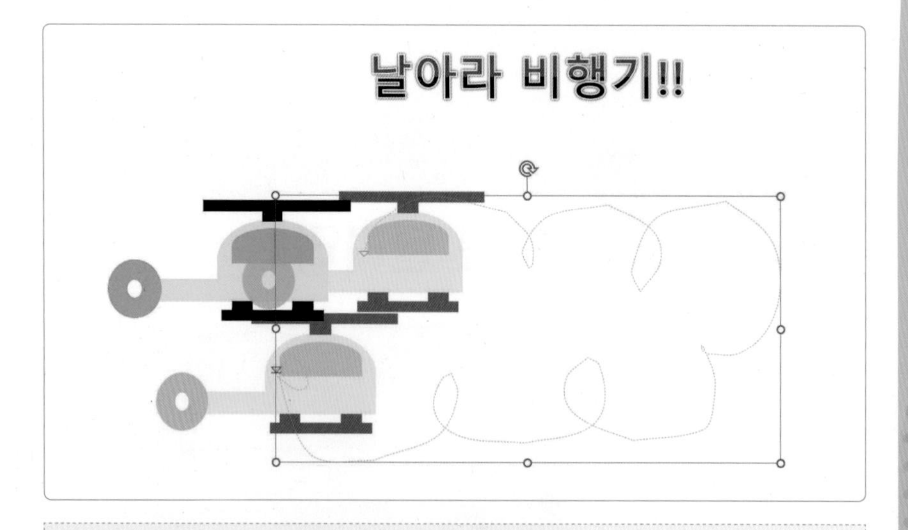

힌트

[애니메이션] 탭의 [자세히]-[이동 경로]-[사용자 지정 경로]

10 맛있는 간식 만들기

파워포인트의 도형 기능을 사용해서 도넛, 떡꼬치, 핫도그, 피자처럼 맛있는 간식을 만들어 볼까요.

작품 완성

맛있는 간식!!

준비 파일 8 10_준비.pptx

완성 파일 8 10_완성.pptx

문장 연습

다음 문장을 소리 내어 읽어본 후 입력해 보세요.

손가락을 올바르게 놓으세요.

가끔 손가락이 흔들리면 정확한 입력이 어렵습니다.

따라서 기본 자리를 잘 기억하는 것이 중요합니다.

연습을 통해 손가락의 위치를 익혀보세요.

올바른 타이핑으로 속도와 정확도를 높일 수 있습니다.

※ 왼쪽과 같은 그림을 찾아 동그라미 해보세요.

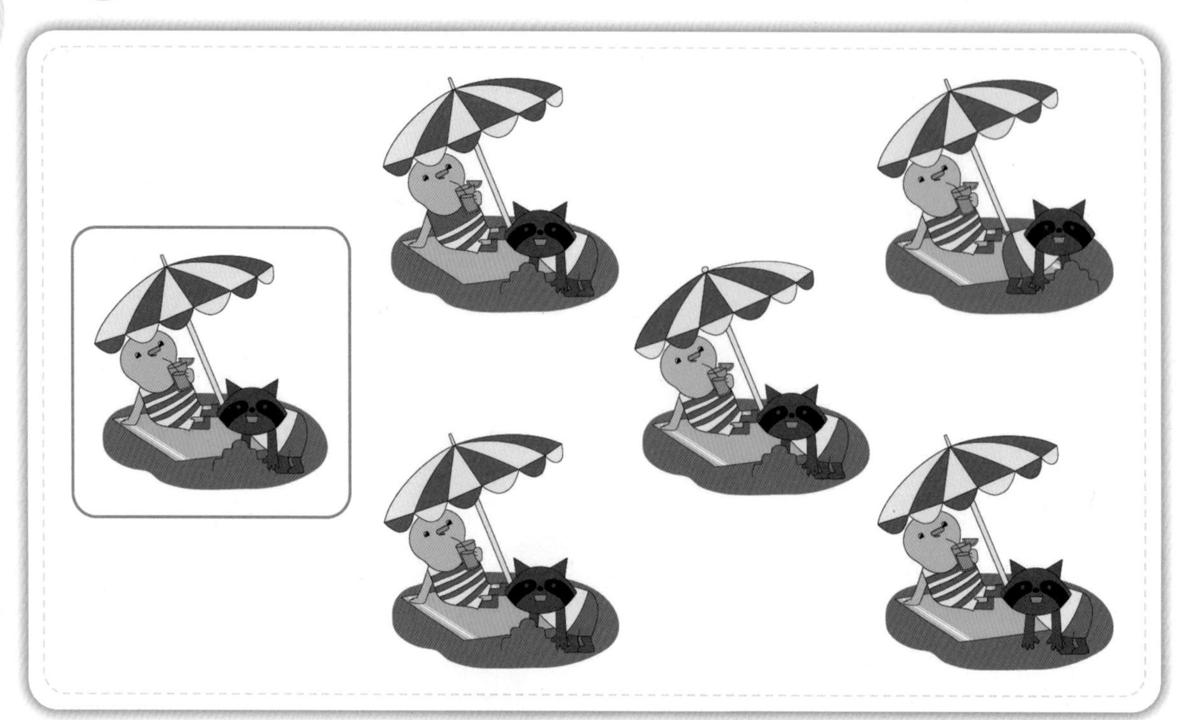

01 도넛 만들기

1 [시작( )]을 클릭해 [모든 앱]의 [PowerPoint]를 클릭하여 파워포인트를 실행합니다. 파워포인트를 실행한 후 '10_준비.pptx' 파일을 불러옵니다. '도넛' 도형을 선택하고 [도형 서식] 탭의 [도형 스타일] 그룹에서 [도형 서식( )]을 클릭합니다.

2 [도형 서식] 창에서 [채우기]-[패턴 채우기]를 클릭한 후 '색종이 조각' 패턴을 선택합니다.

3 [전경색]을 클릭해 '주황, 강조 2, 50% 더 어둡게'를 선택합니다.

4 [배경]을 클릭해 '주황, 강조 2, 25% 더 어둡게'로 선택합니다.

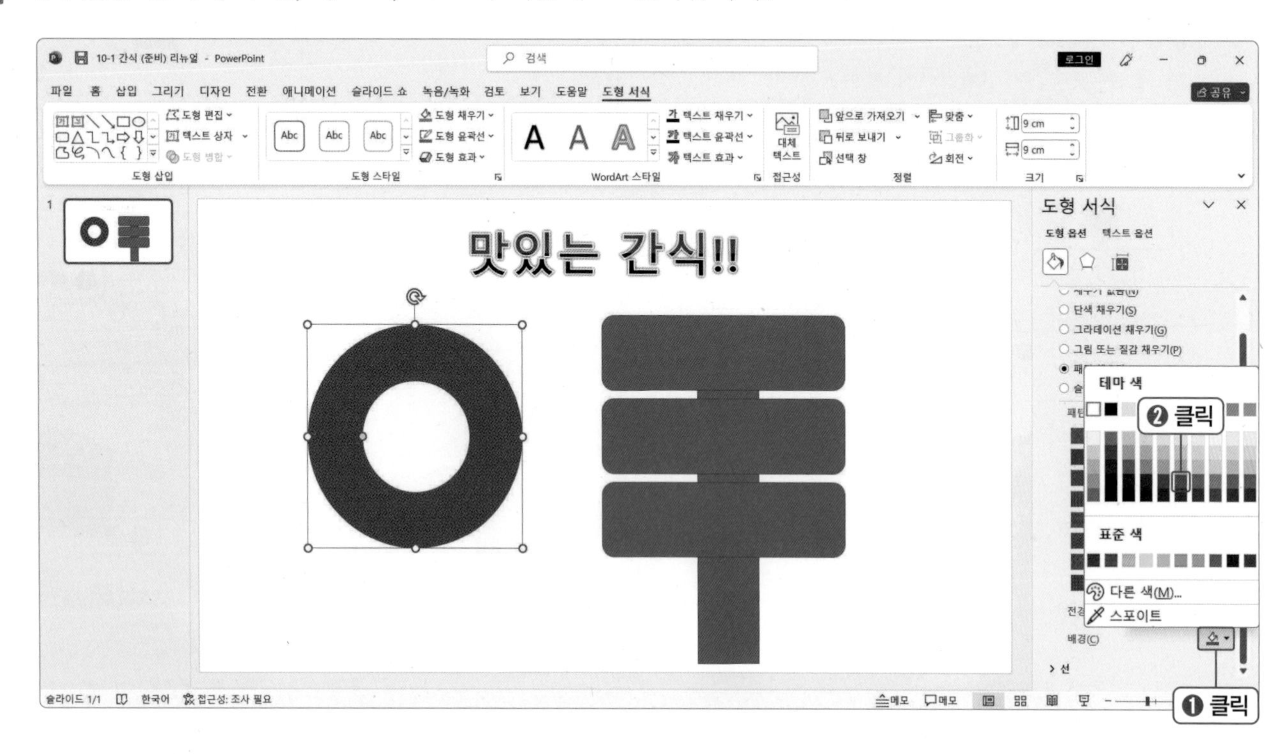

5 [선]-[실선]을 클릭한 후 [색]에 '주황, 강조 2, 50% 더 어둡게'를 선택하고 [너비]에 '3'을 입력합니다.

02 떡꼬치 만들기

1 '떡꼬치 떡' 도형을 선택한 다음 [도형 서식] 창의 [채우기]-[패턴 채우기]를 클릭한 후 '점선:5%' 패턴을 선택합니다.

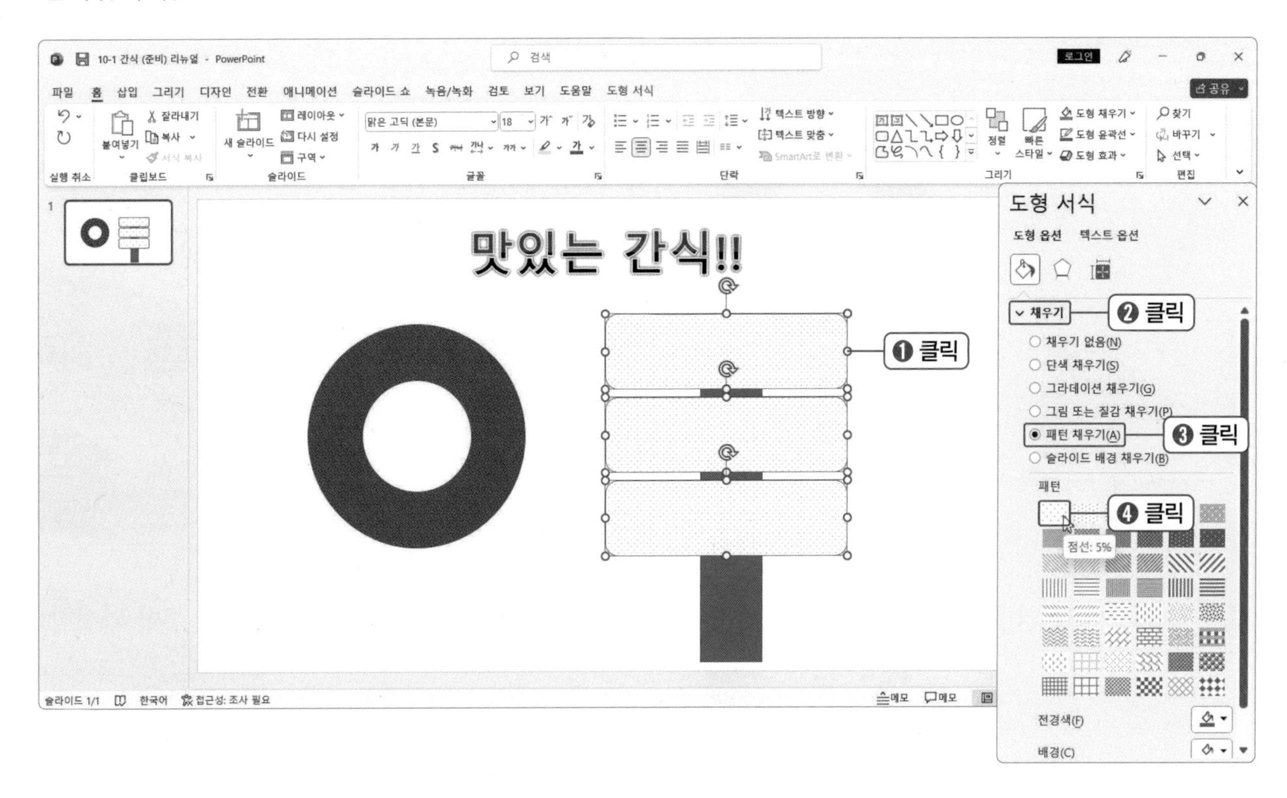

2 [전경색]을 '주황, 강조 2'로 선택하고 [배경색]을 '흰색, 배경 1'로 선택합니다.

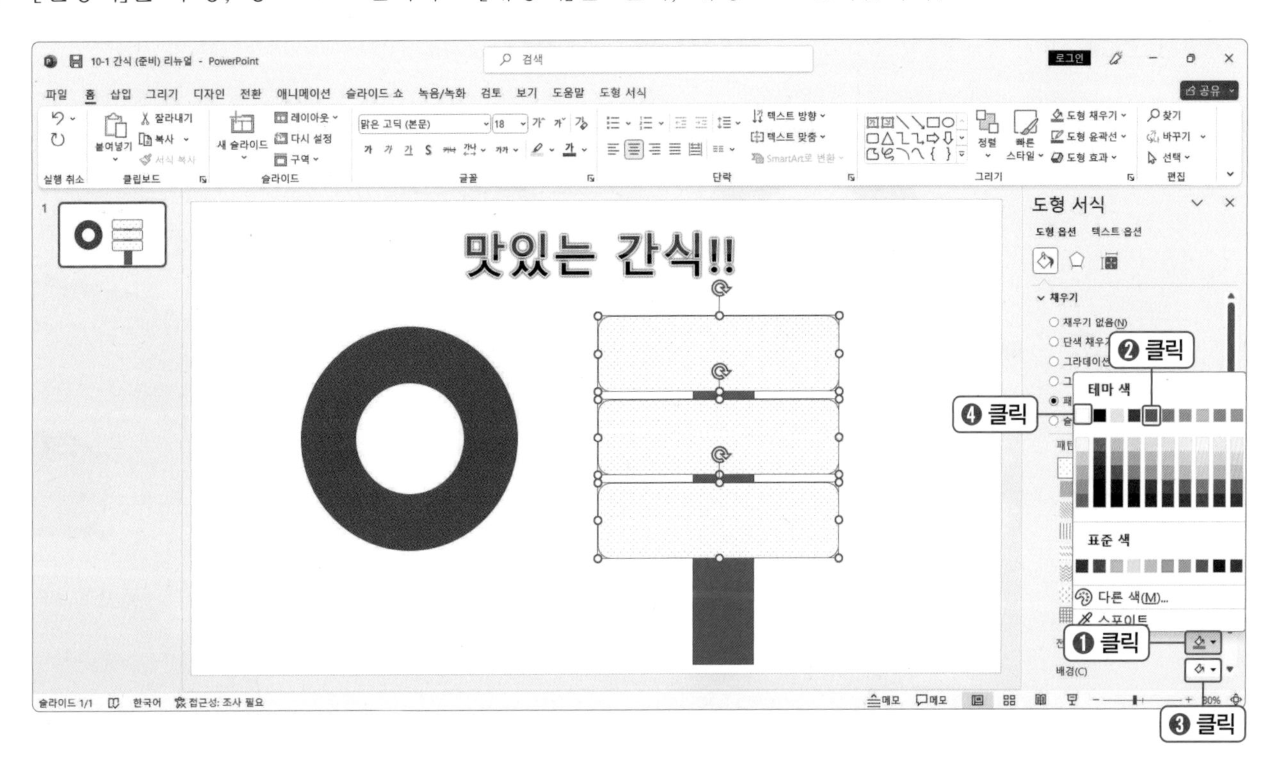

3 [선]-[실선]을 클릭한 후 [색]으로 '빨강'을 선택하고 [너비]에 '3'을 입력합니다.

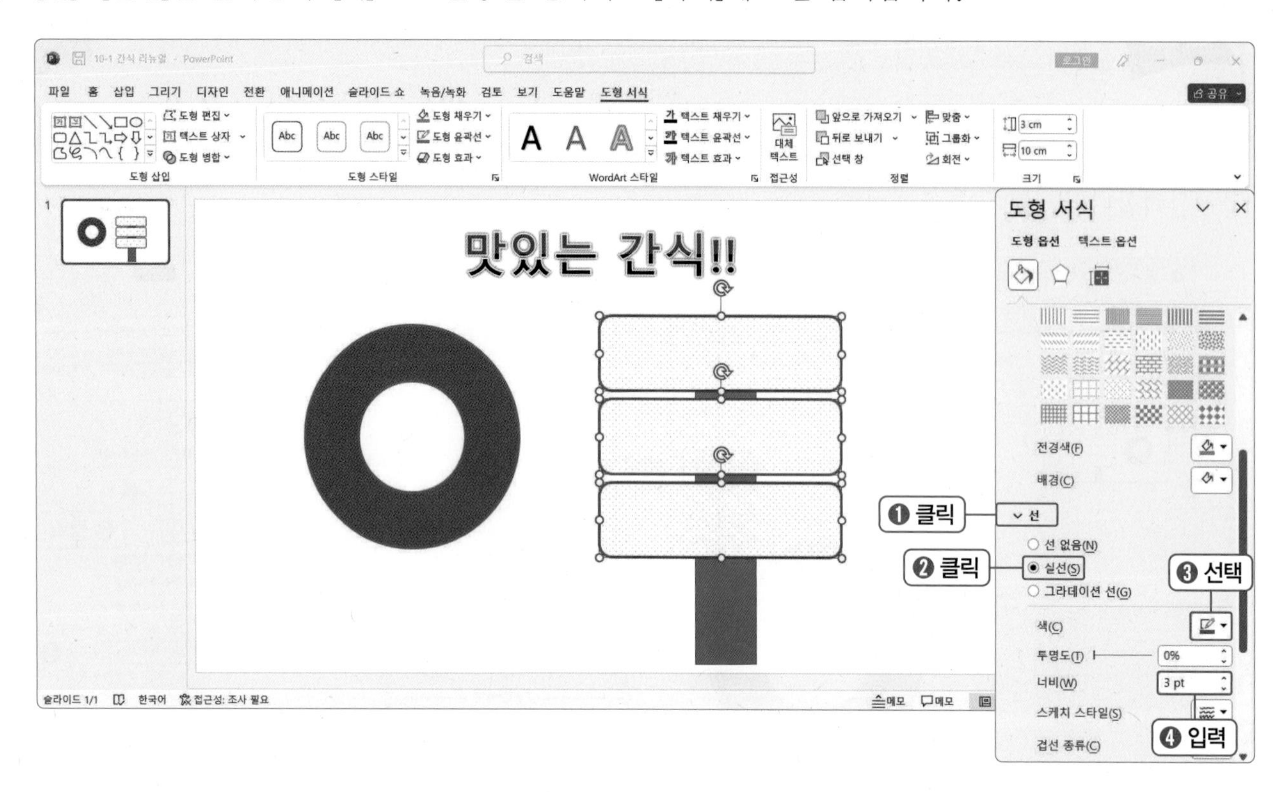

4 '떡꼬치 막대'의 [채우기]와 [선]의 색을 각각 '주황, 강조 2, 50% 더 어둡게'로 바꾸어 주어 완성합니다.

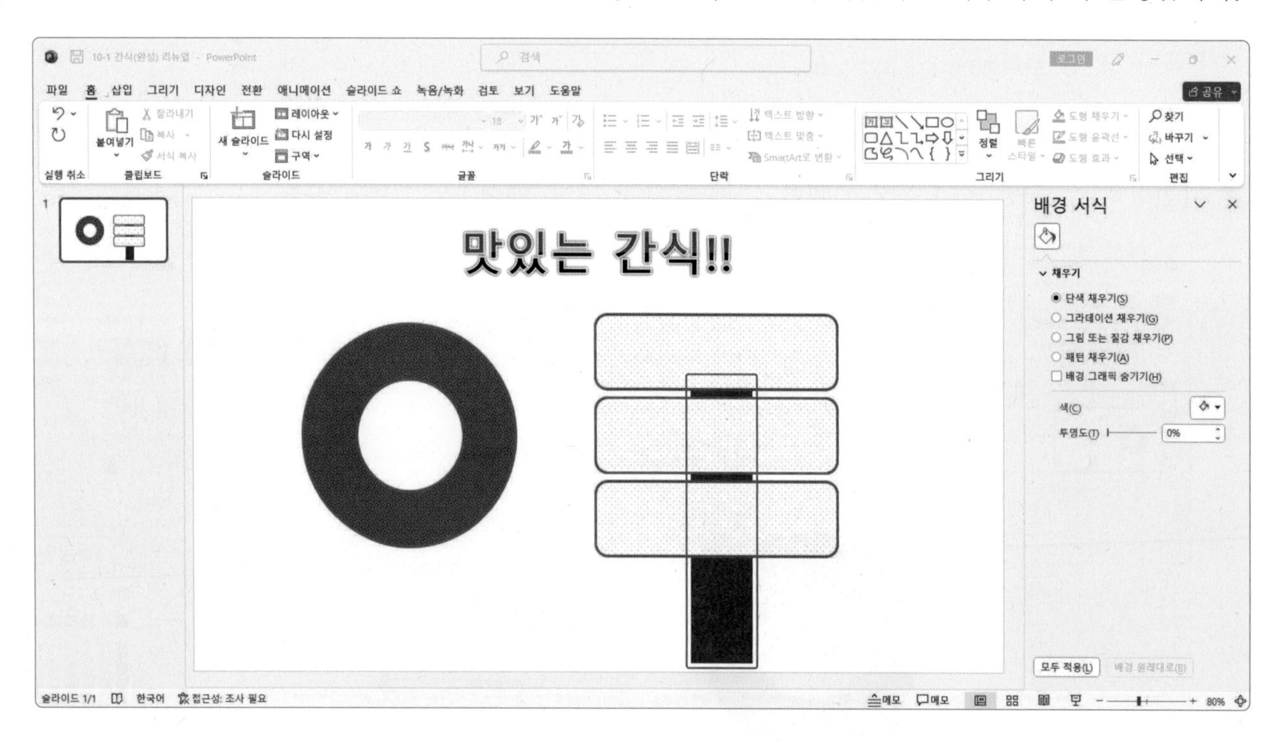

❶ 맛있는 핫도그 도형에 패턴을 적용해 보세요.

▶ 준비 파일 : 10_혼자해보기1(준비).pptx ▶ 완성 파일 : 10_혼자해보기1(완성).pptx

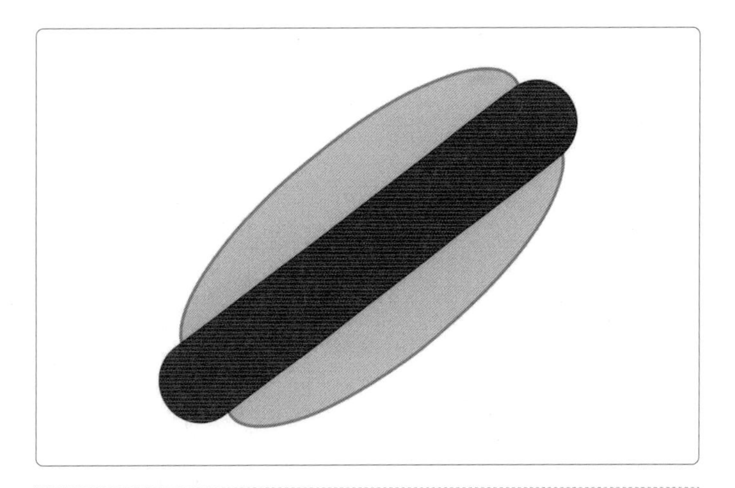

힌트
- 패턴 : 빵(점선, 90%), 햄(수평선 무늬: 밝음)
- 선 두께 : 3pt

❷ 맛있는 피자 도형에 패턴을 적용해 보세요.

▶ 준비 파일 : 10_혼자해보기2(준비).pptx ▶ 완성 파일 : 10_혼자해보기2(완성).pptx

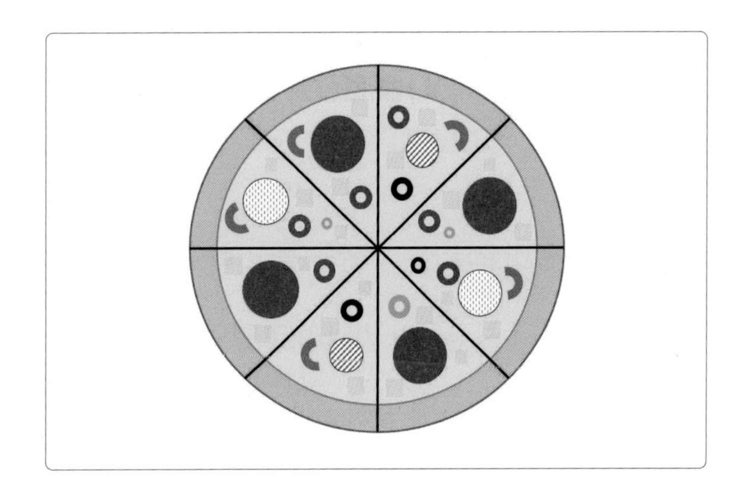

힌트
- [기본 도형]-[타원], [기본 도형]-[막힌 원호]
- 패턴 : 토핑(세로 줄무늬: 다른 수직선, 대각선 줄무늬: 넓은 상향)

11 날아라! 바람개비

도형에 멋진 색깔을 넣을 수 있는 그라데이션 기능을 사용해서 예쁜 바람개비를 만들어 볼까요.

작품 완성

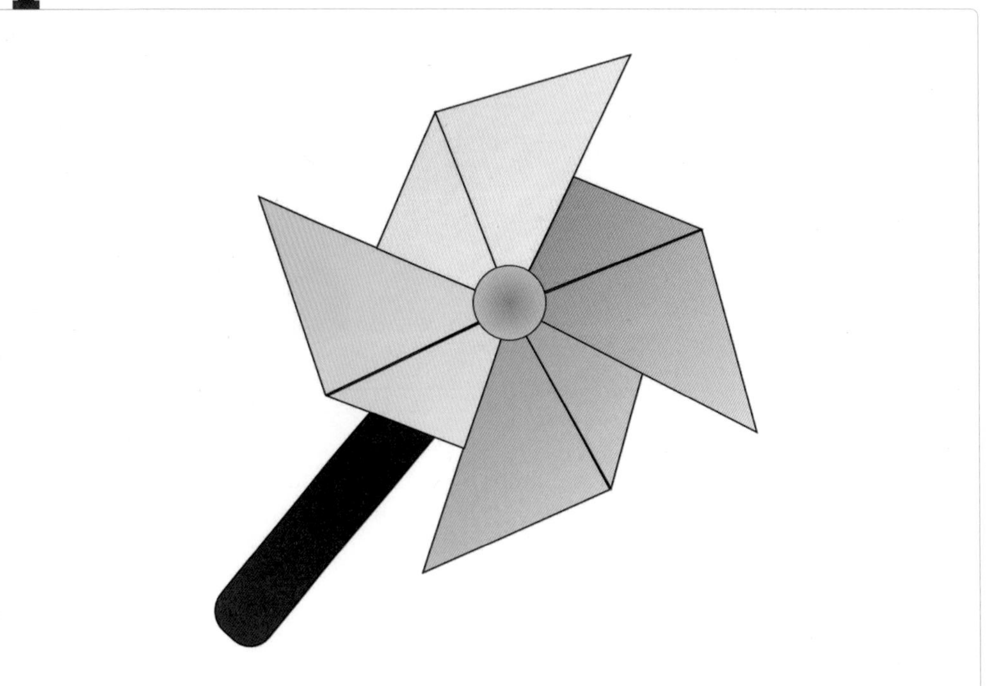

준비 파일 : 11_준비.pptx
완성 파일 : 11_준비.pptx

문장 연습

다음 문장을 소리 내어 읽어본 후 입력해 보세요.

어제는 비가 왔어요. 나는 우산을 들고 학교에 갔어요.

학교에 도착하니 친구들이 기다리고 있었어요.

우리는 함께 체육 시간에 뛰어놀았어요.

운동장에서 축구도 하고 농구도 했어요.

너무 즐거운 시간이었어요. 점심시간에는 맛있는 김밥을 먹었어요.

※ 오른쪽의 겹친 그림자를 보고 알맞은 물건을 찾아 동그라미 해보세요.

01 그라데이션 효과 지정

1 [시작( )]을 클릭해 [모든 앱]의 [PowerPoint]를 클릭하여 파워포인트를 실행한 후 '11_준비.pptx' 파일을 불러옵니다.

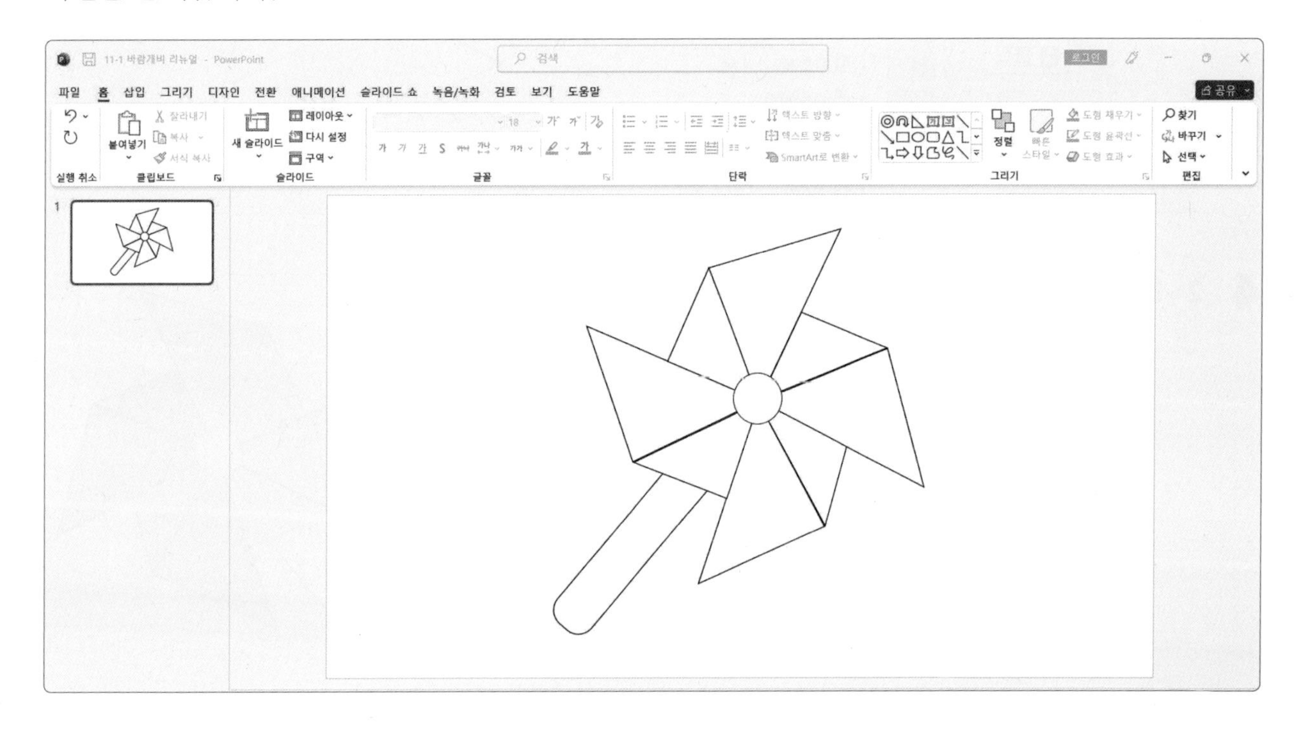

2 바람개비의 날개 하나를 선택하고 [도형 서식] 탭의 [도형 스타일] 그룹에서 [도형 채우기]를 클릭한 후 '황금색, 강조 4'를 선택합니다.

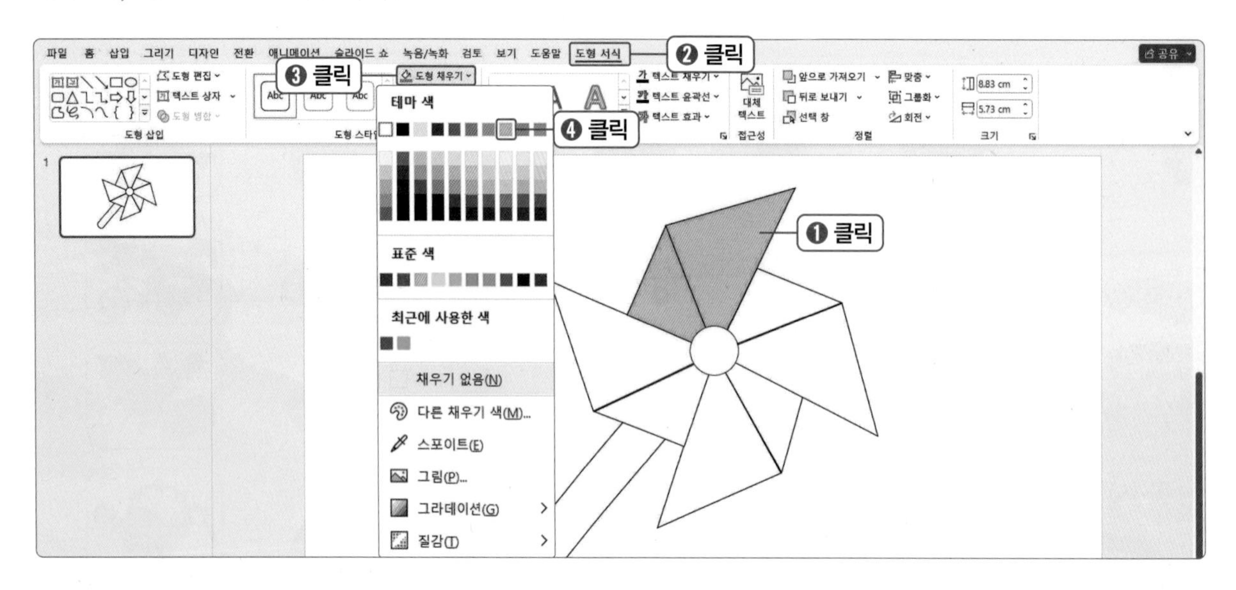

3 [도형 채우기]의 [그라데이션]-[밝은 그라데이션]에서 '선형 대각선-왼쪽 위에서 오른쪽 아래로'를 선택합니다.

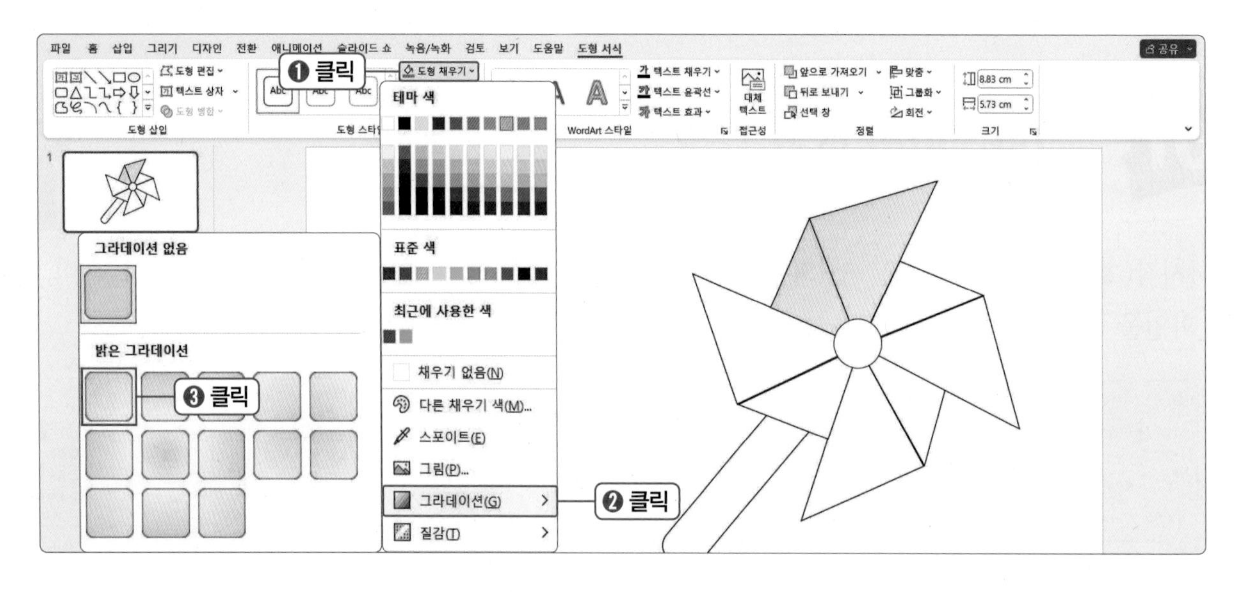

4 **2~3**의 방법으로 나머지 바람개비 날개에 색을 넣어줍니다.

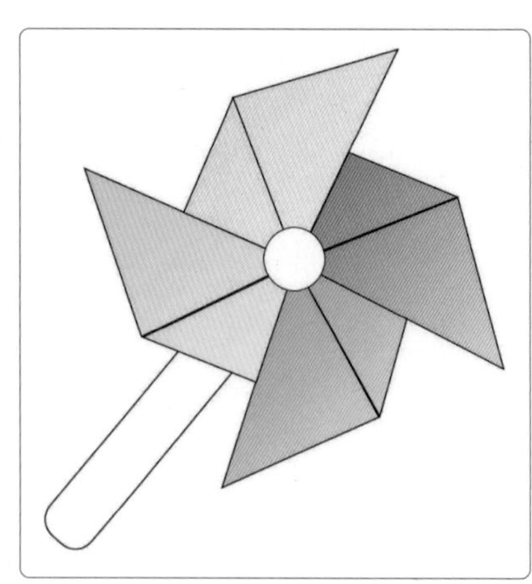

5 고정 핀을 선택하고 [도형 서식] 탭의 [도형 스타일] 그룹에서 [도형 채우기]를 클릭한 후 '검정, 텍스트 1'을 선택합니다.

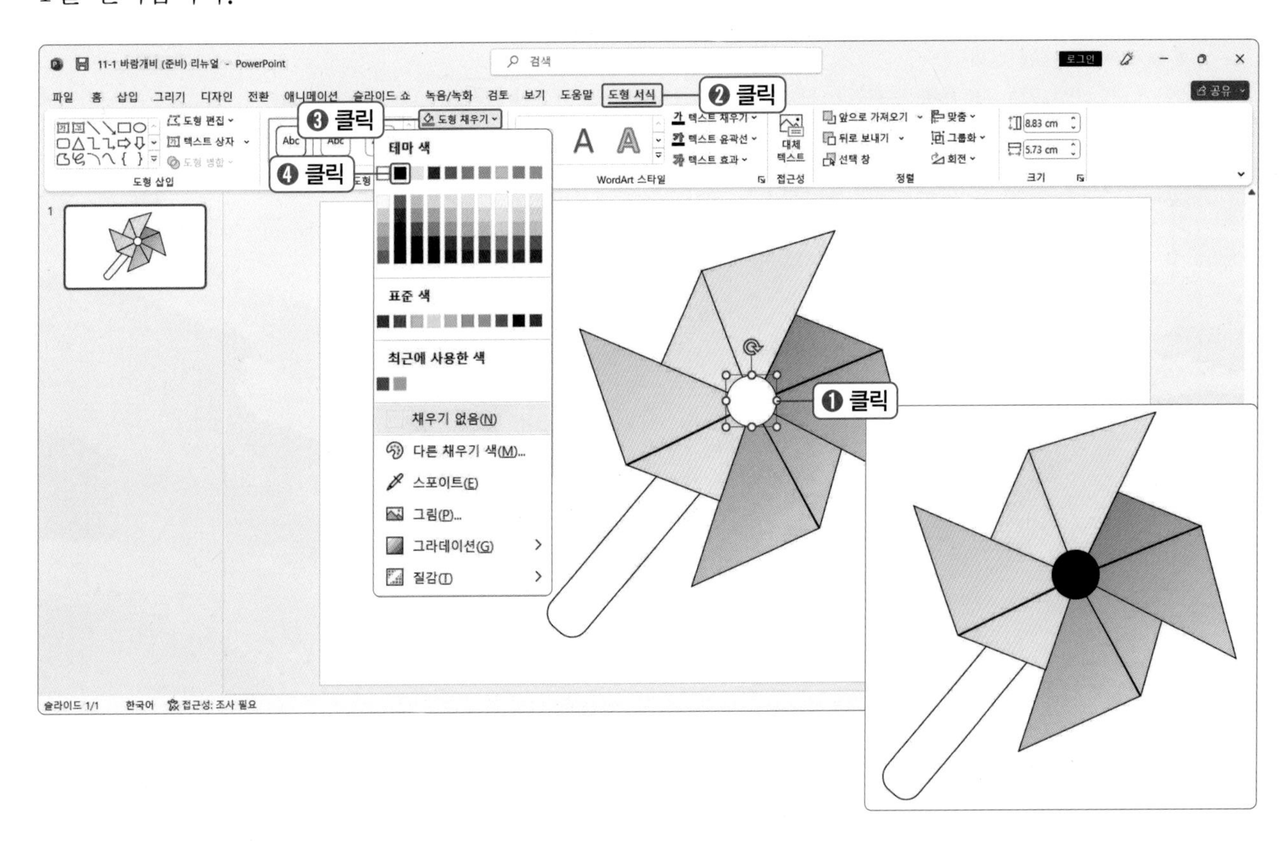

6 [도형 채우기]를 클릭해 [그라데이션]–[변형]에서 '가운데에서'를 선택합니다.

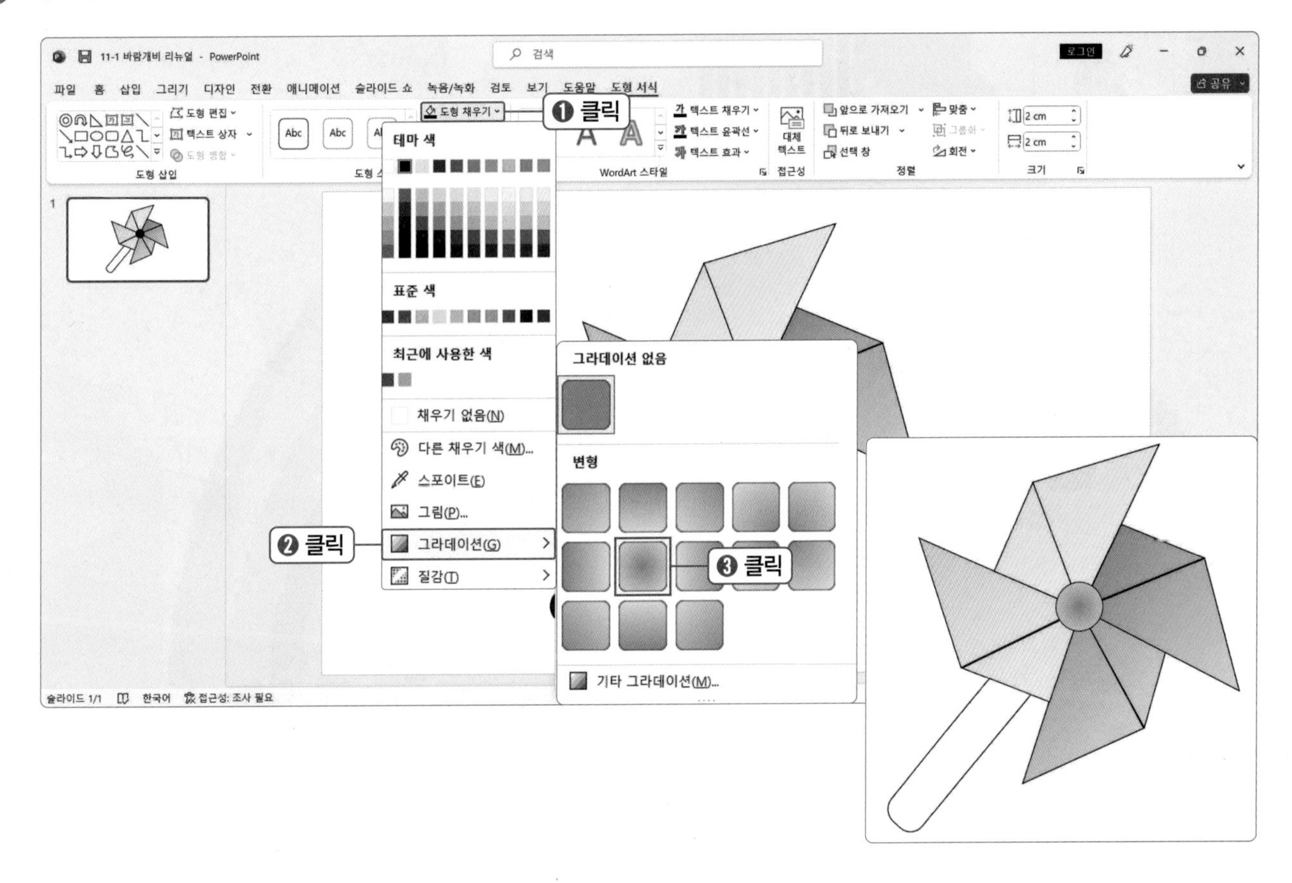

7 마지막으로 손잡이를 선택하고 [도형 서식] 탭의 [도형 스타일] 그룹에서 [도형 채우기]를 클릭한 후 '주황, 강조 2, 50% 더 어둡게'를 선택합니다.

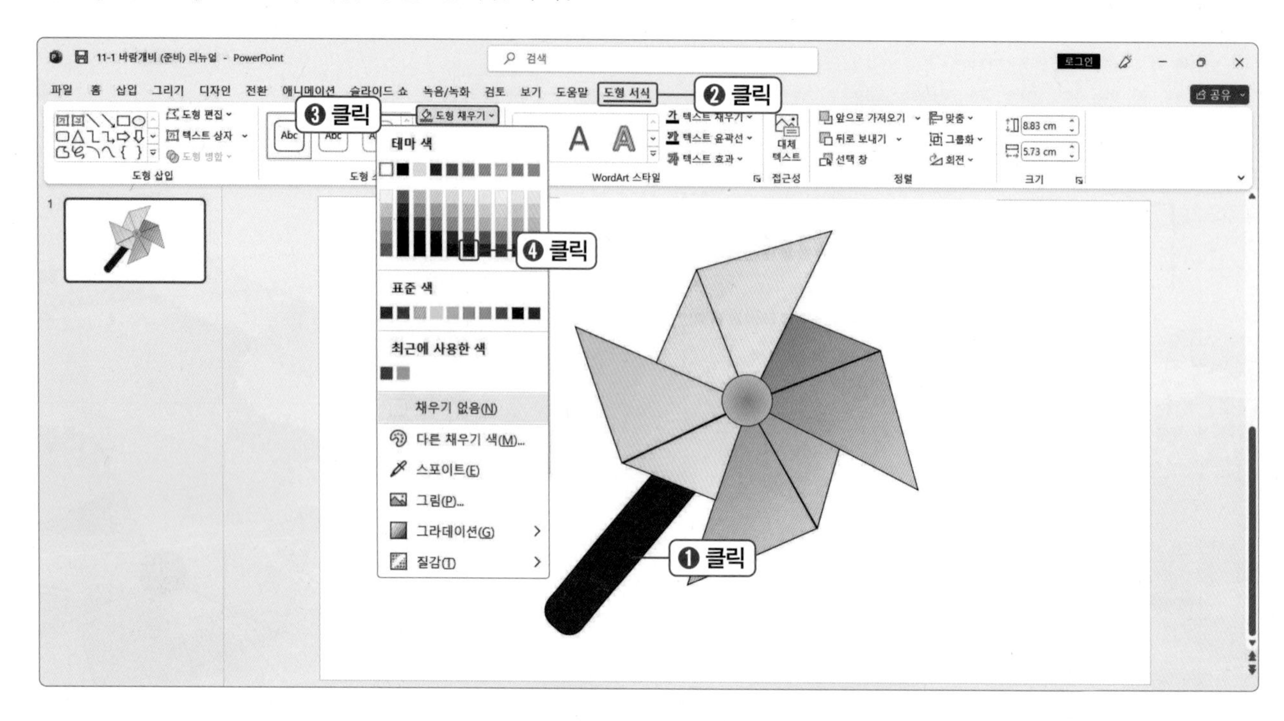

8 [도형 채우기]를 클릭해 [그라데이션]-[변형]에서 '가운데에서'를 선택합니다.

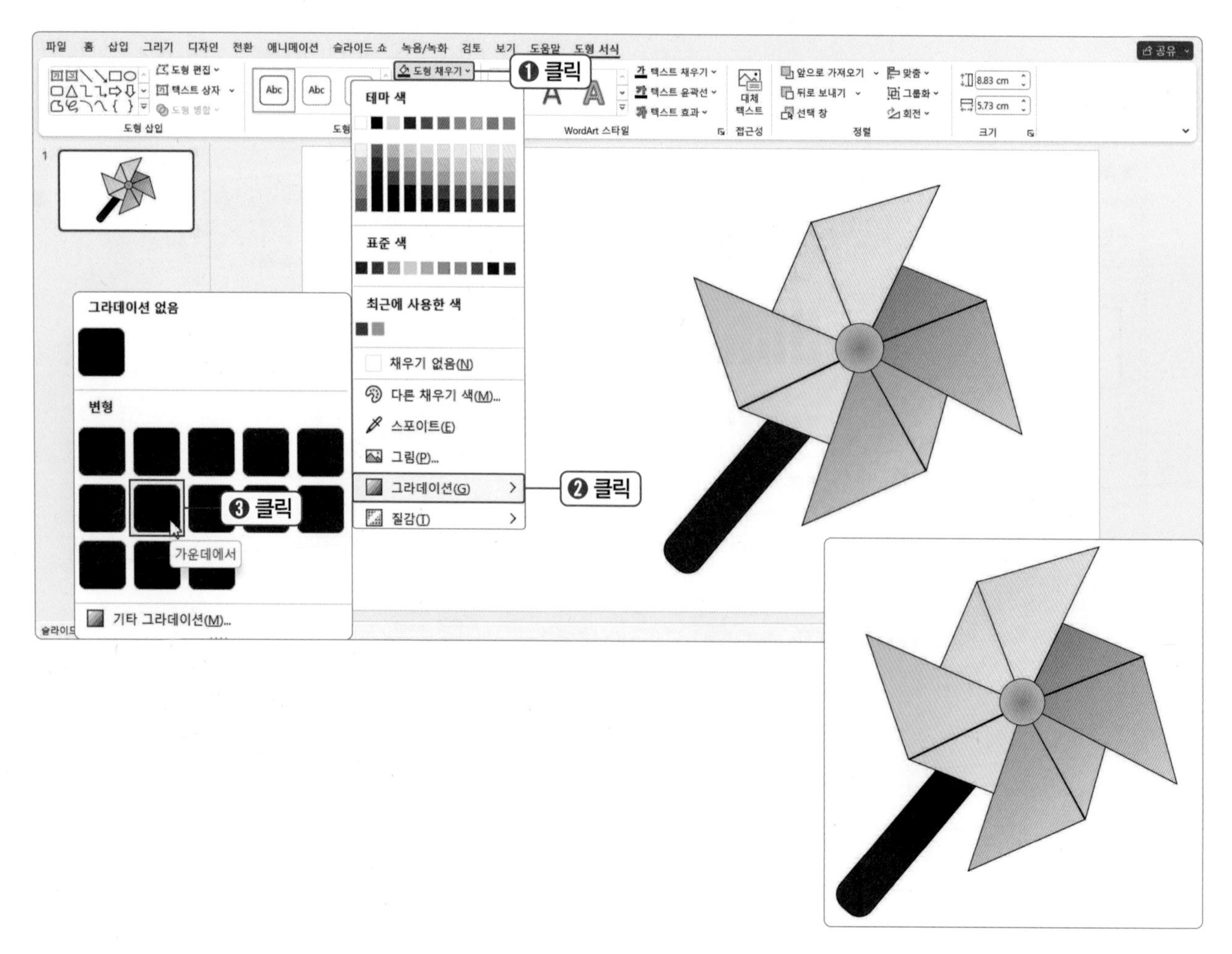

9 손잡이를 뺀 모든 도형을 선택한 후 [도형 서식] 탭의 [정렬] 그룹에서 [그룹화]-[그룹]을 선택합니다.

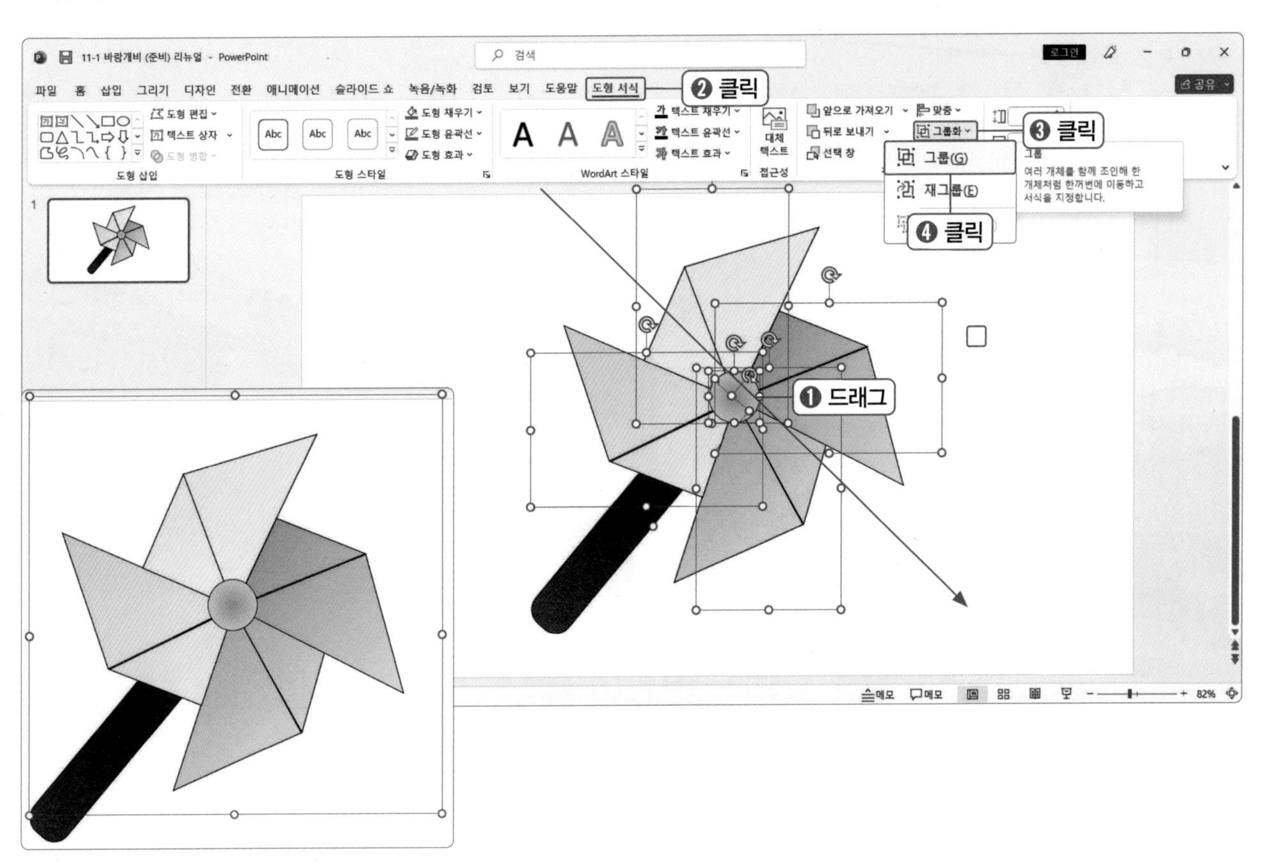

10 [애니메이션] 탭의 [애니메이션] 그룹에서 [자세히(▿)]를 클릭한 후 [추가 나타내기 효과]를 선택합니다.

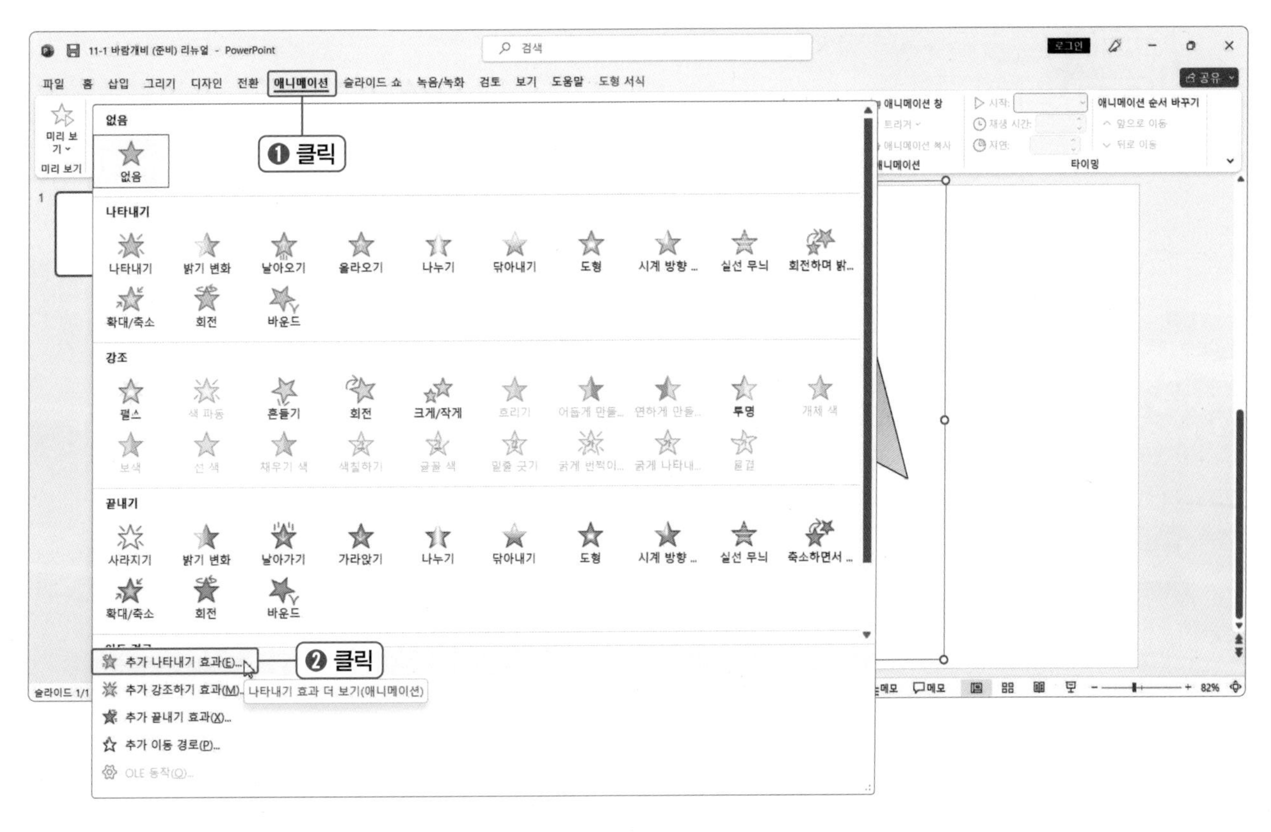

11 [나타내기 효과 변경] 창이 열리면 [화려한 효과]의 [바람개비]를 선택합니다.

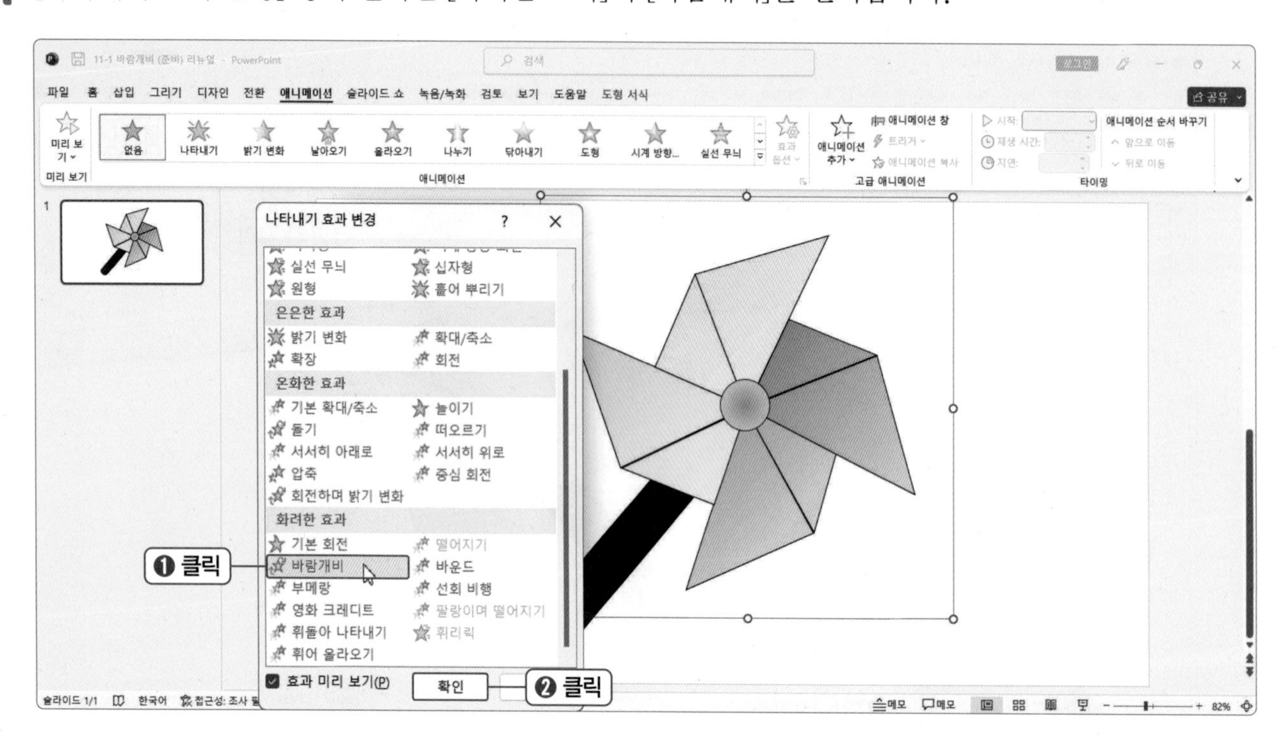

12 [애니메이션] 탭의 [미리 보기] 그룹에서 [미리 보기]를 클릭해 바람개비가 움직이는 애니메이션을 확인합니다.

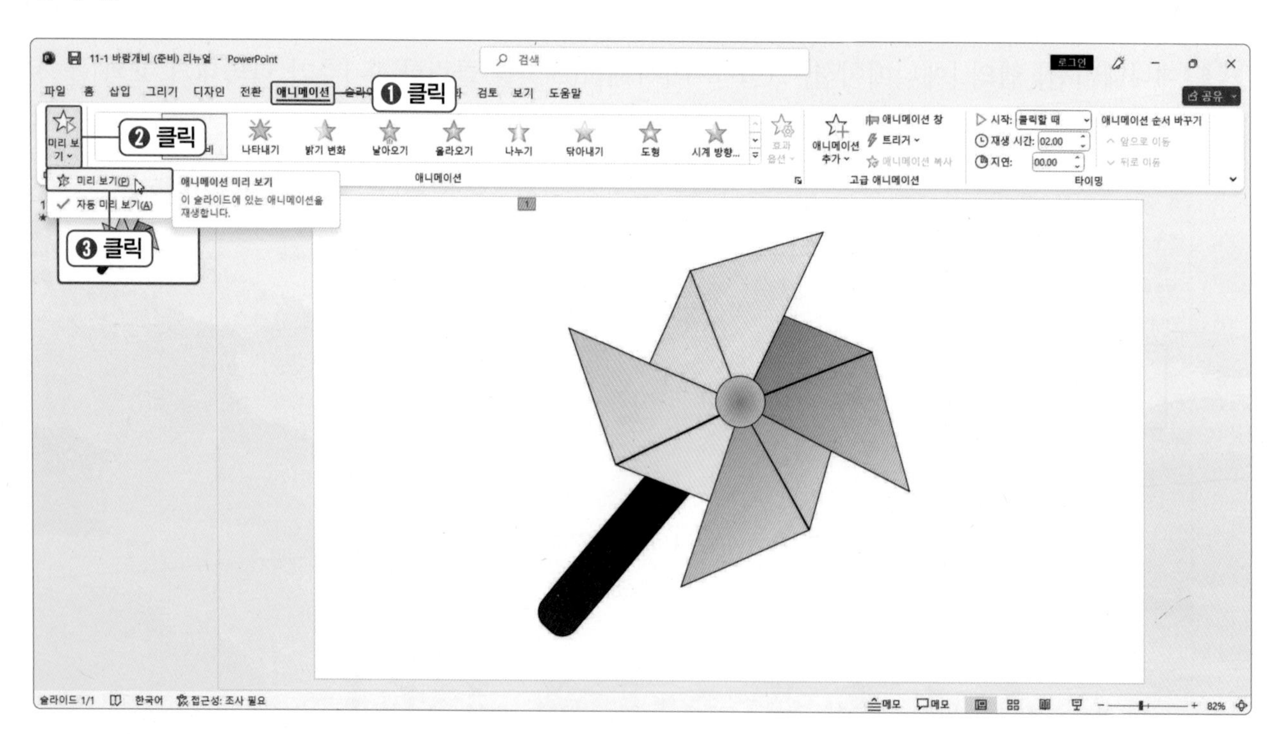

① 도형을 이용하여 멋있는 방패연을 그리고 애니메이션 효과를 적용해 보세요.

▶ 준비 파일 : 11_혼자해보기1(준비).pptx ▶ 완성 파일 : 11_혼자해보기1(완성).pptx

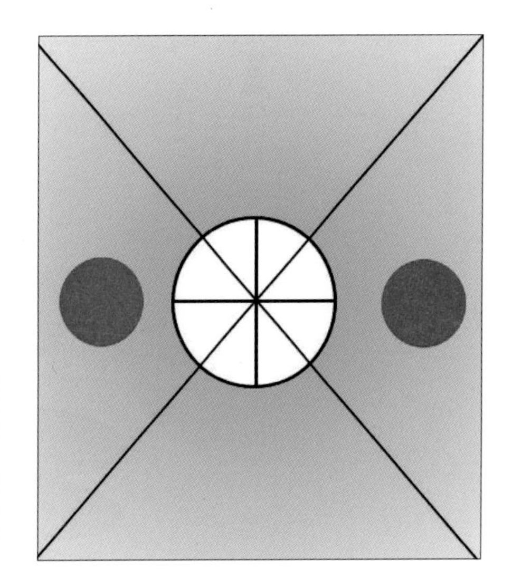

힌트
- 도형 : [기본 도형]-[타원], [선]-[선]
- 그라데이션 : [도형 채우기]-[그라데이션] '가운데에서'
- 애니메이션 : [추가 나타내기 효과]-[온화한 효과] '떠오르기'

② 도형을 이용하여 윷가락을 그리고 애니메이션 효과를 적용해 보세요.

▶ 준비 파일 : 11_혼자해보기2(준비).pptx ▶ 완성 파일 : 11_혼자해보기2(완성).pptx

힌트
- 도형 : [기본 도형]-[원통형], [수식 도형]-[곱하기 기호]
- 그라데이션 : [도형 채우기]-[그라데이션] '선형 아래쪽으로'
- 애니메이션 : [추가 나타내기 효과]-[기본 효과] '날아오기'

12 귀여운 꽃게

파워포인트의 도형 기능 중 곡선 도구를 사용해서 귀여운 꽃게를 만들어 볼까요.

작품 완성

준비 파일 : 12_준비.pptx
완성 파일 : 12_완성.pptx

문장 연습

다음 문장을 소리 내어 읽어본 후 입력해 보세요.

나는 오늘 학교에서 그림을 그렸어요.

하늘은 파랗고 구름은 하얘요.

나무에 새가 앉아 있고, 꽃이 피었어요.

친구와 함께 놀이터에서 뛰어놀았어요.

오후에는 도서관에서 책을 읽었어요.

※ 그림 속에 숨어 있는 그림을 찾아보세요.

01 도형 복제해 꽃게 만들기

1 [시작( )]을 클릭해 [모든 앱]의 [PowerPoint]를 클릭하여 파워포인트를 실행한 후 '12_준비.pptx' 파일을 불러옵니다.

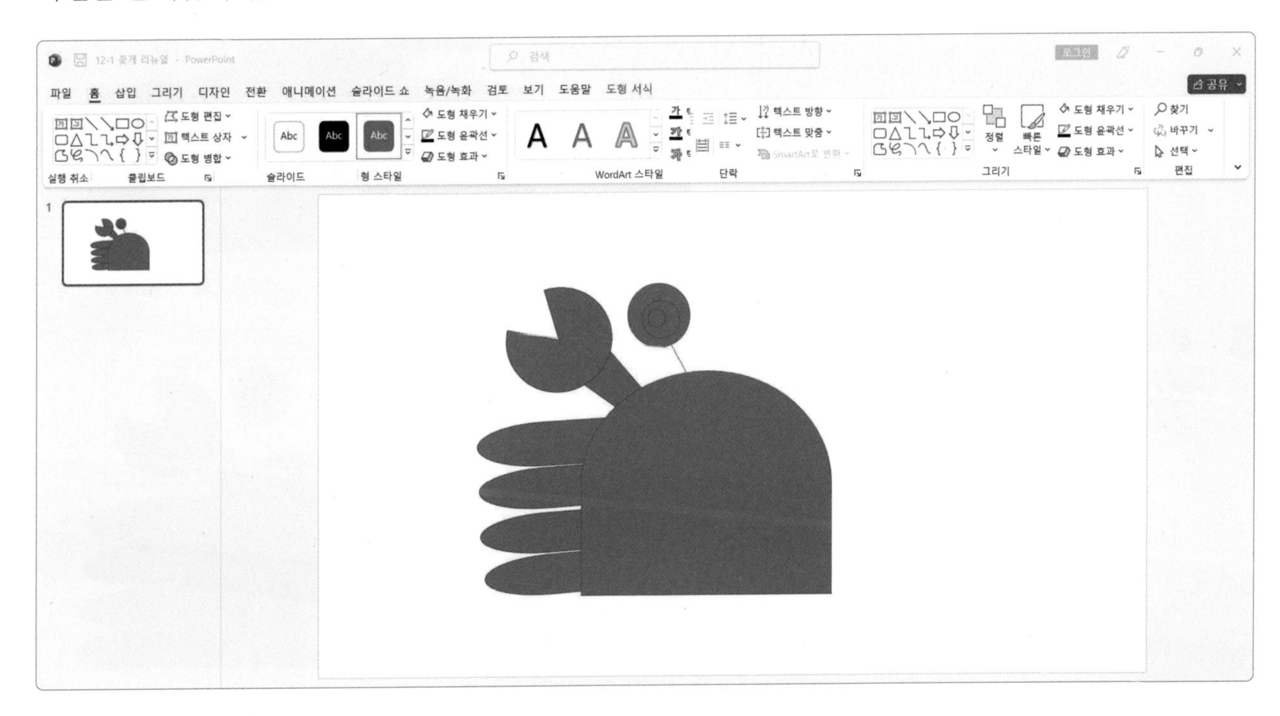

2 꽃게의 '다리'를 선택한 후 Ctrl 키를 누른 상태에서 마우스를 드래그해 도형을 복사합니다.

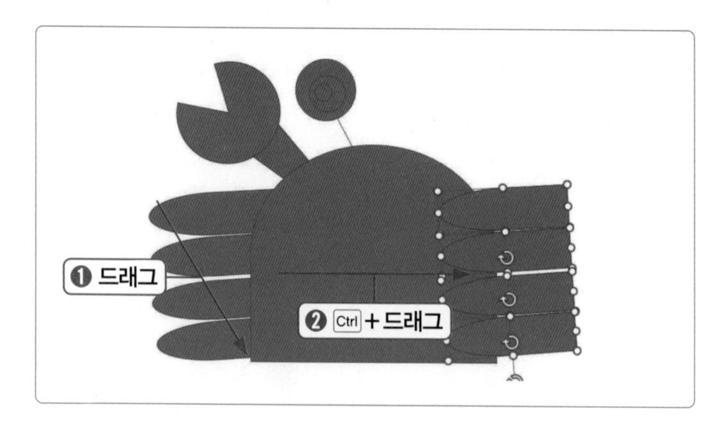

3 [도형 서식] 탭의 [정렬] 그룹에서 [회전]-[좌우 대칭]을 선택합니다.

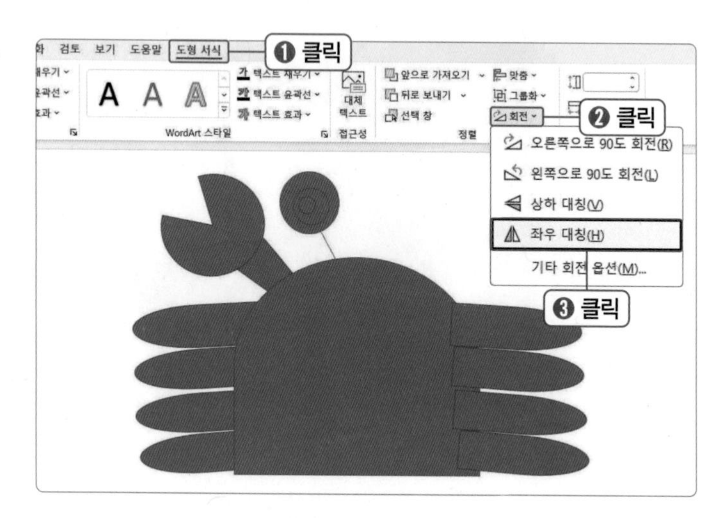

4 [도형 서식] 탭의 [정렬] 그룹에서 [뒤로 보내기]-[맨 뒤로 보내기]를 선택합니다.

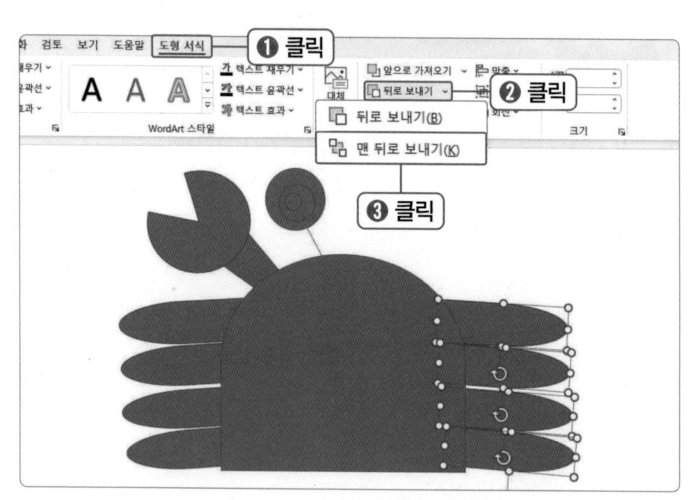

5 꽃게의 '집게다리'와 '눈'을 **2~4** 방법으로 복사해 줍니다.

꽃게 얼굴 만들기

1 꽃게의 '입'을 그리기 위해 [삽입] 탭의 [일러스트레이션] 그룹에서 [도형]을 클릭한 후 [선]-[곡선(⌒)]을 선택하고 곡선을 그립니다.

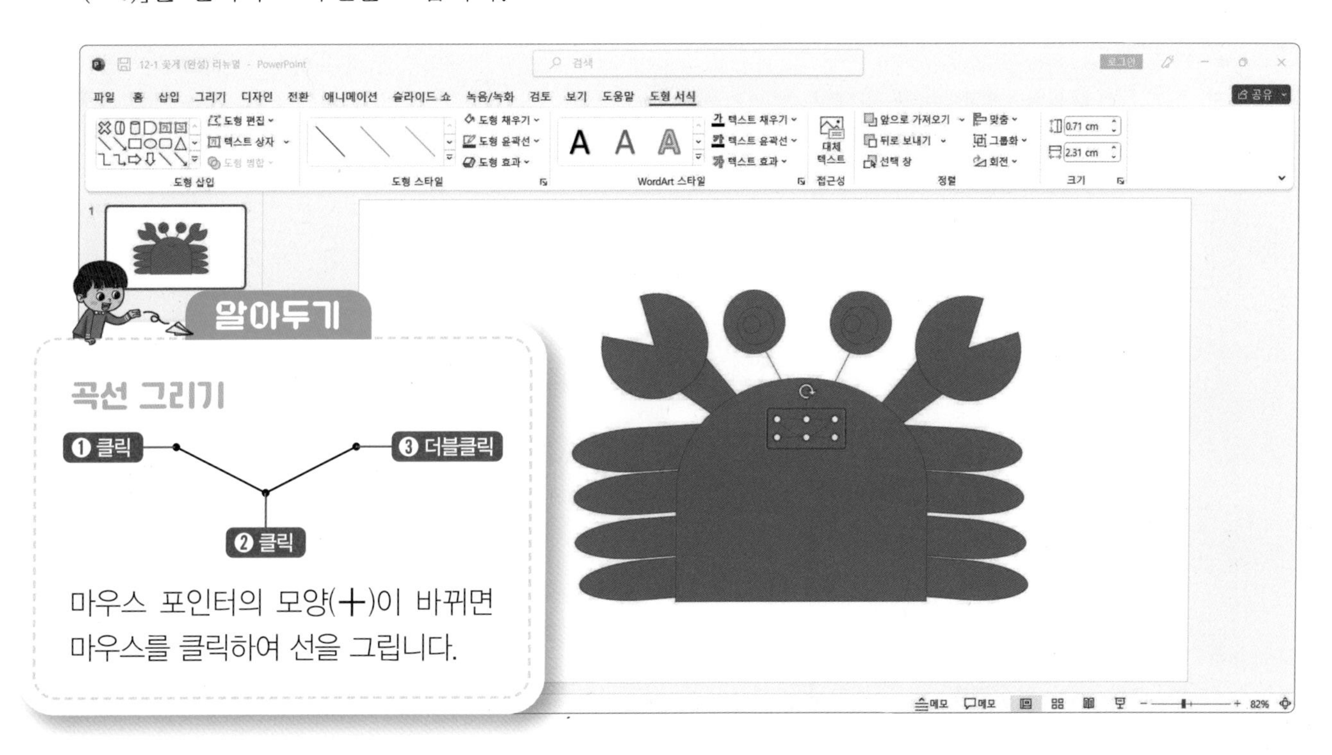

2 [도형 서식] 탭의 [도형 스타일] 그룹에서 [도형 채우기], [도형 윤곽선]을 각각 클릭한 후 원하는 색으로 바꾸고 [두께]를 '6'으로 선택합니다.

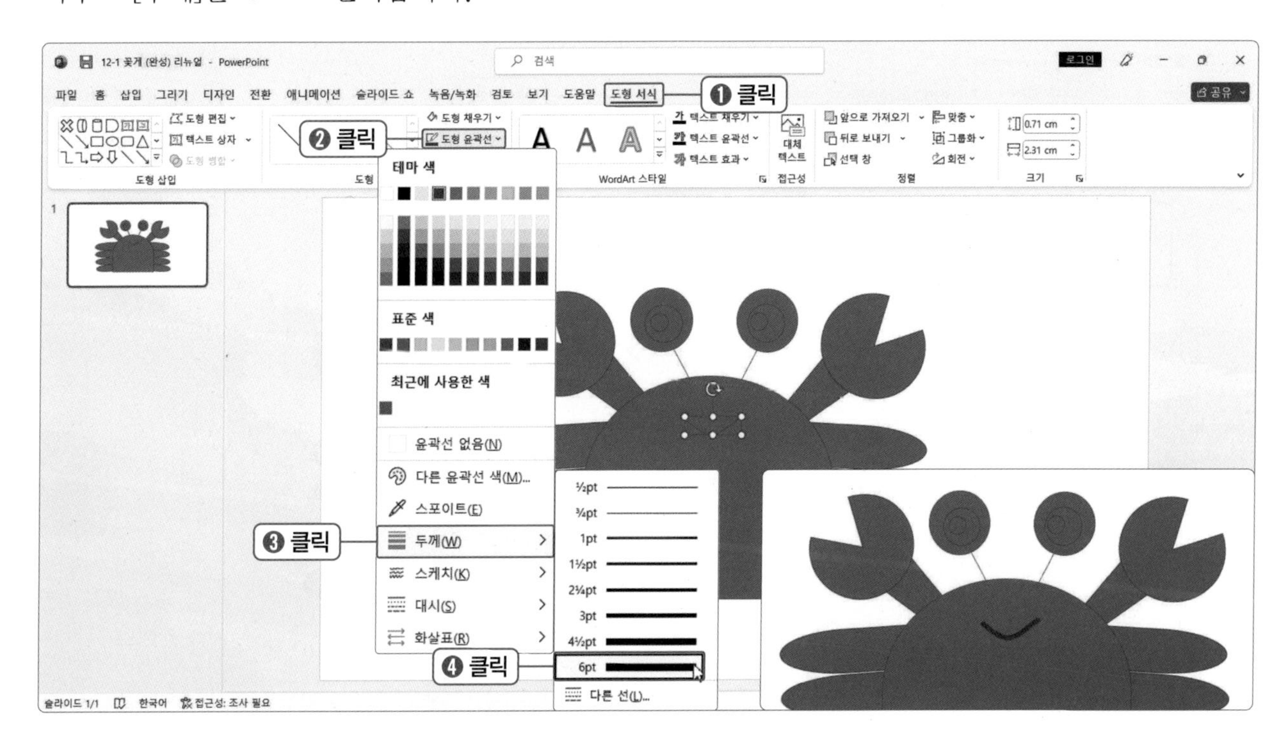

03 꽃게 몸통 만들기

1 꽃게의 '몸통'을 꾸미기 위해 [삽입] 탭의 [일러스트레이션] 그룹에서 [도형]을 클릭합니다. [기본 도형]–[하트(♡)]를 선택하고 슬라이드에 드래그해 도형을 그립니다.

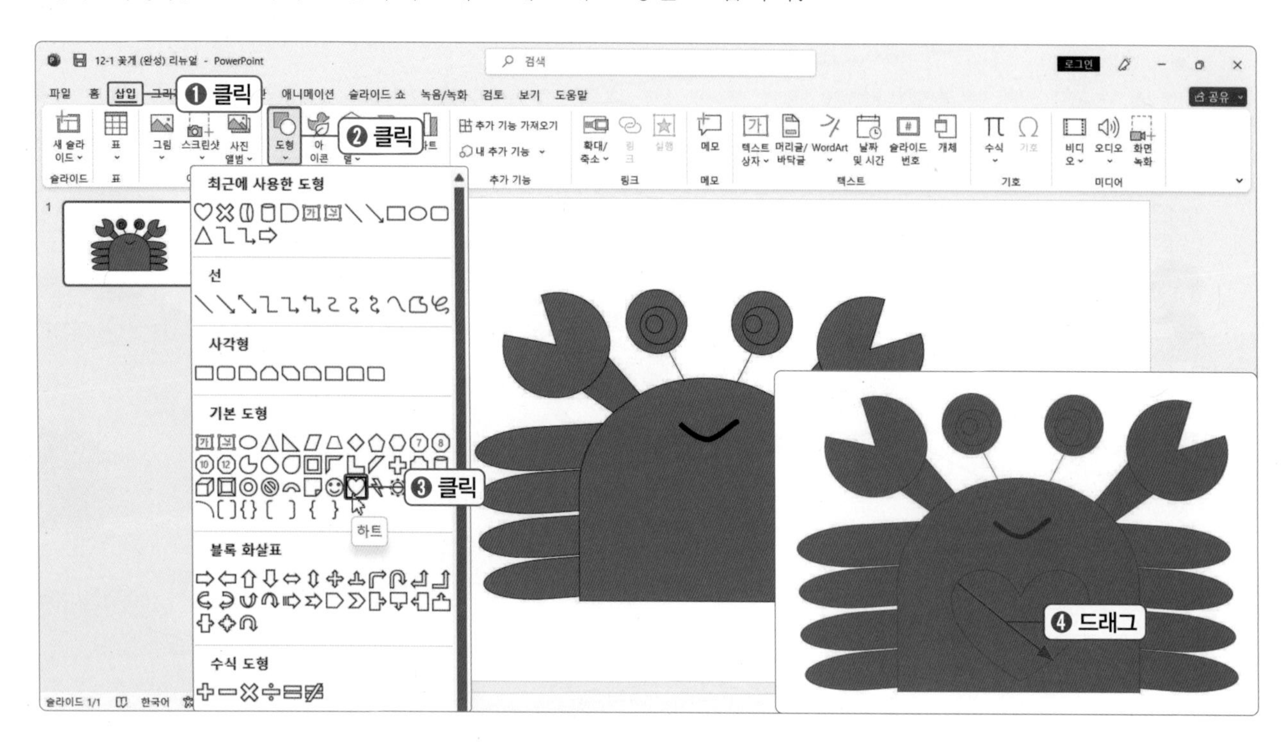

2 [도형 서식] 탭의 [도형 스타일] 그룹에서 [도형 채우기], [도형 윤곽선]을 각각 클릭한 후 원하는 색으로 바꿉니다.

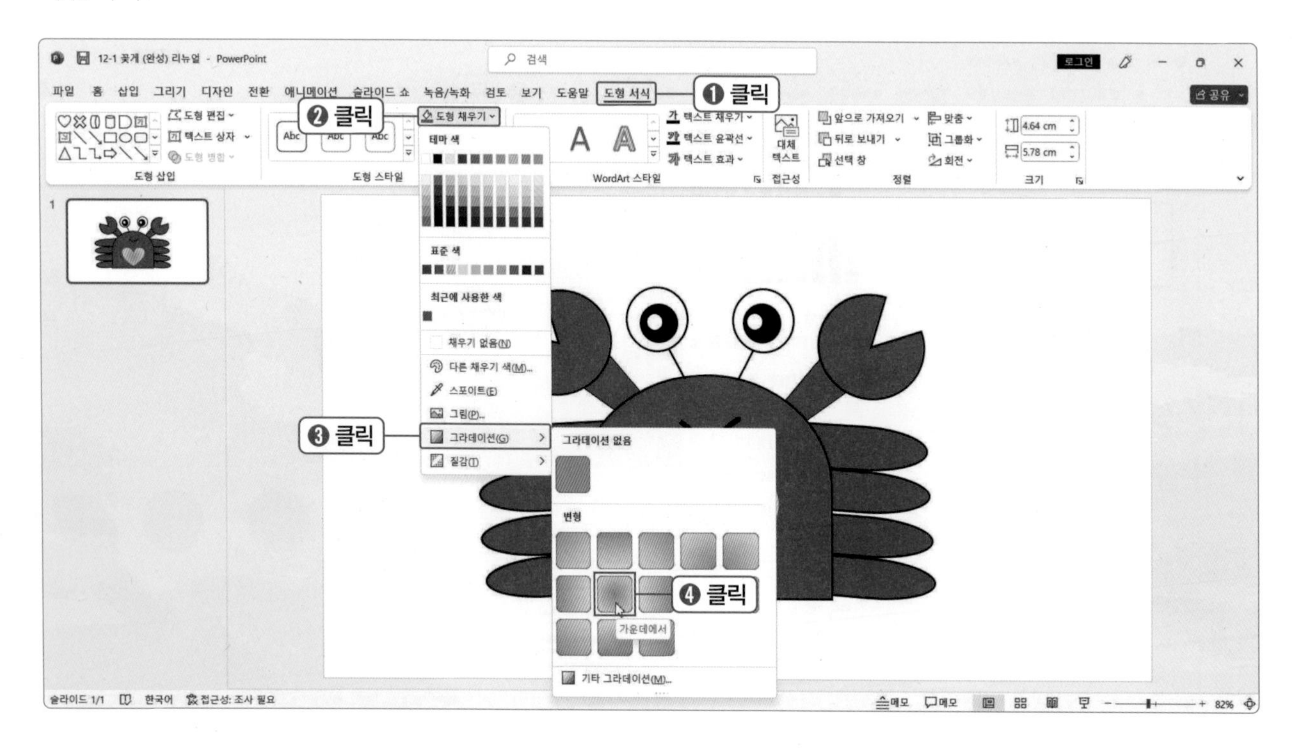

3 모든 도형을 선택한 다음 [도형 서식] 탭의 [정렬] 그룹에서 [그룹화]-[그룹]를 선택합니다.

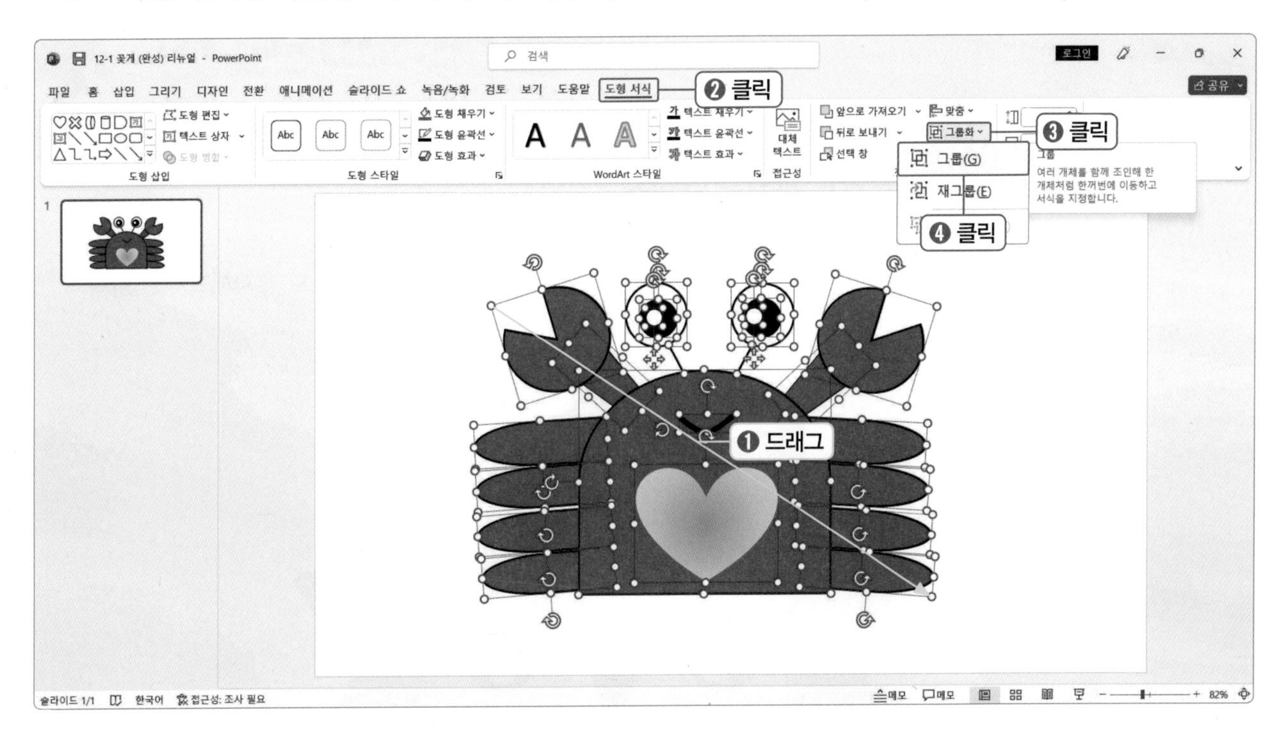

4 [애니메이션] 탭의 [애니메이션] 그룹에서 [강조]-[흔들기]를 선택하여 완성합니다.

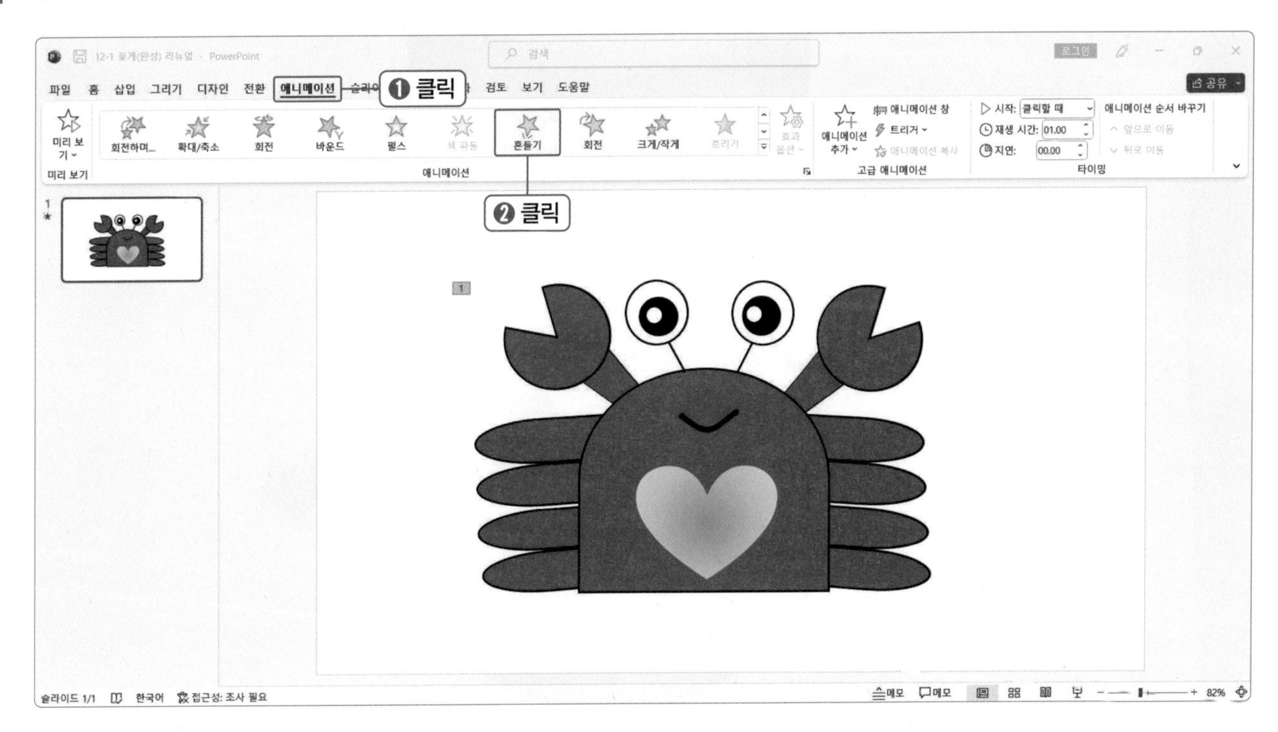

❶ 도형을 이용하여 동물을 완성해 보세요.

▶ 준비 파일 : 없음 ▶ 완성 파일 : 12_혼자해보기(완성).pptx

힌트

- 도형 : [기본 도형]-[타원], [기본 도형]-[하트], [별 및 현수막]-[별: 꼭짓점 10개], [선]-[곡선], [선]-[직선], [사각형]-[둥근 모서리]
- 애니메이션 : 사자-[회전], 곰-[축소하면서 회전]

13 아름다운 꽃 그리기

파워포인트의 도형을 사용해서 꽃잎을 만들어 볼 거예요. 만든 꽃잎을 복사하고 돌려서 예쁜 꽃을 만들고, 꽃이 반짝이며 인사할 수 있게 꾸며 볼까요.

작품 완성

준비 파일 : 없음
완성 파일 : 13_완성.pptx

문장 연습

다음 문장을 소리 내어 읽어본 후 입력해 보세요.

오늘은 맑고 따뜻한 날이에요.

나는 아침에 일찍 일어나서 엄마와 함께 산책을 갔어요.

공원에는 꽃이 피고 나무에 새가 앉아 있었어요.

나는 친구와 함께 그네를 타고 놀았어요.

아주 재미있었어요. 점심시간에 맛있는 음식을 먹었어요.

※ 아픈 친구들이 의사 선생님을 찾아갈 수 있게 길을 찾아주세요.

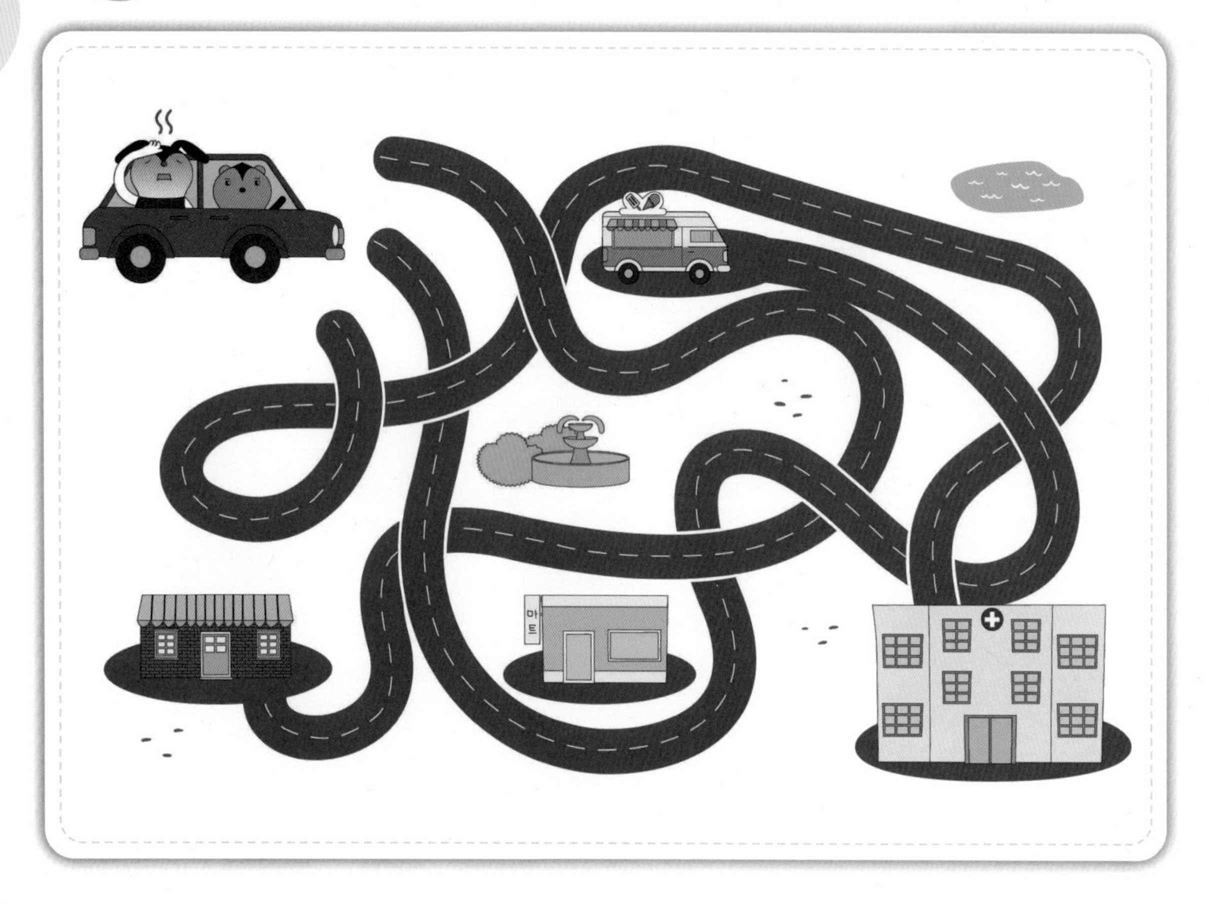

01 꽃술 만들기

1 [시작( )]을 클릭해 [모든 앱]의 [PowerPoint]를 클릭하여 파워포인트를 실행한 후 [새로 만들기]-[새 프레젠테이션]을 선택합니다. [홈] 탭의 [슬라이드] 그룹에서 [레이아웃]의 [빈 화면]을 클릭합니다.

2 [삽입] 탭의 [일러스트레이션] 그룹에서 [도형]을 클릭한 후 [기본 도형]-타원( )]을 선택하고 슬라이드에 드래그해 도형을 그립니다.

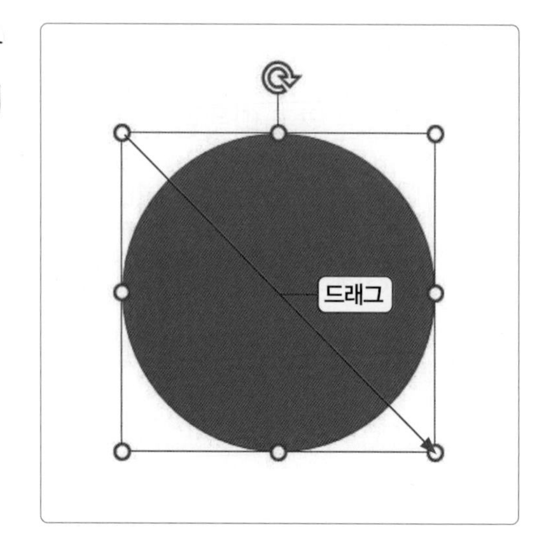

3 [도형 서식] 탭의 [도형 스타일] 그룹에서 [도형 서식( )]을 클릭합니다.

4 [도형 서식] 창의 [채우기]-[패턴 채우기]를 클릭한 후 '넓은 체크 보드' 패턴을 선택하고 [전경색]으로 '주황'을 선택합니다.

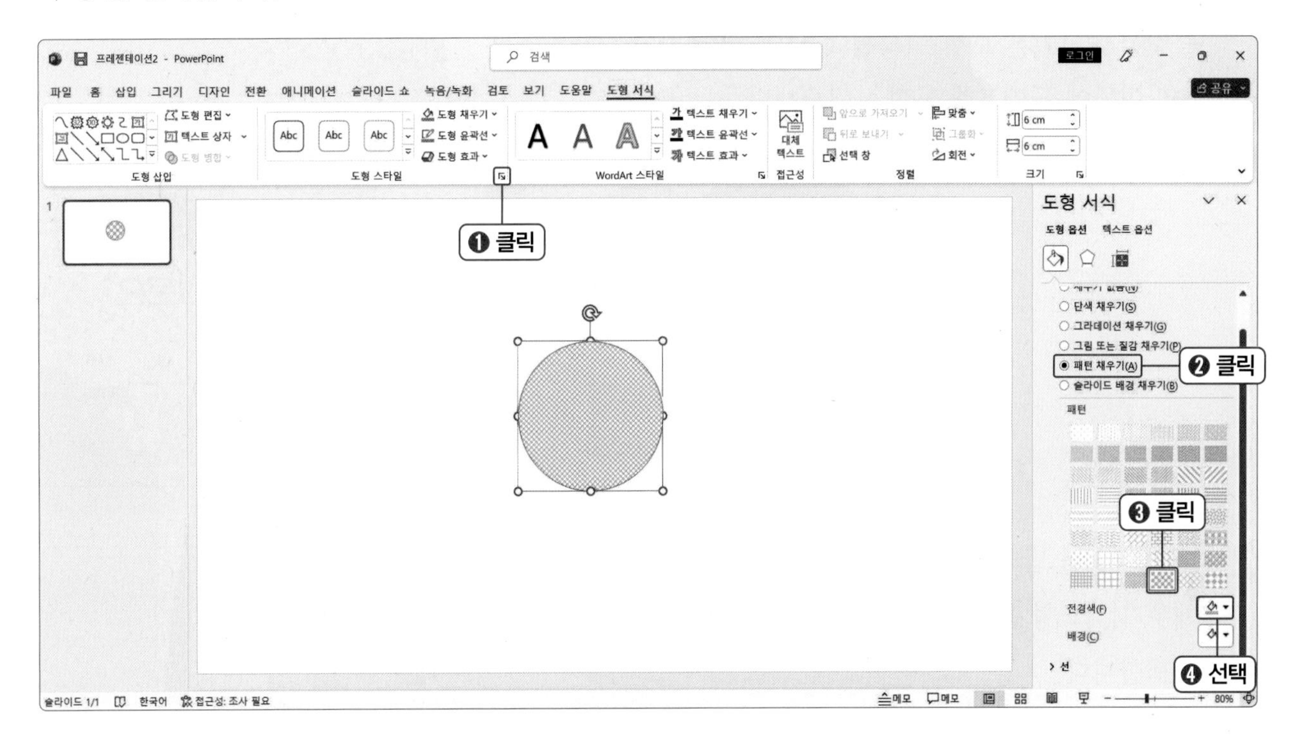

5 [선]-[실선]을 클릭하고 [색]을 '주황, 강조 2'로 선택한 후 [너비]를 '3'으로 입력합니다.

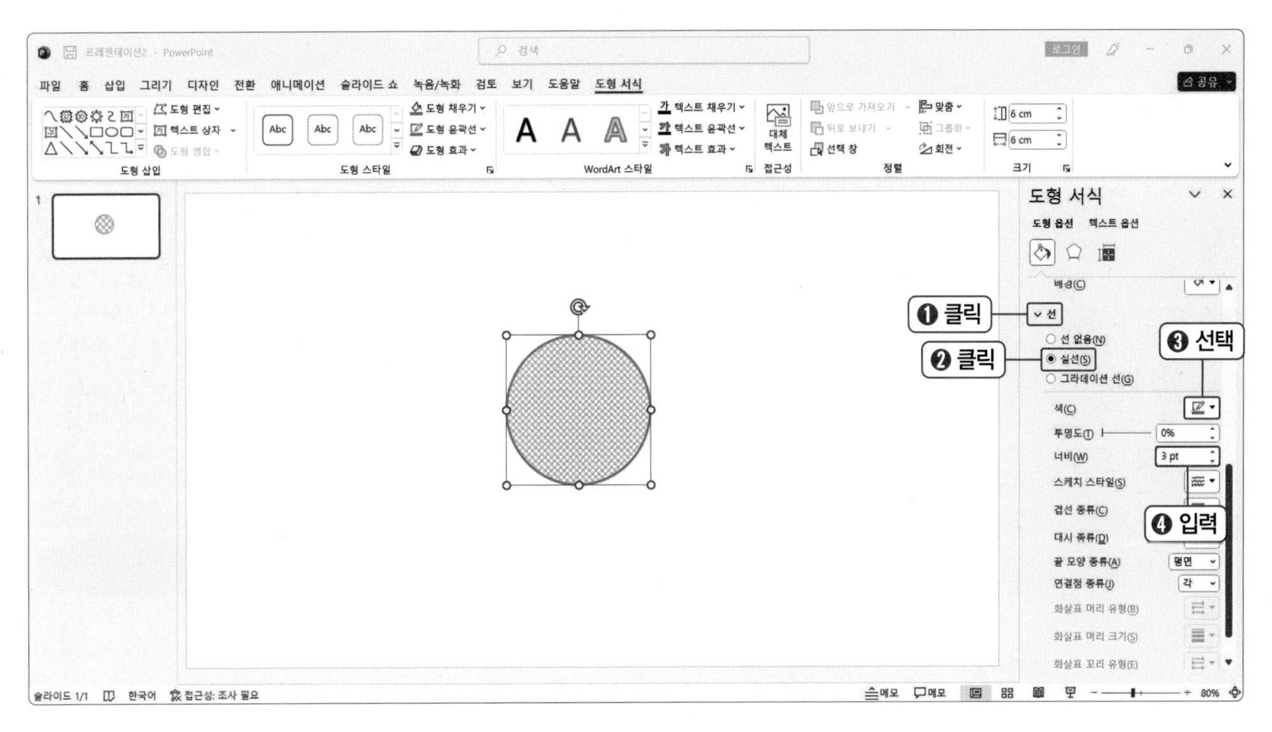

02 꽃잎 만들기

1 [삽입] 탭의 [일러스트레이션] 그룹에서 [도형]을 클릭한 후 [기본 도형]-[타원(◯)]을 선택하고 슬라이드에 드래그해 도형을 그립니다.

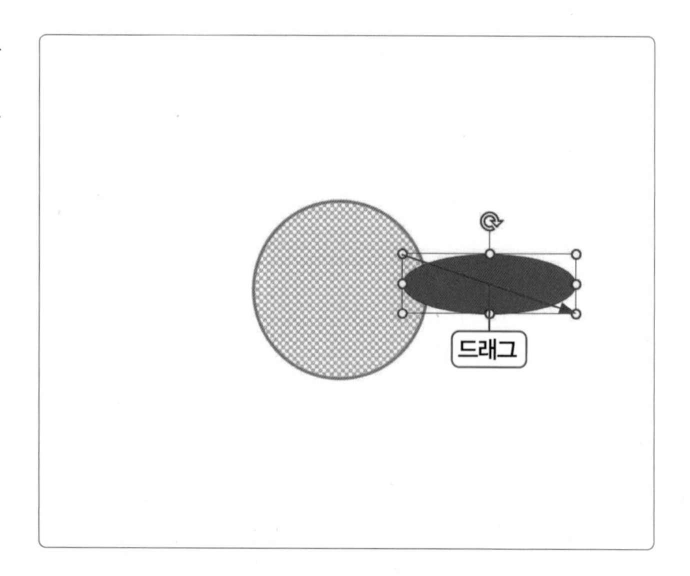

2 [도형 서식] 탭의 [도형 스타일] 그룹에서 [도형 채우기], [도형 윤곽선]을 각각 클릭한 후 '노랑'을 선택합니다.

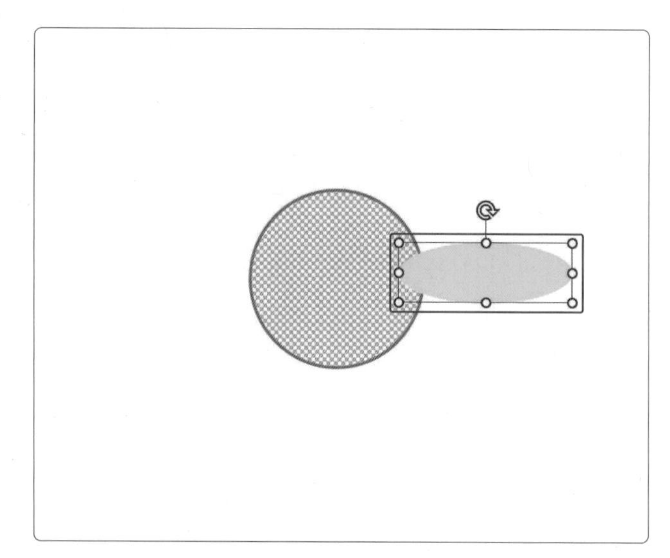

3 Ctrl + Shift 키를 누르며 드래그해 도형을 복사합니다.

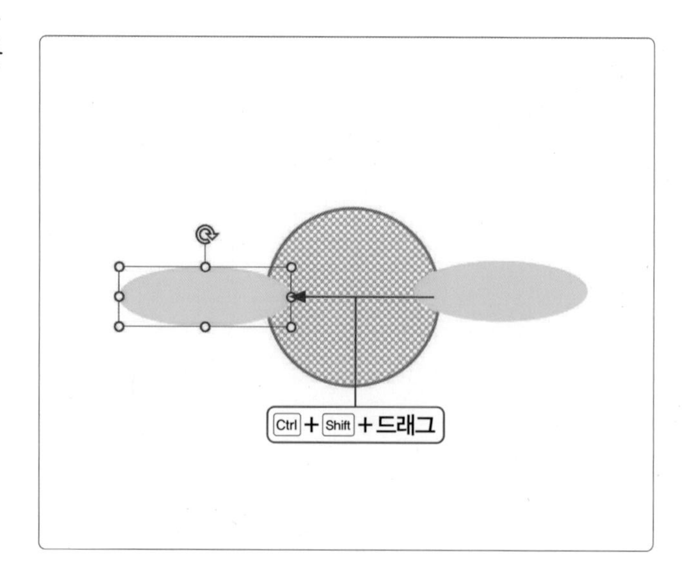

4 Ctrl 키를 누르며 드래그해 위쪽으로 하나 더 복사합니다.

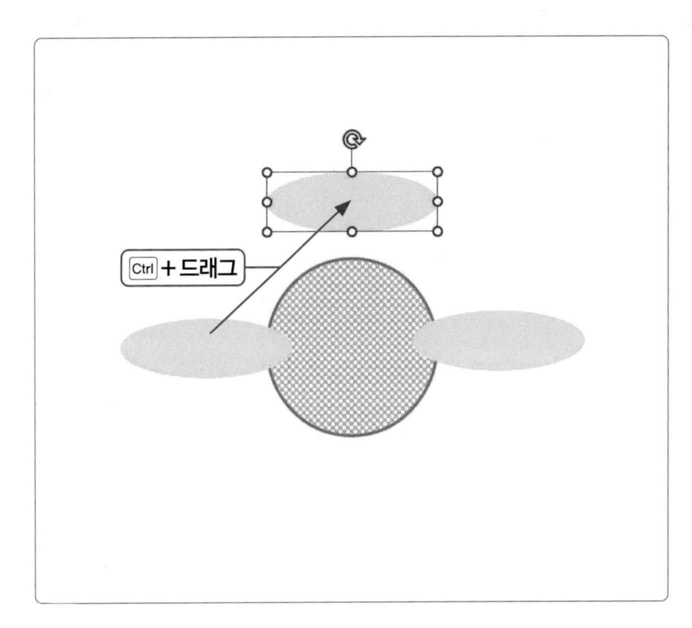

5 도형을 회전하기 위해 [도형 서식] 탭의 [정렬] 그룹에서 [회전]-[오른쪽으로 90도 회전]을 선택합니다. 같은 방법으로 '꽃잎'을 복사하고 회전하여 완성합니다.

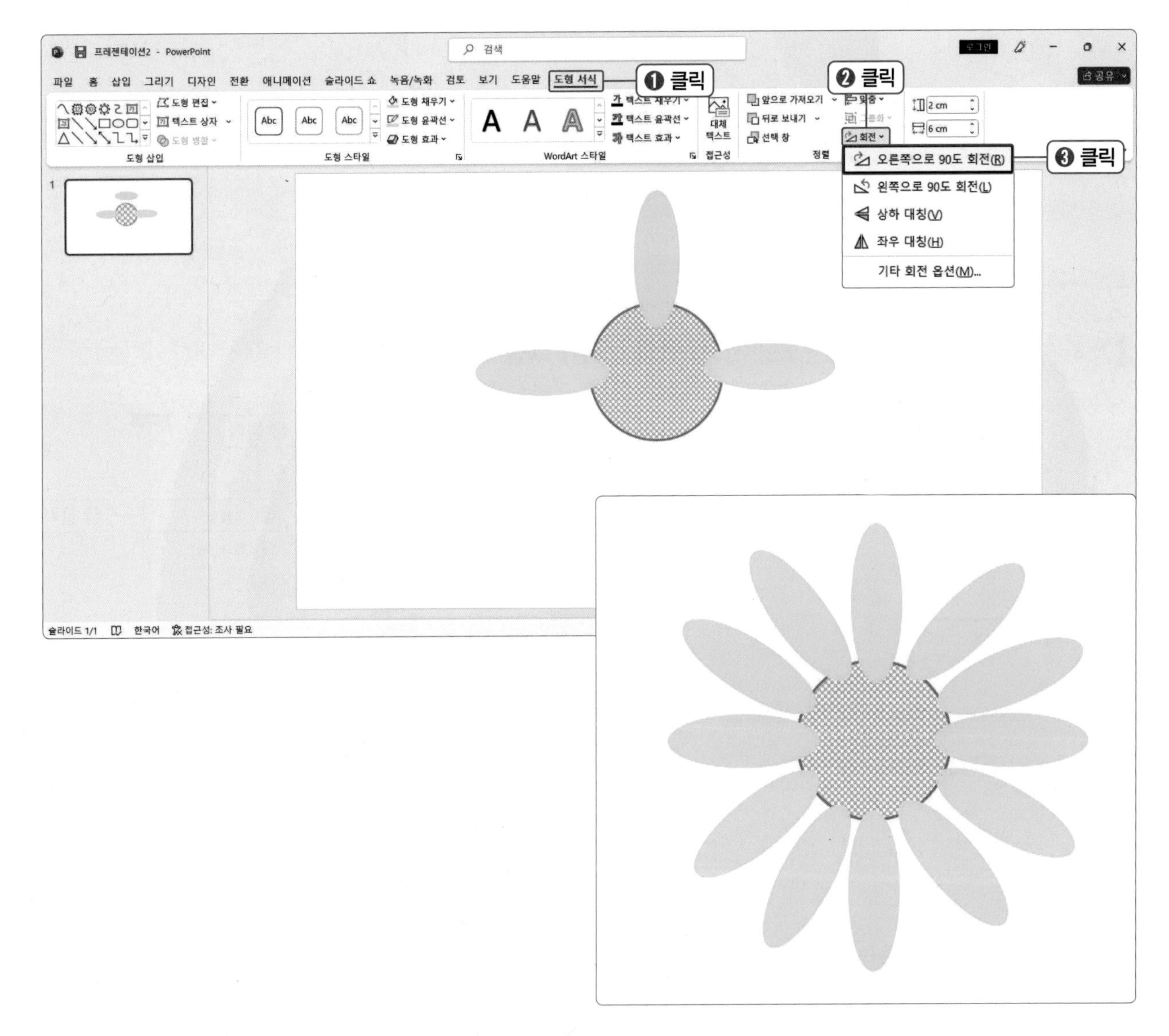

03 애니메이션 만들기

1 '꽃술'을 선택한 후 [도형 서식] 탭의 [정렬] 그룹에서 [앞으로 가져오기]-[맨 앞으로 가져오기]를 선택합니다.

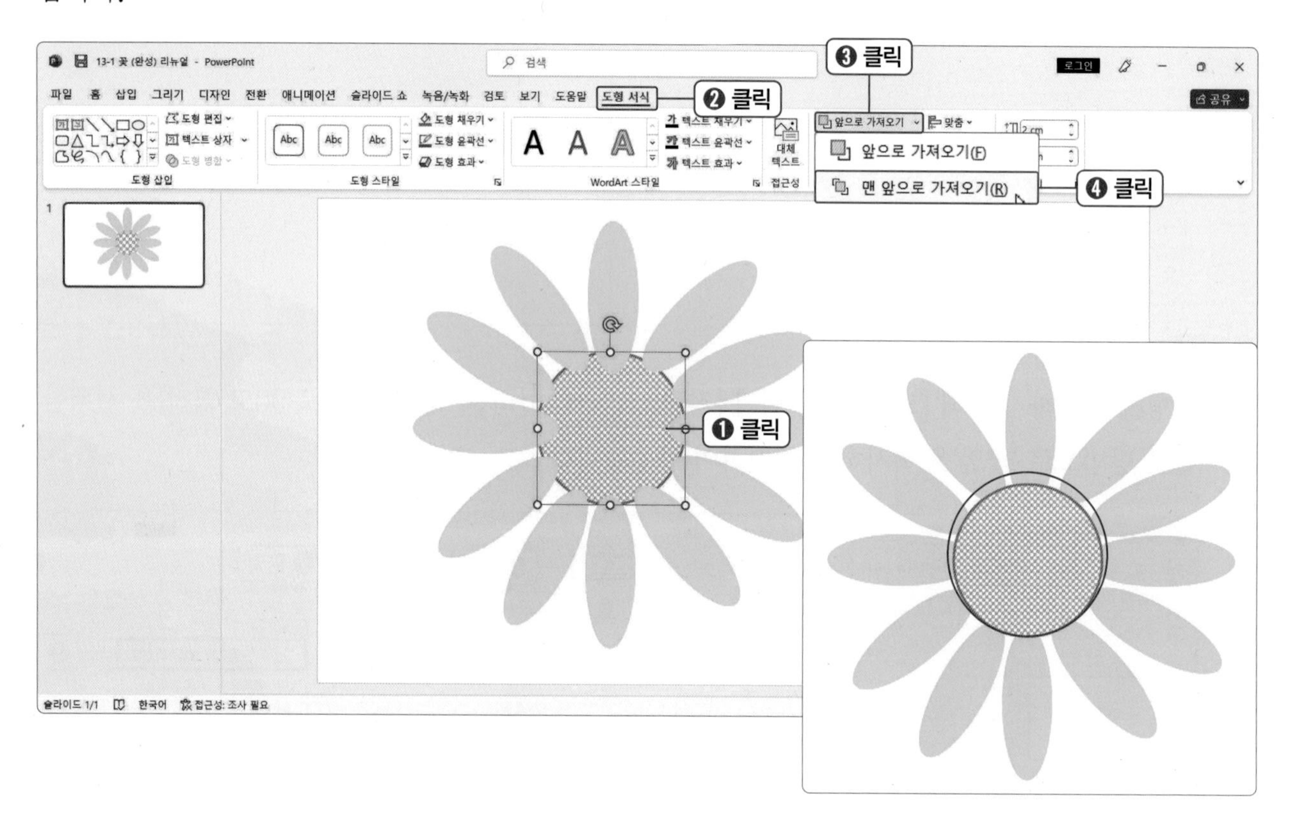

2 도형을 모두 선택한 다음 [도형 서식] 탭의 [정렬] 그룹에서 [그룹화]-[그룹]을 선택합니다.

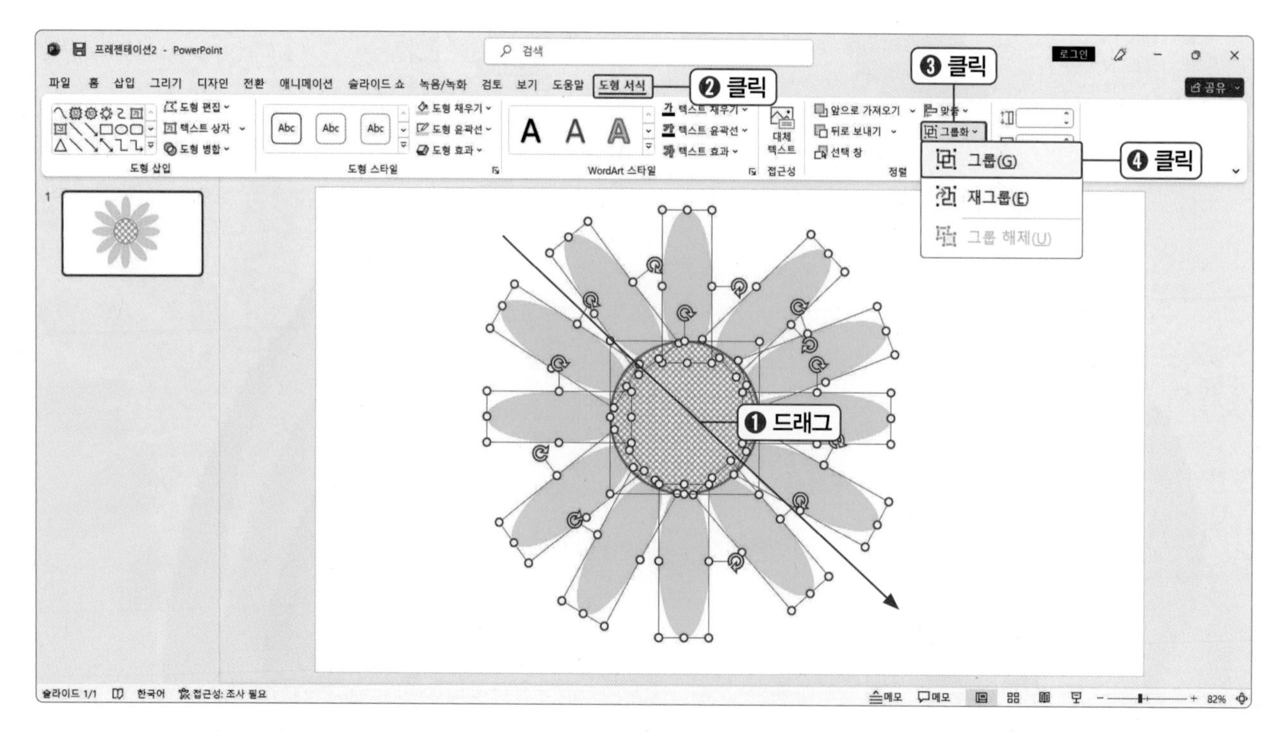

3 [애니메이션] 탭의 [애니메이션] 그룹에서 [강조]-[펄스]를 선택합니다.

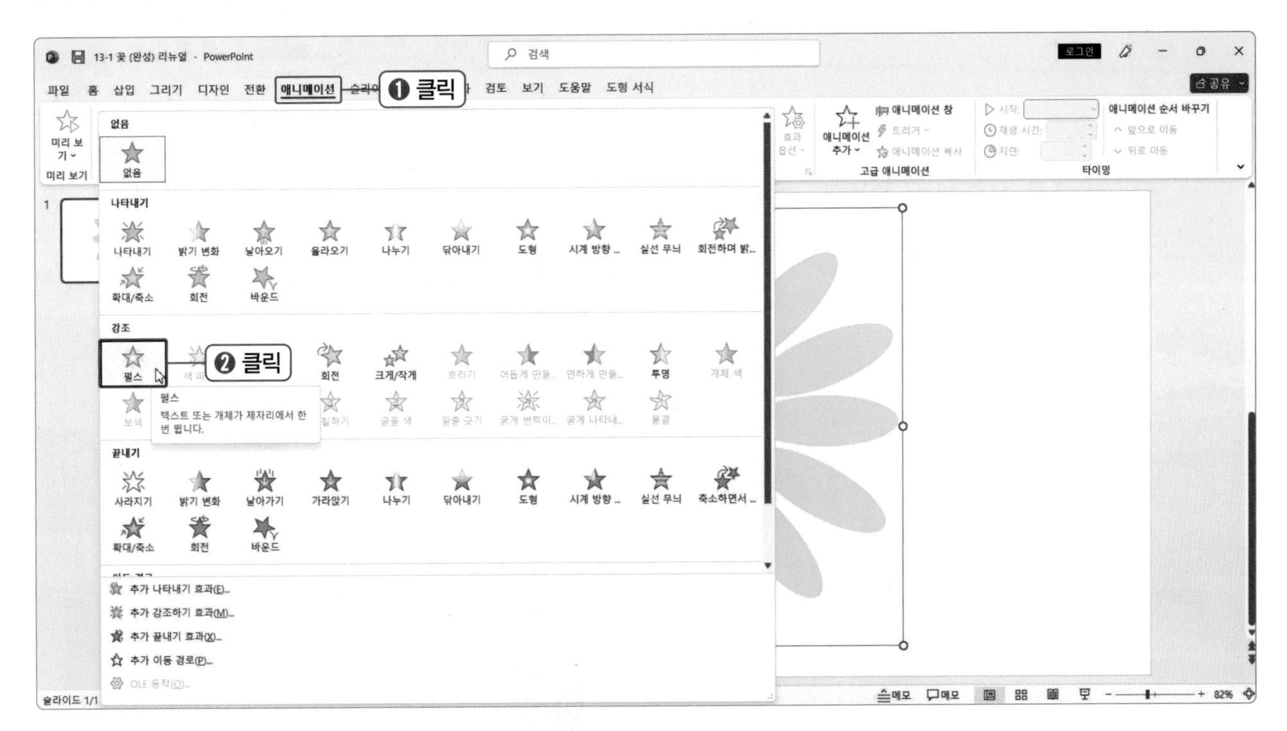

4 [애니메이션] 탭의 [미리 보기] 그룹에서 [미리 보기]를 클릭해 애니메이션을 확인합니다.

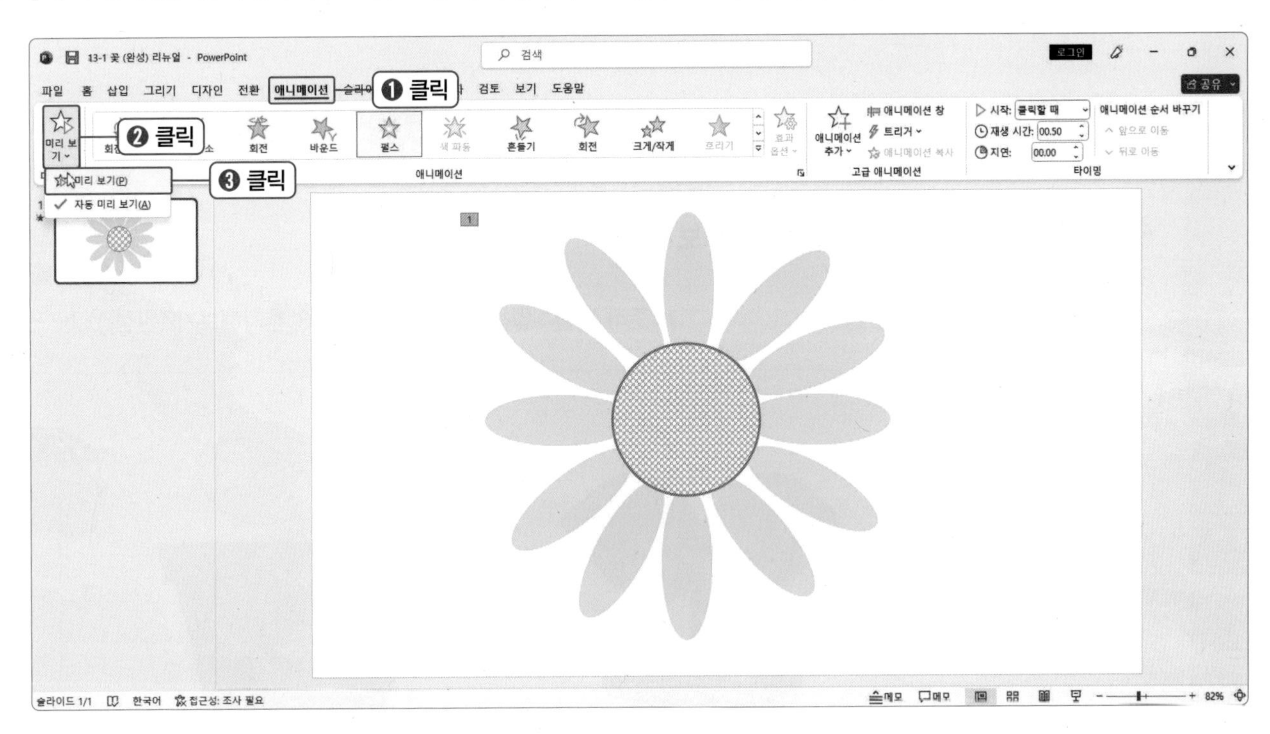

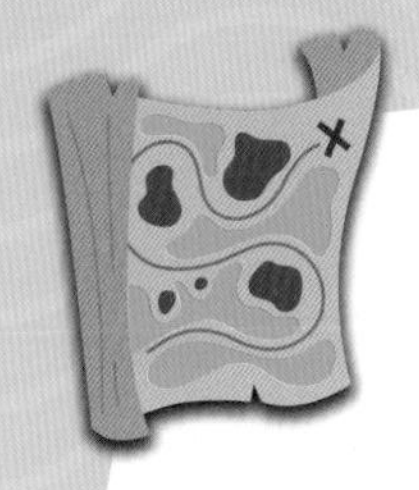

❶ 도형을 이용하여 꽃밭을 완성해 보세요.

▶ 준비 파일 : 없음 ▶ 완성 파일 : 13_혼자해보기1(완성).pptx

힌트

- 도형 : [기본 도형]-[타원], [기본 도형]-[하트], [기본 도형]-[눈물 방울], [순서도]-[순서도: 대조], [선]-[곡선]
- 애니메이션 : 빨간 꽃-[나타내기]-[나누기], 분홍 꽃-[강조]-[흔들기]

❷ 도형을 이용하여 새싹을 완성해 보세요.

▶ 준비 파일 : 없음 ▶ 완성 파일 : 13_혼자해보기2(완성).pptx

힌트

- 도형 : [기본 도형]-[타원], [기본 도형]-[눈물 방울], [기본 도형]-[구름], [기본 도형]-[사다리꼴]
- 애니메이션 : 1번 슬라이드 [나타내기]-[올라오기], 2번 슬라이드 [강조]-[크게/작게]

14 멋진 우리집!

슬라이드 배경에 예쁜 질감을 넣고 도형을 사용해서 지붕과 창문이 있는 멋진 집을 만들어 볼까요.

준비 파일 : 없음

완성 파일 : 14_완성.pptx

다음 문장을 소리 내어 읽어본 후 입력해 보세요.

오늘은 날씨가 좋아서 친구들과 함께 공원에 갔어요.

우리는 그네를 타고 미끄럼틀을 탔어요.

나무에 앉은 새들이 노래를 불렀어요.

우리는 꽃을 보고 신기해했어요.

점심에는 맛있는 라면을 먹고, 오후에는 책을 읽었어요.

※ 그림을 비교하여 다른 그림 4개를 찾아 ○표 해 보세요.

배경 만들기

1 [시작( )]을 클릭해 [모든 앱]의 [PowerPoint]를 클릭하여 파워포인트를 실행한 후 [새로 만들기]-[새 프레젠테이션]을 선택합니다. [홈] 탭의 [슬라이드] 그룹에서 [레이아웃]의 [빈 화면]을 클릭합니다.

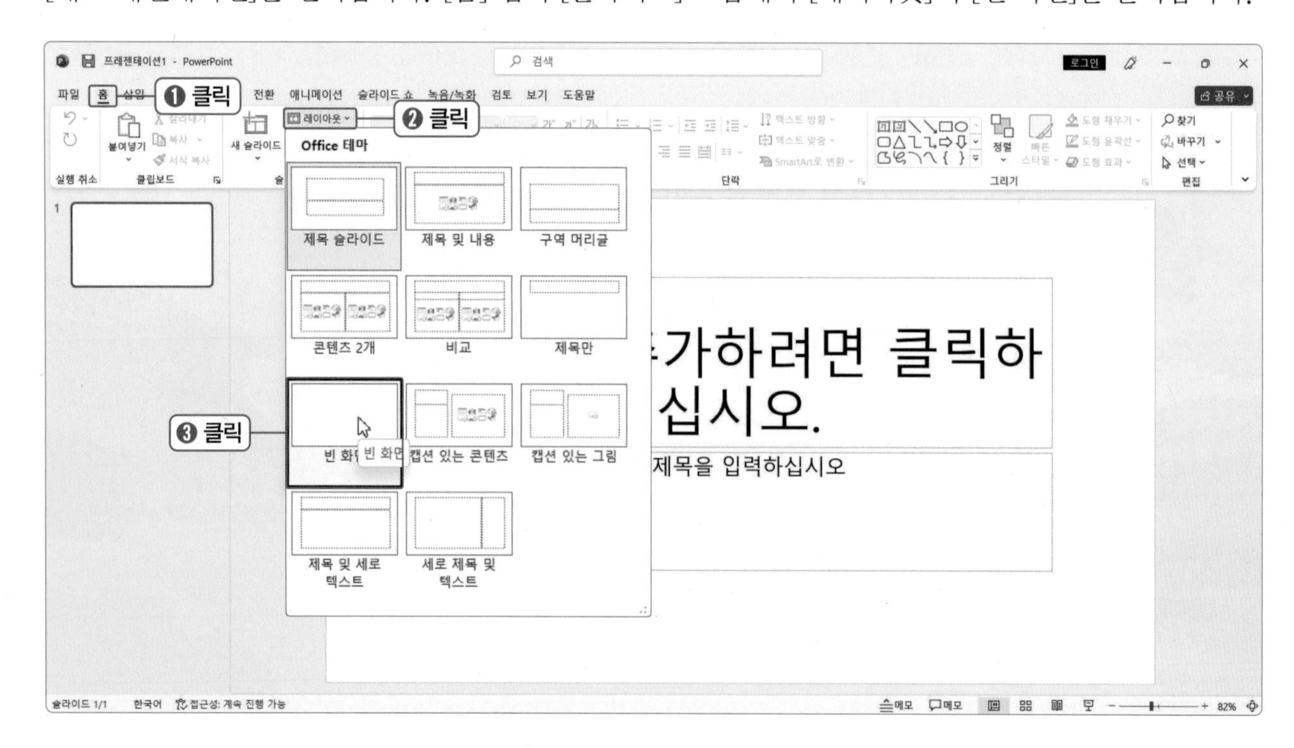

2 슬라이드의 빈 부분에 마우스 오른쪽 버튼을 클릭하고 [배경 서식]을 선택합니다.

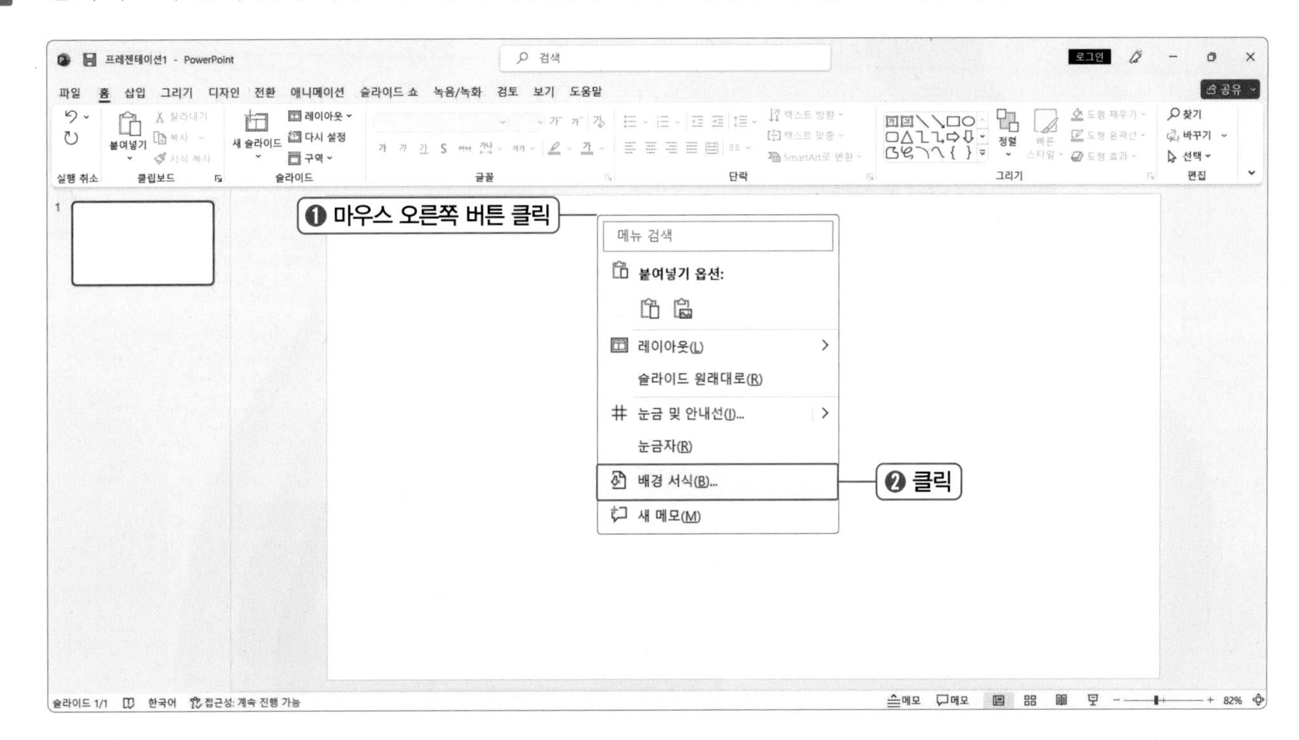

3 [배경 서식] 창이 열리면 [그림 또는 질감 채우기]-[질감]을 클릭해 '흰색 대리석'을 선택합니다.

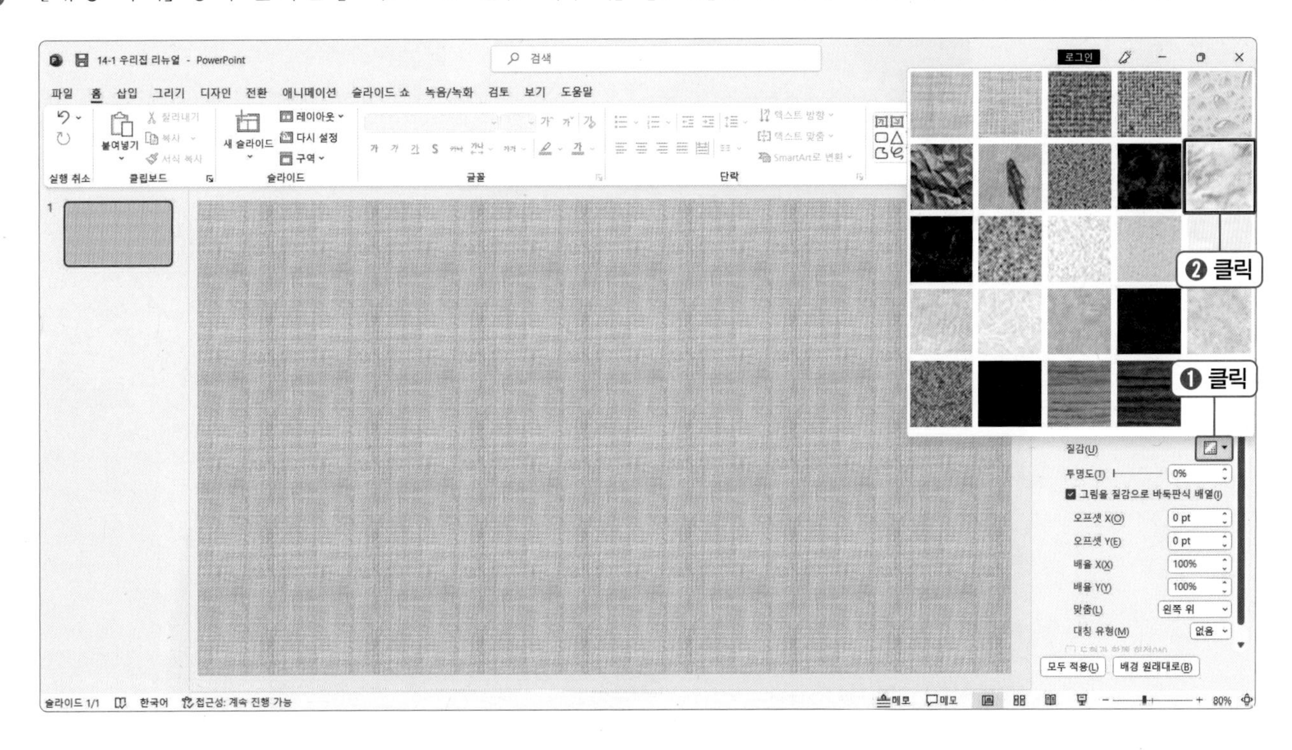

4 [삽입] 탭의 [일러스트레이션] 그룹에서 [도형]을 클릭한 후 [사각형]-[직사각형(□)]을 선택하고 슬라이드에 드래그해 도형을 그립니다.

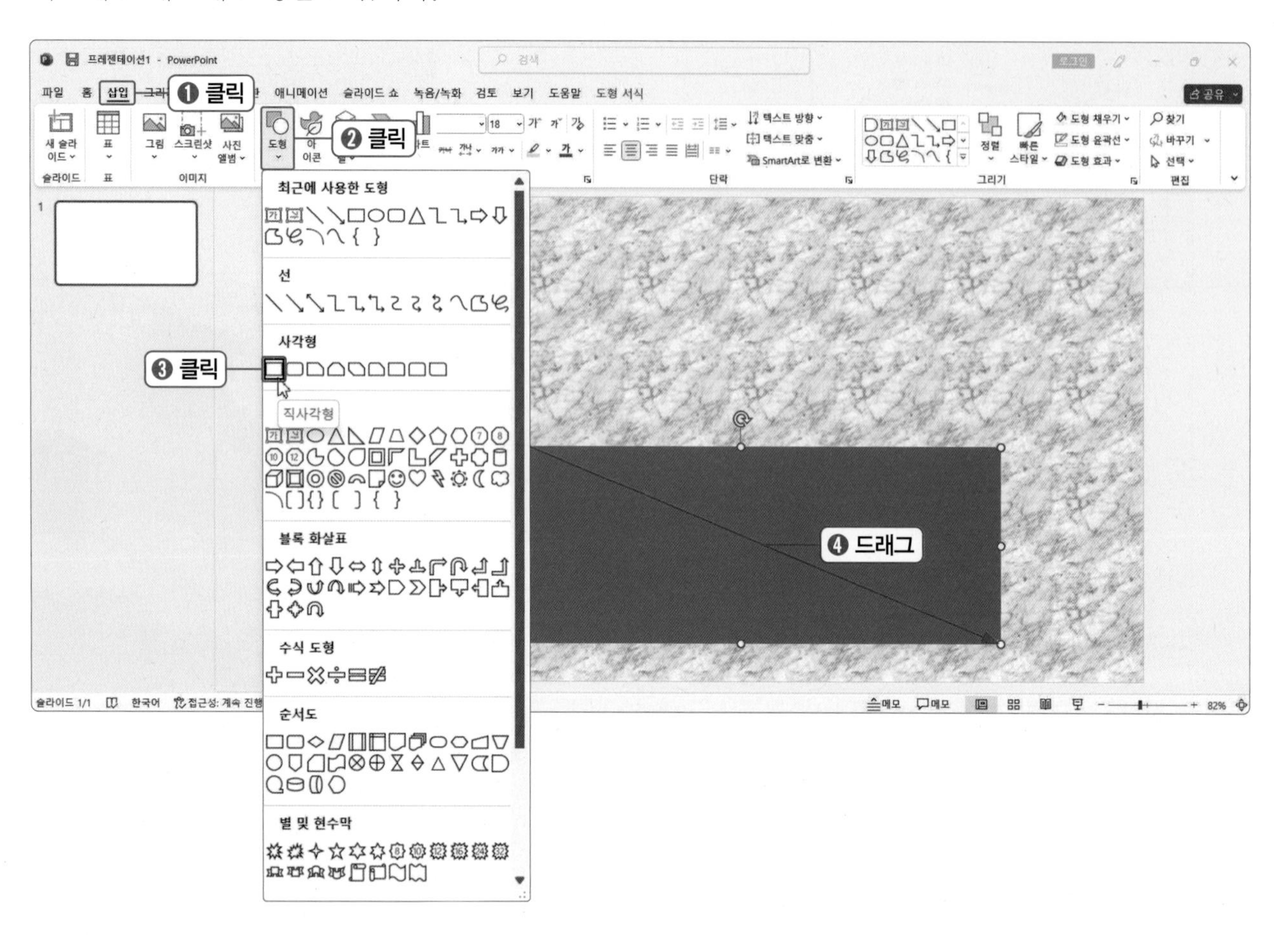

5 [도형 서식] 탭의 [도형 스타일] 그룹에서 [도형 채우기]를 클릭해 원하는 색으로 바꿉니다.

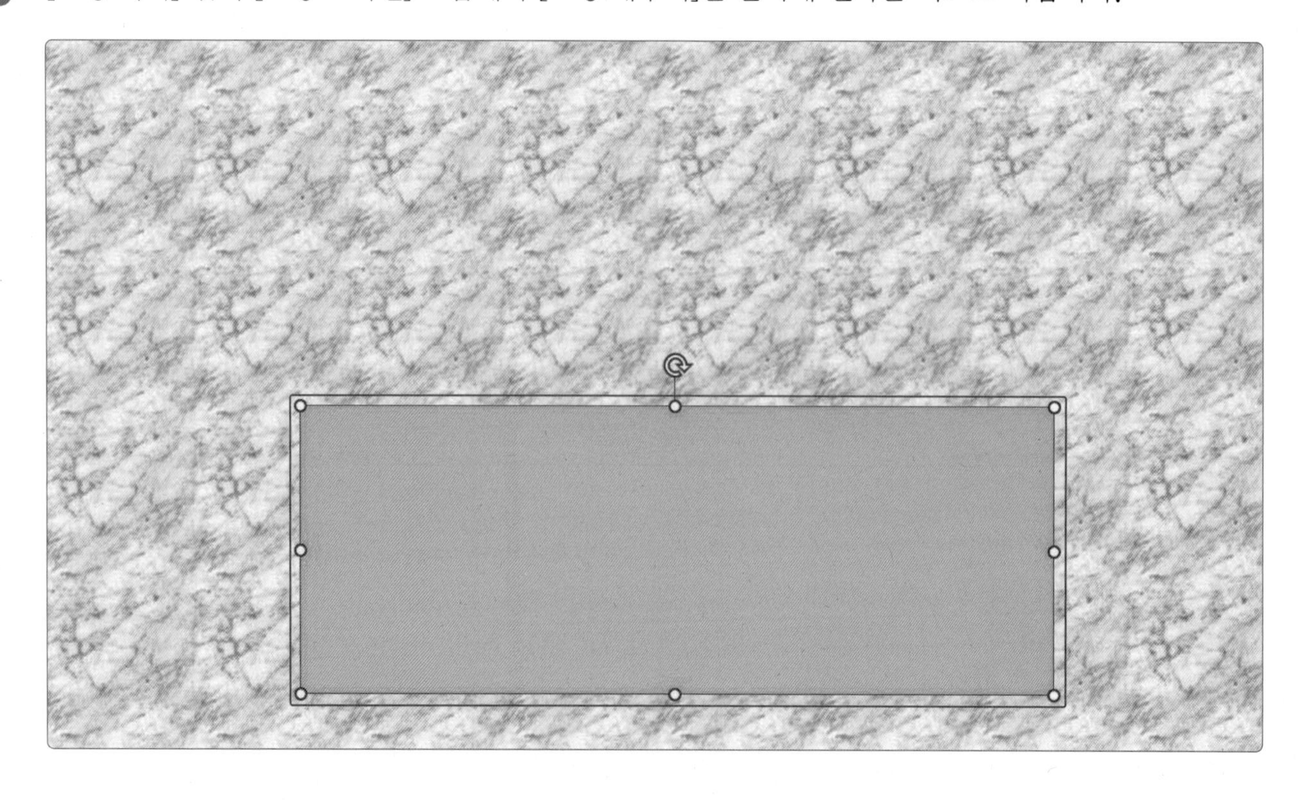

지붕 만들기

1 [삽입] 탭의 [일러스트레이션] 그룹에서 [도형]을 클릭한 후 [기본 도형]-[이등변 삼각형(△)]을 선택하고 슬라이드에 드래그해 도형을 그립니다.

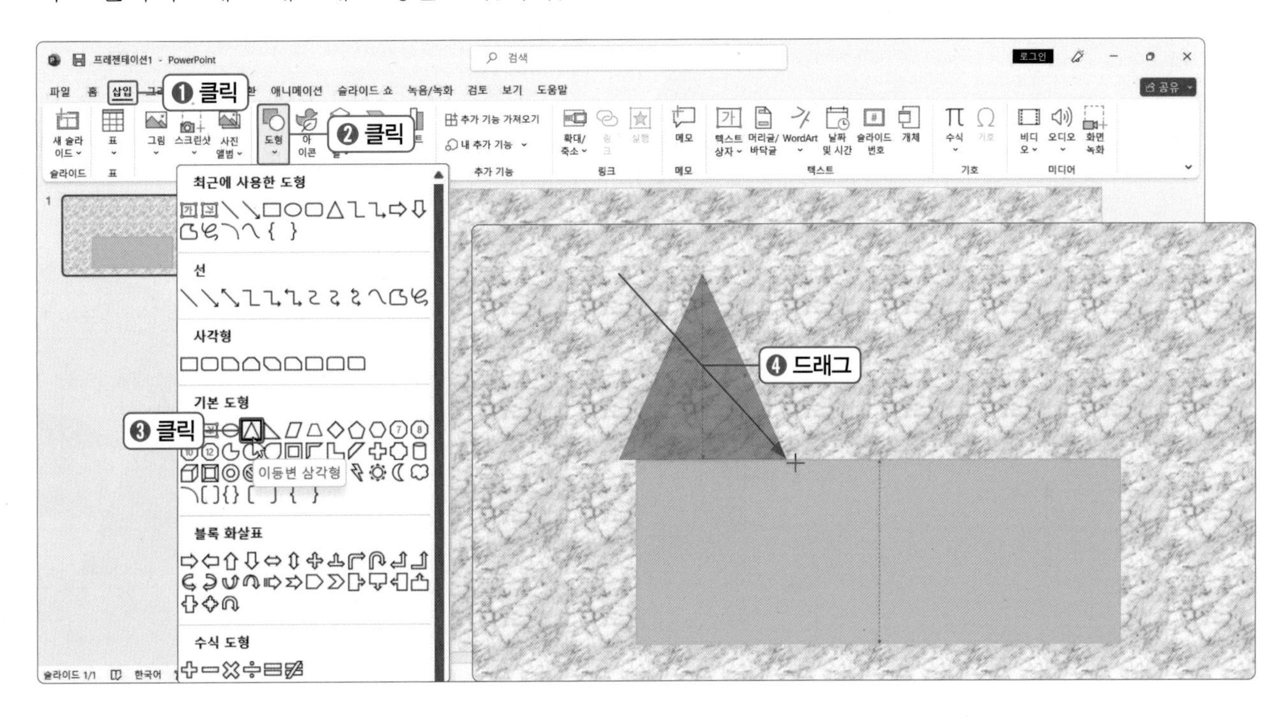

2 [도형 서식] 탭의 [도형 스타일] 그룹에서 [도형 채우기], [도형 윤곽선]을 각각 클릭한 후 원하는 색으로 바꾸고 [두께]를 '3'으로 선택합니다.

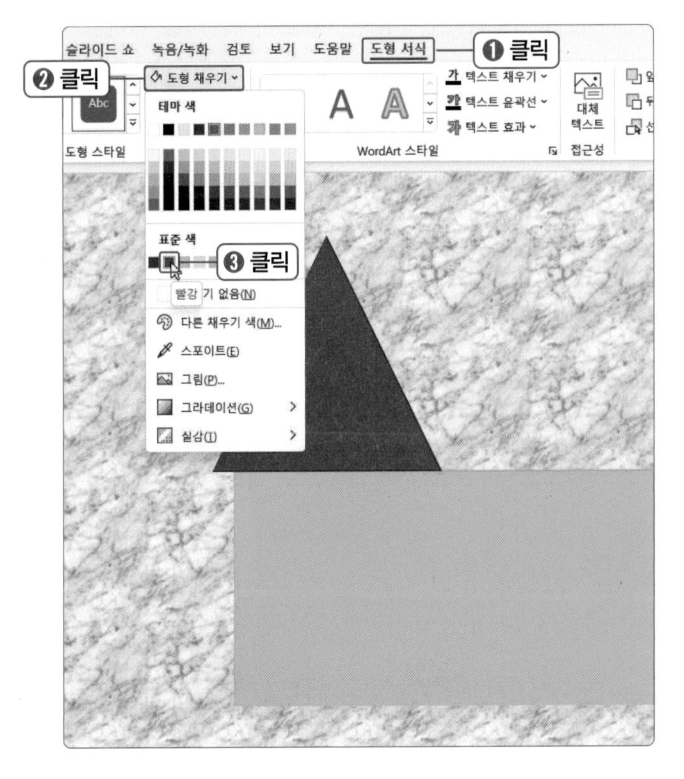

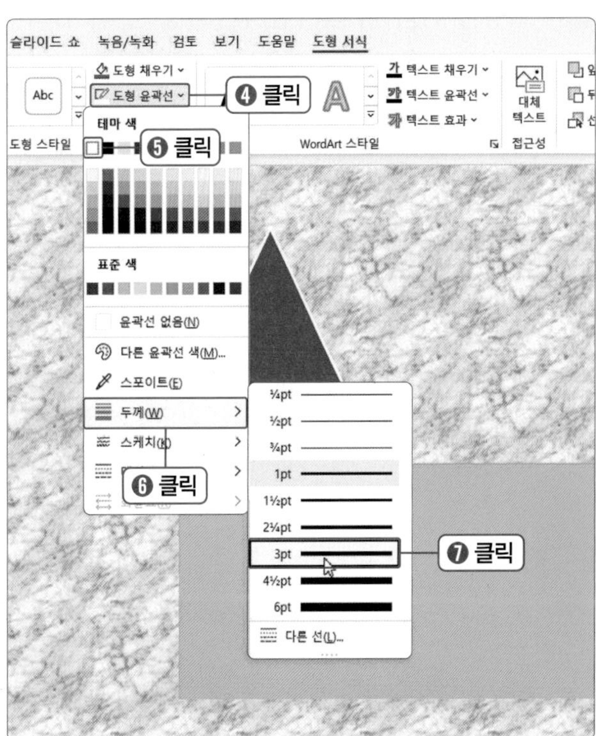

3 Ctrl + Shift 키를 누르며 드래그해 이등변 삼각형을 복사합니다.

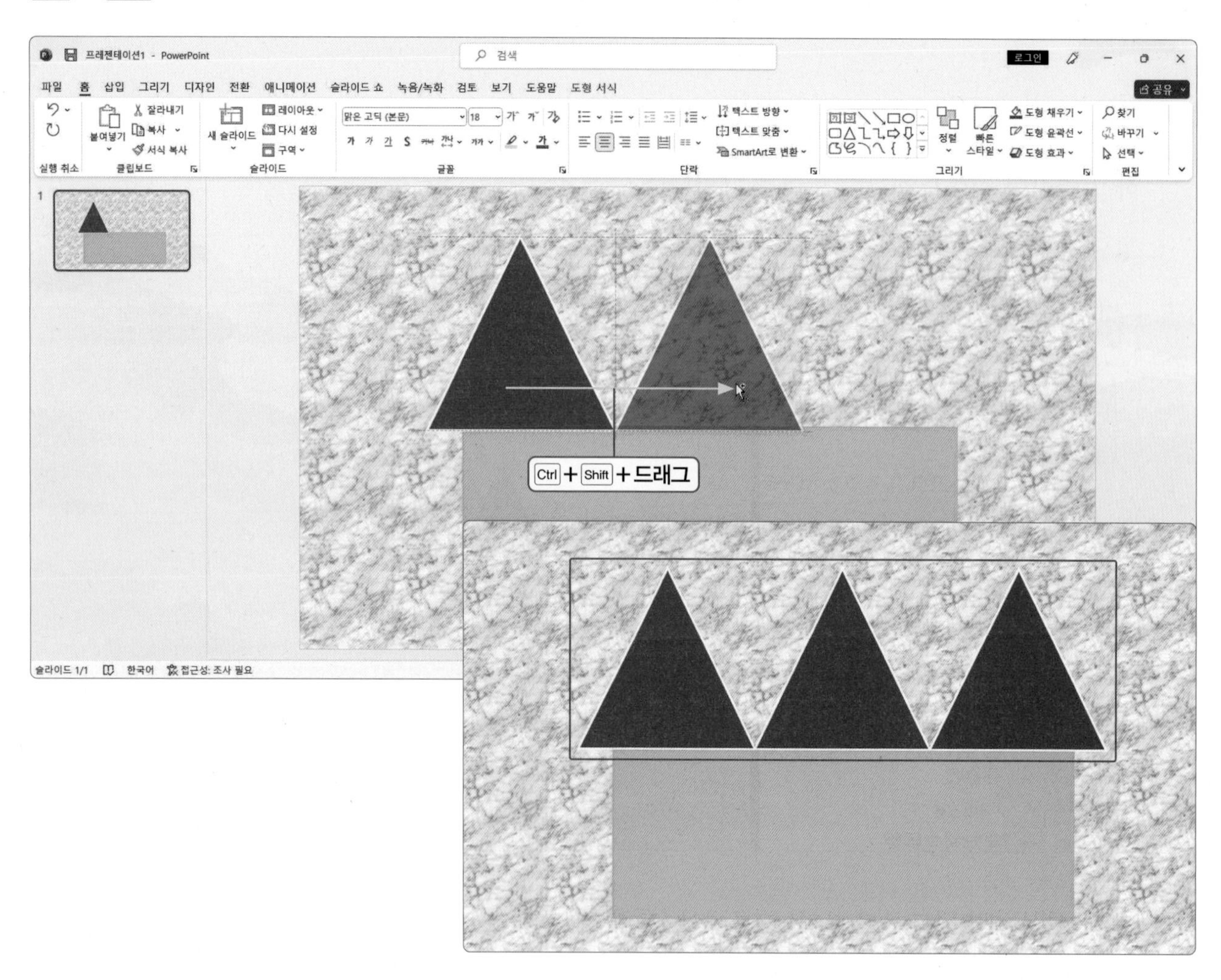

4 도형을 하나 더 복사한 후 [도형 서식] 탭의 [정렬] 그룹에서 [회전]-[상하 대칭]을 선택합니다.

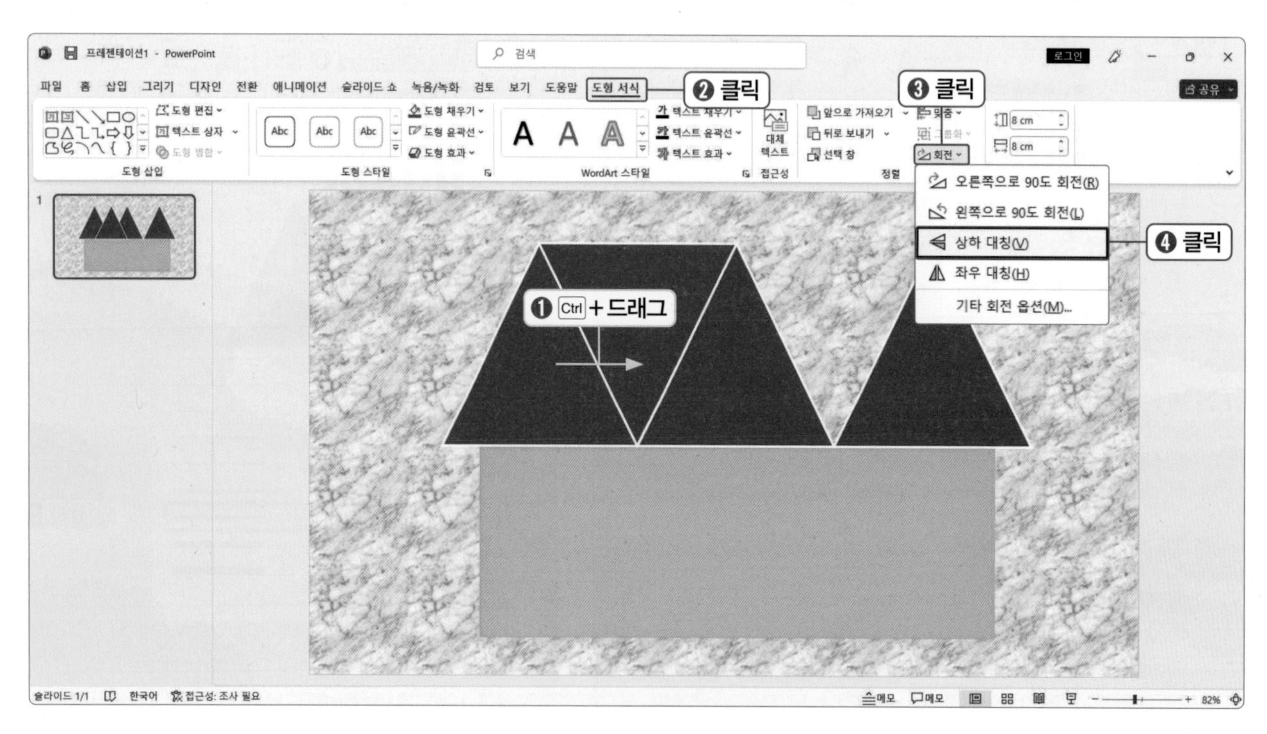

5 [도형 서식] 탭의 [도형 스타일] 그룹에서 [도형 채우기]를 클릭해 원하는 색으로 바꾼 후 위치를 정합니다.

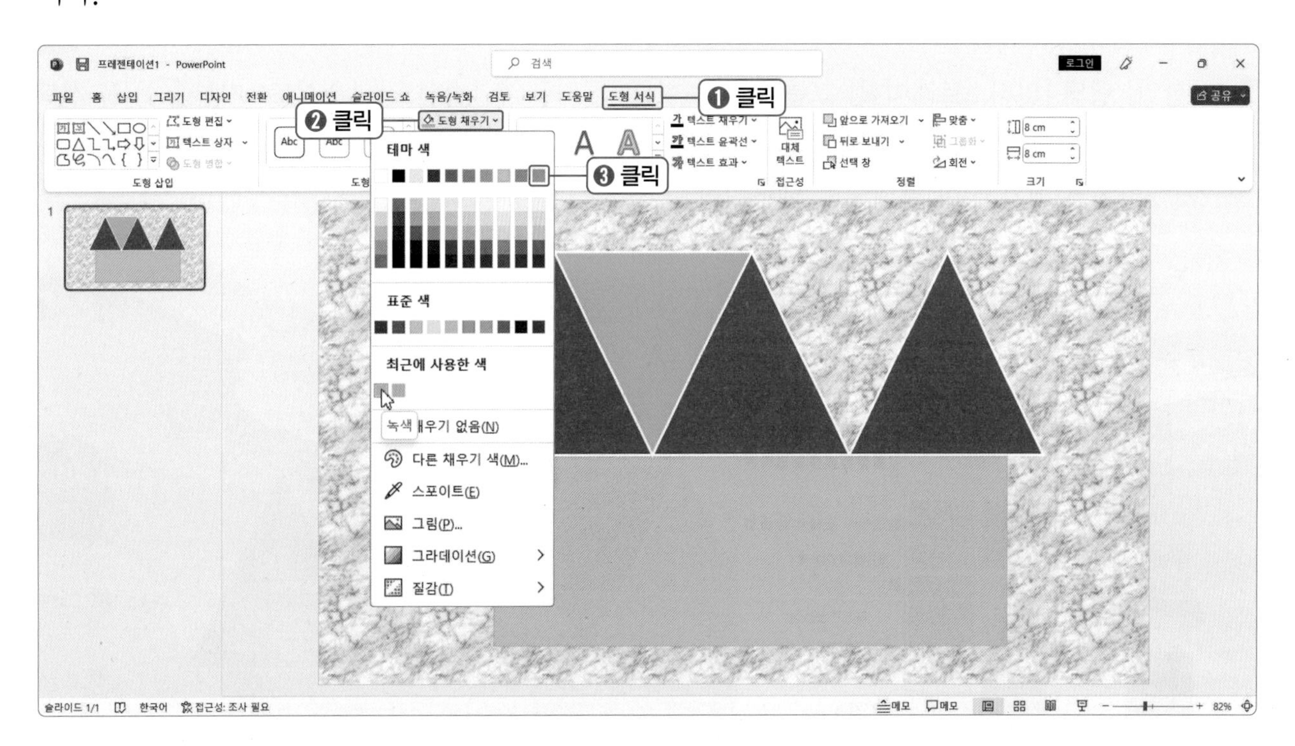

6 Ctrl 키를 누르며 드래그해 도형을 복사하여 지붕을 완성합니다.

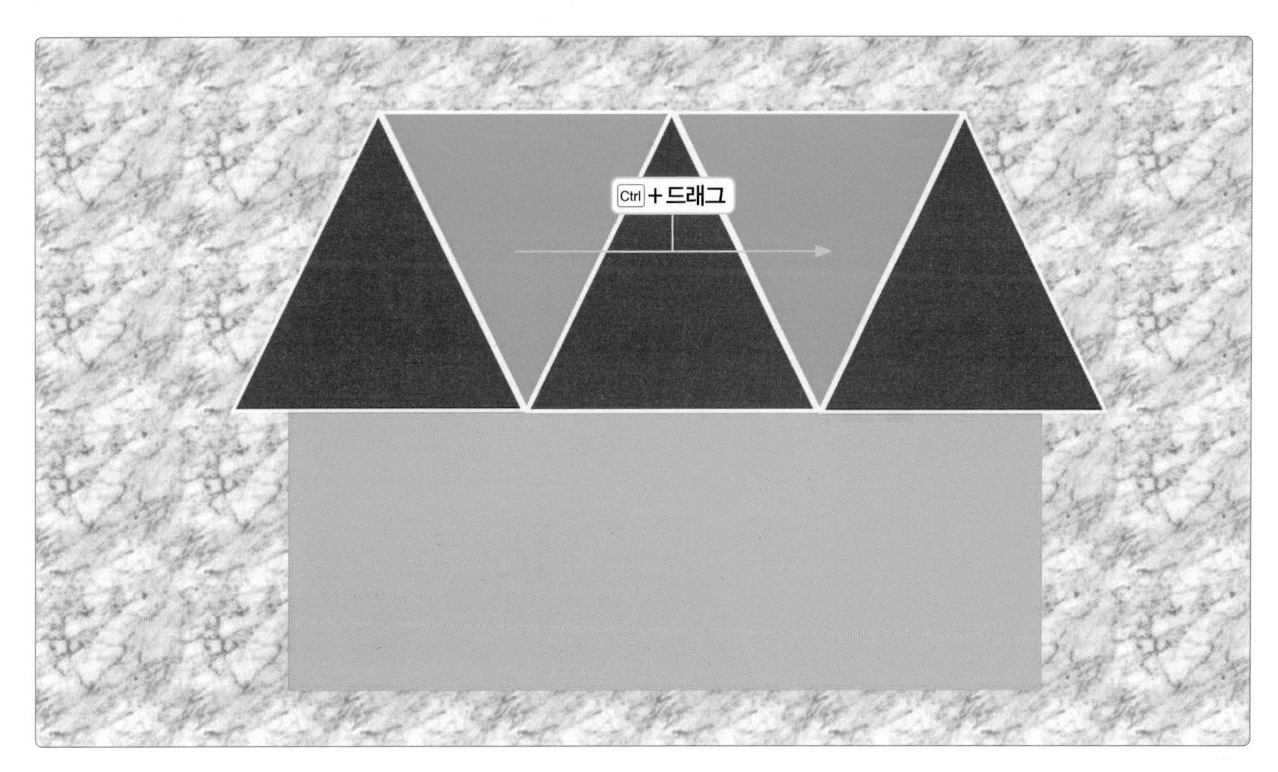

03 문과 창문 만들기

1 [삽입] 탭의 [일러스트레이션] 그룹에서 [도형]을 클릭한 후 [순서도]-[순서도: 지연(D)]을 선택하고 슬라이드에 드래그해 도형을 그립니다. [도형 서식] 탭의 [도형 스타일] 그룹에서 [도형 채우기]를 클릭한 후 [질감]에서 '일반 목재'를 선택합니다.

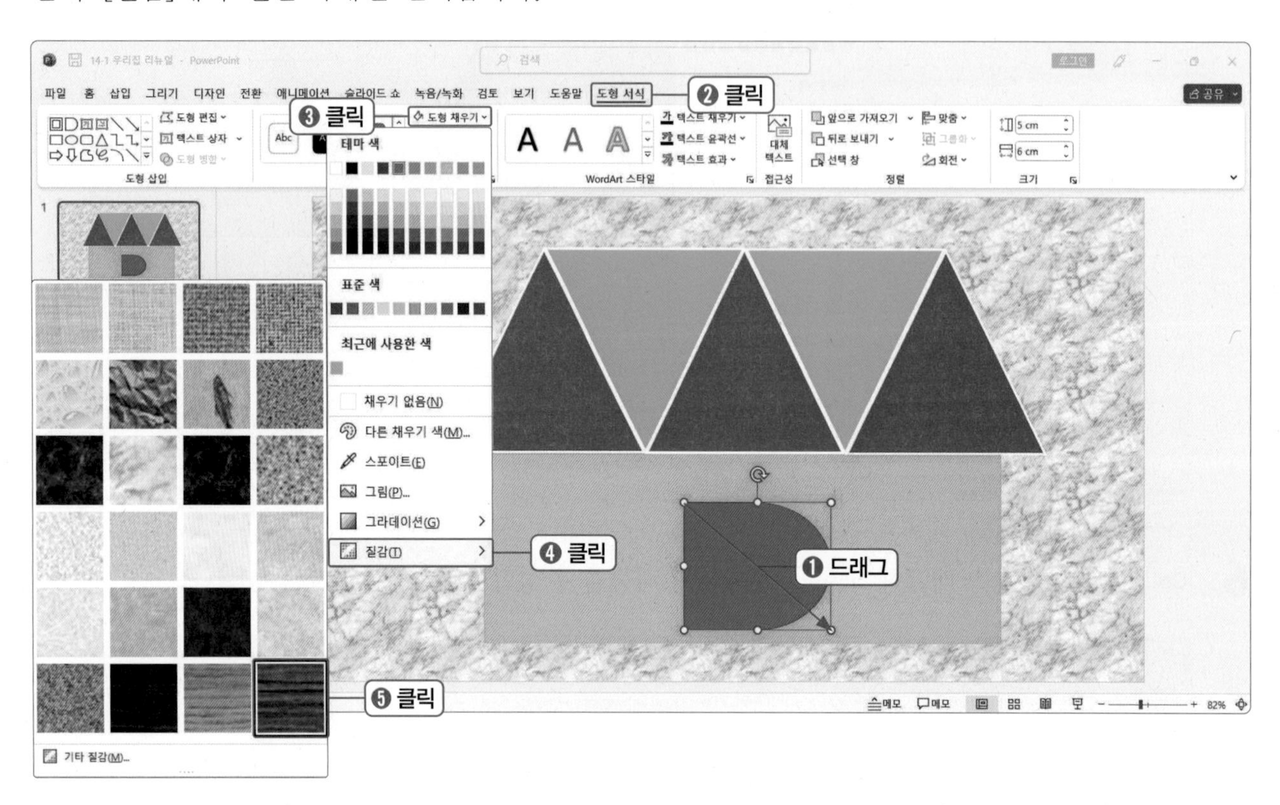

2 도형을 회전하기 위해 [도형 서식] 탭의 [정렬] 그룹에서 [회전]-[왼쪽으로 90도 회전]을 선택합니다.

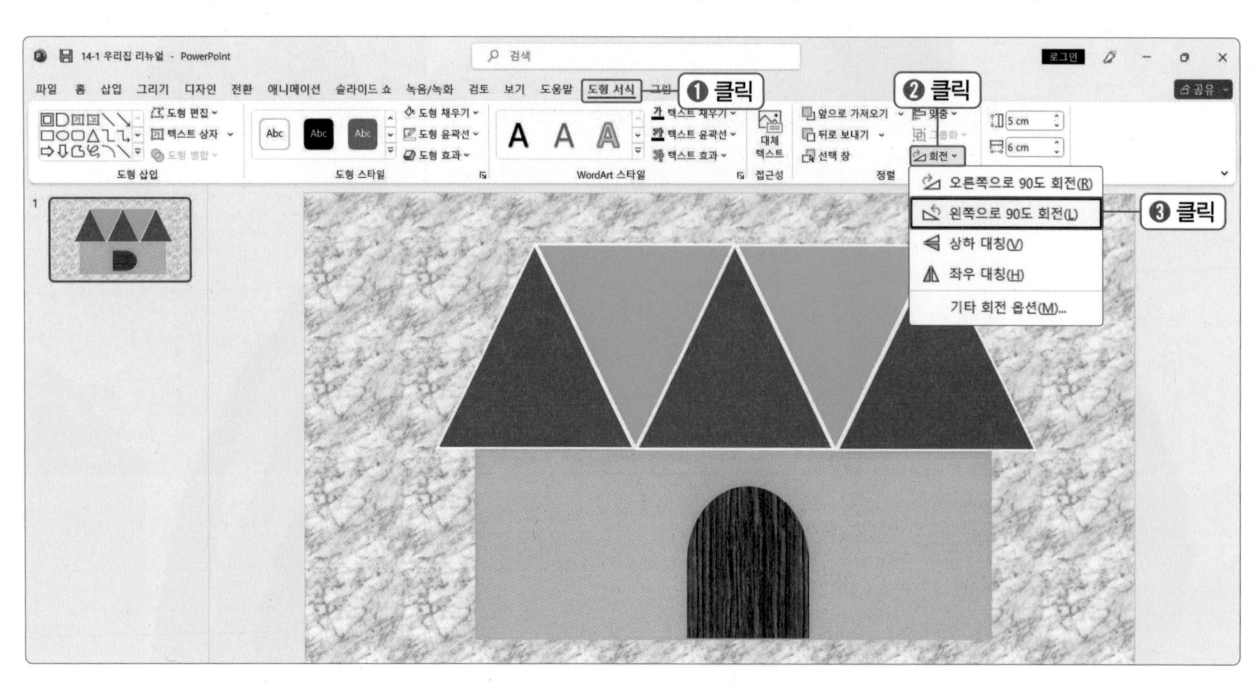

3 [삽입] 탭의 [일러스트레이션] 그룹에서 [도형]을 클릭한 후 [기본 도형]-[액자(▣)], [십자형(✚)]을 추가해 '집'을 완성하고 그룹으로 만듭니다.

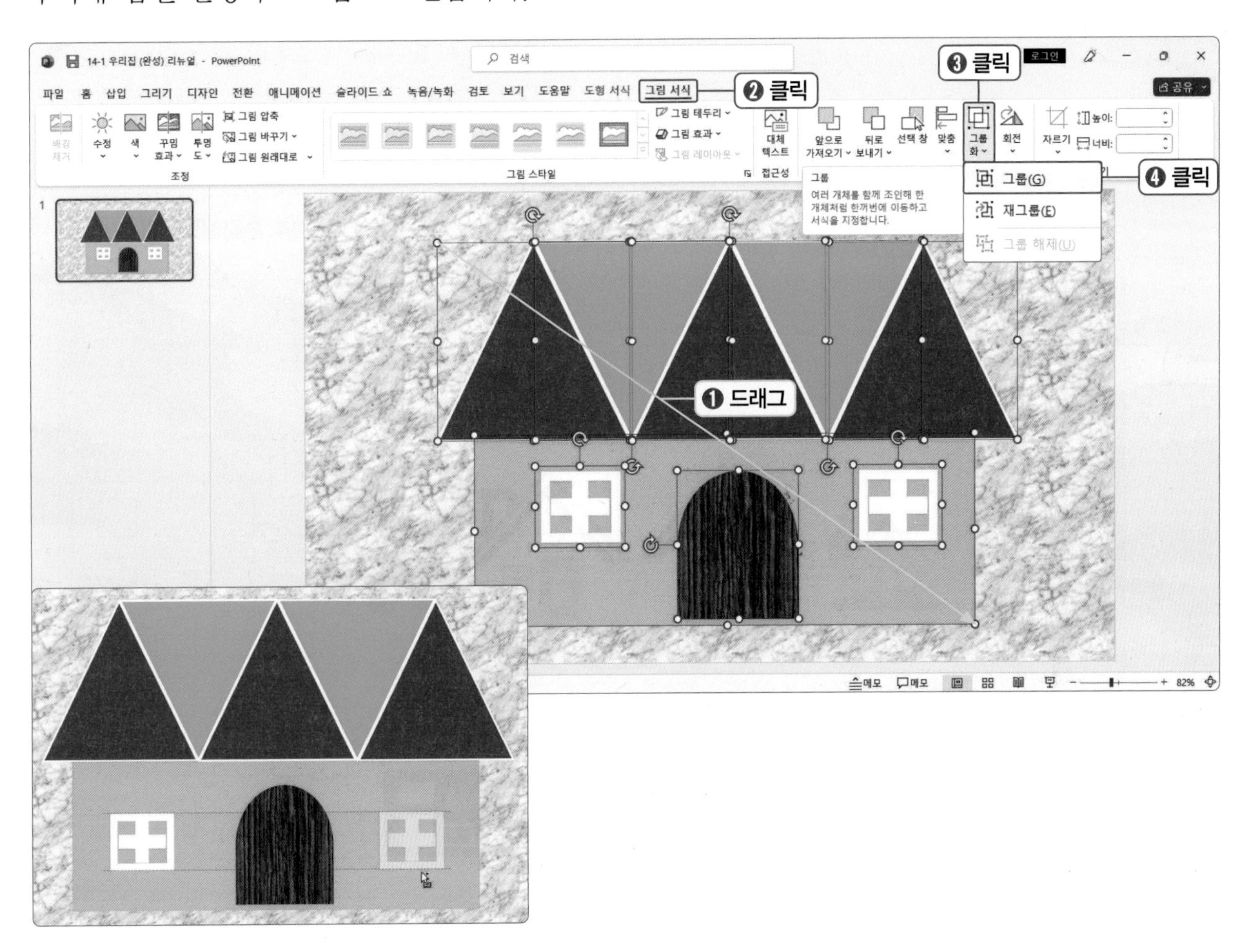

4 마지막으로 애니메이션 효과로 [강조]-[크게 작게]를 적용한 후 [미리 보기]를 클릭해 확인합니다.

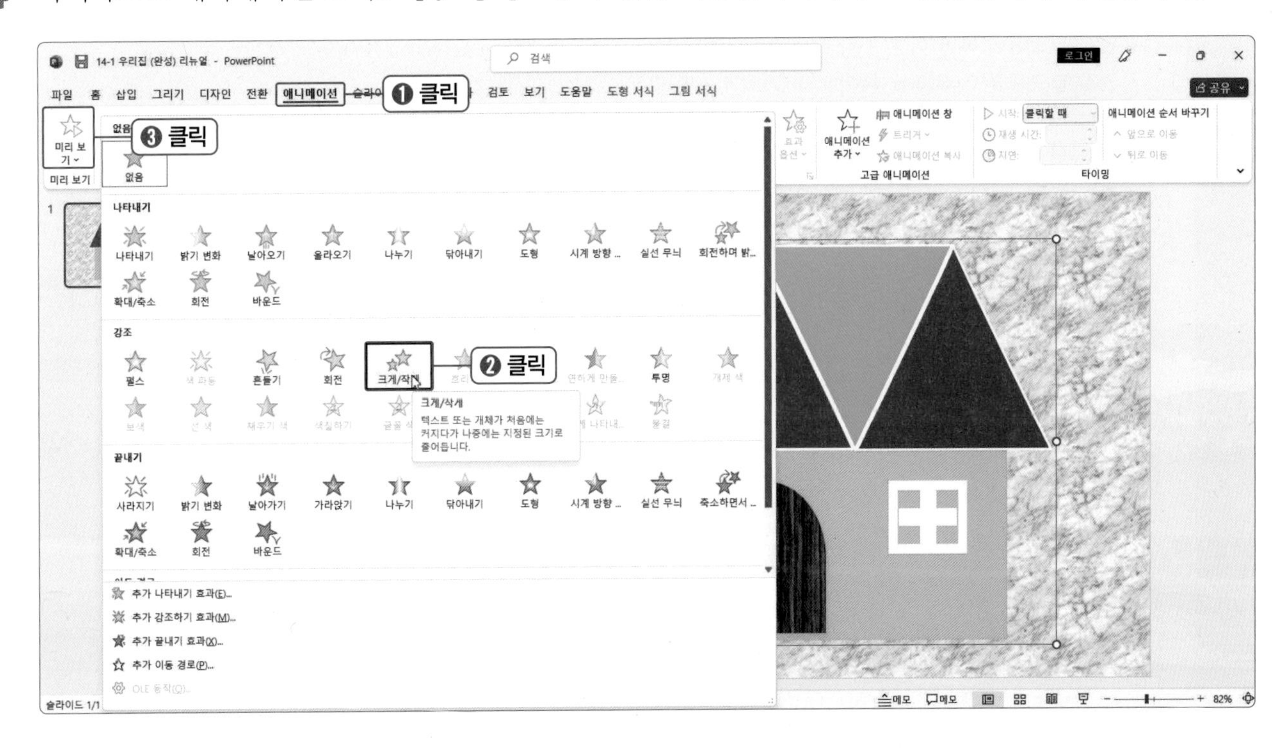

❶ 도형을 이용하여 우리 마을을 완성해 보세요.

▶ 준비 파일 : 없음 ▶ 완성 파일 : 14_혼자해보기(완성).pptx

힌트

- 해 애니메이션 : [강조]-[흔들기], 시작 : 클릭할 때
- 왼쪽부터 건물 1 : 애니메이션 : [추가 나타내기 효과]-[블라인드], 시작 : 이전 효과와 함께
- 왼쪽부터 건물 2 : 애니메이션 : [나타내기 효과]-[도형], 시작 : 이전 효과와 함께
- 왼쪽부터 건물 3 : 애니메이션 : [추가 나타내기 효과]-[바둑판 무늬], 시작 : 이전 효과와 함께
- 왼쪽부터 건물 4 : 애니메이션 : [추가 강조 효과]-[깜빡이기], 시작 : 이전 효과와 함께
- 왼쪽부터 건물 5 : 애니메이션 : [강조하기 효과]-[투명], 시작 : 이전 효과와 함께
- 윗줄 삼각형 건물 4채 : 원하는 애니메이션으로 지정

15 좋아하는 캐릭터 그리기

도형 기능을 사용해서 내가 좋아하는 캐릭터를 그리고 애니메이션을 넣어서 캐릭터가 움직이게 만들어 볼까요.

작품 완성

준비 파일 : 15_준비.pptx

완성 파일 : 15_완성.pptx

문장 연습

다음 문장을 소리 내어 읽어본 후 입력해 보세요.

나는 오늘 학교에 갔어요. 교실에는 친구들이 많았어요.

선생님은 우리에게 책을 읽어주셨어요.

책 속에는 토끼와 사자 그리고 새가 나왔어요.

나는 친구와 함께 점심을 먹었어요. 맛있었어요.

오후에는 운동장에서 공을 차며 놀았어요. 정말 재미있었어요.

※ 그림을 비교하여 다른 그림 5개를 찾아 ○표 해 보세요.

01 캐릭터 만들기

1 [시작( )]을 클릭해 [모든 앱]의 [PowerPoint]를 클릭하여 파워포인트를 실행한 후 '15_준비.pptx' 파일을 불러옵니다. 슬라이드 배경색을 바꾸기 위해 슬라이드의 빈 부분에서 마우스 오른쪽 버튼을 클릭한 후 [배경 서식]을 선택합니다.

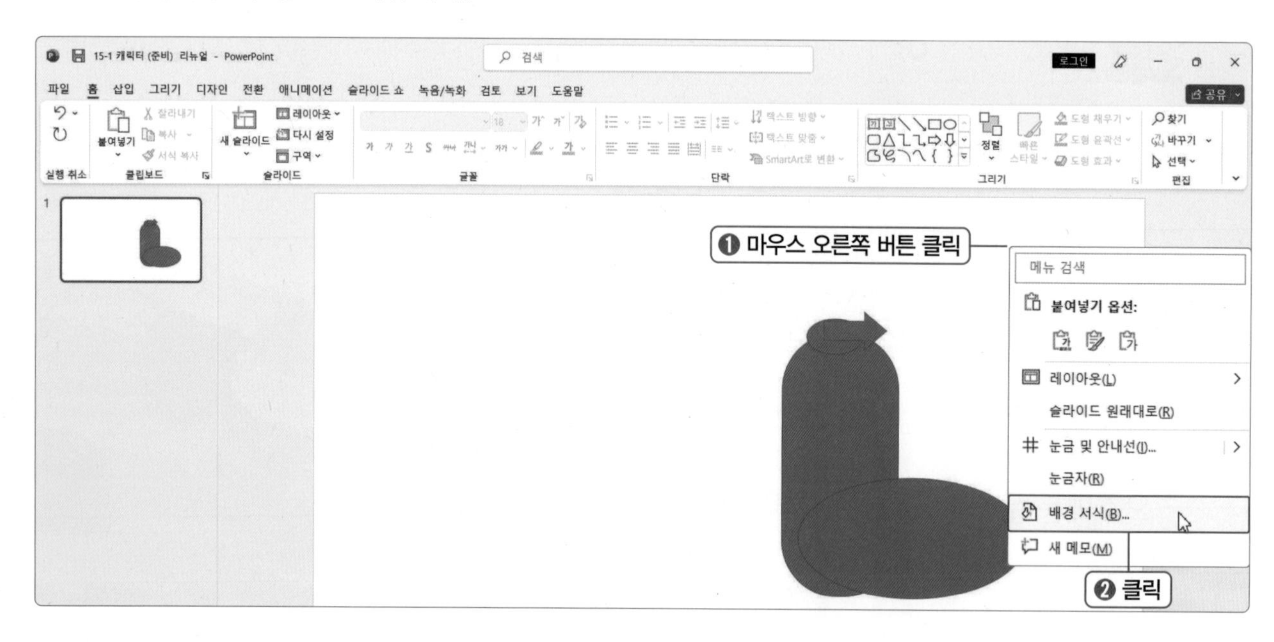

2 [배경 서식] 창이 열리면 [채우기]-[그라데이션 채우기]-[그라데이션 미리 설정]에서 '밝은 그라데이션-강조 5'를 선택합니다.

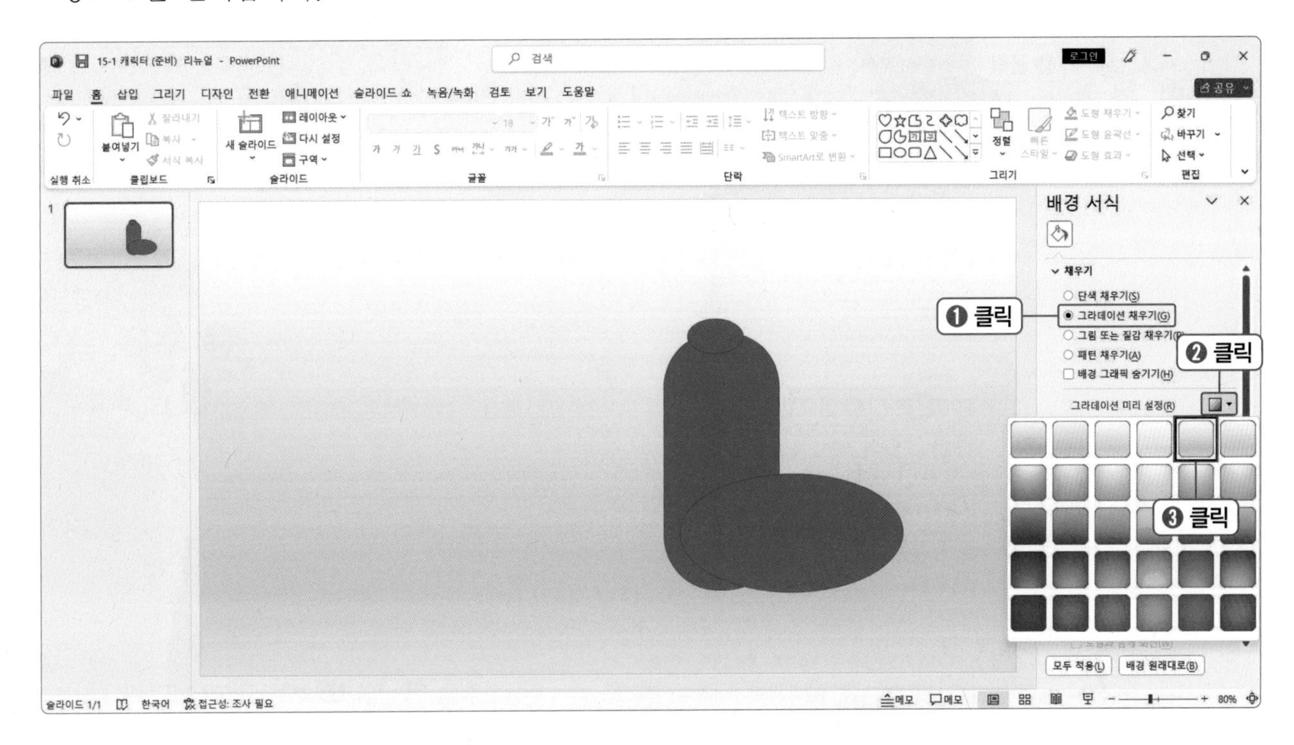

3 도형을 선택하고 [도형 서식] 탭의 [도형 스타일] 그룹에서 [도형 채우기], [도형 윤곽선]을 각각 클릭한 후 '노랑'으로 바꿉니다.

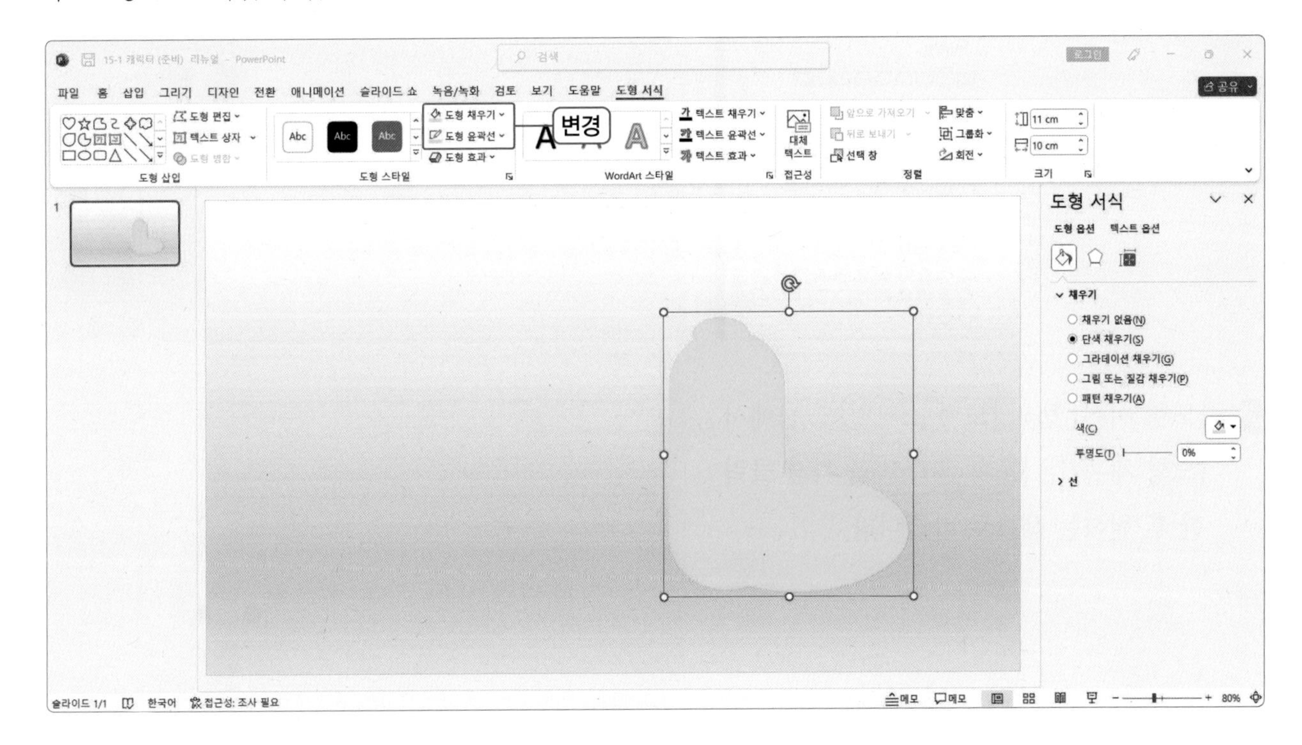

4 [삽입] 탭의 [일러스트레이션] 그룹에서 [도형]을 클릭한 후 [기본 도형]-[타원(◯)]을 선택하고 캐릭터의 얼굴을 그리고 [기본 도형]-[평행 사변형(▱)]을 선택하여 몸통을 그립니다.

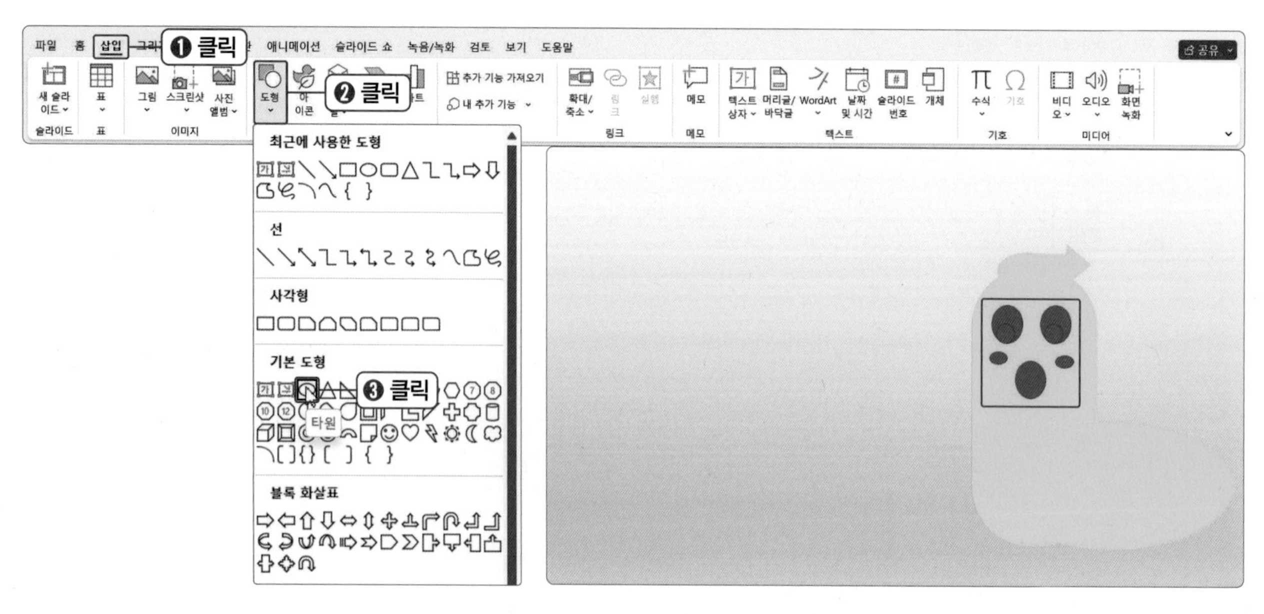

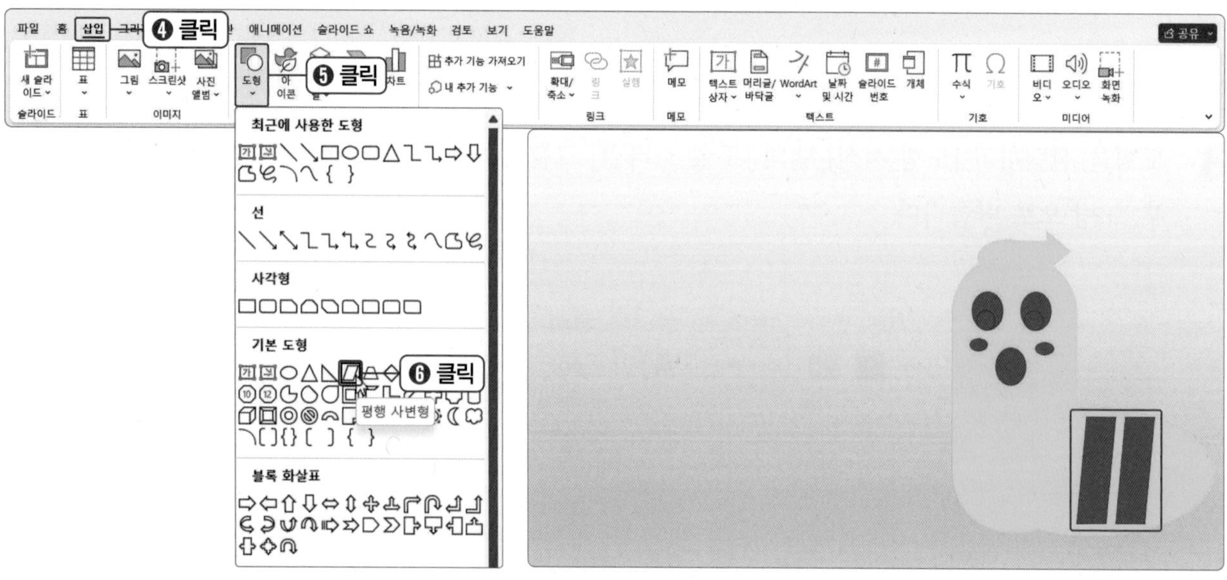

5 [도형 서식] 탭의 [도형 스타일] 그룹에서 [도형 채우기], [도형 윤곽선]을 각각 클릭한 후 원하는 색으로 바꿉니다.

캐릭터 완성하기

1 모든 도형을 선택한 후 [도형 서식] 탭의 [정렬] 그룹에서 [그룹화]-[그룹]을 선택합니다

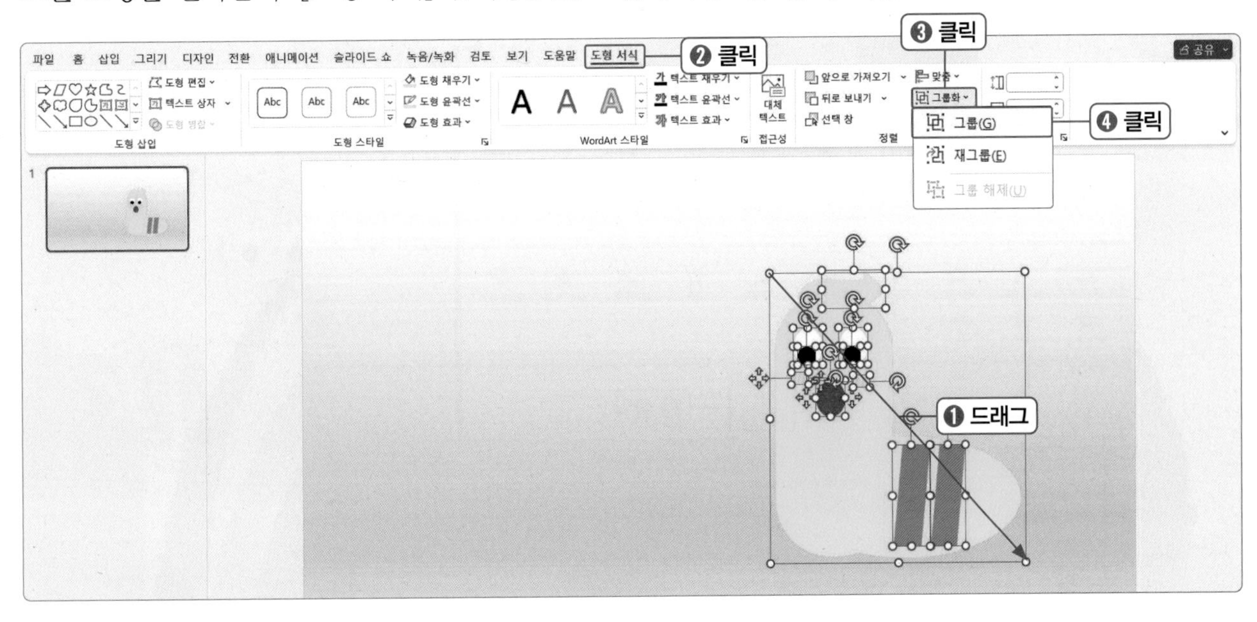

2 Ctrl 키를 누르며 드래그해 복사한 후 [도형 서식] 탭의 [정렬] 그룹에서 [회전]-[좌우 대칭]을 선택합니다.

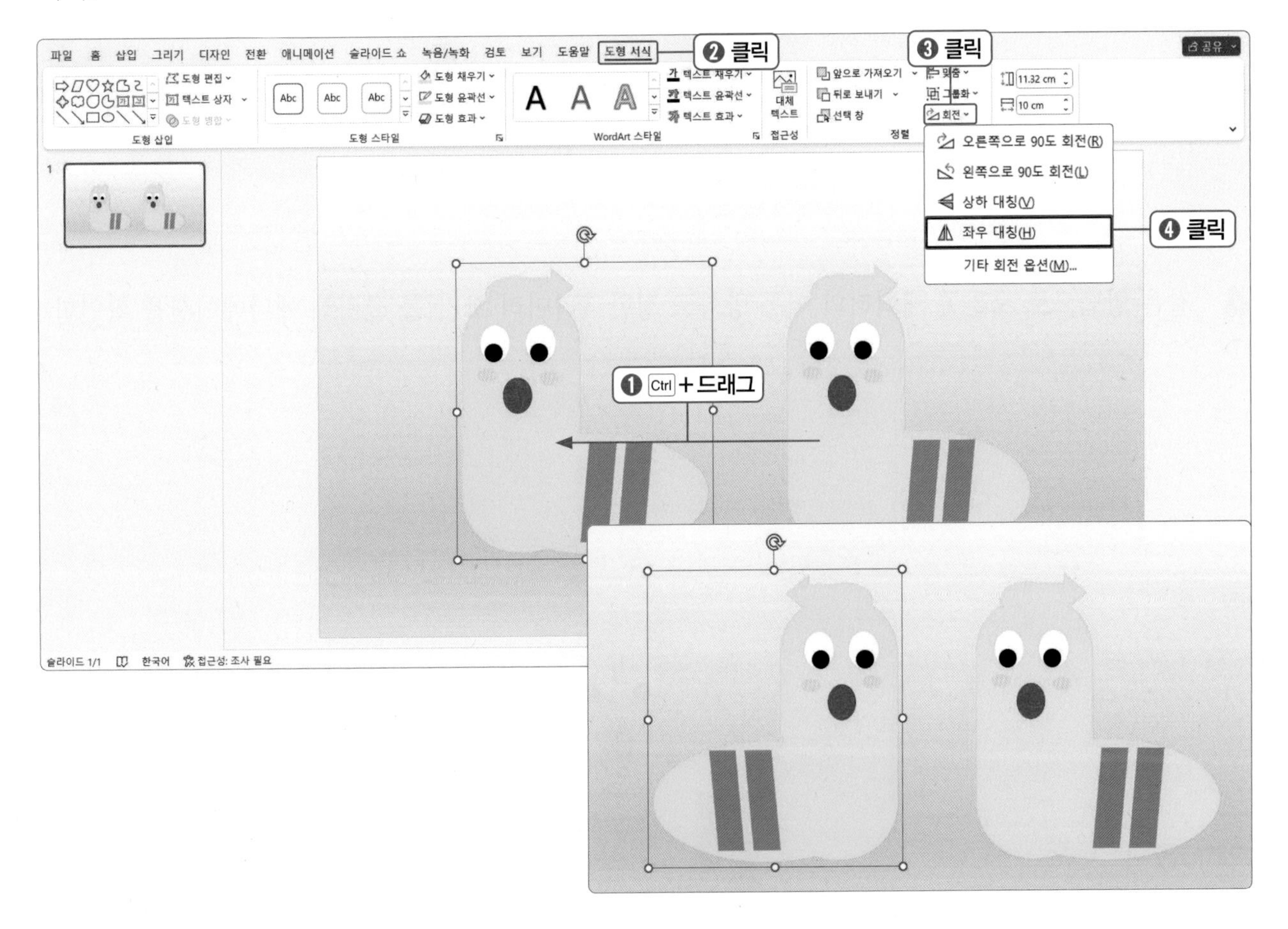

3 대칭된 도형을 옆으로 이동시킨 후 왼쪽 캐릭터를 선택합니다. [애니메이션] 탭의 [애니메이션] 그룹에서 [이동 경로]-[사용자 지정 경로]를 선택하고 마우스를 드래그해 이동 경로를 정합니다.

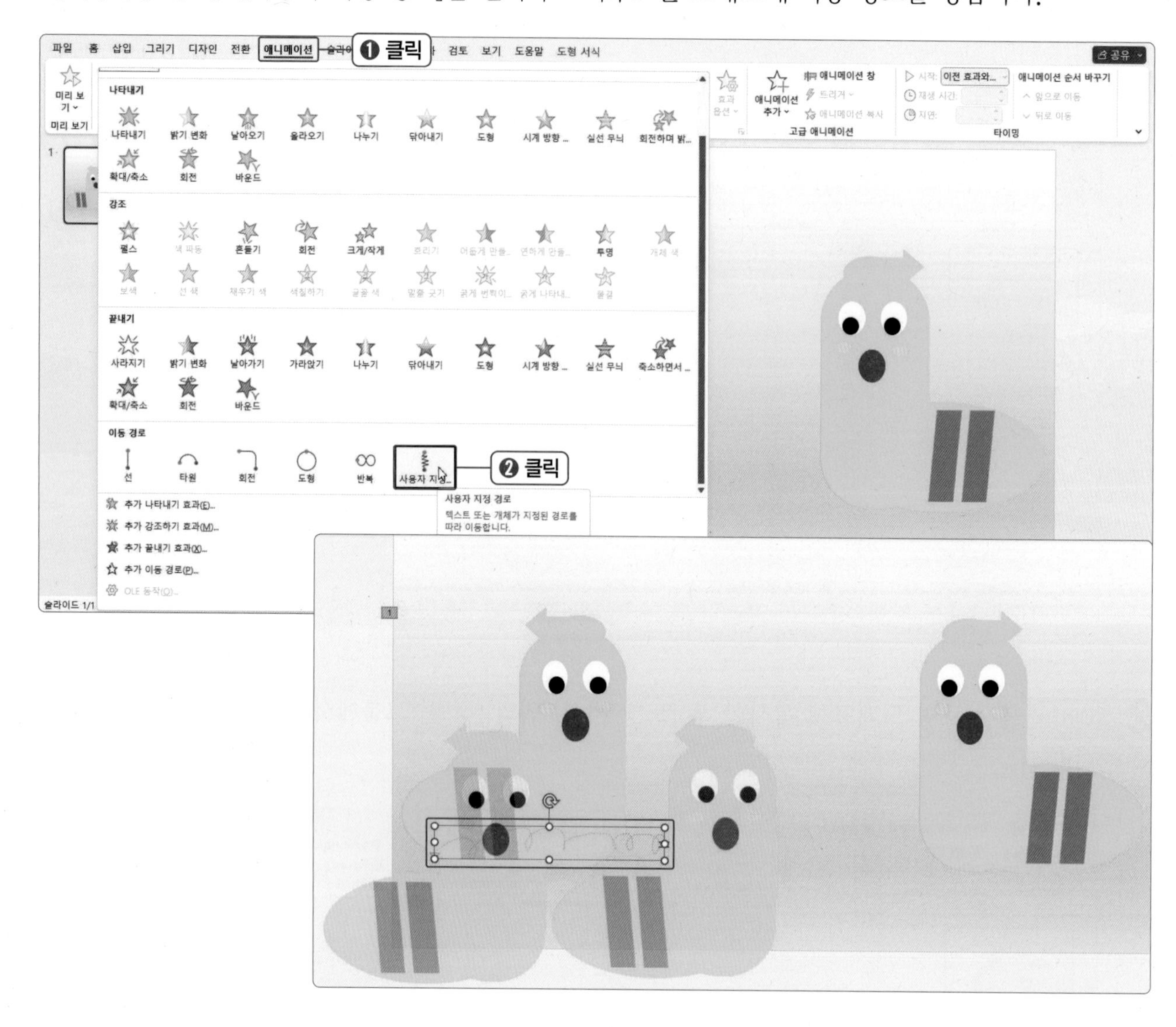

4 같은 방법으로 오른쪽 캐릭터의 이동 방향도 정한 후 [미리 보기]를 클릭해 애니메이션을 확인합니다.

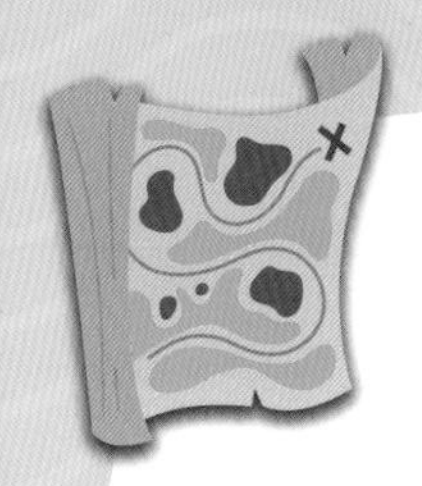

❶ 도형을 이용하여 캐릭터를 완성해 보세요.

▶ 준비 파일 : 15_혼자해보기1(준비).pptx ▶ 완성 파일 : 15_혼자해보기1(완성).pptx

힌트
- 도형 : [선]-[곡선], [기본 도형]-[타원], [기본 도형]-[막힌 원호], [순서도]-[순서도: 대조], [순서도: 논리합]
- 애니메이션 : [추가 이동 경로]-[하트]

❷ 도형을 이용하여 캐릭터를 완성해 보세요.

▶ 준비 파일 : 없음 ▶ 완성 파일 : 15_혼자해보기2(완성).pptx

힌트
- 도형 : [기본 도형]-[타원], [순서도]-[순서도: 지연], [별 및 현수막]-[별: 꼭짓점 5개]
- 애니메이션 : [이동 경로]-[사용자 지정 경로]

16 상상 속의 우주선

파워포인트의 도형을 사용해서 상상 속 우주선을 만들어 볼 거예요. 우주선에 애니메이션 효과를 넣어서 우주를 날아다니게 만들어 볼까요.

작품 완성

준비 파일 : 16_준비.pptx

완성 파일 : 16_완성.pptx

문장 연습

다음 문장을 소리 내어 읽어본 후 입력해 보세요.

가을에는 나뭇잎이 떨어져요.

하늘은 파랗고 구름은 하얗습니다.

학교에서 친구들과 놀 때가 제일 재미있어요.

집에서는 숙제도 하고 책도 읽어요.

※ 여러 자동차 중에서 다르게 생긴 자동차를 찾아보세요.

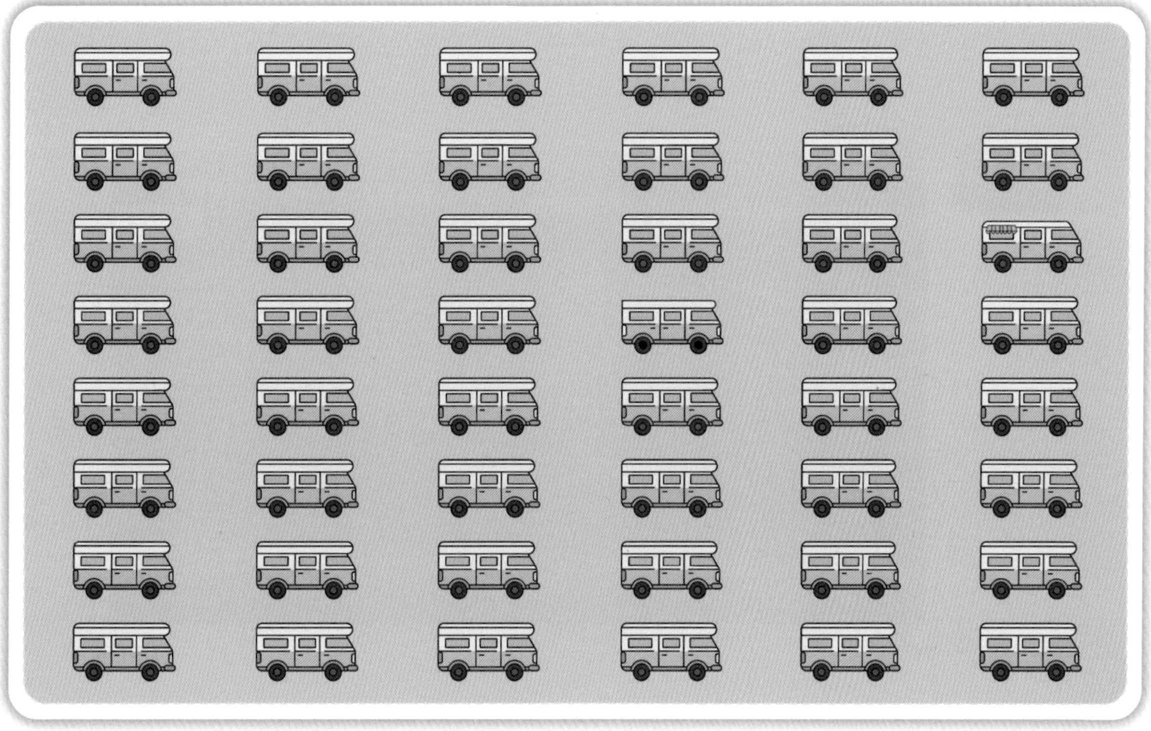

우주선 꾸미기

1 [시작( )]을 클릭해 [모든 앱]의 [PowerPoint]를 클릭하여 파워포인트를 실행한 후 '16_준비.pptx' 파일을 불러옵니다. 슬라이드 배경색을 바꾸기 위해 슬라이드의 빈 부분에 마우스 오른쪽 버튼을 클릭하고 [배경 서식]을 선택합니다.

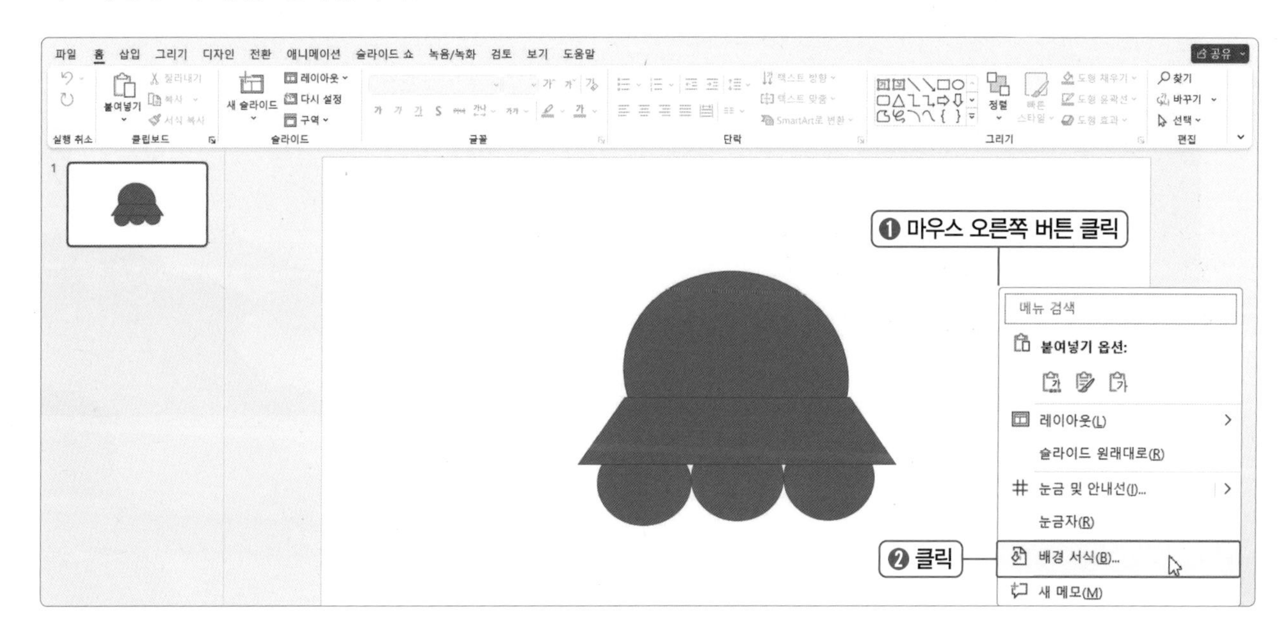

2 [배경 서식] 창이 열리면 [채우기]–[단색 채우기]–[색]에서 '검정, 텍스트 1, 35% 더 밝게'를 선택합니다.

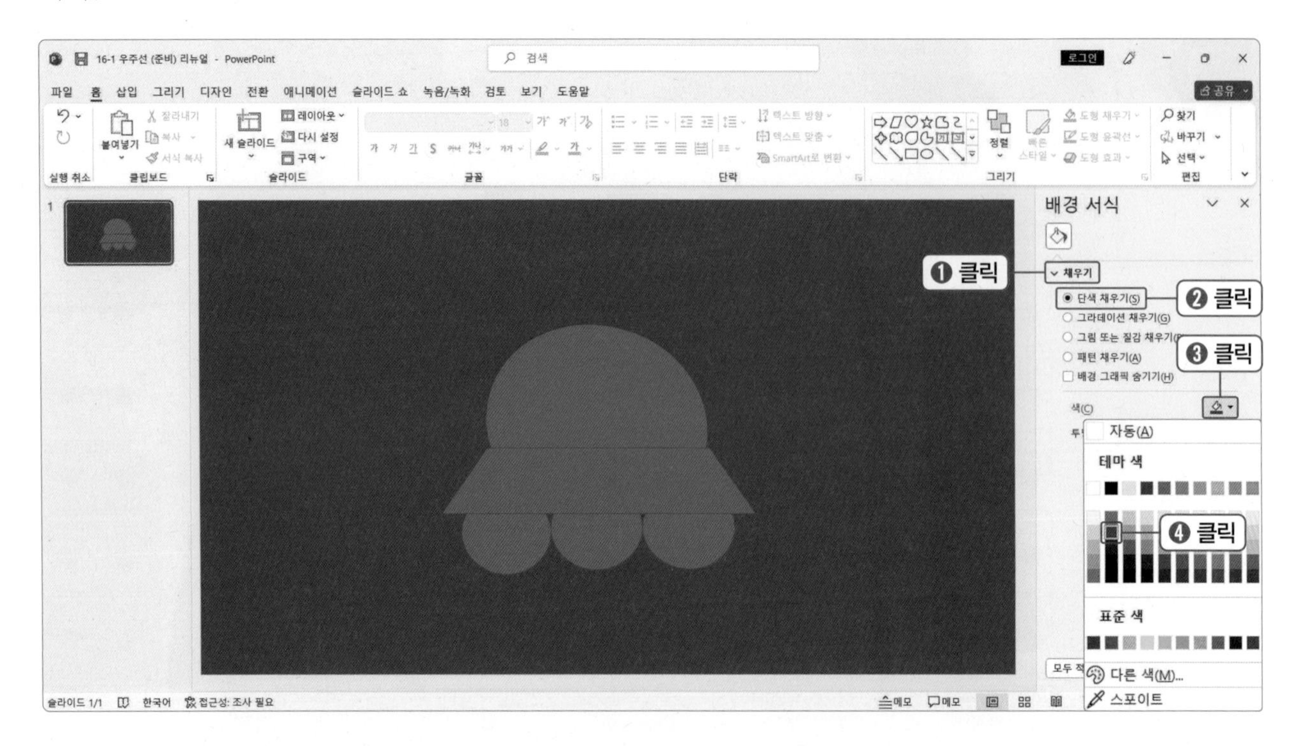

3 도형을 선택하고 Ctrl 키를 누르며 드래그해 복사하고 크기를 바꿔줍니다.

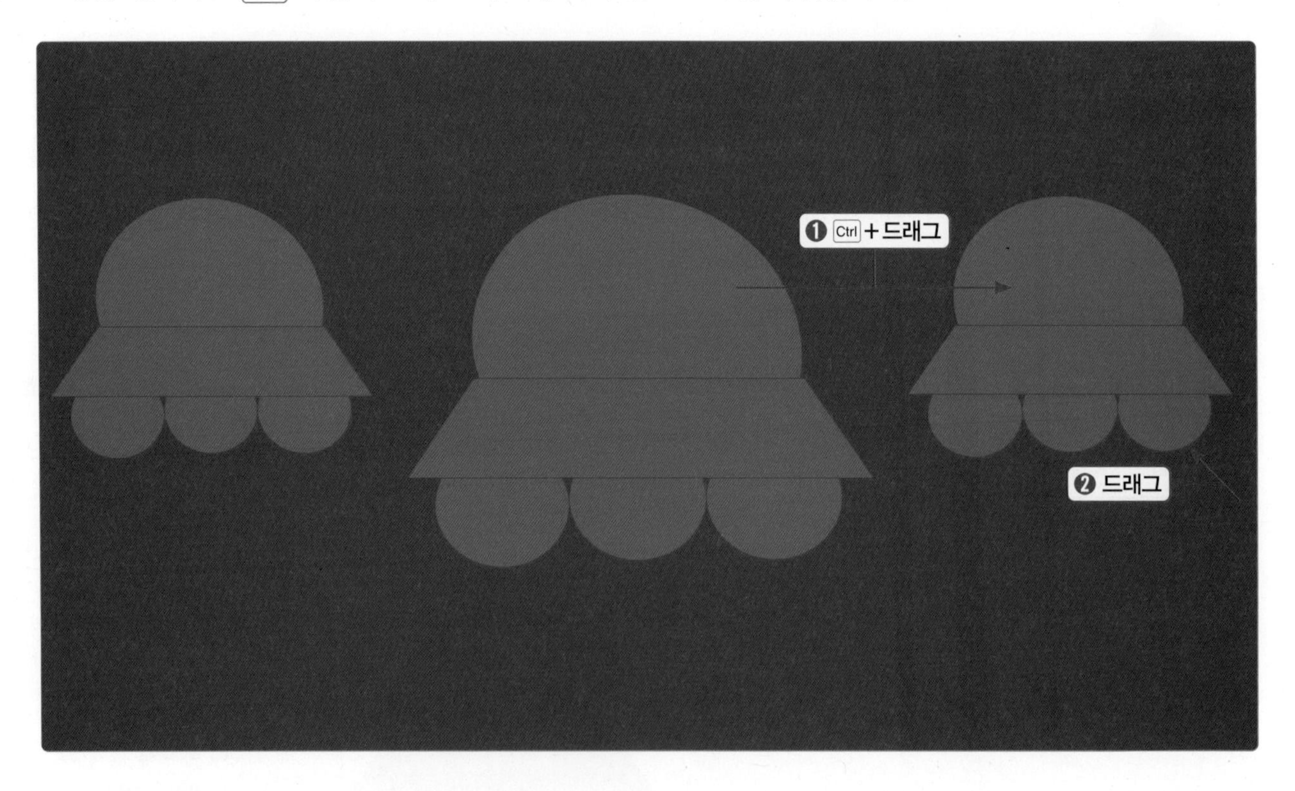

4 모든 도형을 선택한 후 [도형 서식] 탭의 [정렬] 그룹에서 [그룹화]-[그룹 해제]를 선택하여 묶여 있는 도형을 풀어줍니다.

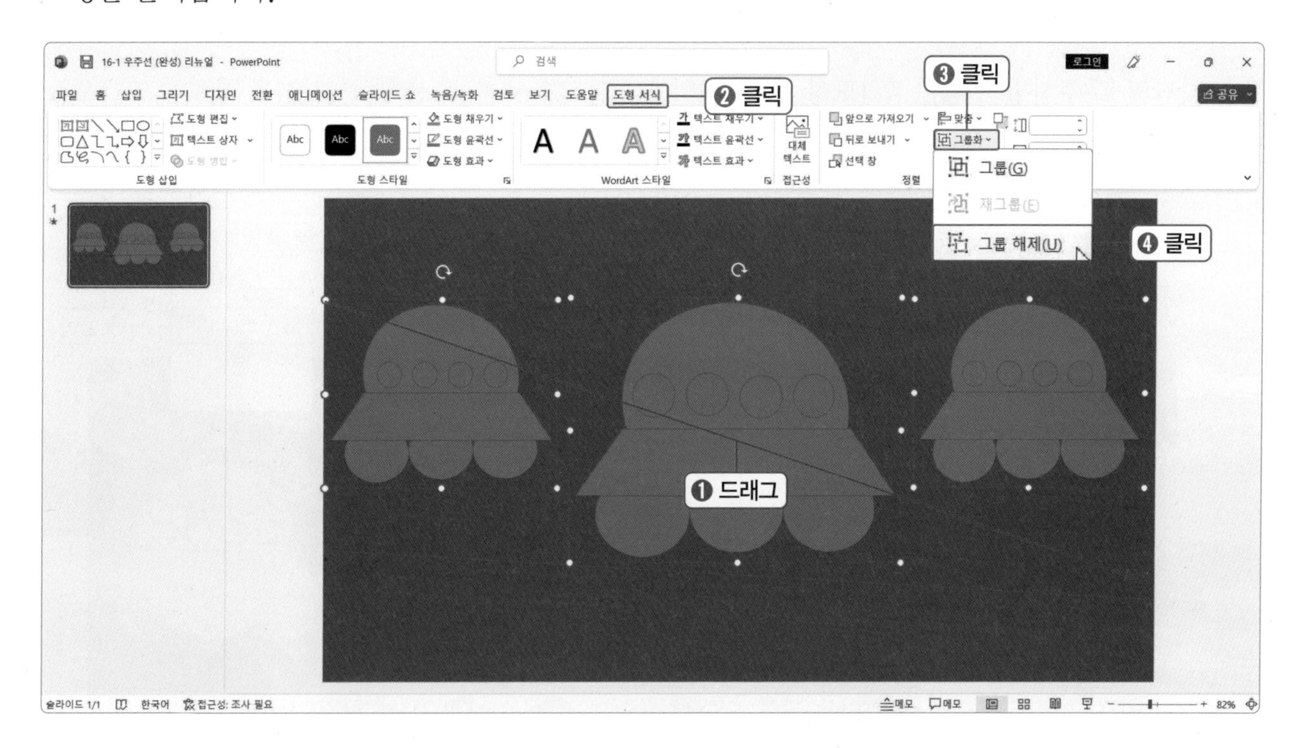

5 [도형 서식] 탭의 [도형 스타일] 그룹에서 [도형 채우기], [도형 윤곽선]을 각각 클릭한 후 원하는 색으로 우주선을 꾸며 줍니다.

02 우주선 애니메이션 효과 만들기

1 각각의 '우주선'을 선택한 후 [도형 서식] 탭의 [정렬] 그룹에서 [그룹화]-[그룹]을 클릭해 그룹으로 묶어 줍니다.

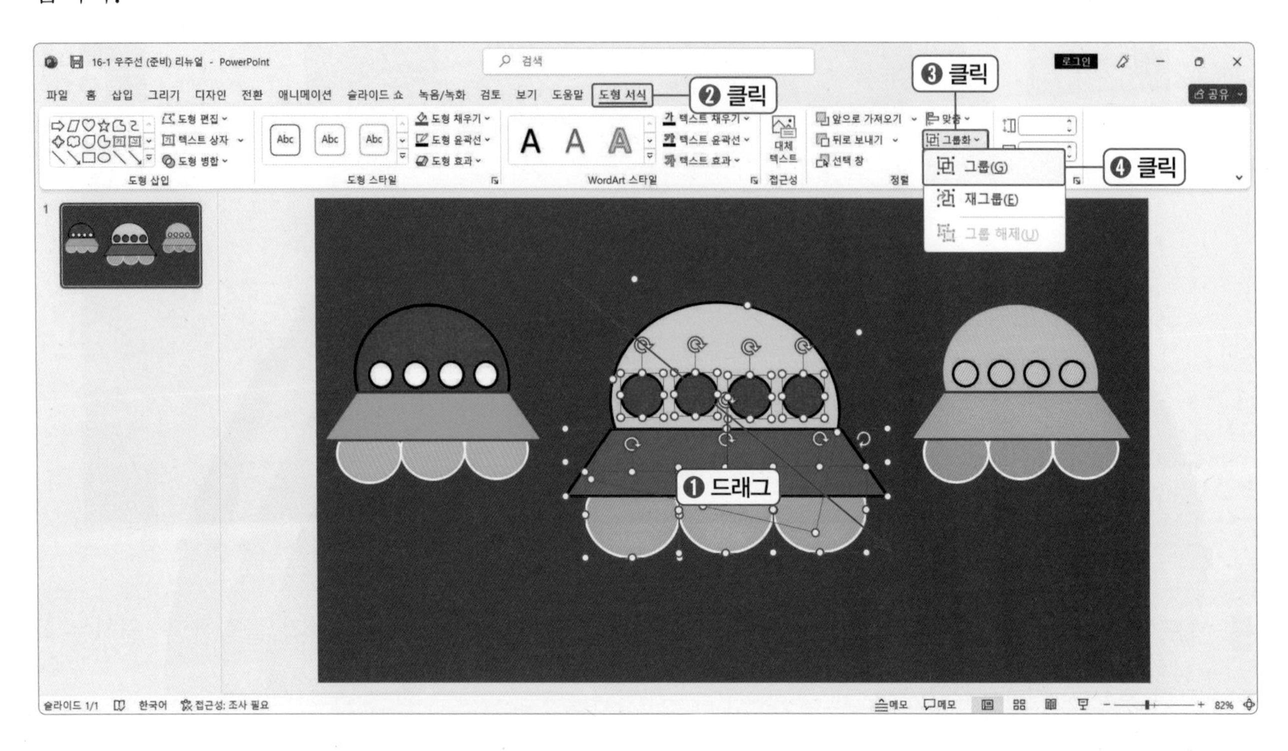

2 먼저 가운데 '우주선'을 선택한 다음 [애니메이션] 탭의 [애니메이션] 그룹에서 [나타내기 효과]-[날아오기]를 선택합니다.

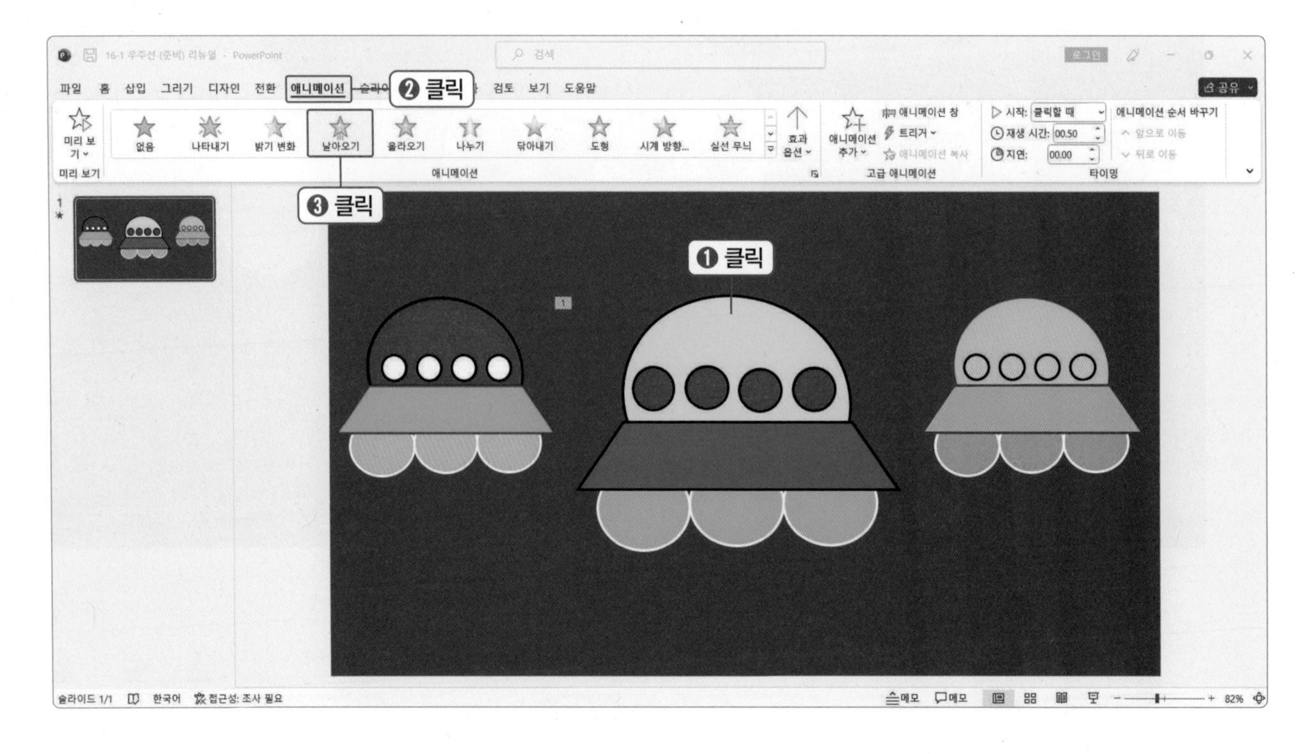

3 양쪽 '우주선'에도 각각 [애니메이션] 탭의 [애니메이션] 그룹에서 [나타내기 효과]-[날아오기]의 애니메이션 효과를 선택합니다.

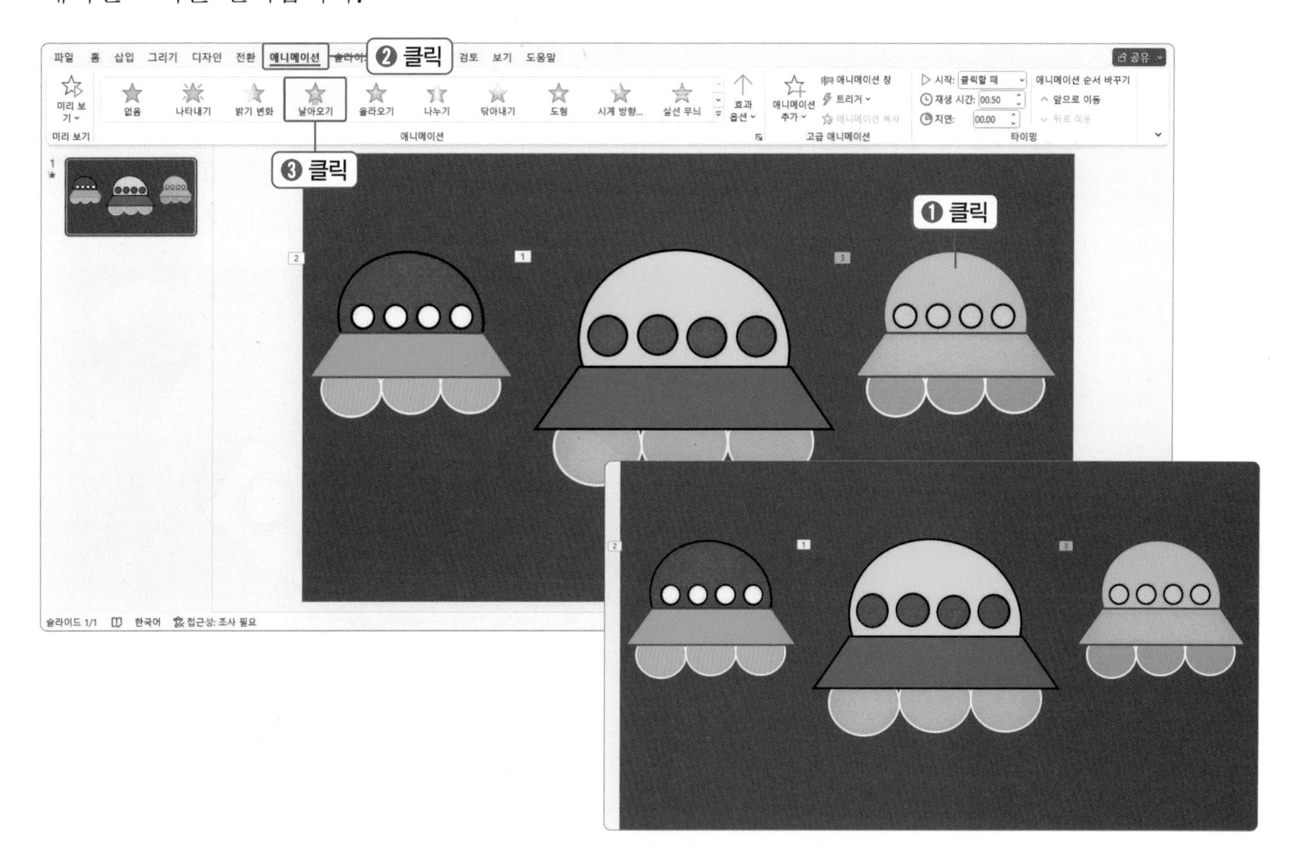

4 [애니메이션] 탭의 [미리 보기] 그룹에서 [미리 보기]를 클릭해 애니메이션 효과를 확인합니다.

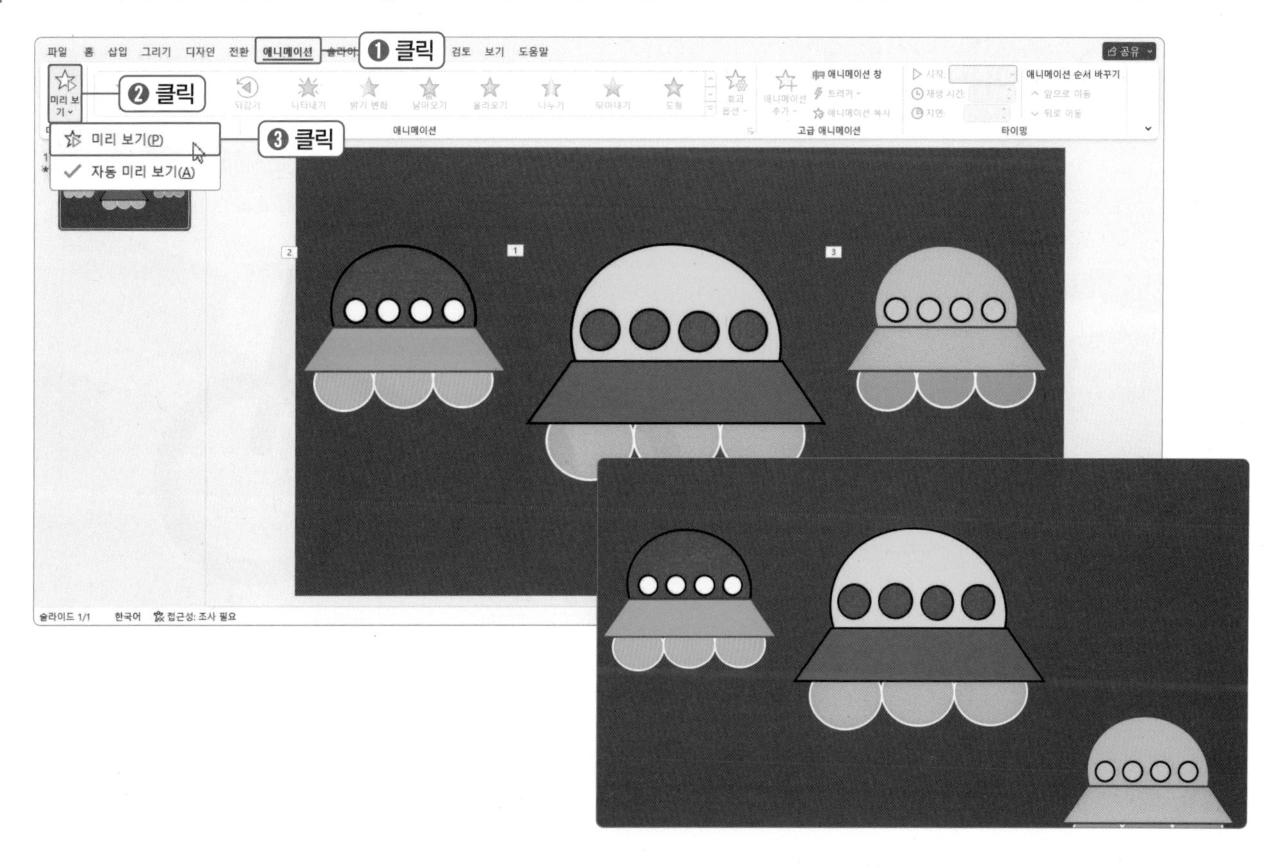

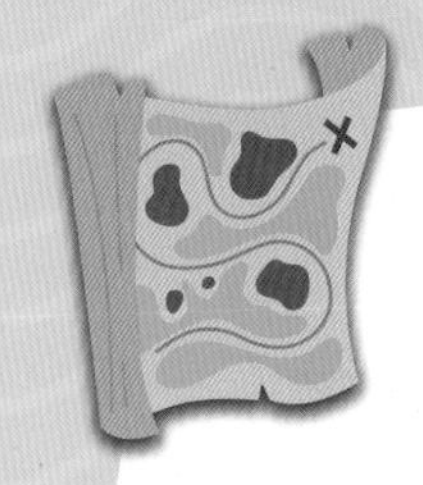

❶ 도형을 이용하여 로켓을 완성해 보세요.

▶ 준비 파일 : 16_혼자해보기1(준비).pptx ▶ 완성 파일 : 16_혼자해보기1(완성).pptx

힌트

- 슬라이드 배경 : [단색 채우기]-[색]에서 '연한 파랑'
- 도형 : [기본 도형]-[직각 삼각형], [기본 도형]-[타원], [순서도]-[순서도: 지연], [별 및 현수막]-[폭발: 8pt]
- 이미지 : [삽입]-[3D 모델]-[스톡 3D 모델]에서 'Space' 검색
- 애니메이션 : 왼쪽부터 로켓1 : [추가 나타내기]-[온화한 효과]-[떠오르기], 로켓2 : [추가 나타내기]-[온화한 효과]-[서서히 위로]

❷ 도형을 이용하여 자전거를 완성해 보세요.

▶ 준비 파일 : 16_혼자해보기2(준비).pptx ▶ 완성 파일 : 16_혼자해보기2(완성).pptx

힌트

- 도형 : [기본 도형]-[원형: 비어 있음]
- 애니메이션 : [이동 경로]-[반복하기]

17 바닷속 탐험

슬라이드의 배경을 바닷속 이미지로 꾸미고 물고기와 꽃게, 거북이 등의 아이콘을 삽입해 멋진 바닷속 풍경을 만들어 볼까요.

작품 완성

준비 파일 8 바닷속.jpg

완성 파일 8 17_완성.pptx

문장 연습

다음 문장을 소리 내어 읽어본 후 입력해 보세요.

바닷속에는 물고기가 많아요. 물고기는 헤엄을 잘 쳐요.

바닷속에는 색깔이 예쁜 물고기가 있어요.

바다에는 큰 고래도 살아요. 고래는 매우 커요.

바닷속에는 산호도 있어요. 산호는 아름답고 예뻐요.

물속에는 오징어와 문어도 있어요. 문어는 팔이 많아요.

바닷속은 신기하고 재미있어요.

나는 언젠가 바다에 가보고 싶어요.

※ 그림 속에 숨어 있는 그림을 찾아보세요.

01 슬라이드 배경 이미지 삽입하기

1 [시작( )]을 클릭해 [모든 앱]의 [PowerPoint]를 클릭하여 파워포인트를 실행한 후 [새로 만들기]-[새 프레젠테이션]을 선택합니다. [홈] 탭의 [슬라이드] 그룹에서 [레이아웃]의 [빈 화면]을 클릭합니다. 슬라이드 배경색을 바꾸기 위해 슬라이드의 빈 부분에 마우스 오른쪽 버튼을 클릭하고 [배경 서식]을 선택합니다.

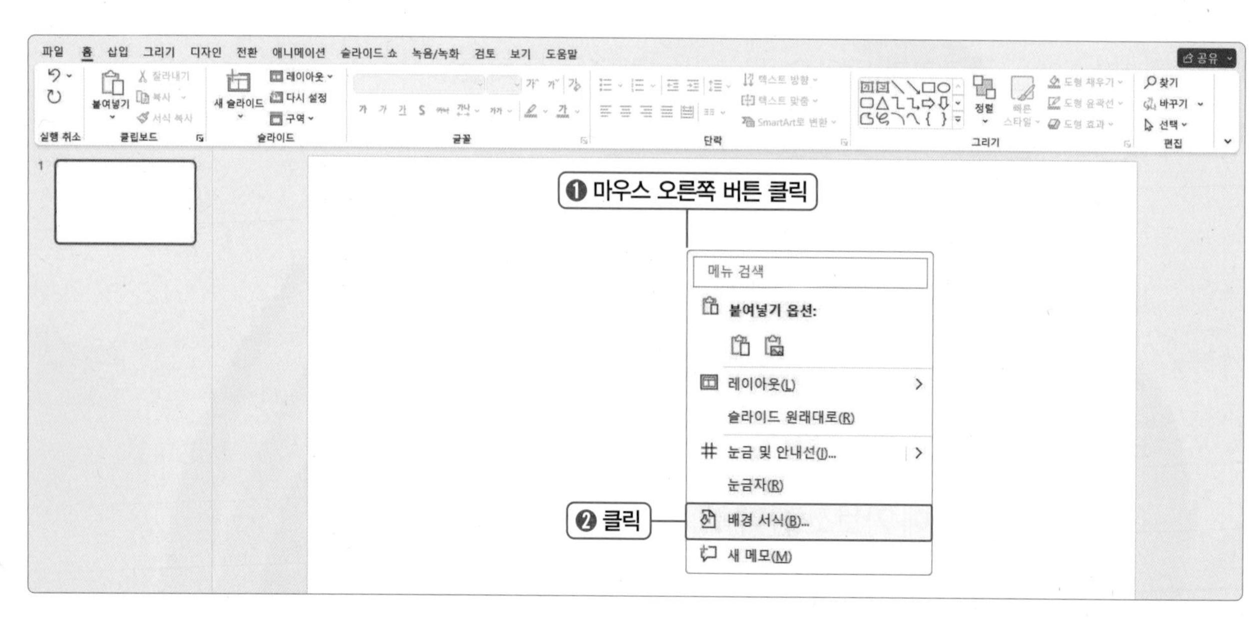

2 [배경 서식] 창이 열리면 [채우기]-[그림 또는 질감 채우기]을 선택합니다. [그림 원본]-[삽입]을 클릭한 다음 [그림 삽입] 창이 열리면 [파일에서]를 클릭합니다.

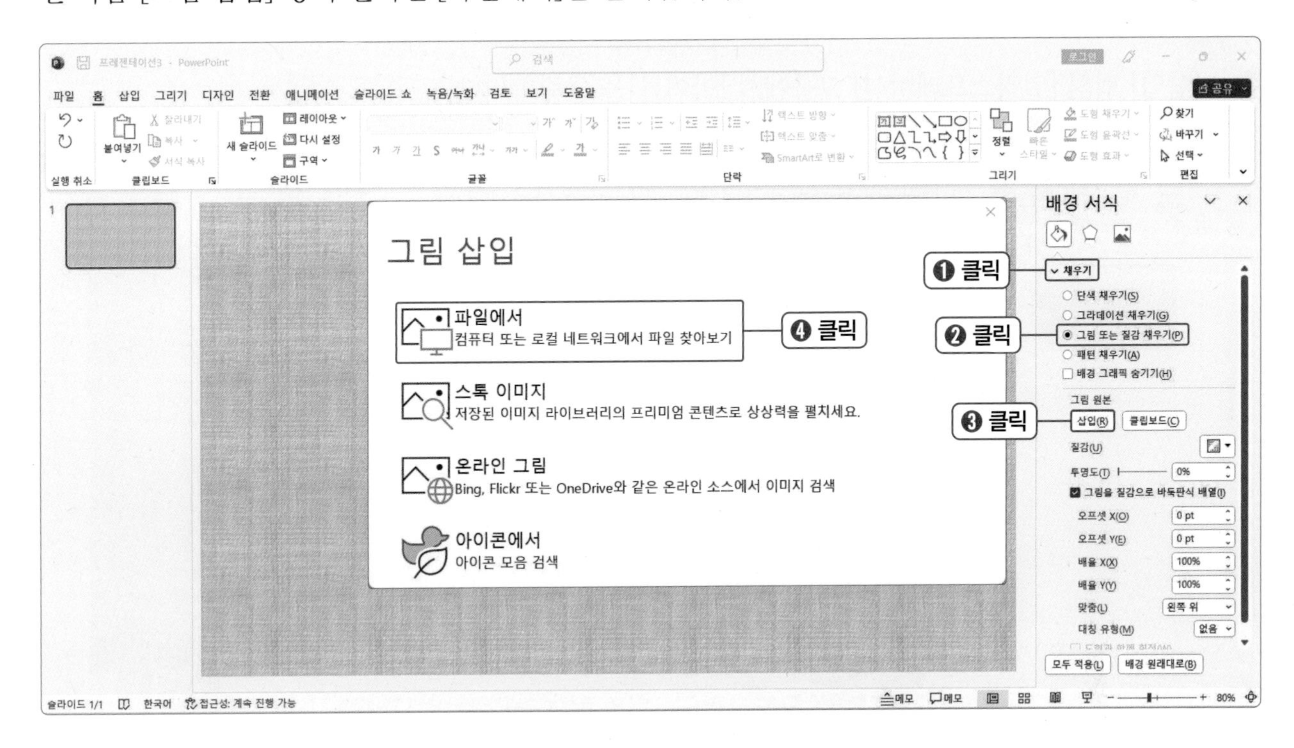

3 [그림 삽입] 창이 열리면 이미지('바닷속.jpg')를 선택한 다음 [삽입]을 클릭합니다.

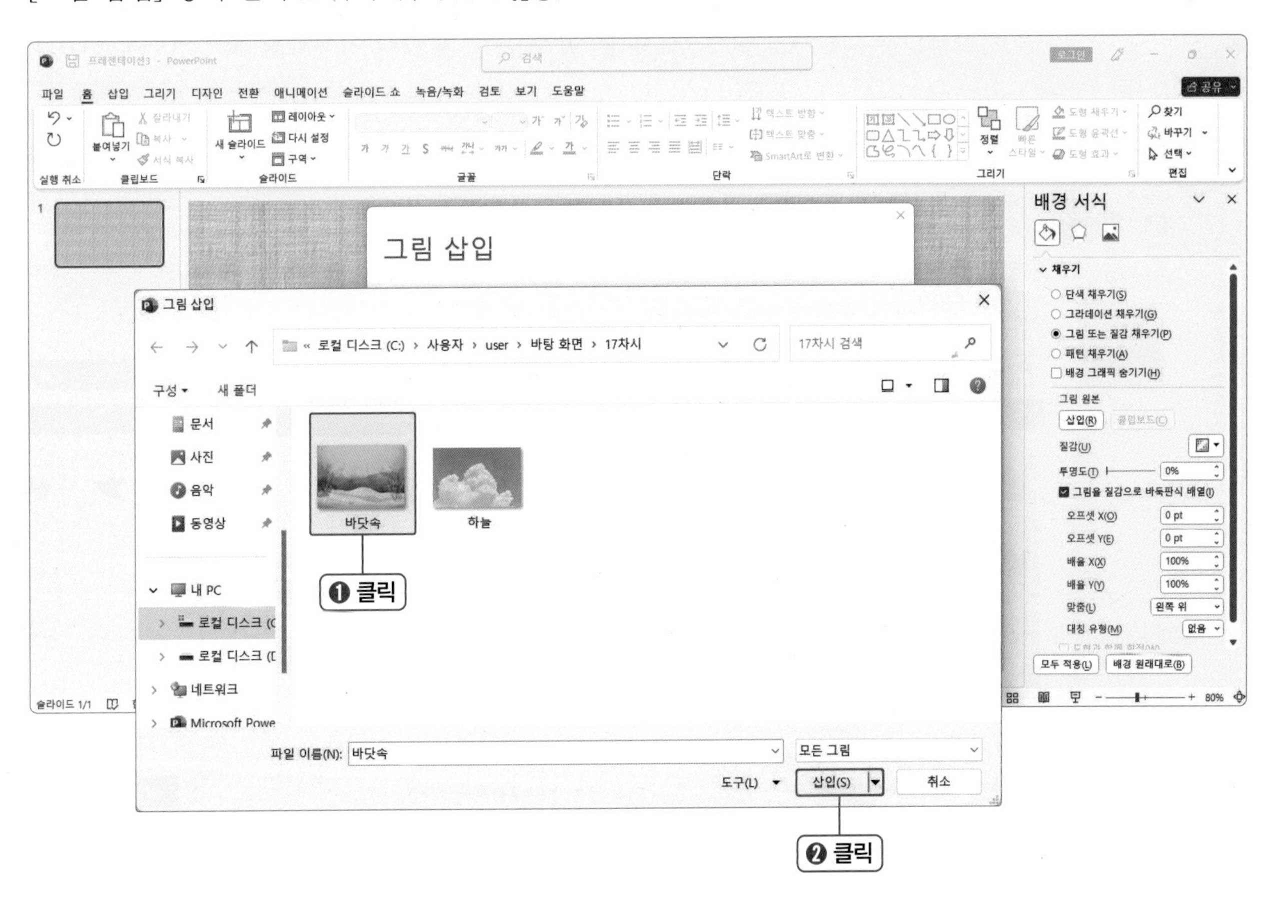

02 아이콘 삽입하기

1 [삽입] 탭의 [일러스트레이션] 그룹에서 [아이콘]을 클릭합니다.

2 [스톡 이미지] 창이 열리면 [아이콘] 탭의 [동물]을 클릭한 후 원하는 아이콘을 선택하고 [삽입]을 클릭합니다.

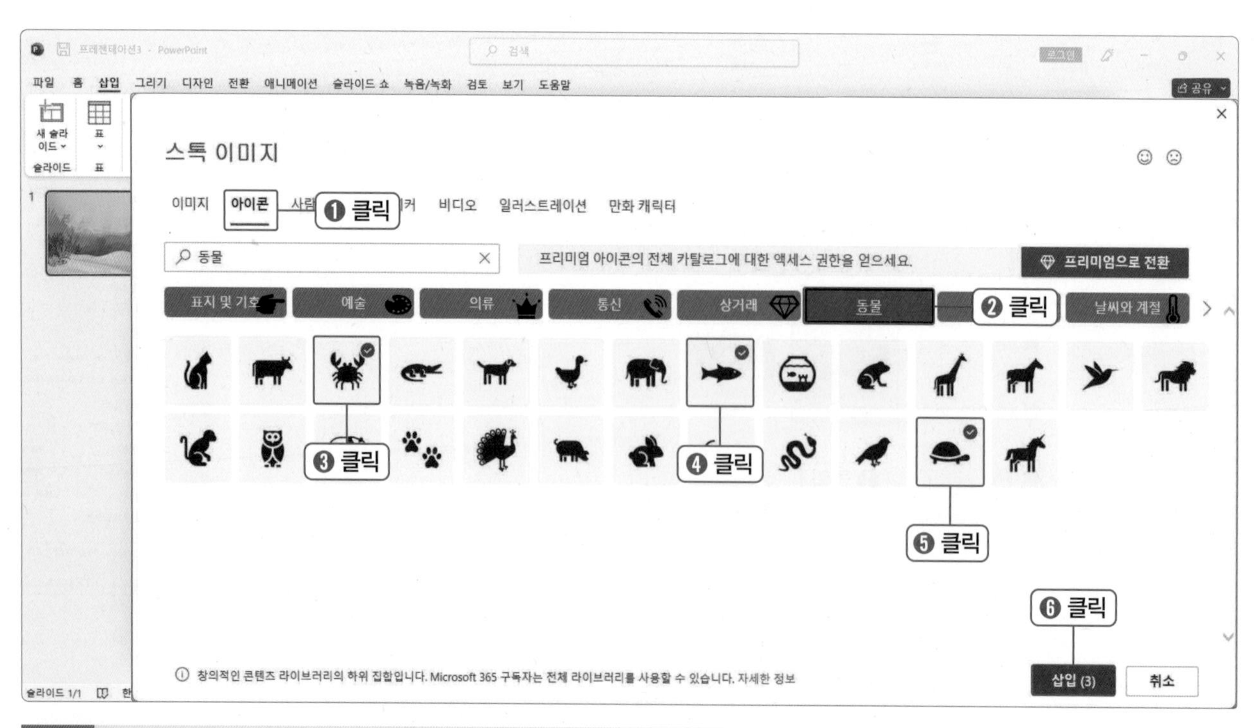

TIP [스톡 이미지]에서 여러 개의 이미지를 선택해 삽입하면 그림이 모두 선택된 상태예요. 선택을 해제하려면 Esc 키를 누르거나 슬라이드의 다른 곳을 클릭하면 돼요.

3 삽입한 아이콘의 위치와 크기를 바꾼 후 '꽃게' 아이콘을 선택합니다. [그래픽 형식] 탭의 [그래픽 스타일] 그룹에서 [그래픽 채우기]를 클릭해 '빨강'을 선택합니다. 같은 방법으로 다른 아이콘의 크기와 색을 바꿔줍니다.

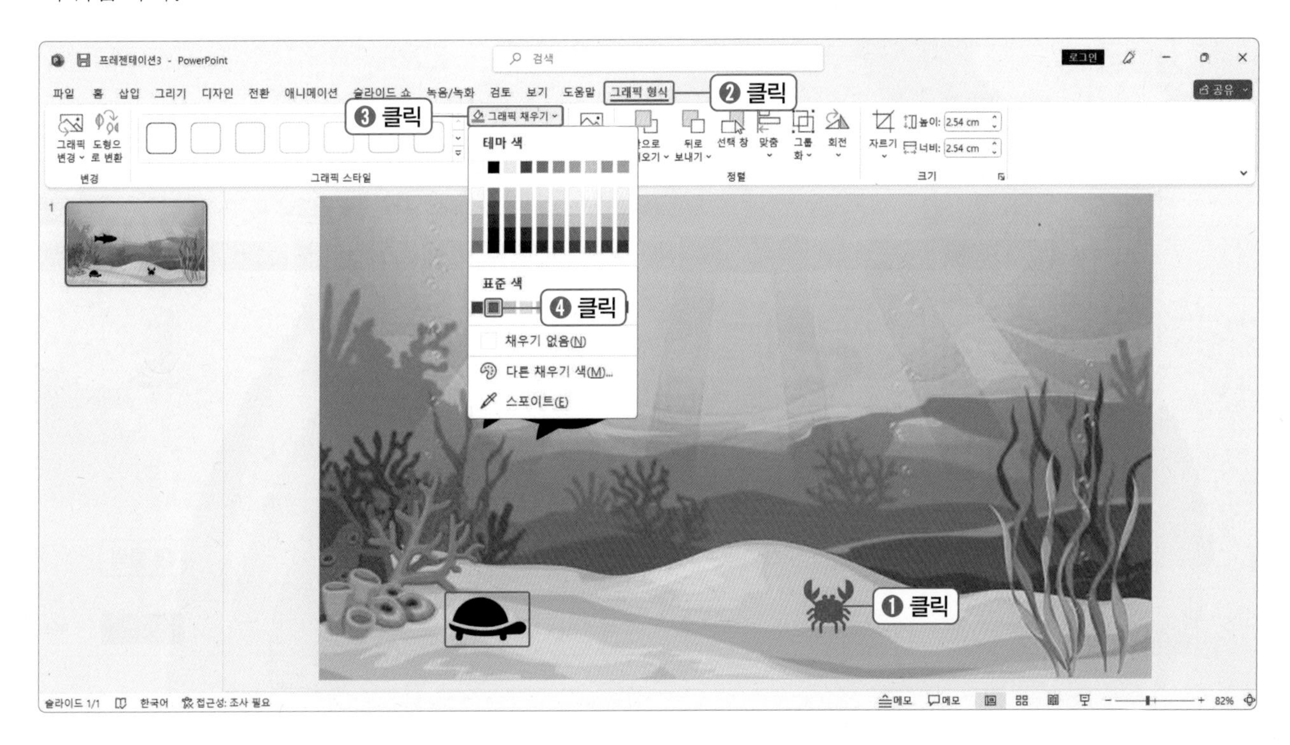

4 [삽입] 탭의 [일러스트레이션] 그룹에서 [아이콘]을 클릭해 다양한 아이콘을 추가하고 크기와 위치, 색상 등을 바꿔 꾸며 줍니다.

5 [삽입] 탭의 [일러스트레이션] 그룹에서 [아이콘]을 클릭한 후 [스톡 이미지] 창이 열리면 [일러스트레이션] 탭의 [동물]을 클릭합니다. '물고기' 아이콘을 선택한 다음 [삽입]을 클릭합니다.

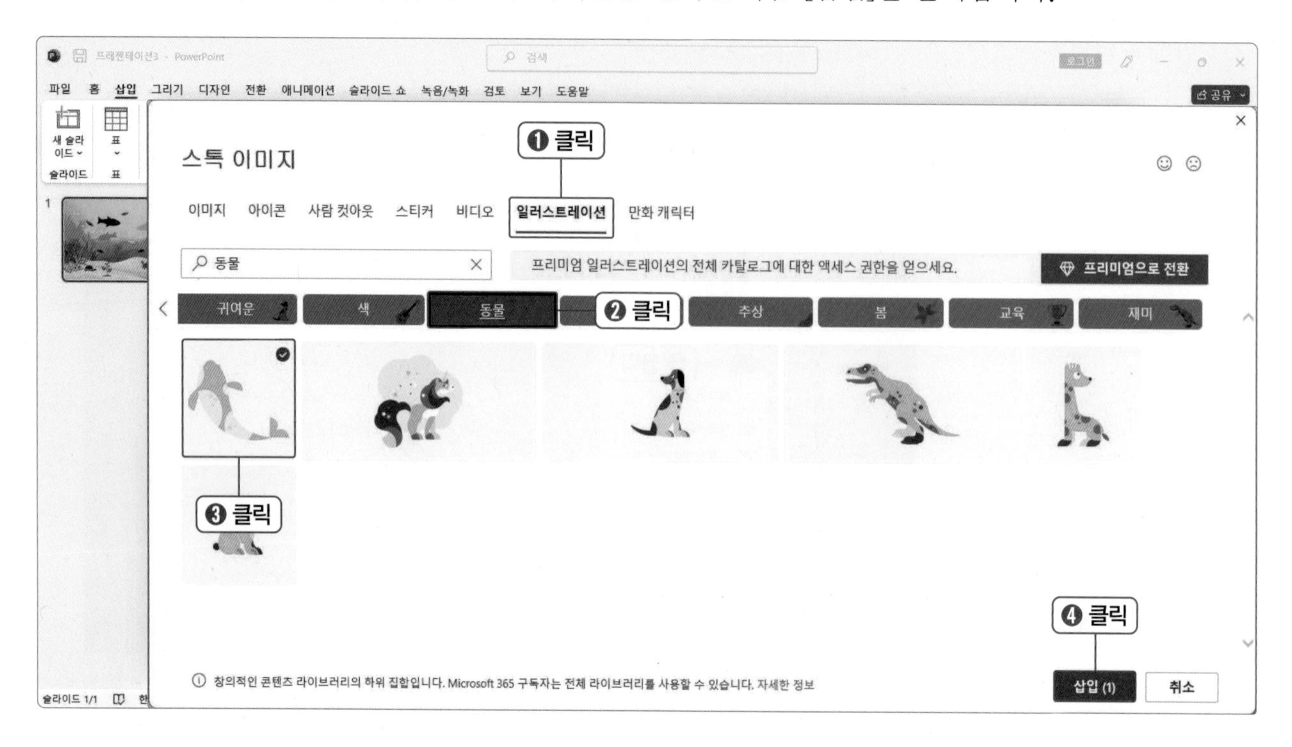

6 아이콘이 삽입되면 위치와 크기를 바꿔줍니다.

7 삽입한 아이콘 하나를 선택한 다음 [애니메이션] 탭의 [애니메이션] 그룹에서 [이동 경로]-[회전]을 선택합니다.

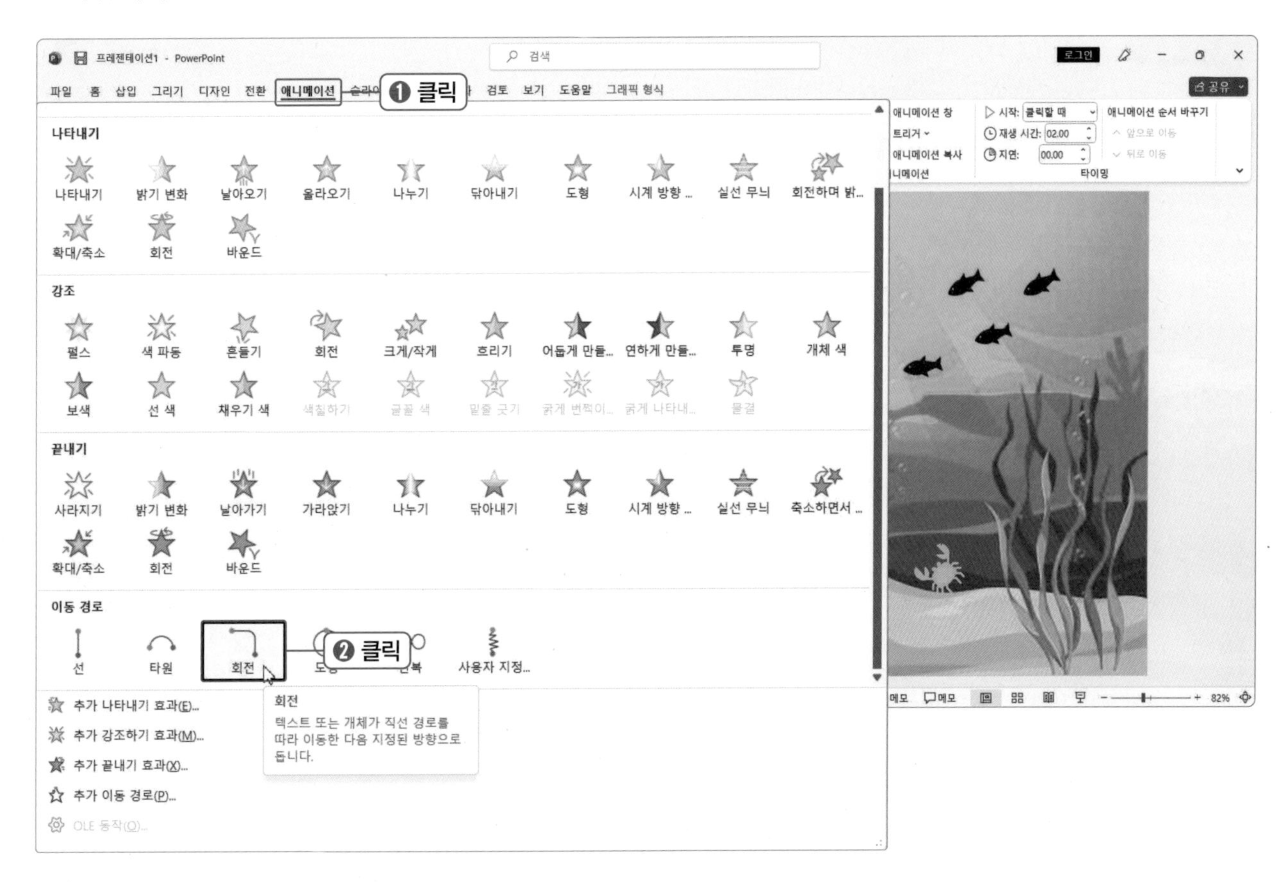

8 다른 아이콘에도 애니메이션을 추가한 다음 [미리 보기]를 클릭해 확인합니다.

① 아이콘을 활용하여 하늘을 꾸며 보세요.

▶ 준비 파일 : 하늘.jpg ▶ 완성 파일 : 17_혼자해보기1(완성).pptx

힌트

배경 : [배경 서식]-[채우기]-[그림 또는 질감 채우기]-[그림 원본]-[삽입] '하늘'

② 아이콘을 활용하여 동굴을 꾸며 보세요.

▶ 준비 파일 : 동굴.jpg ▶ 완성 파일 : 17_혼자해보기2(완성).pptx

힌트

배경 : [배경 서식]-[채우기]-[그림 또는 질감 채우기]-[그림 원본]-[삽입] '동굴'

18 우주 여행

파워포인트에서 우주와 관련된 3D 모델을 넣어 볼 거예요. 그리고 애니메이션을 사용해서 움직이는 우주를 만들어 볼까요.

작품 완성

준비 파일 : 18_준비.pptx

완성 파일 : 18_완성.pptx

문장 연습

다음 문장을 소리 내어 읽어본 후 입력해 보세요.

우주는 아주 넓어요. 우주에는 많은 별이 있어요.

태양은 우리 별이에요. 지구는 태양 주위를 돌아요. 달은 지구의 옆에 있어요.

별은 밤하늘에 반짝여요. 우주에는 행성도 많아요. 우주선은 사람을 우주로 보내요.

우주에는 외계 생명체가 있을지도 몰라요.

나는 우주를 탐험해 보고 싶어요.

※ 왼쪽의 그림을 보고 오른쪽 그림을 그려 완성해 보세요.

01 3D 모델 삽입하기

1 [시작( )]을 클릭해 [모든 앱]의 [PowerPoint]를 클릭하여 파워포인트를 실행한 후 '18_준비.pptx' 파일을 불러옵니다. [삽입] 탭의 [일러스트레이션] 그룹에서 [3D 모델]의 [스톡 3D 모델]을 클릭합니다.

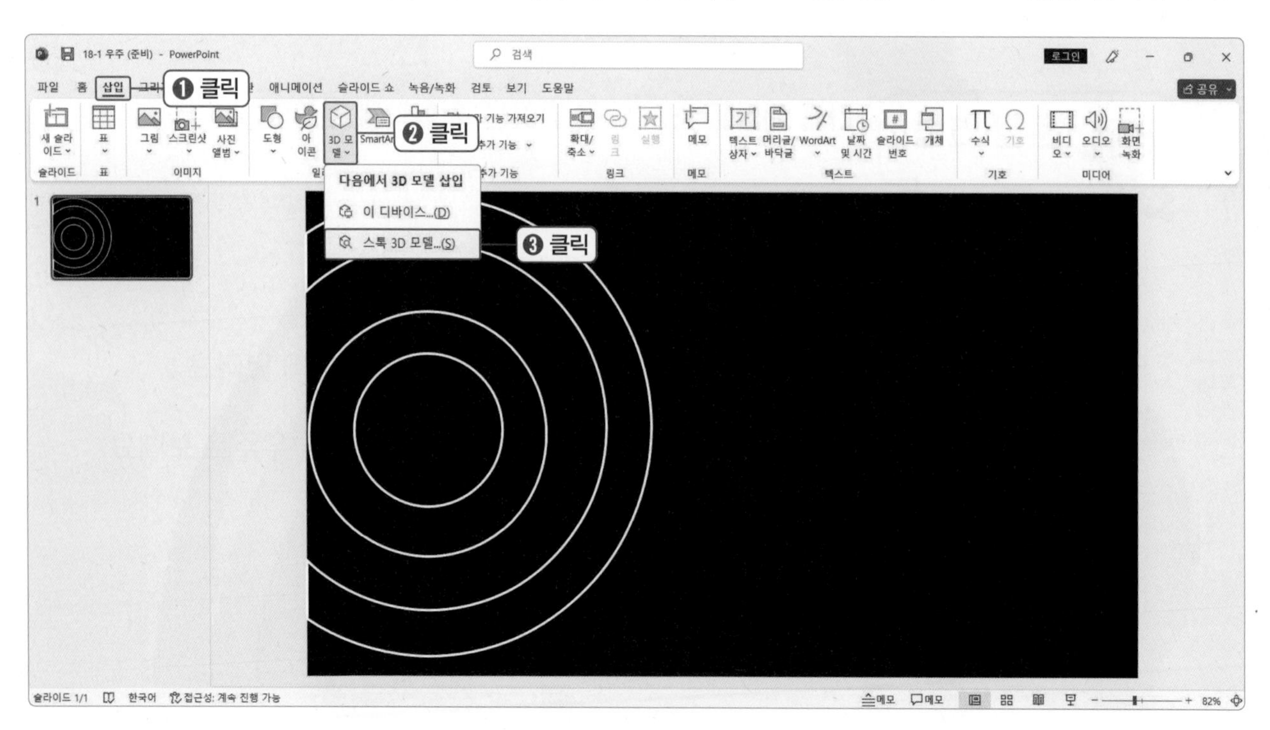

2 [온라인 3D 모델] 창이 열리면 [Space]를 클릭합니다. 슬라이드에 추가할 모델을 선택한 다음 [삽입]을 클릭합니다.

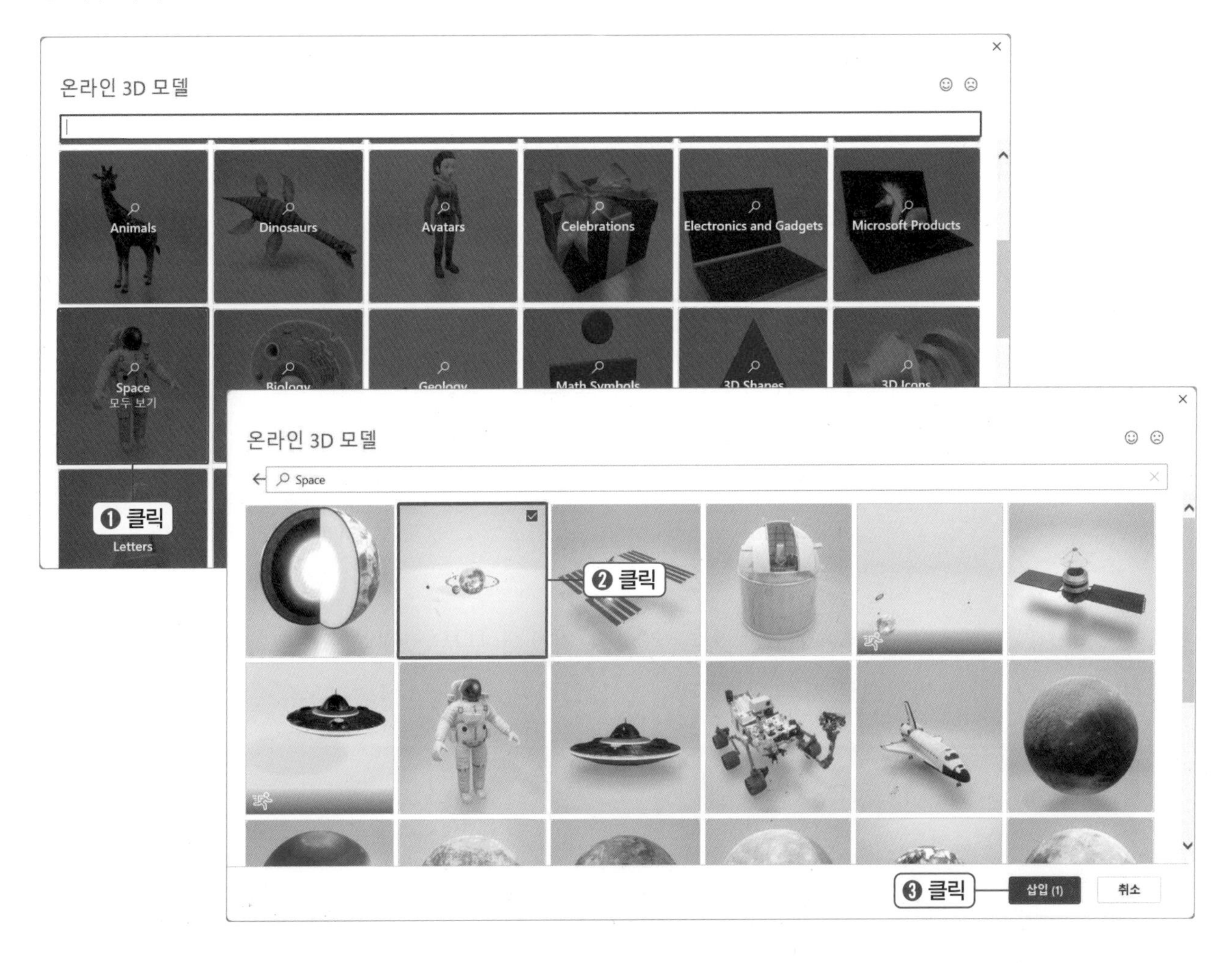

3 슬라이드에 선택한 3D 모델이 삽입되면 크기와 위치를 정하고 가운데 부분(⊕)을 드래그해 행성이 보이는 방향을 변경합니다.

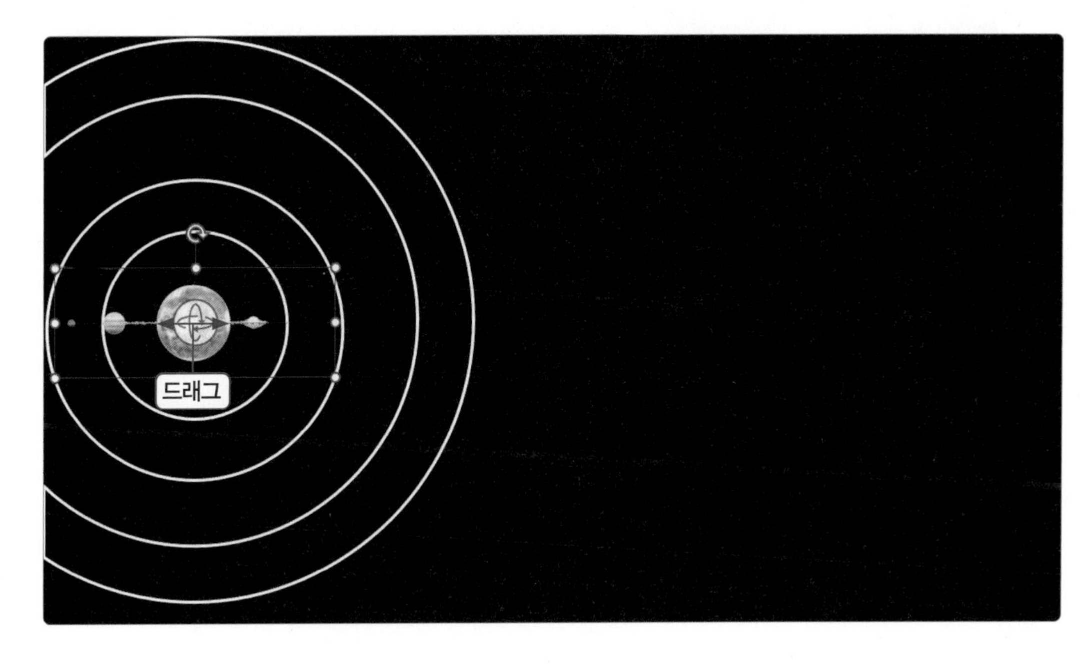

4 또 다른 3D 모델을 삽입하기 위해 [3D 모델]의 [스톡 3D 모델]을 클릭한 후 [Space]를 클릭해 원하는 행성을 선택합니다.

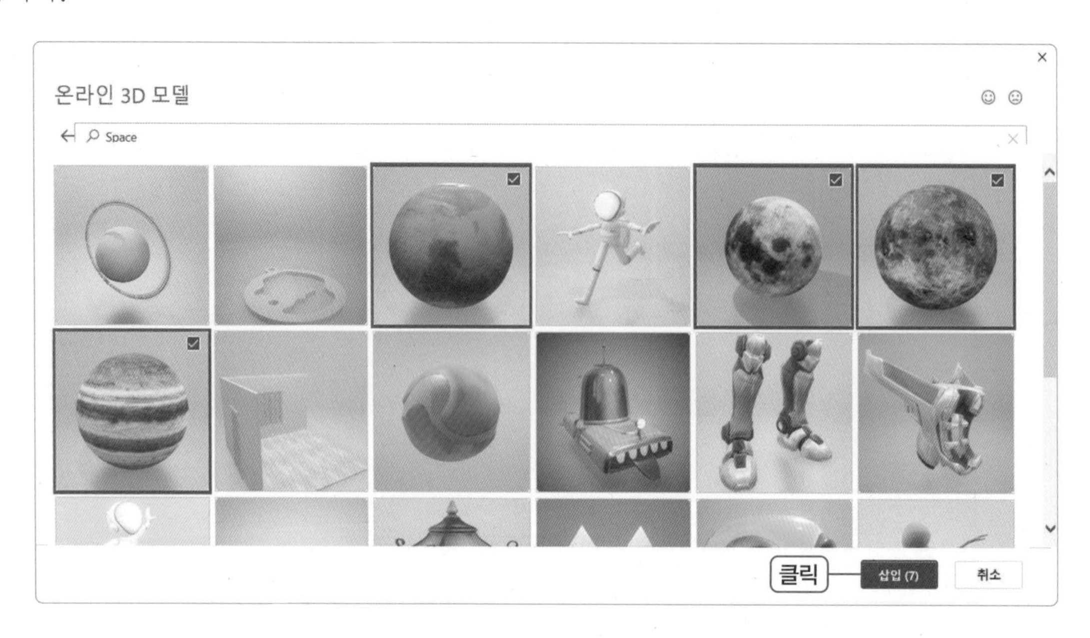

5 삽입한 3D 모델을 원하는 크기와 위치로 정하고 가운데 부분(⊕)을 드래그해 행성이 보이는 방향을 변경합니다. 같은 방법으로 다른 3D 모델들을 삽입하여 꾸며 줍니다.

애니메이션 삽입하기

1 왼쪽 가운데 행성을 선택한 다음 [애니메이션] 탭의 [애니메이션] 그룹에서 [스윙]을 선택한 후 [시작]을 '이전 효과와 함께'로 선택합니다.

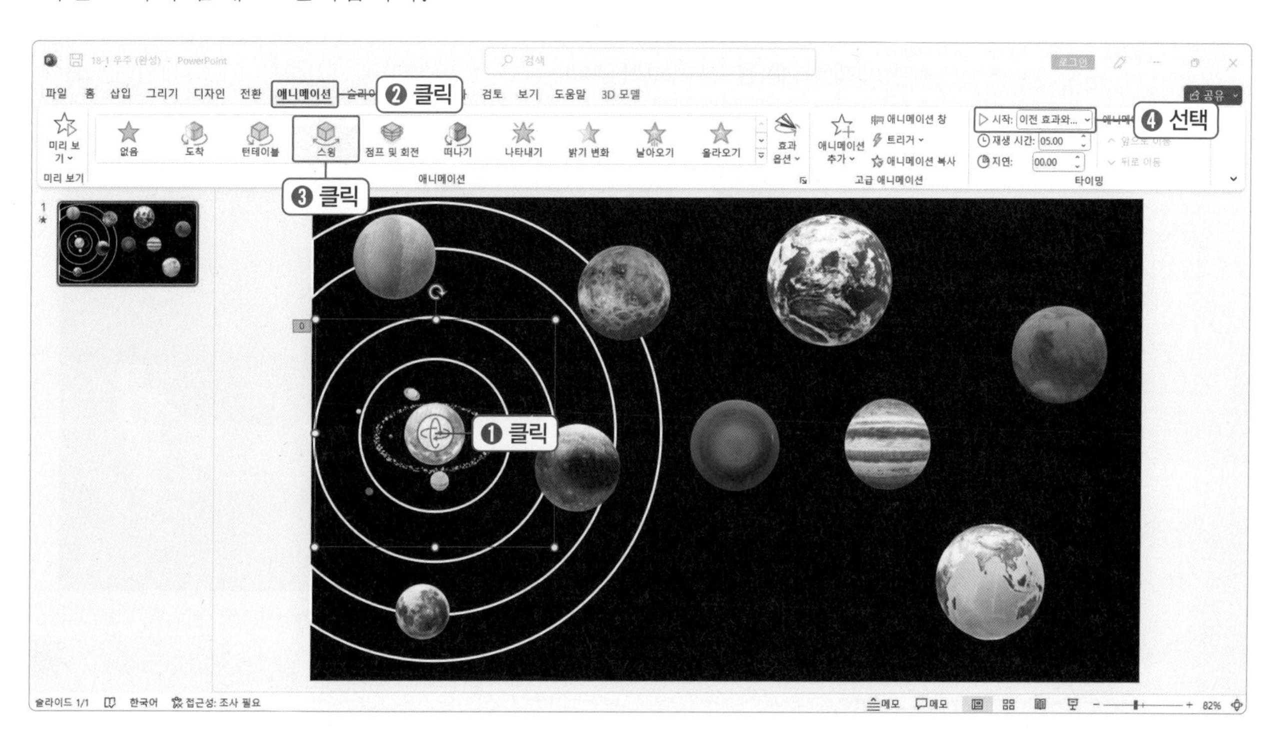

2 다른 3D 모델에도 애니메이션을 추가한 다음 [미리 보기]를 클릭해 확인합니다.

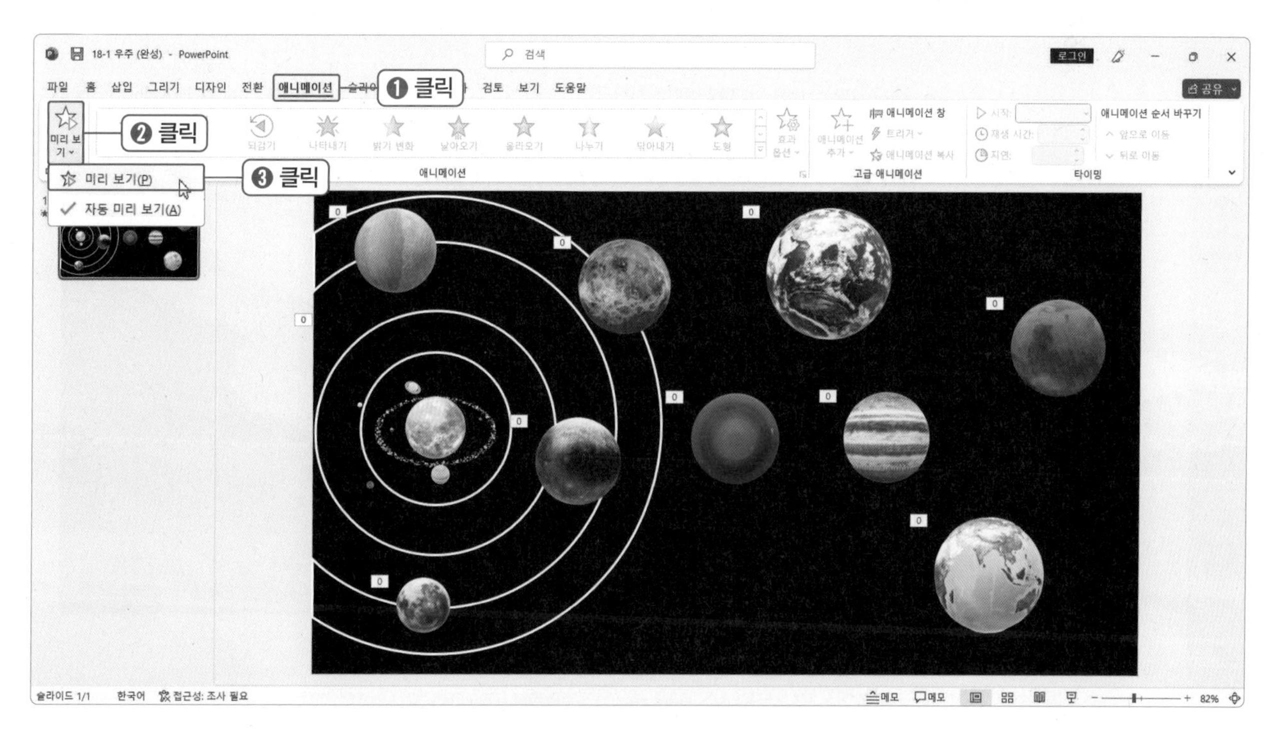

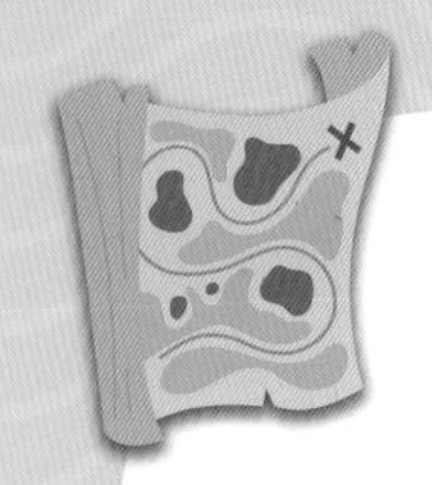

혼자해 보기

① 3D 모델을 활용하여 우주에서의 모습을 만들어 보세요.

▶ 준비 파일 : 18_혼자서해보기1(준비).pptx ▶ 완성 파일 : 18_혼자서해보기1(완성).pptx

힌트

- [온라인 3D 모델]-[Space]
- 애니메이션: 행성-[스윙]

② 3D 모델을 활용하여 바닷속의 모습을 만들어 보세요.

▶ 준비 파일 : 18_혼자서해보기2(준비).pptx ▶ 완성 파일 : 18_혼자서해보기2(완성).pptx

힌트

[온라인 3D 모델]-Fish로 검색

19 동물원 꾸미기

온라인 그림 삽입 기능을 사용해서 배경 그림과 다양한 동물을 추가해볼 거예요. 멋진 동물원을 함께 만들어 볼까요.

작품 완성

준비 파일 : 없음

완성 파일 : 19_완성.pptx

문장 연습

다음 문장을 소리 내어 읽어본 후 입력해 보세요.

동물원에는 다양한 동물이 있어요.

사자는 큰 갈기가 있어요. 기린은 목이 길어요.

코끼리는 몸이 아주 커요. 원숭이는 나무에서 뛰어다녀요.

호랑이는 무서운 표정을 해요. 펭귄은 춥고 차가운 곳에 살아요.

얼룩말은 줄무늬가 있어요.

동물원에서 동물을 보면 재미있어요. 나는 동물원에 가는 것을 좋아해요.

※ 위의 그림자를 보고 아래쪽에서 그림을 찾아 줄을 그어보세요.

01 슬라이드 배경 삽입하기

1 [시작(■)]을 클릭해 [모든 앱]의 [PowerPoint]를 클릭하여 파워포인트를 실행한 후 [새로 만들기]-[새 프레젠테이션]을 선택합니다. [홈] 탭의 [슬라이드] 그룹에서 [레이아웃]의 [빈 화면]을 클릭합니다.

2 슬라이드 배경색을 바꾸기 위해 슬라이드의 빈 부분에 마우스 오른쪽 버튼을 클릭하고 [배경 서식]을 선택합니다. [배경 서식] 창이 열리면 [채우기]-[그림 또는 질감 채우기]를 선택합니다.

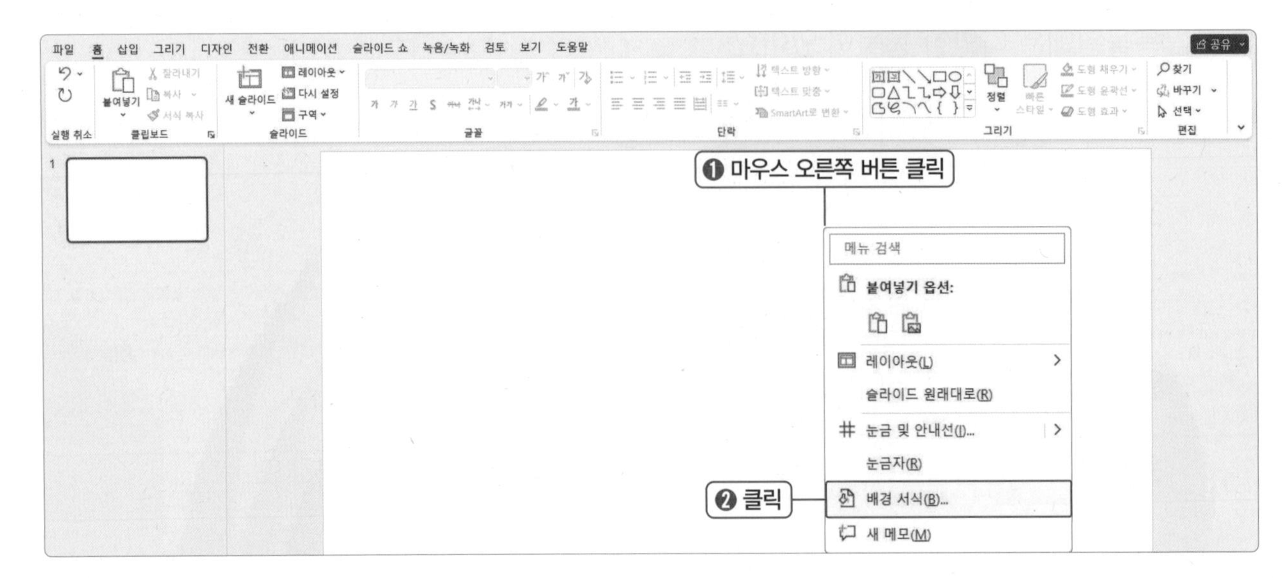

3 [그림 원본]-[삽입]을 클릭한 다음 [그림 삽입] 창이 열리면 [온라인 그림]을 선택합니다.

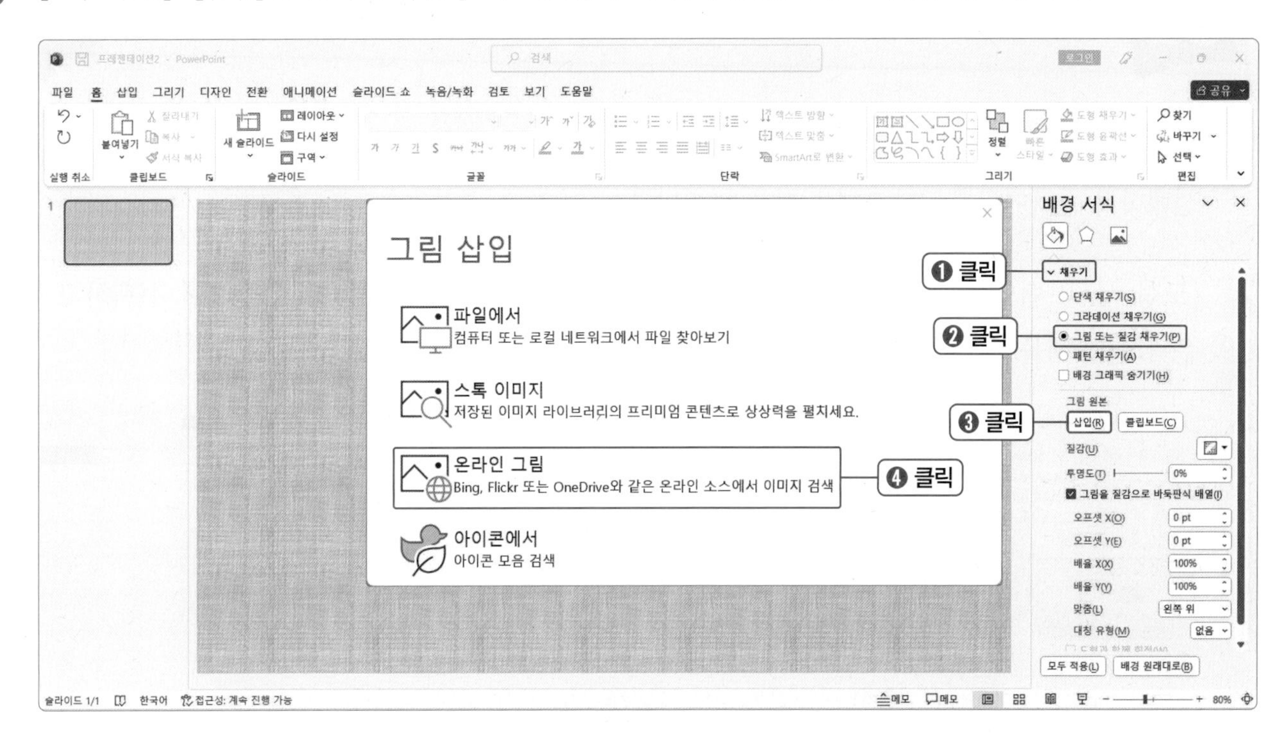

4 [온라인 그림] 창에서 '초원 일러스트'라고 검색한 다음 Enter 키를 누릅니다. 검색된 이미지 중에서 원하는 초원 이미지를 선택하고 [삽입]을 클릭하여 배경을 지정합니다.

02 표지판 만들기

1 [삽입] 탭의 [일러스트레이션] 그룹에서 [도형]을 클릭한 후 [사각형]-[사각형: 둥근 모서리(▢)]을 선택하고 슬라이드에 드래그해 도형을 그립니다.

2 [도형 서식] 탭의 [도형 스타일] 그룹에서 [도형 채우기]를 클릭해 '주황, 강조 2'를 선택하고 [도형 윤곽선]의 색을 원하는 색으로 바꾼 후 [두께]를 클릭해 변경합니다.

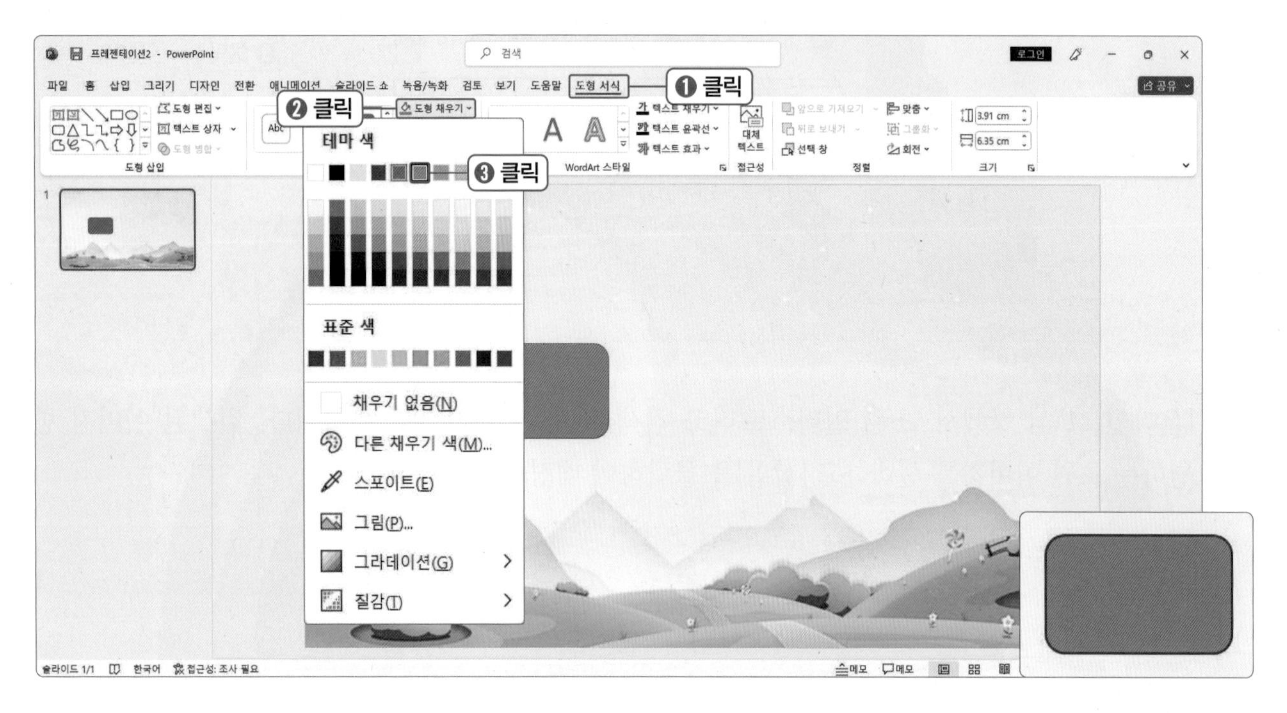

3 [삽입] 탭의 [일러스트레이션] 그룹에서 [도형]을 클릭한 후 [사각형]-[직사각형(▭)]을 선택해 도형을 그리고 [도형 채우기], [도형 윤곽선]을 각각 클릭한 후 원하는 색으로 바꿉니다.

4 표지판에 'Zoo'라고 입력하고 [홈] 탭의 [글꼴] 그룹에서 '글꼴'과 '글꼴 크기', '글꼴 색'을 정합니다.

5 도형을 모두 선택한 후 [도형 서식] 탭의 [정렬] 그룹에서 [그룹화]-[그룹]을 클릭해 그룹으로 만들고 위치를 이동합니다.

03 동물 삽입하기

1 [삽입] 탭의 [이미지] 그룹에서 [그림]-[온라인 그림]을 선택합니다. [온라인 그림] 창이 열리면 '동물 캐릭터'라고 입력한 다음 Enter 키를 누르고 검색된 이미지 중에서 '토끼' 이미지를 선택하고 [삽입]을 클릭합니다.

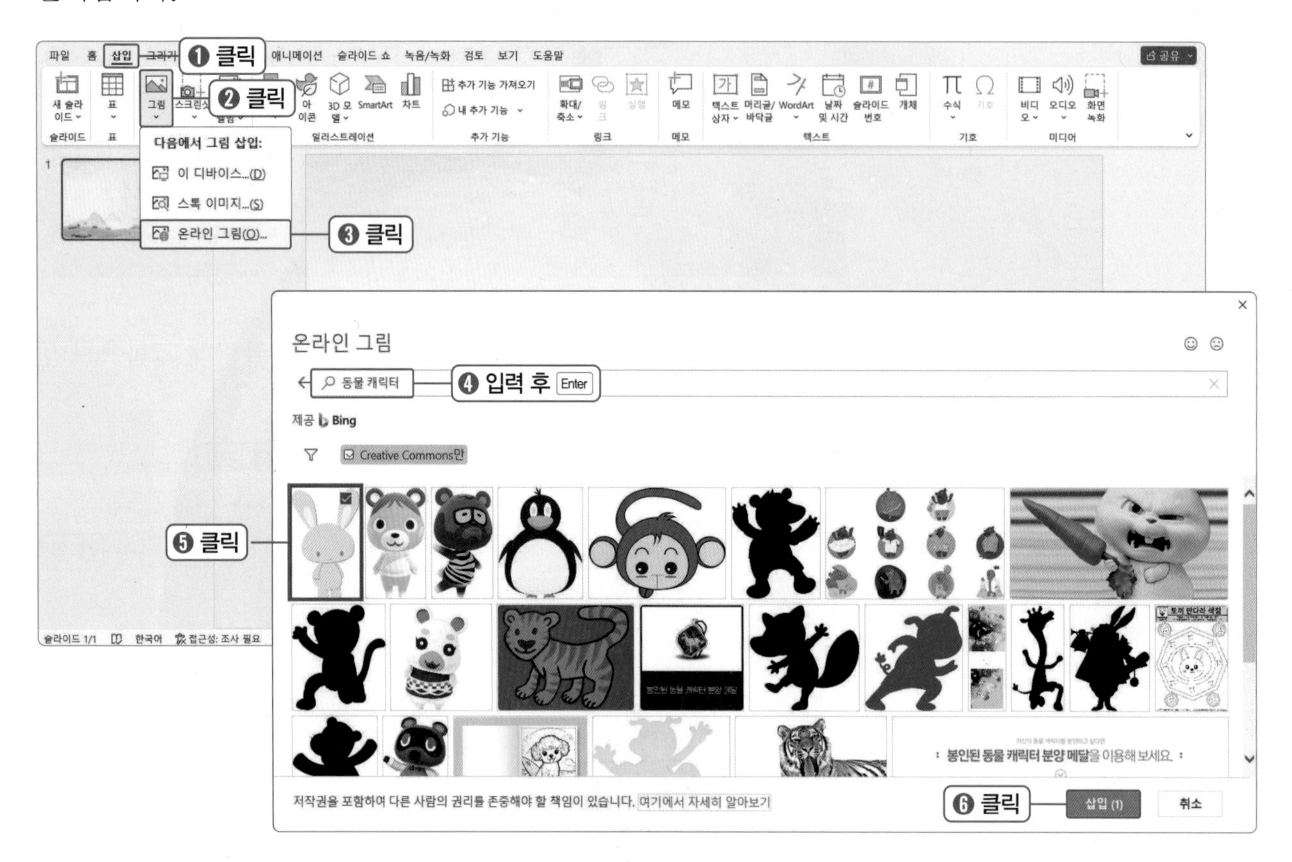

2 삽입된 '토끼' 이미지의 크기와 위치를 정한 후 다양한 종류의 동물 이미지를 추가하여 꾸며 줍니다.

그림의 배경 지우기

1 삽입된 동물 이미지 중에서 배경이 있는 그림이 있다면 [그림 서식] 탭의 [조정] 그룹에서 [배경 제거]를 클릭합니다.

2 이미지에서 분홍색으로 바뀐 부분이 지워지는 부분입니다. 지우지 않고 남기고 싶은 부분이 있으면 [배경 제거] 탭의 [미세 조정] 그룹에서 [보관할 영역 표시]를 클릭한 다음 연필 모양의 마우스 포인터를 드래그합니다.

3 만약 지우고 싶지 않은 부분이 잘못 선택되었다면 [제거할 영역 표시]를 클릭한 후 마우스를 드래그합니다.

4 모두 지웠으면, [배경 제거] 탭의 [닫기] 그룹에서 [변경 내용 유지]를 클릭하면 배경이 사라진 이미지가 완성됩니다. 완성된 이미지의 크기를 바꾸고 위치를 정합니다.

① 온라인 그림을 삽입해 도시를 꾸미고 애니메이션 효과를 넣어 보세요.

▶ 준비 파일 : 19_혼자해보기1(준비).pptx ▶ 완성 파일 : 19_혼자해보기1(완성).pptx

② 온라인 그림을 삽입해 사막을 꾸미고 애니메이션 효과를 넣어 보세요.

▶ 준비 파일 : 19_혼자해보기2(준비).pptx ▶ 완성 파일 : 19_혼자해보기2(완성).pptx

20 바닷속 잠수함

파워포인트의 도형을 사용해서 멋진 잠수함을 만들어 보고 3D 모델을 추가해서 바닷속을 예쁘게 꾸며 볼까요.

작품 완성

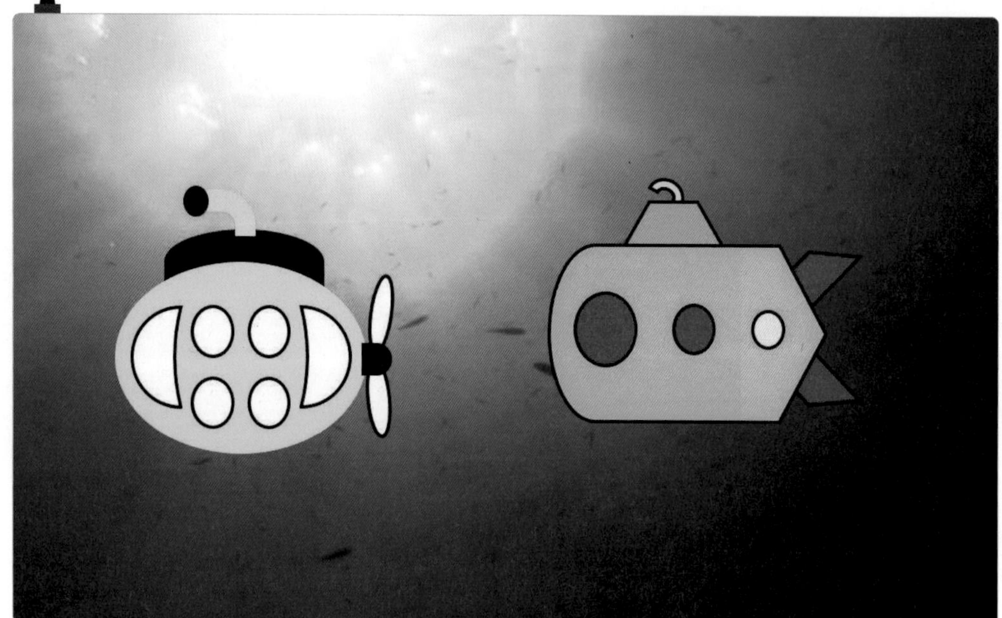

준비 파일 : 20_준비.pptx
완성 파일 : 20_완성.pptx

문장 연습

다음 문장을 소리 내어 읽어본 후 입력해 보세요.

잠수함은 물속에서 다녀요. 잠수함은 배보다 깊은 바닷속으로 갈 수 있어요.

잠수함은 물속에서 숨을 쉬어요. 잠수함은 큰 창문이 없어요.

잠수함 안에는 사람들이 타고 있어요. 잠수함은 아주 조용하게 움직여요.

잠수함은 깊은 바다를 탐험해요. 잠수함은 과학자들이 많이 사용해요.

바닷속에서 잠수함을 보면 신기해요. 나는 잠수함을 타고 바다를 여행해 보고 싶어요.

※ 용감한 왕자가 공주를 구할 수 있도록 성 위를 올라가 보세요.

01 잠수함 만들기

1 [시작( )]을 클릭해 [모든 앱]의 [PowerPoint]를 클릭하여 파워포인트를 실행한 후 '20_준비.pptx' 파일을 불러옵니다.

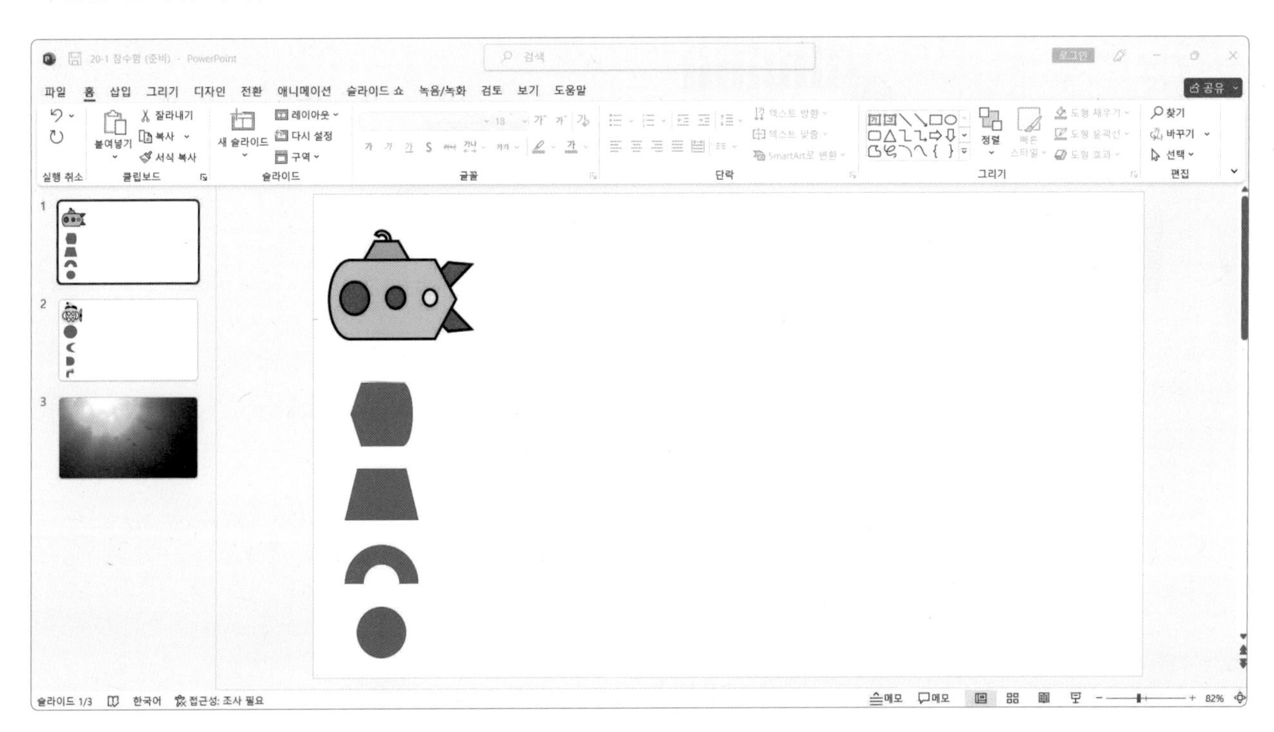

2 '순서도: 화면표시' 도형을 선택하고 크기를 조절한 후 [도형 서식] 탭의 [정렬] 그룹에서 [회전]-[좌우 대칭]을 선택합니다.

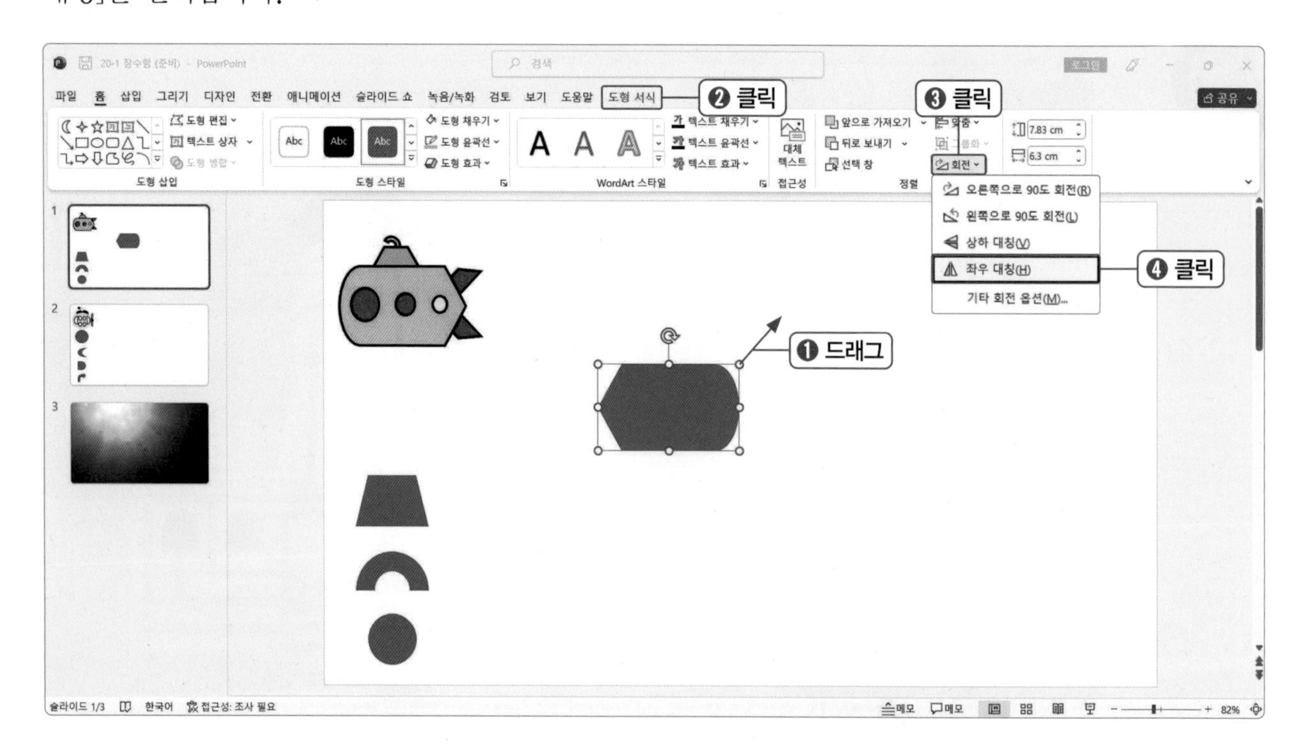

3 [도형 서식] 탭의 [도형 스타일] 그룹에서 [도형 채우기], [도형 윤곽선]을 각각 클릭한 후 원하는 색으로 바꾸고 두께를 변경합니다.

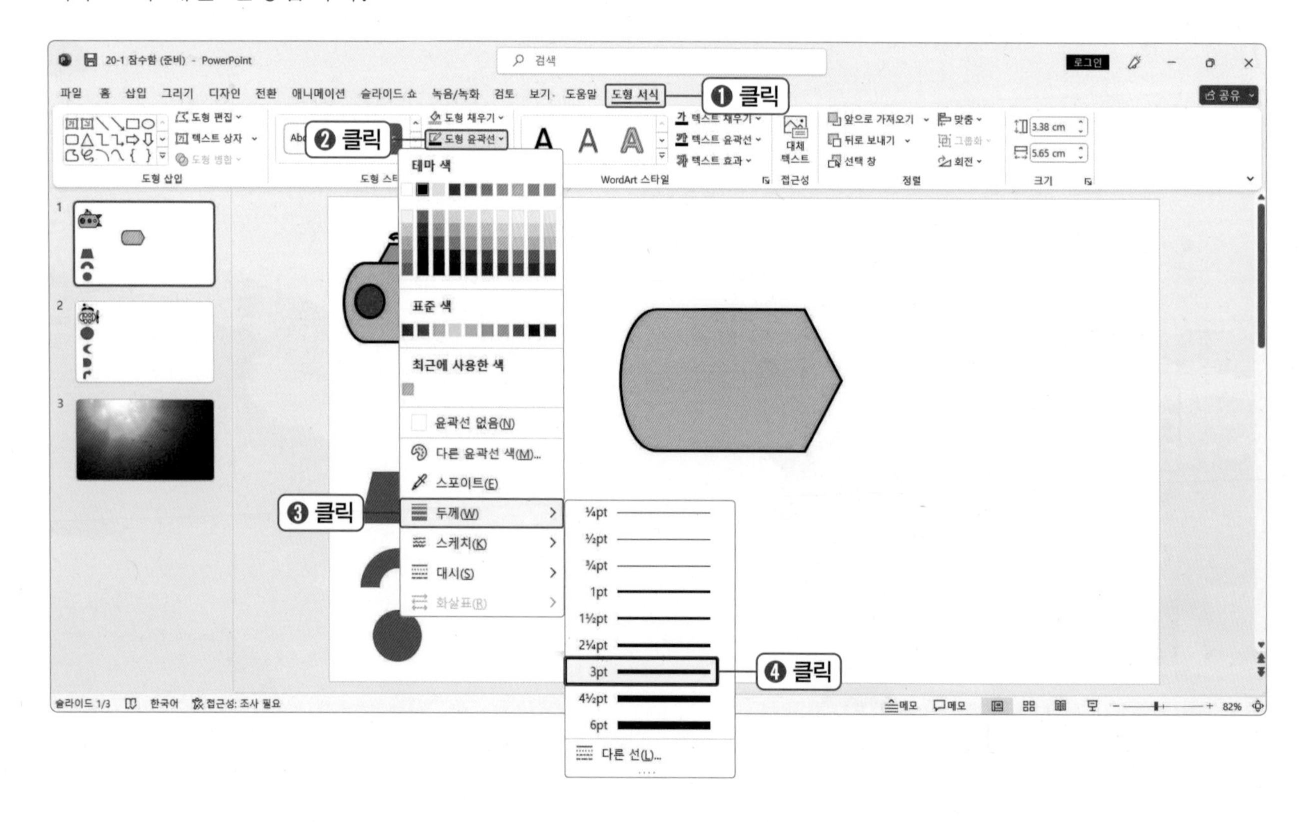

4 '사다리꼴' 도형을 선택한 후 크기와 위치를 정하고 도형을 복사합니다. [상하 대칭]을 선택하여 도형이 마주 보게 만듭니다.

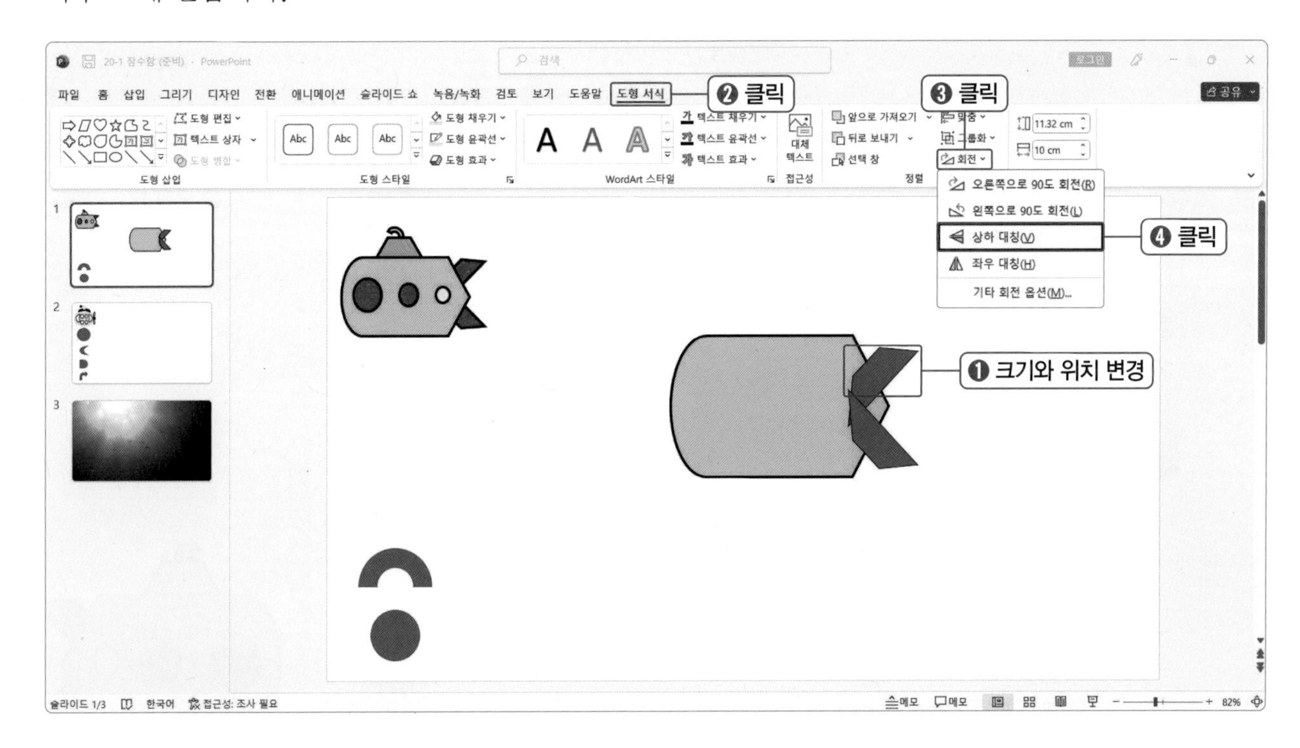

5 [도형 서식] 탭의 [도형 스타일] 그룹에서 [도형 채우기], [도형 윤곽선]을 각각 클릭한 후 원하는 색으로 바꾸고 두께를 변경합니다.

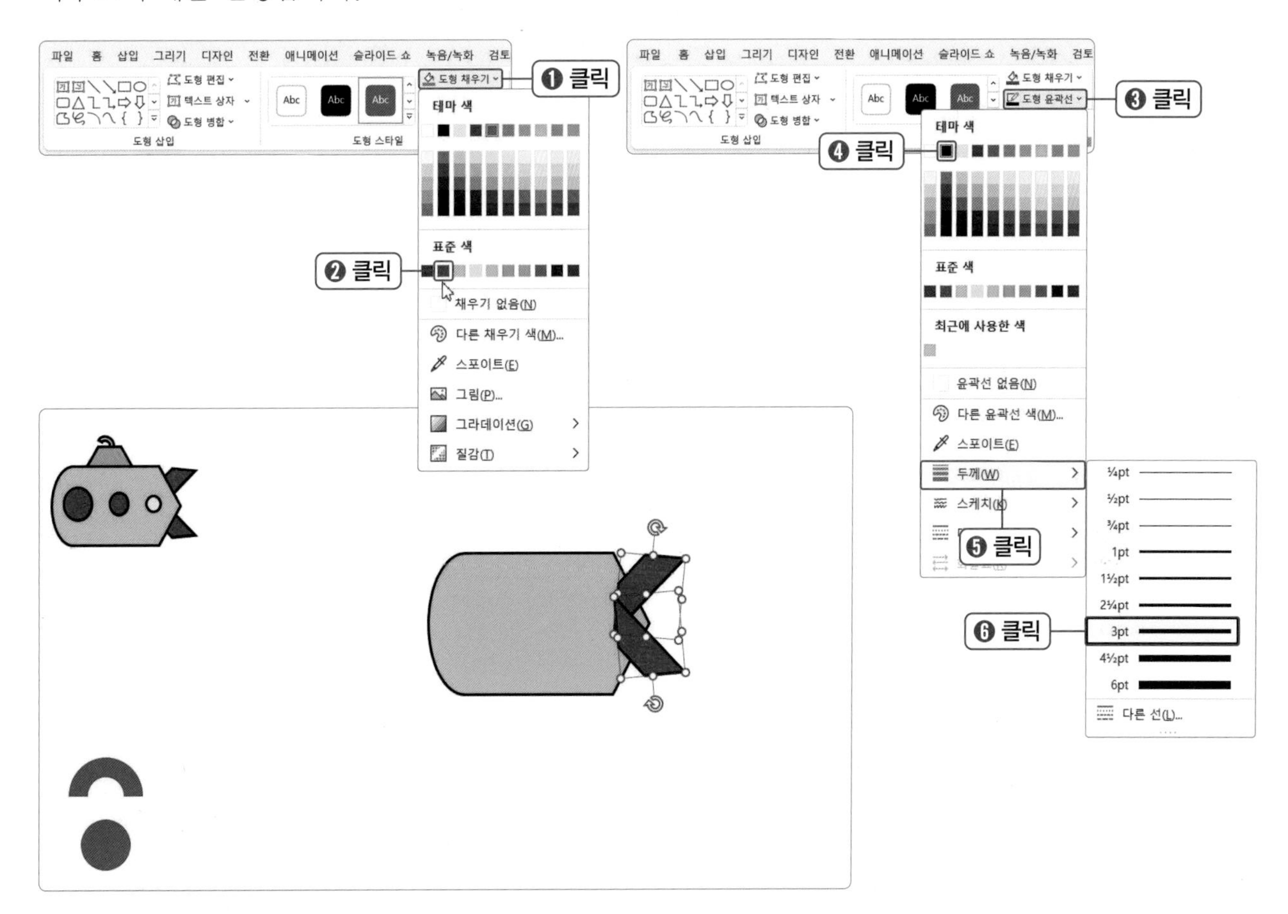

6 [도형 서식] 탭의 [정렬] 그룹에서 [뒤로 보내기]-[맨 뒤로 보내기]를 선택한 후 다른 도형들을 활용하여 잠수함을 완성합니다.

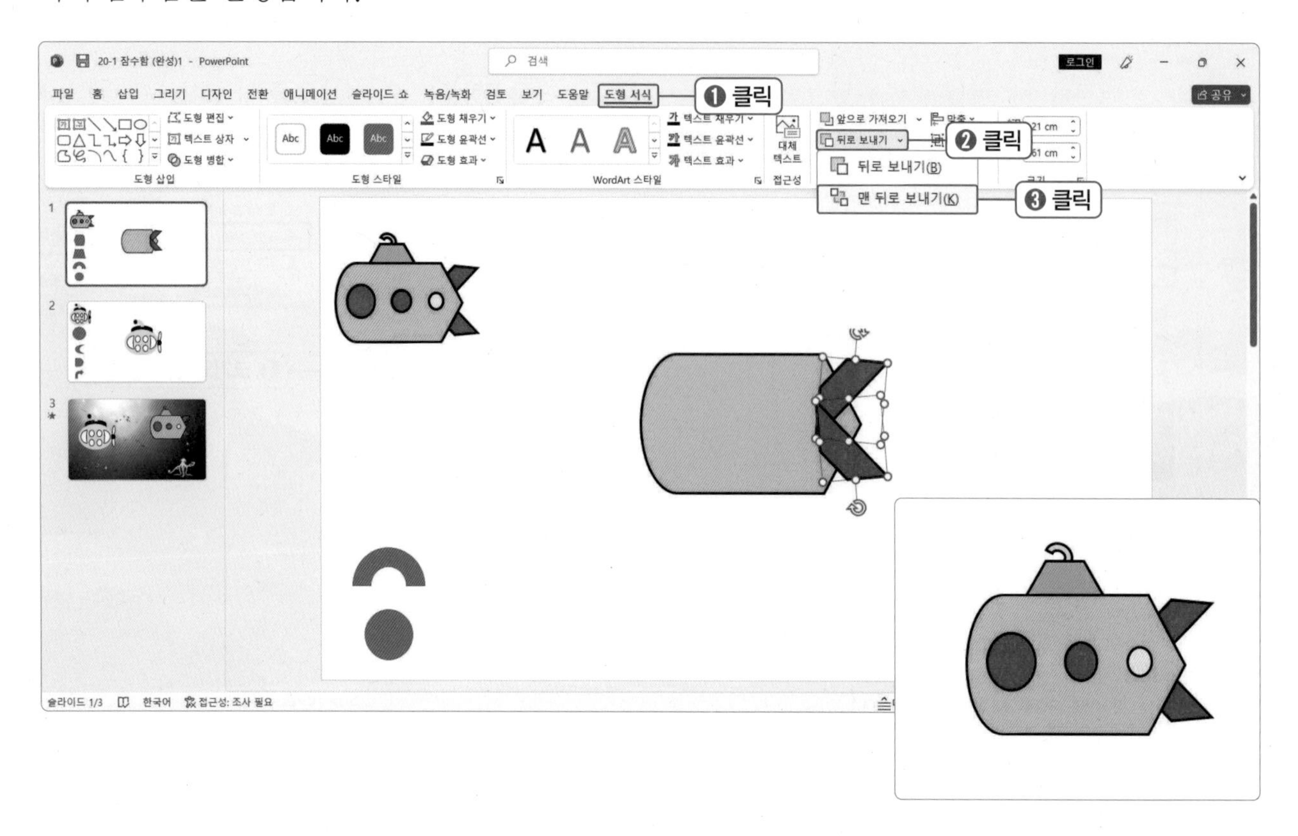

7 완성된 도형을 선택하고 [도형 서식] 탭의 [정렬] 그룹에서 [그룹화]-[그룹]을 선택하여 하나로 묶어 줍니다.

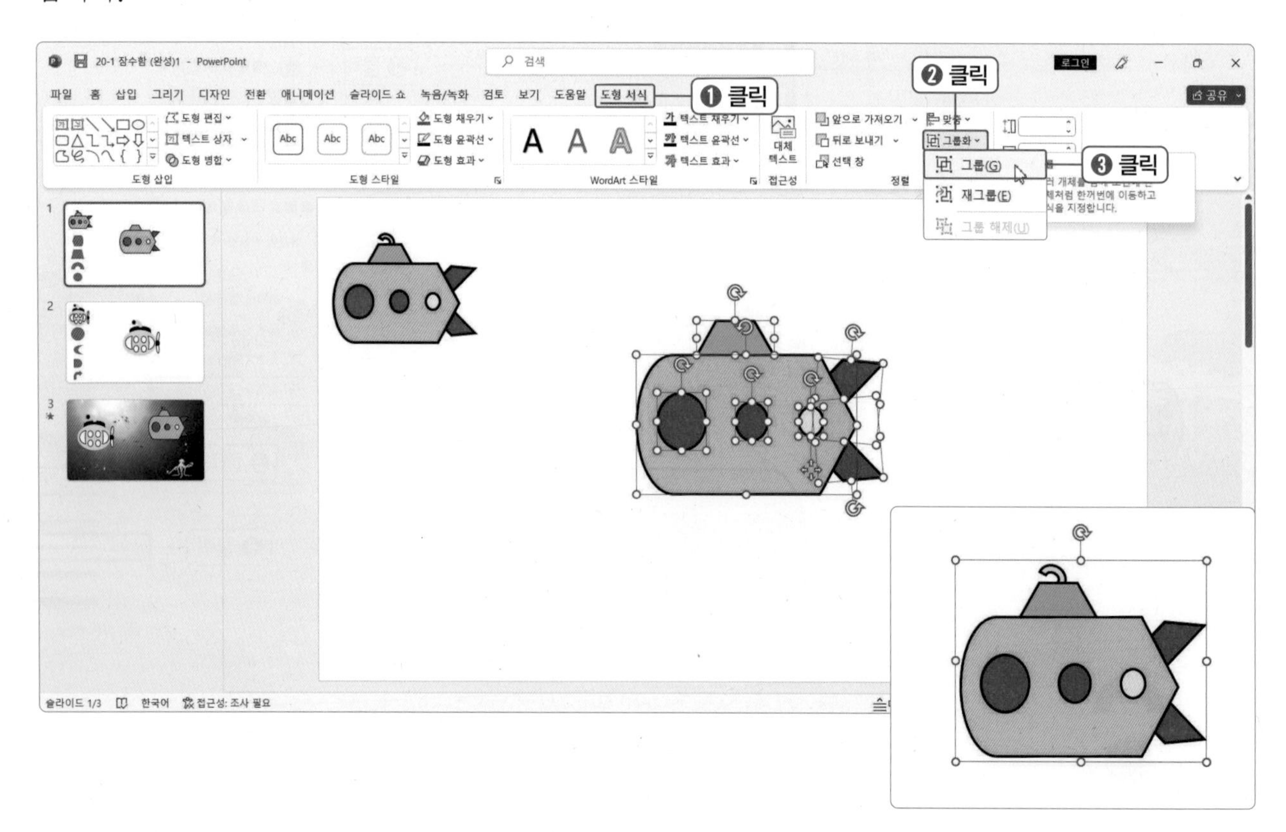

잠수함 복사하기

1 '슬라이드 1'의 완성한 잠수함을 선택하고 [홈] 탭의 [클립보드] 그룹에서 [복사]를 클릭합니다.

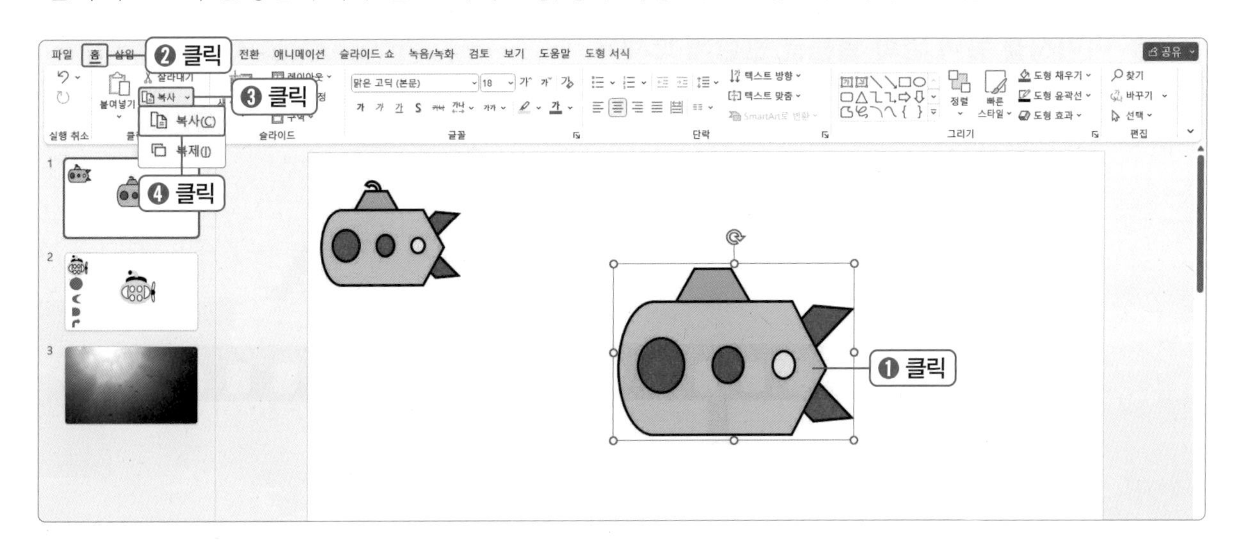

2 '슬라이드 3'을 선택한 다음 [홈] 탭의 [클립보드] 그룹에서 [붙여넣기]를 클릭합니다. '슬라이드 2'의 잠수함을 만들고 복사한 후 붙여넣어 줍니다.

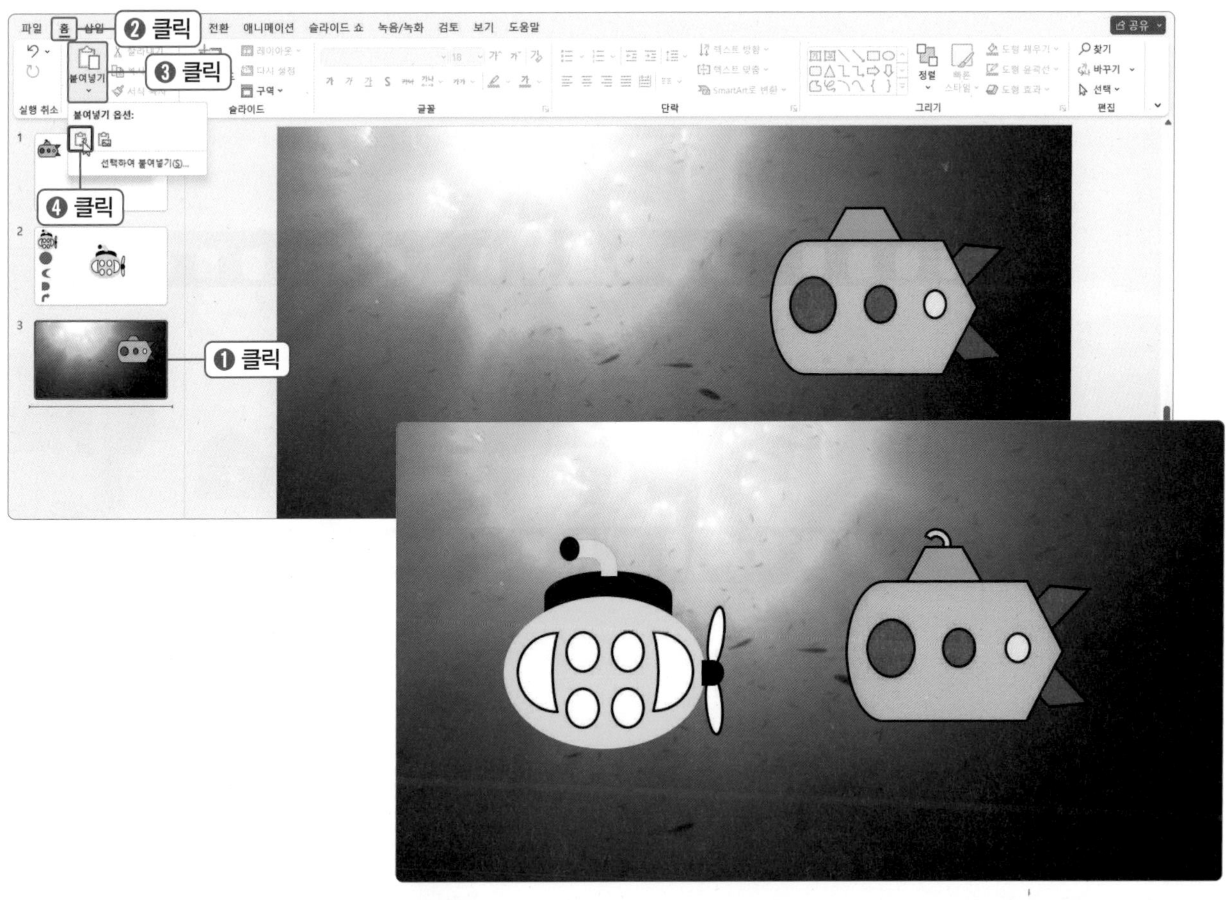

TIP 도형을 선택한 후 Ctrl+C 키를 누른 후 Ctrl+V 키를 하면 복사할 수 있어요.

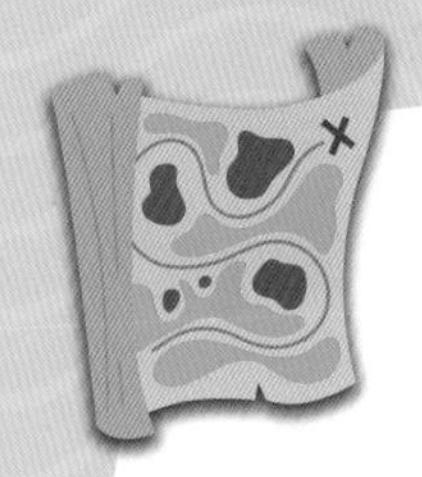

❶ 이미지를 넣어 영화 필름을 완성해 보세요.

▶ 준비 파일 : 20_혼자해보기(준비).pptx ▶ 완성 파일 : 20_혼자해보기(완성).pptx

힌트
[스톡 이미지]-[스티커] 탭

21 일기 예보

파워포인트의 도형 병합 기능은 여러 도형을 합쳐서 새로운 모양을 만들 수 있어요.
도형 병합 기능을 사용해서 재미있는 일기 예보를 꾸며 볼까요.

작품 완성

오늘의 날씨

준비 파일 : 21_준비.pptx
완성 파일 : 21_완성.pptx

문장 연습

다음 문장을 소리 내어 읽어본 후 입력해 보세요.

오늘은 날씨가 맑아요. 해가 밝게 비쳐요. 바람이 살살 불어요.

가끔 구름이 보여요.

비가 오면 우산을 써요. 비가 오고 나면 무지개가 나와요.

겨울에는 눈이 와요. 눈이 오면 눈사람을 만들 수 있어요.

여름에는 더워요. 더운 날에는 아이스크림을 먹어요.

나는 날씨가 변할 때마다 신나요.

※ 꿀벌이 꽃을 찾아갈 수 있도록 길을 찾아주세요.

01 도형 병합하기

1 [시작( )]을 클릭해 [모든 앱]의 [PowerPoint]를 클릭하여 파워포인트를 실행한 후 '21_준비.pptx' 파일을 불러옵니다.

2 [슬라이드/개요] 창에서 '슬라이드 1'을 선택하고 두 개의 타원 도형을 선택합니다. [도형 서식] 탭의 [도형 삽입] 그룹에서 [도형 병합]의 [통합]을 선택합니다.

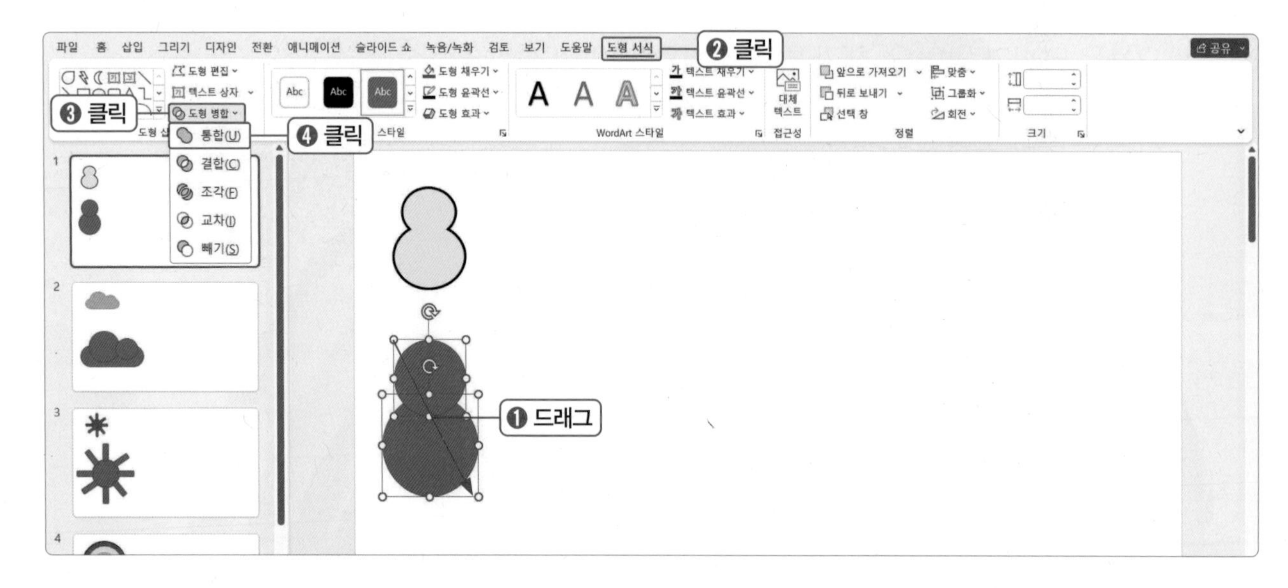

3 타원 도형이 하나로 합쳐진 '눈사람'이 만들어집니다. [도형 서식] 탭의 [도형 스타일] 그룹에서 [도형 채우기], [도형 윤곽선]을 각각 클릭한 후 원하는 색으로 바꾸고 두께를 변경합니다.

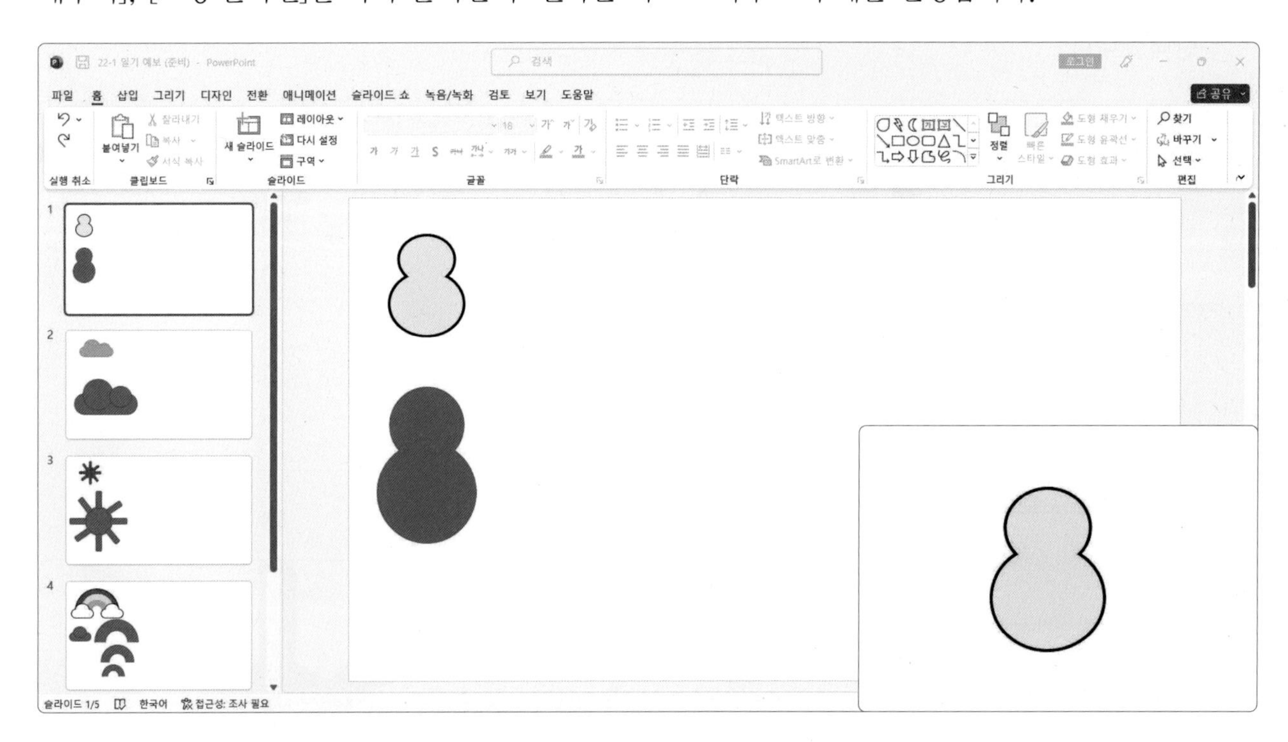

4 [슬라이드/개요] 창에서 '슬라이드 2'를 선택한 후 도형을 드래그해 선택합니다. [도형 서식] 탭의 [도형 삽입] 그룹에서 [도형 병합]의 [통합]을 선택합니다. [도형 채우기], [도형 윤곽선]을 각각 클릭해 원하는 색으로 바꾸고 두께를 변경합니다.

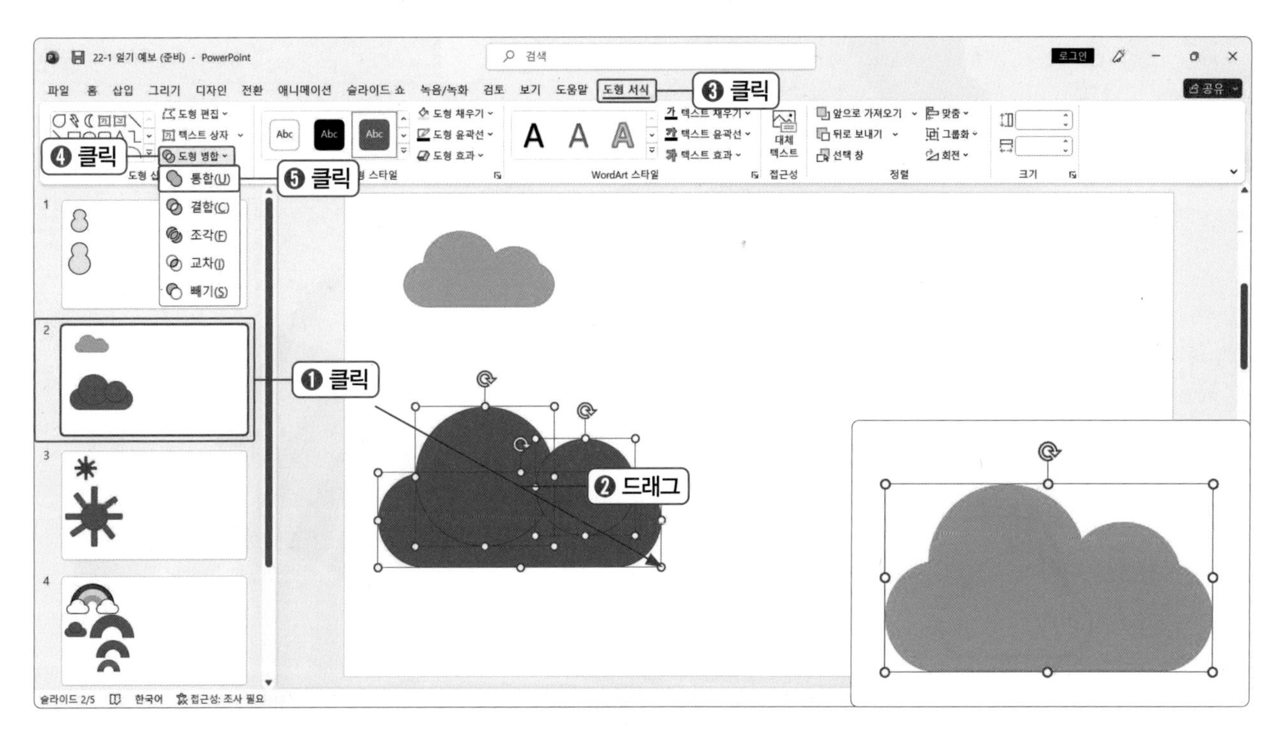

5 [슬라이드/개요] 창에서 '슬라이드 3'을 선택한 후 도형을 드래그해 선택합니다. [도형 서식] 탭의 [도형 삽입] 그룹에서 [도형 병합]의 [통합]을 선택한 후 [도형 채우기]와 [도형 윤곽선]을 클릭해 원하는 색을 선택합니다.

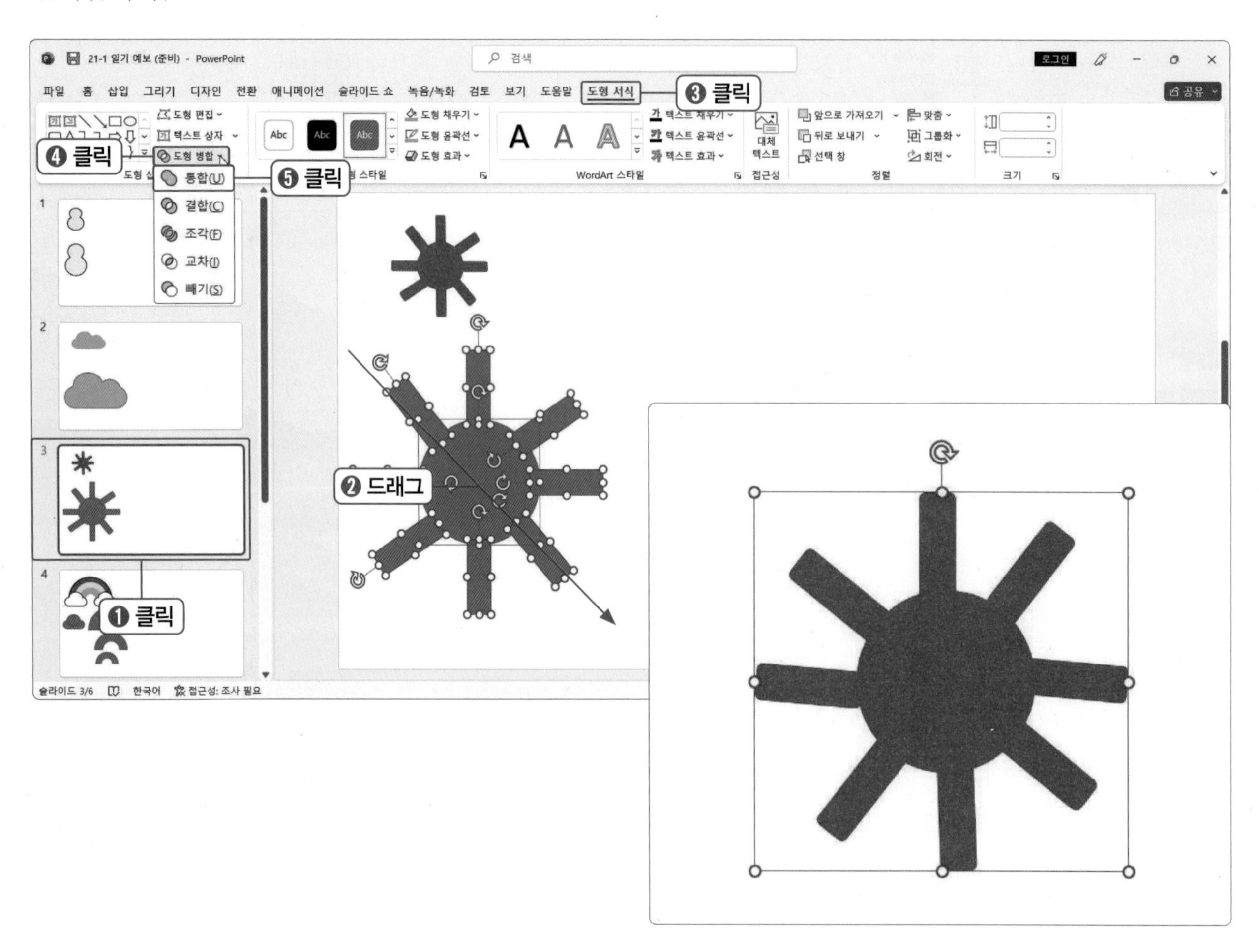

6 [슬라이드/개요] 창에서 '슬라이드 4'와 '슬라이드 5'를 선택한 후 [도형 병합]을 사용해서 '무지개'와 '우산'을 꾸며 줍니다.

02 워드아트로 제목 만들기

1 [슬라이드/개요] 창에서 '슬라이드 6'을 선택합니다. [삽입] 탭의 [텍스트] 그룹에서 [WordArt]를 클릭해 '채우기:주황, 강조색 2, 윤곽선: 주황, 강조색2'를 선택합니다.

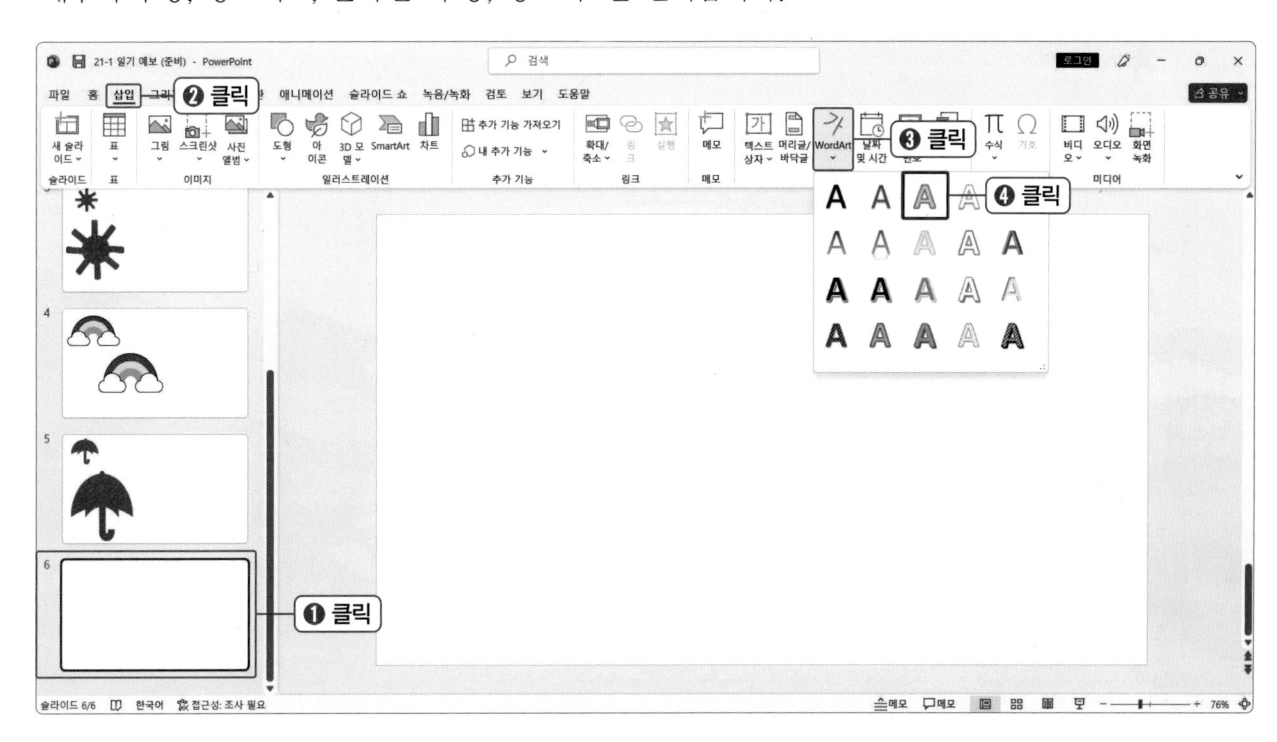

2 '오늘의 날씨'라고 입력한 후 삽입된 워드아트의 조절점을 드래그해 크기를 바꿉니다.

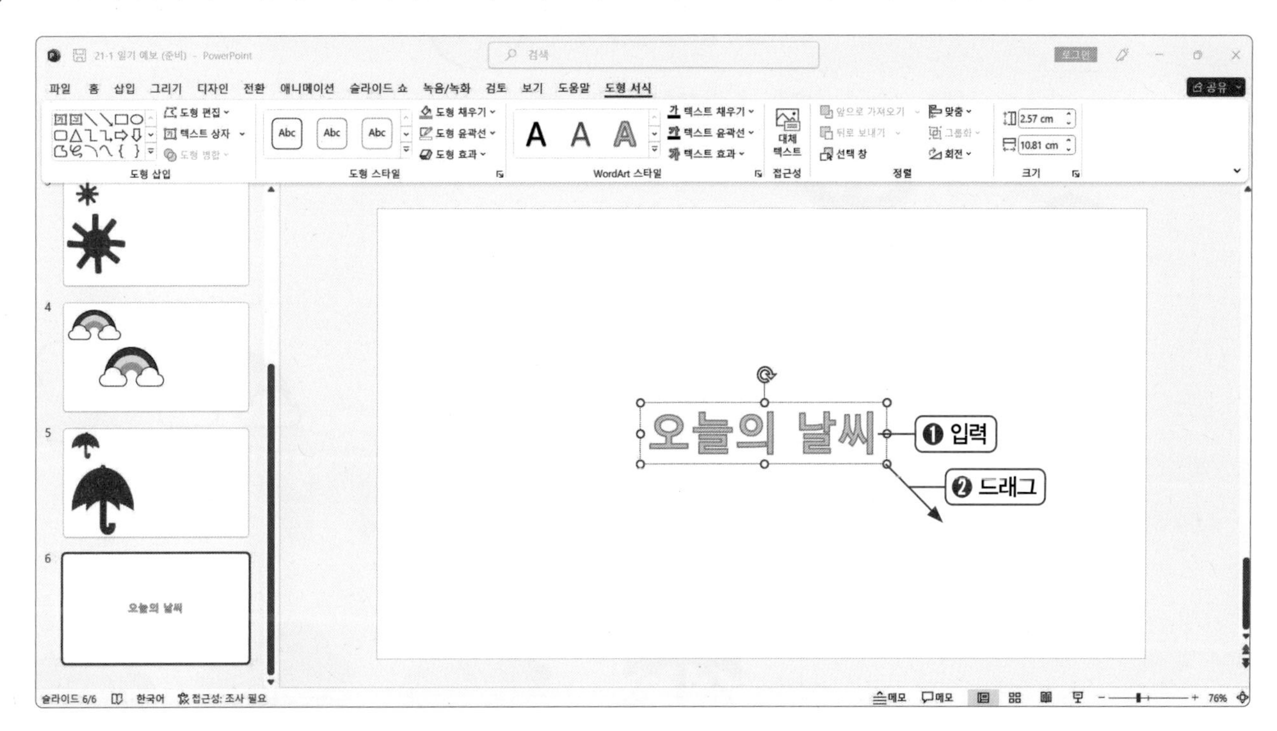

3 '슬라이드 1'에서 만든 도형을 선택한 다음 [홈] 탭의 [클립보드] 그룹에서 [복사]를 선택합니다. '슬라이드 6'을 선택한 다음 [홈] 탭의 [클립보드] 그룹에서 [붙여넣기]를 클릭해 추가합니다.

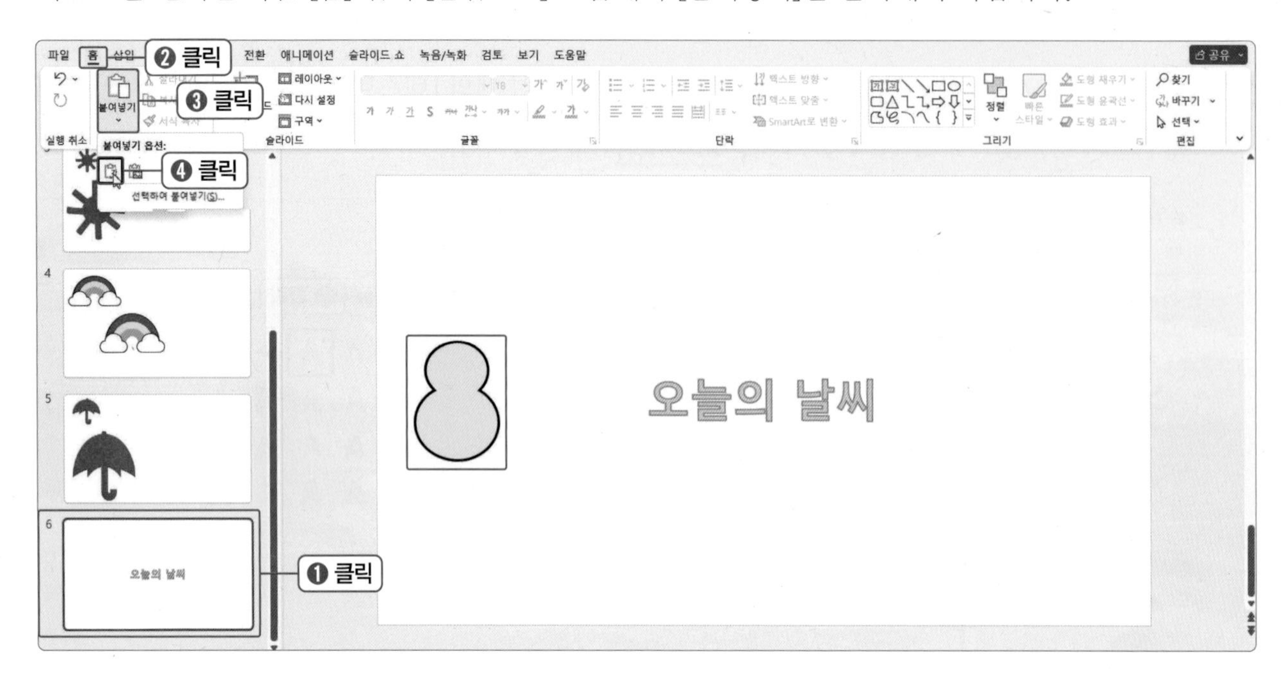

4 같은 방법으로 '슬라이드 2'~'슬라이드 5'의 도형을 복사한 다음 붙이고 새로운 도형도 추가하여 완성합니다.

1 도형을 삽입해 다양한 곤충과 꽃을 만들고 애니메이션 효과를 넣어 완성해 보세요.

▶ 준비 파일 : 없음 ▶ 완성 파일 : 21_혼자해보기1(완성).pptx

2 배경을 삽입하고 도형의 병합 기능을 사용해 눈 오는 날을 완성해 보세요.

▶ 준비 파일 : 없음 ▶ 완성 파일 : 21_혼자해보기2(완성).pptx

22 미로 그리기

파워포인트의 도형 병합 중 빼기는 도형이 겹친 부분을 잘라내는 기능이에요. 재미있는 미로를 만들고 고양이가 미로를 지나 생선을 찾아가도록 만들어 볼까요.

작품 완성

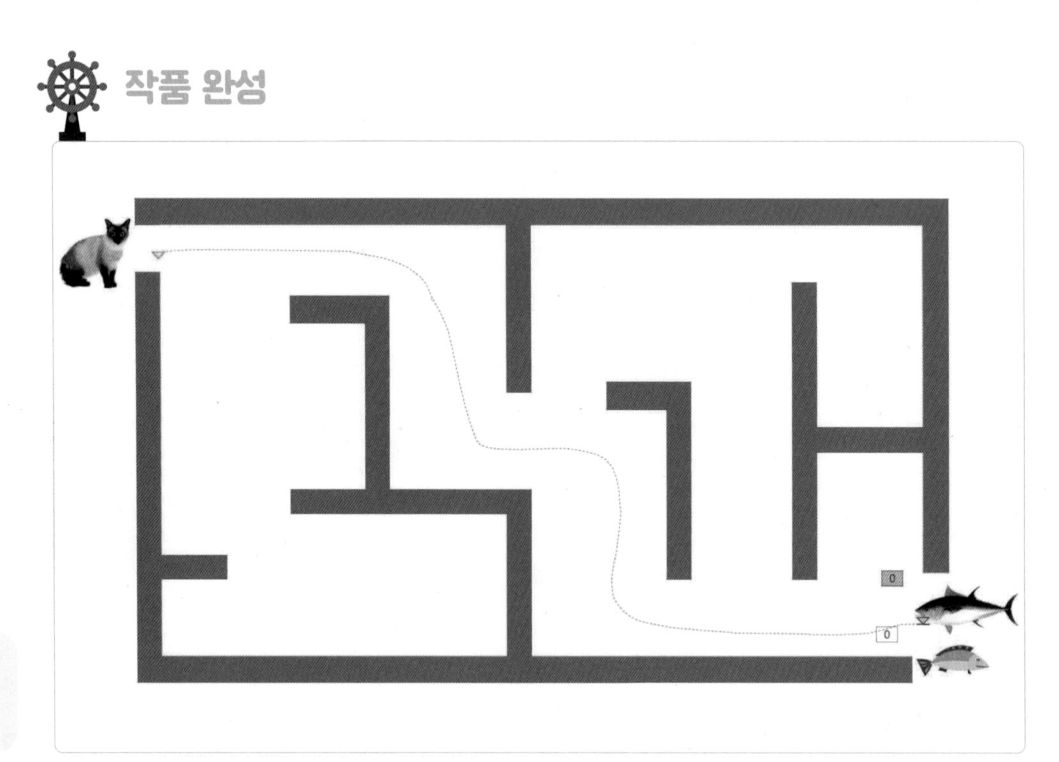

준비 파일 : 없음

완성 파일 : 22_완성.pptx

문장 연습

다음 문장을 소리 내어 읽어본 후 입력해 보세요.

고양이는 귀여워요.

고양이는 털이 부드러워요. 고양이는 새끼 고양이를 낳아요.

고양이는 밤에도 잘 볼 수 있어요.

고양이는 자주 나가서 놀아요. 고양이는 물고기를 좋아해요.

고양이는 나무 위를 잘 올라가요. 고양이는 발톱을 숨겨요.

나는 고양이를 좋아해요.

고양이와 함께 놀면 기분이 좋아요. 고양이는 집에서 편안하게 쉬어요.

※ 소용돌이를 피해 부두로 가는 길을 찾아주세요.

미로 만들기

1 [시작(■)]을 클릭해 [모든 앱]의 [PowerPoint]를 클릭하여 파워포인트를 실행한 후 [새로 만들기]-[새 프레젠테이션]을 선택합니다. [홈] 탭의 [슬라이드] 그룹에서 [레이아웃]의 [빈 화면]을 클릭합니다.

2 [삽입] 탭의 [일러스트레이션] 그룹에서 [도형]을 클릭한 후 [기본 도형]-[액자(◻)]를 선택하고 슬라이드에 드래그해 도형을 그립니다.

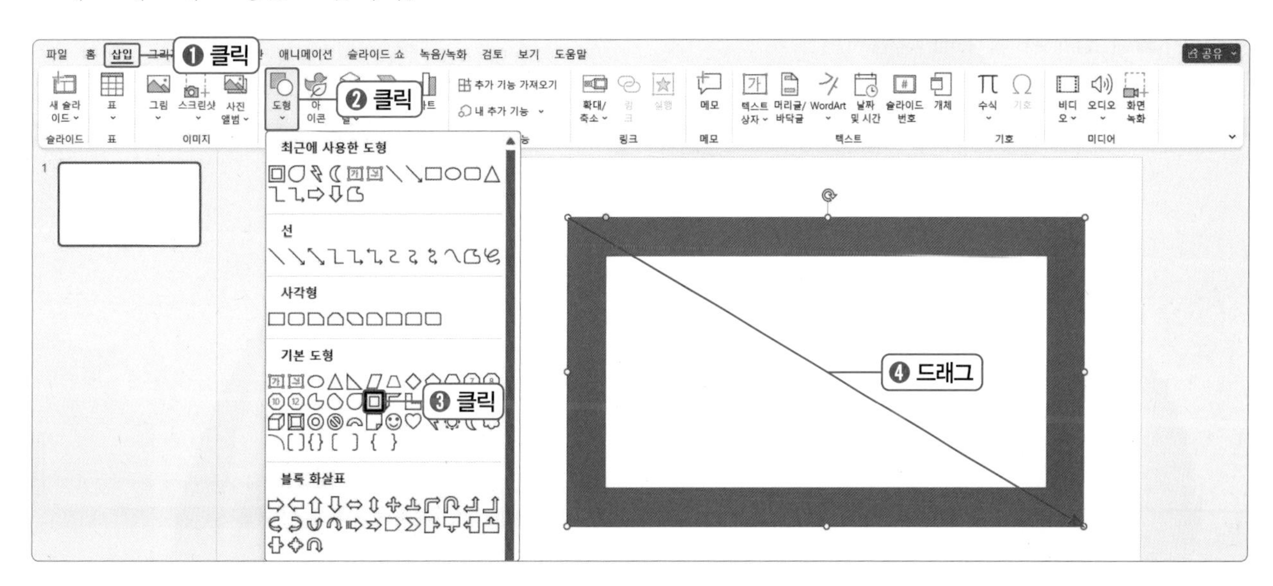

3 '액자' 도형의 모양 조절점(◯)을 드래그해 얇게 만든 후 [도형 서식] 탭의 [도형 스타일] 그룹에서 [도형 채우기], [도형 윤곽선]을 각각 클릭한 후 원하는 색으로 바꿉니다.

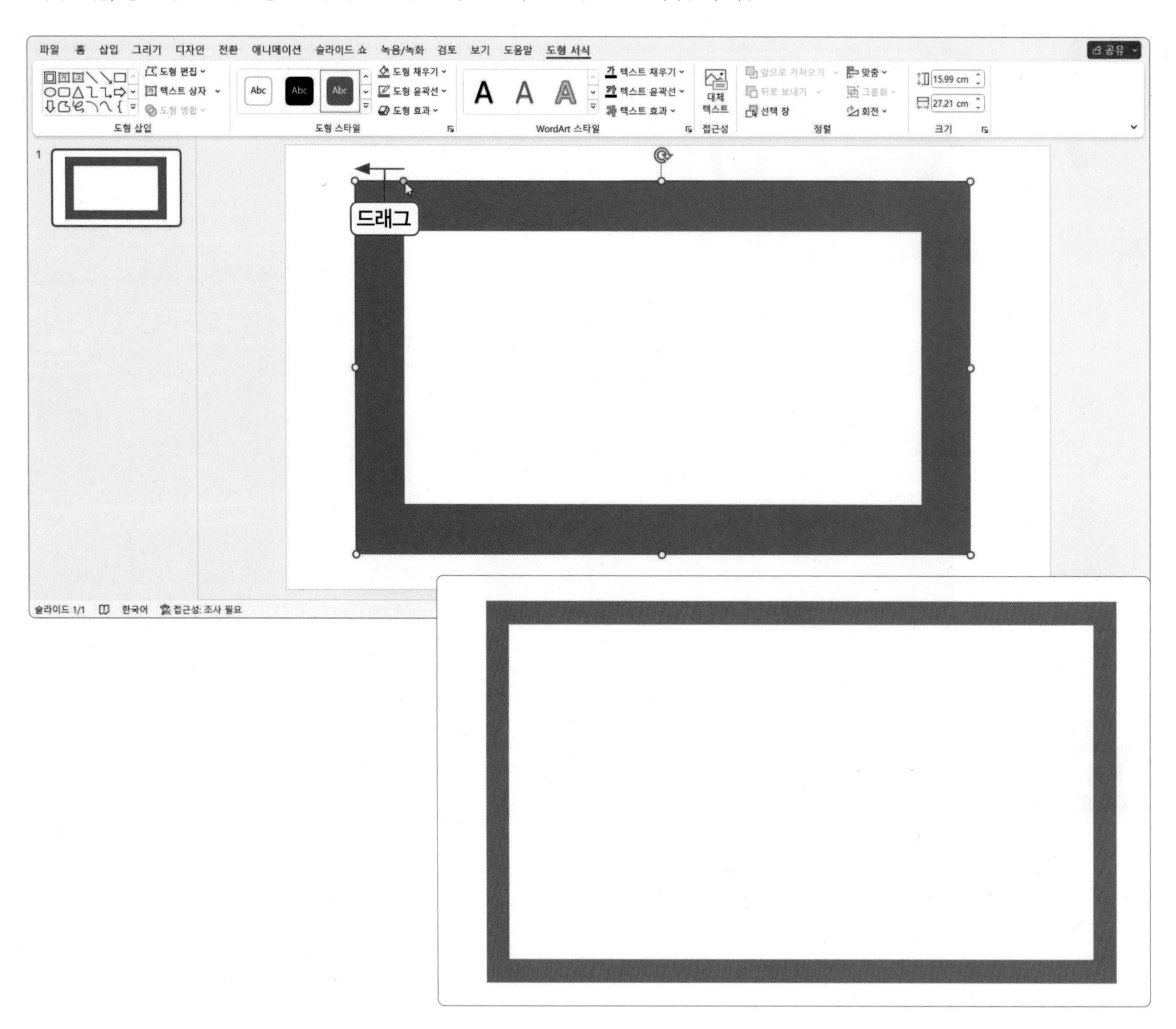

4 [삽입] 탭의 [일러스트레이션] 그룹에서 [도형]을 클릭한 후 [기본 도형]–[직사각형(□)]을 선택하여 미로의 입구와 출구에 그립니다.

5 모든 도형을 선택한 다음 [도형 서식] 탭의 [도형 삽입] 그룹에서 [도형 병합]-[빼기]를 선택하여 미로의 입구와 출구를 만듭니다.

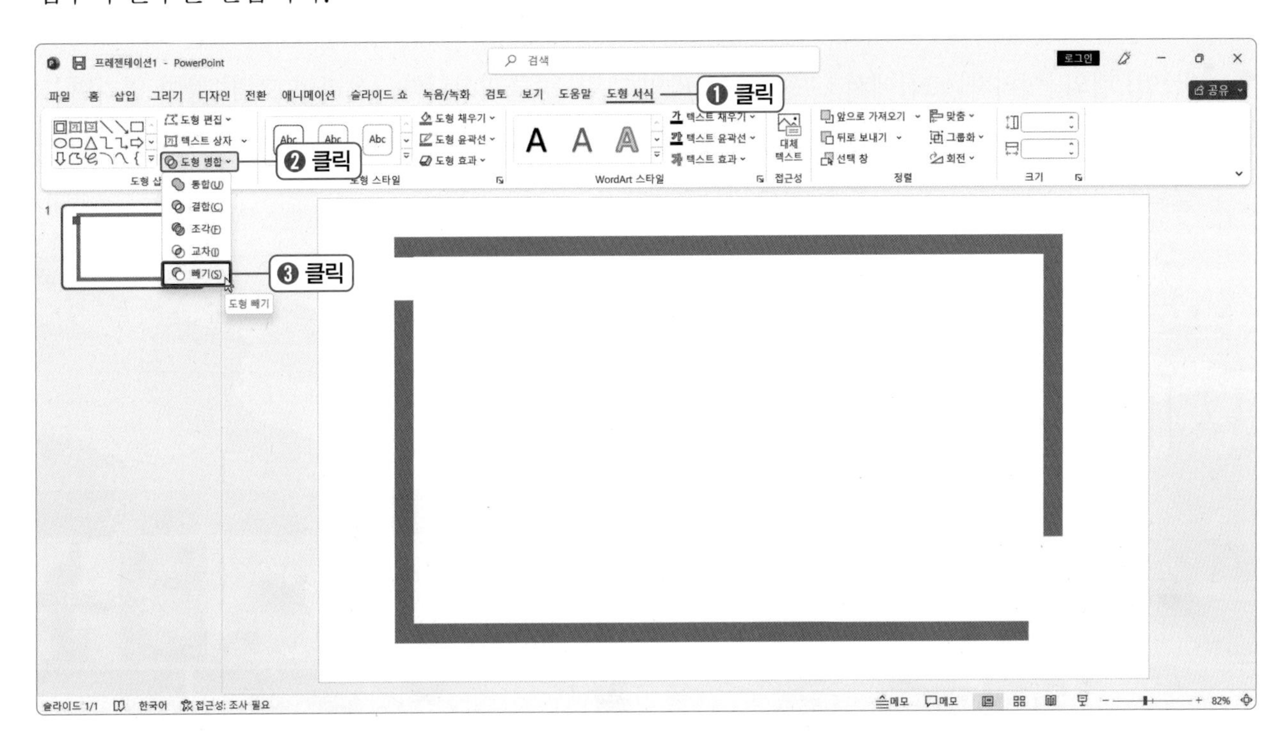

6 [직사각형]을 추가하여 더 그린 후 미로를 완성합니다.

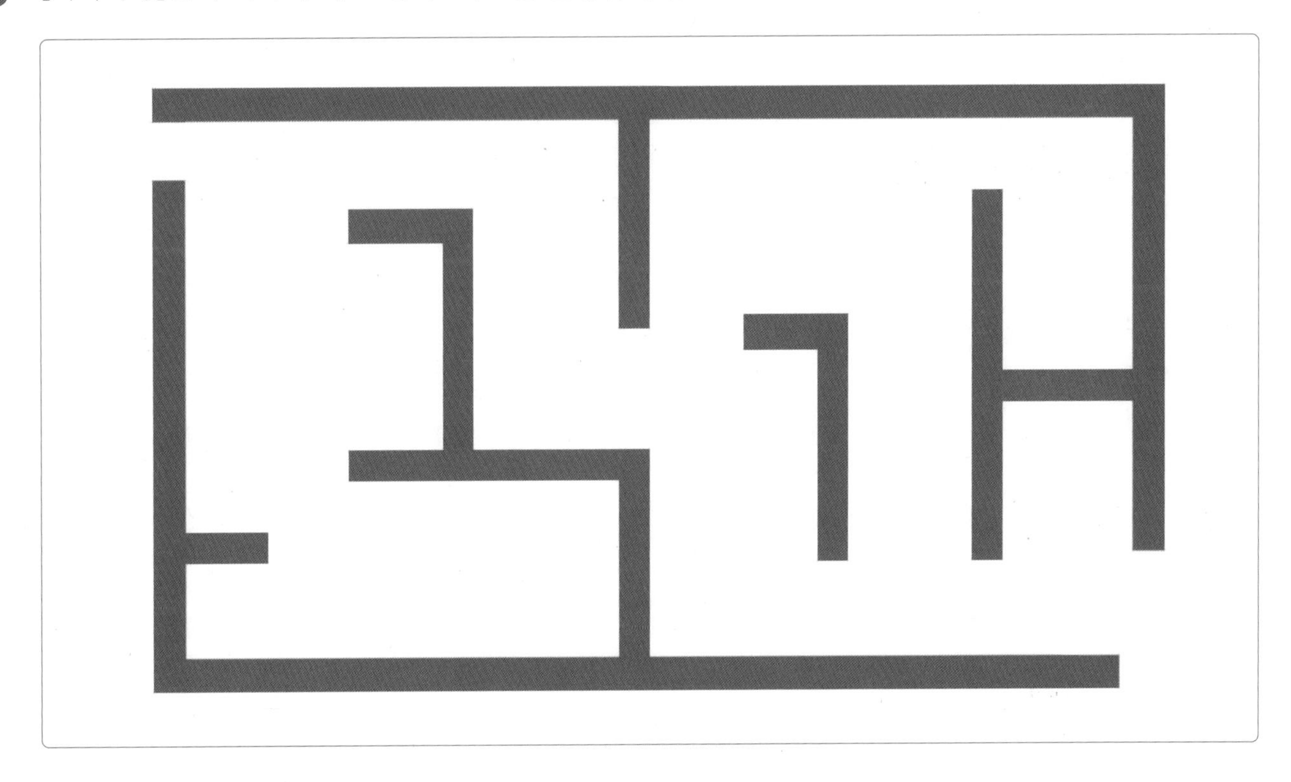

02 이미지 삽입과 애니메이션

1 [삽입] 탭의 [이미지] 그룹에서 [그림]의 [온라인 그림]을 클릭합니다. [온라인 그림] 창이 열리면 '고양이 캐릭터'를 입력한 다음 Enter 키를 누릅니다. 검색된 이미지에서 삽입할 이미지를 선택하고 [삽입]을 클릭합니다.

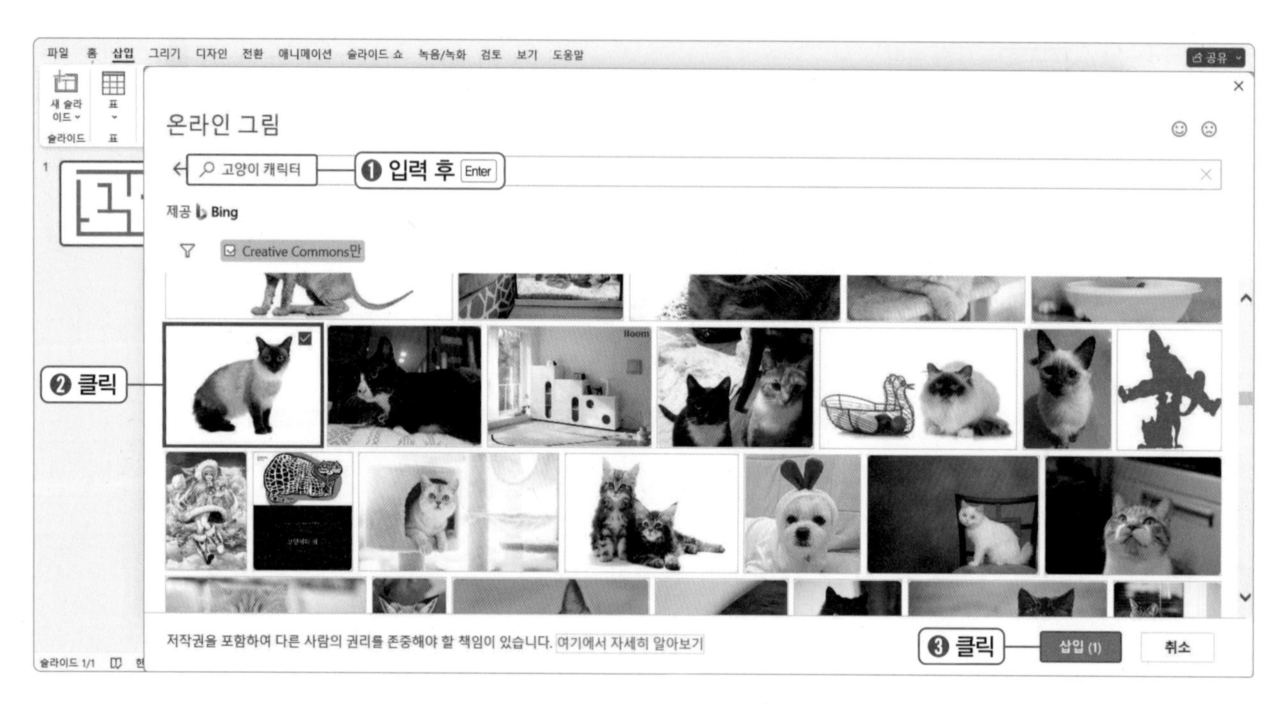

2 이미지의 배경을 지우기 위해 [그림 서식] 탭의 [조정] 그룹에서 [색]을 클릭해 [투명한 색 설정]을 선택합니다.

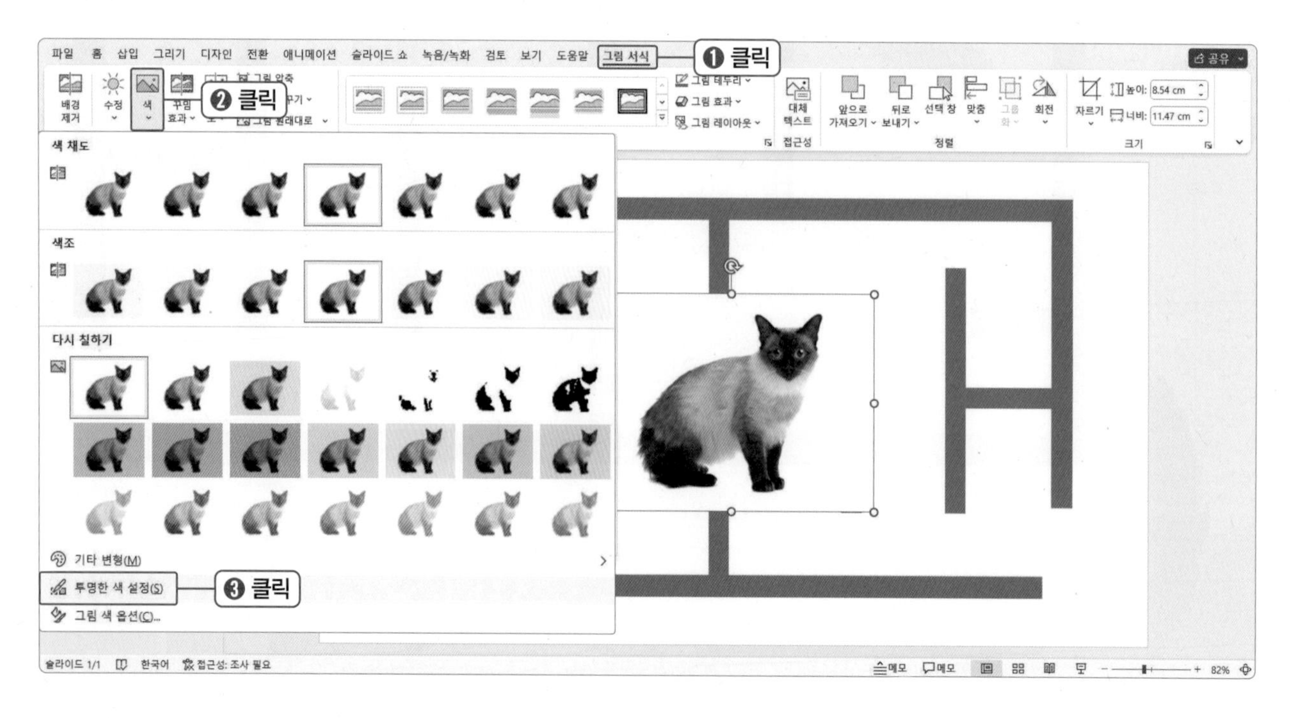

3 이미지의 배경 아무 곳이나 클릭하여 배경을 투명하게 바꾼 후 이미지의 크기를 조절하고 위치를 정합니다.

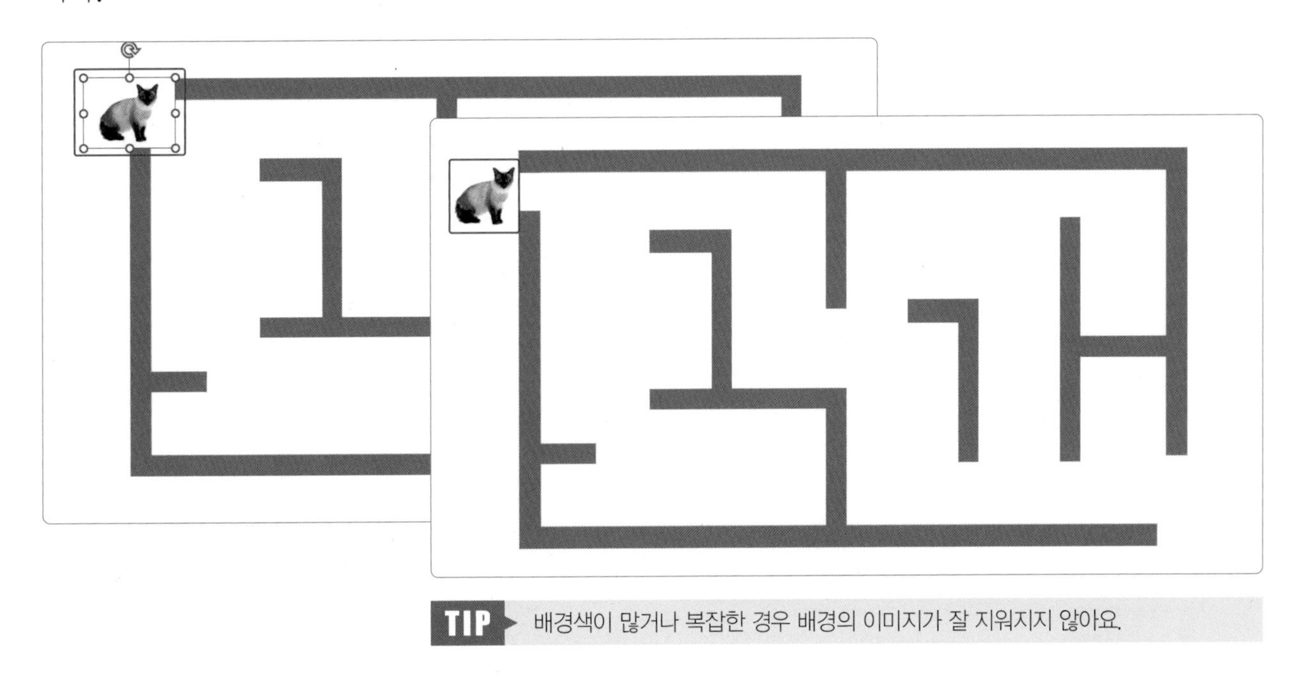

TIP 배경색이 많거나 복잡한 경우 배경의 이미지가 잘 지워지지 않아요.

4 [삽입] 탭의 [이미지] 그룹에서 [그림]의 [온라인 그림]을 클릭해 '생선 캐릭터'를 검색합니다. 검색된 이미지에서 삽입할 이미지를 선택한 후 크기와 위치를 정합니다.

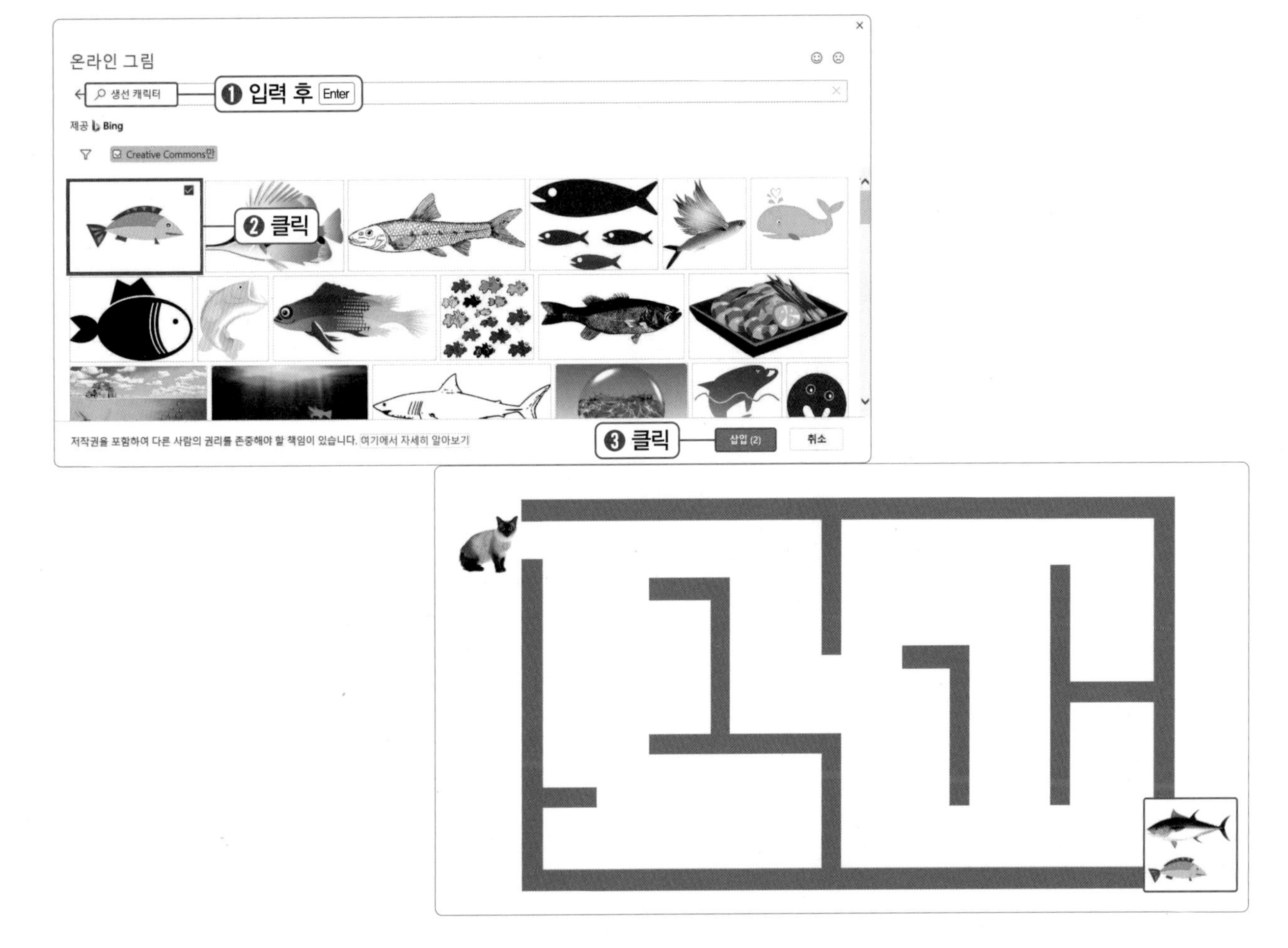

5 '고양이' 이미지를 선택한 다음 [애니메이션] 탭의 [애니메이션] 그룹에서 [이동 경로]-[사용자 지정]을 선택합니다.

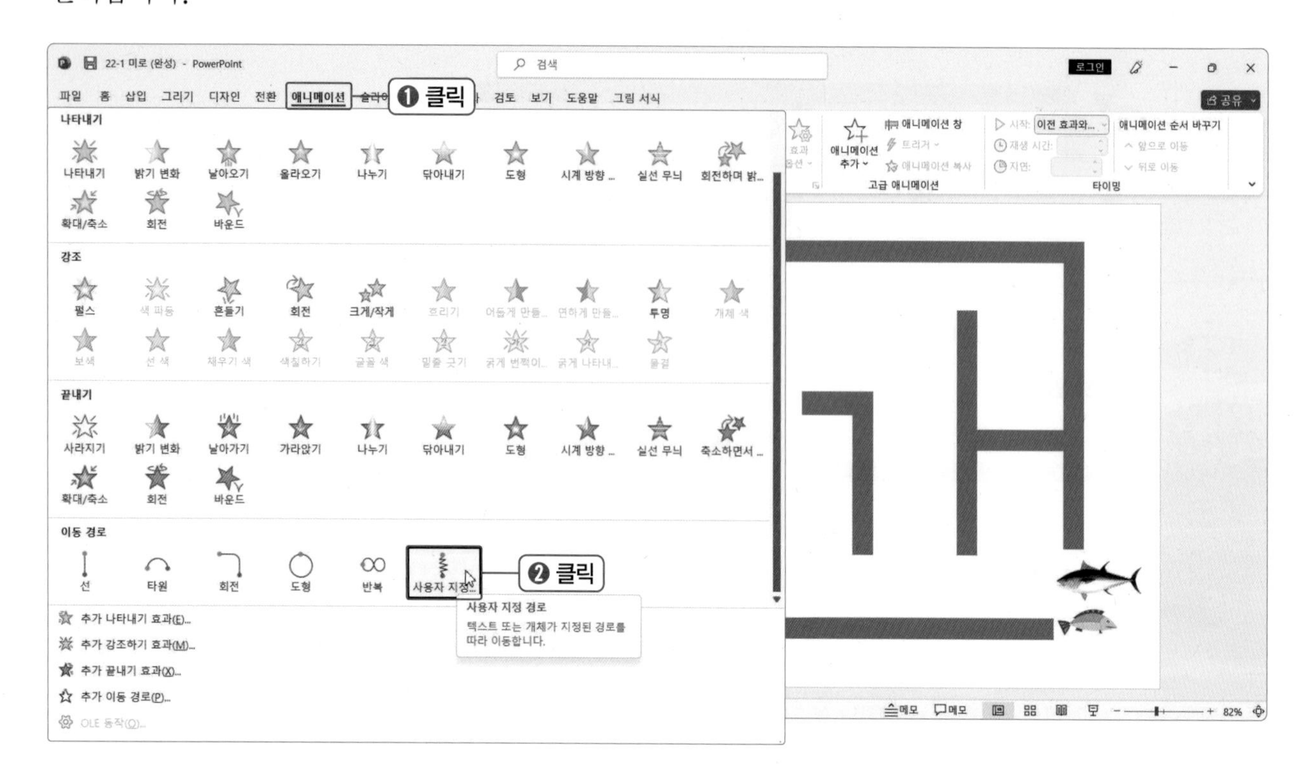

6 '고양이' 이미지가 미로를 통과해 '생선' 이미지가 있는 곳으로 이동할 수 있도록 경로를 정합니다.

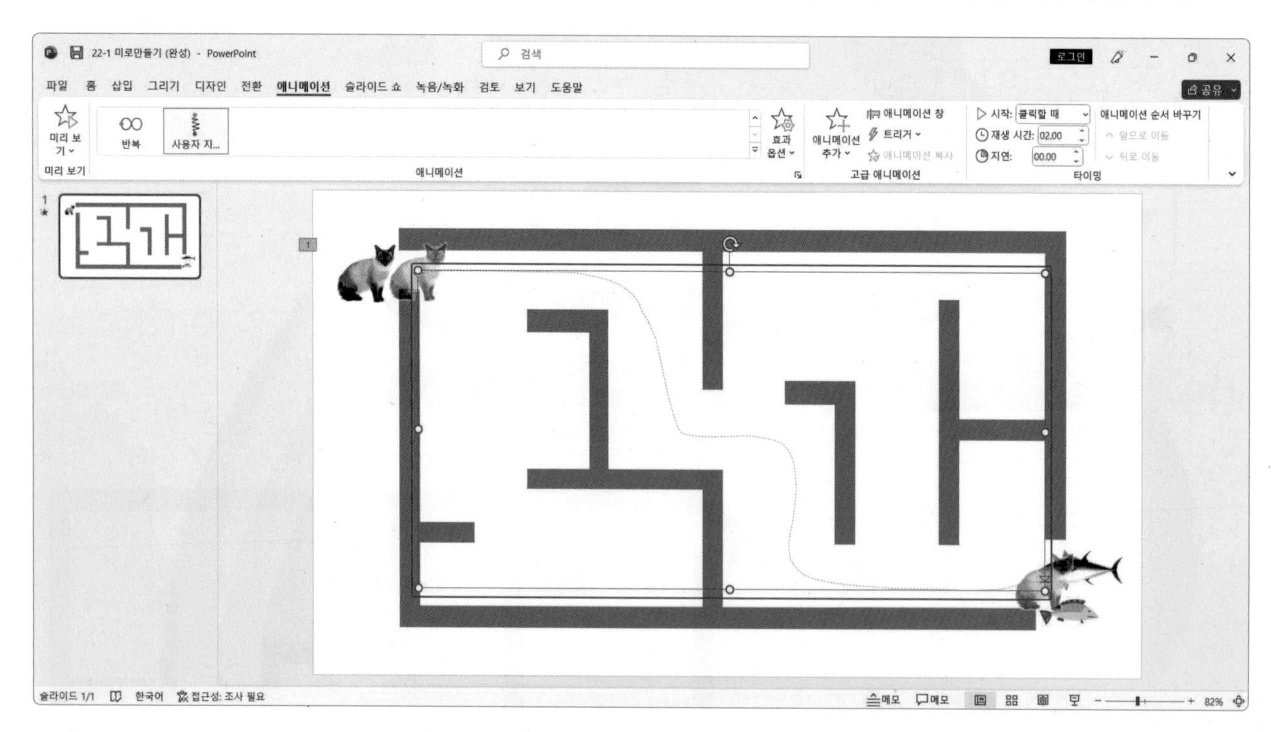

7 '생선' 이미지에도 애니메이션을 추가하여 완성합니다.

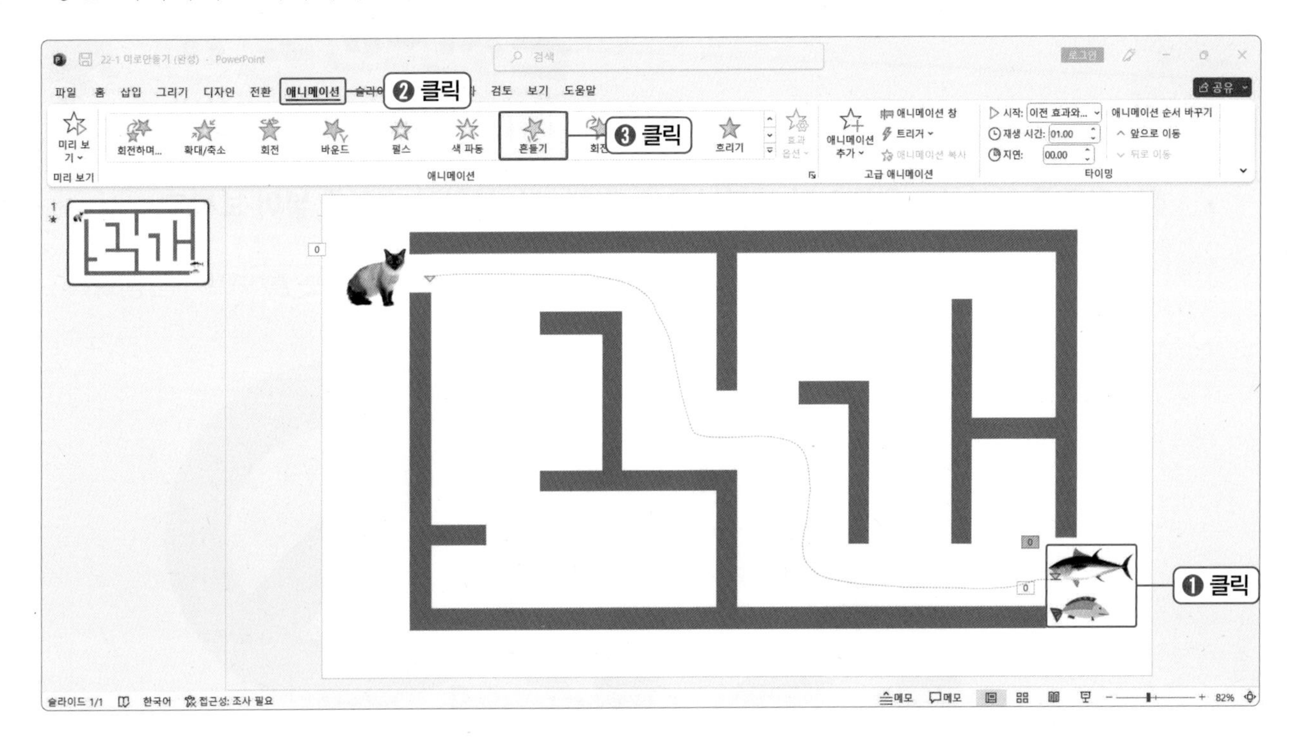

8 [미리 보기]를 클릭해 완성한 애니메이션을 확인합니다.

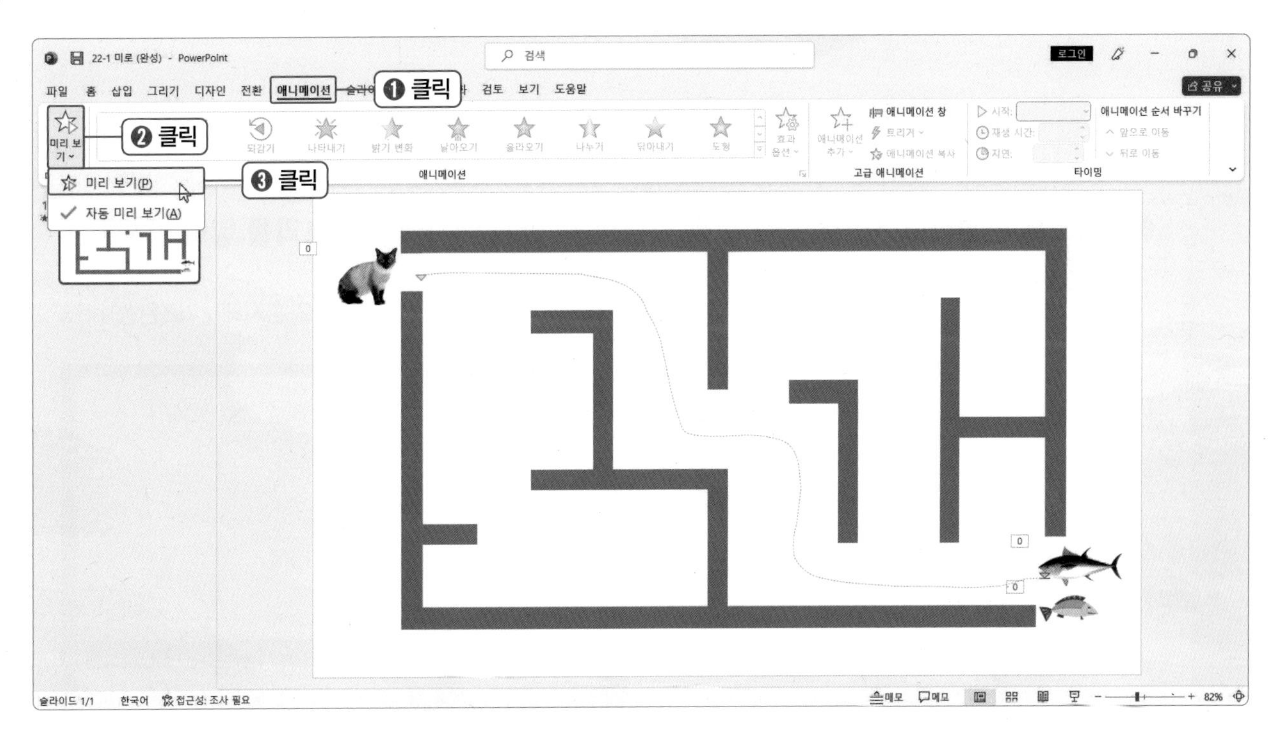

❶ 미로를 완성하고 달팽이가 빠져나올 수 있게 애니메이션 효과를 넣어 보세요.

▶ 준비 파일 : 없음 ▶ 완성 파일 : 22_혼자해보기1(완성).pptx

❷ 미로를 완성하고 자동차가 미로를 탈출할 수 있게 애니메이션 효과를 넣어 보세요.

▶ 준비 파일 : 없음 ▶ 완성 파일 : 22_혼자해보기2(완성).pptx

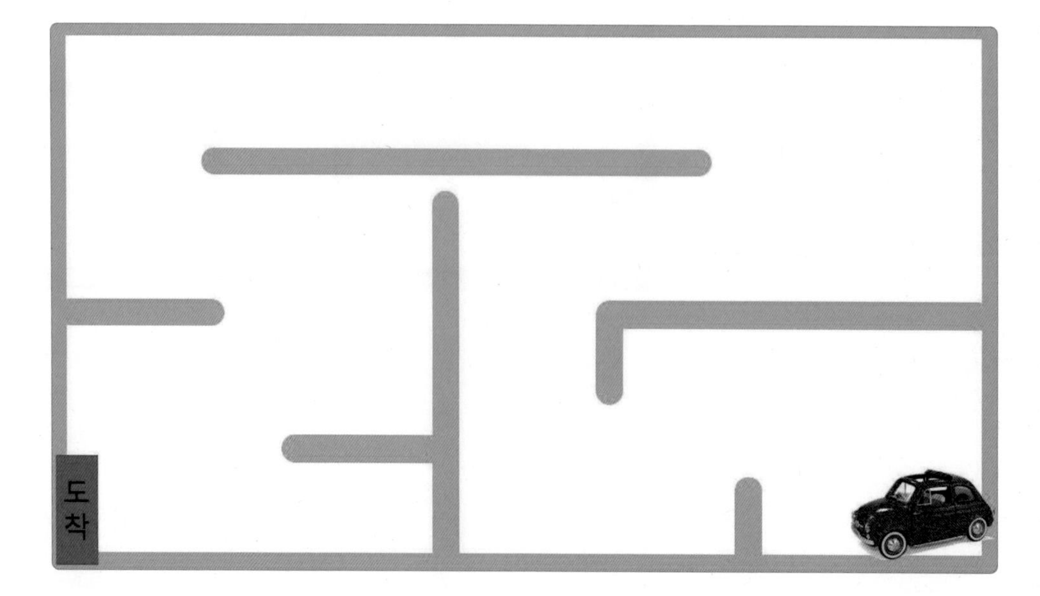

23 스마트폰 만들기

파워포인트의 도형으로 멋진 스마트폰을 만들어 볼 거예요. 그리고 3D 모델을 사용해서 귀여운 캐릭터를 넣어 나만의 스마트폰을 완성해 볼까요.

작품 완성

준비 파일 : 없음
완성 파일 : 23_완성.pptx

문장 연습

다음 문장을 소리 내어 읽어본 후 입력해 보세요.

스마트폰은 매우 편리해요. 스마트폰으로 친구에게 문자를 보낼 수 있어요.

스마트폰으로 사진도 찍어요. 스마트폰으로 게임을 할 수 있어요.

스마트폰으로 인터넷을 사용할 수 있어요. 스마트폰으로 음악을 들을 수 있어요.

스마트폰은 전화도 할 수 있어요. 스마트폰은 화면이 아주 커요.

나는 스마트폰을 정해진 시간에만 사용해요.

※ 오리가 연못에서 헤엄쳐 친구들이 있는 곳으로 갈 수 있도록 길을 알려주세요!

01 스마트폰 그리기

1 [시작( )]을 클릭해 [모든 앱]의 [PowerPoint]를 클릭하여 파워포인트를 실행한 후 [새로 만들기]-[새 프레젠테이션]을 선택합니다. [홈] 탭의 [슬라이드] 그룹에서 [레이아웃]의 [빈 화면]을 클릭합니다.

2 [삽입] 탭의 [일러스트레이션] 그룹에서 [도형]을 클릭한 후 [사각형]-[사각형: 둥근 모서리( )]를 선택하고 슬라이드에 드래그해 도형을 그립니다.

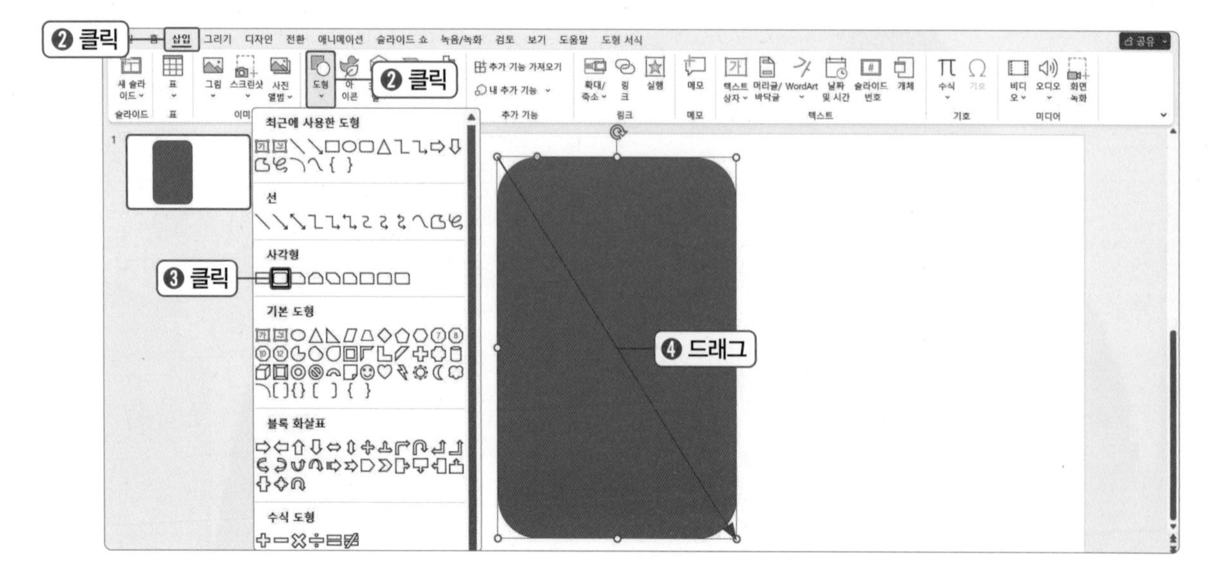

3 [도형 서식] 탭의 [도형 스타일] 그룹에서 [자세히(▿)]를 클릭한 다음 '색 채우기-검정, 어둡게 1'을 선택합니다.

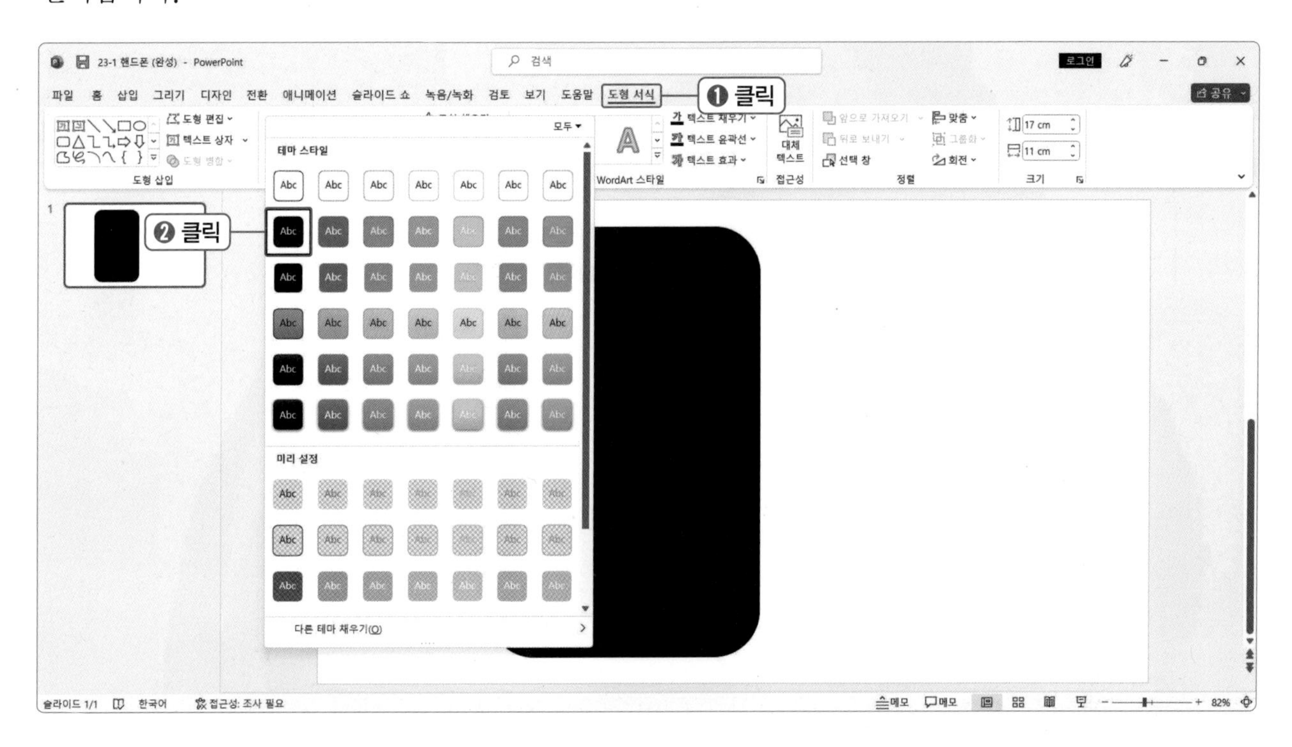

4 [삽입] 탭의 [일러스트레이션] 그룹에서 [도형]을 클릭한 후 [사각형]-[직사각형(□)]을 선택하고 슬라이드에 드래그해 도형을 그립니다. [도형 서식] 탭의 [도형 스타일] 그룹에서 [자세히(▿)]를 클릭한 다음 '색 윤곽선-검정, 어둡게 1'을 선택합니다.

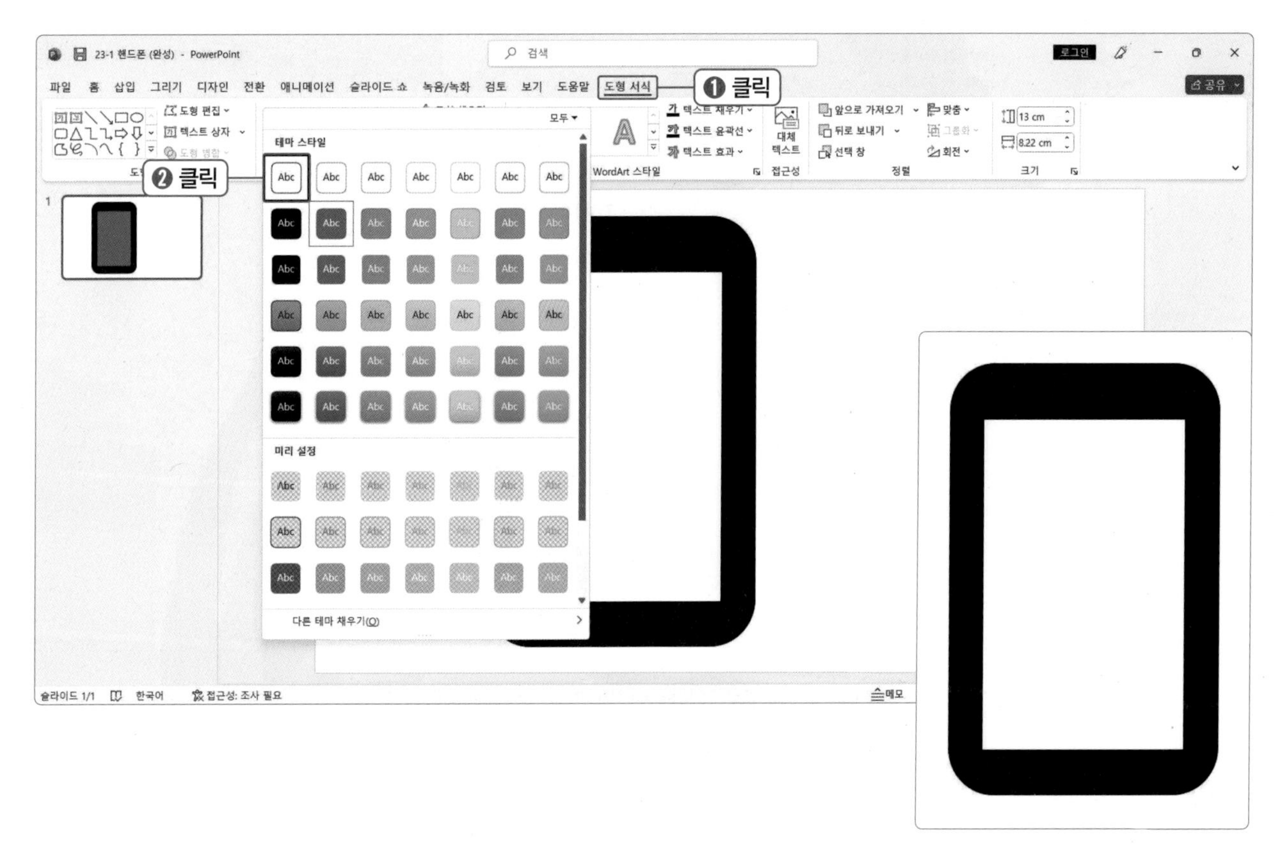

5 [타원(◯)]과 [직사각형(□)]을 선택해 도형을 그린 후 [도형 채우기], [도형 윤곽선]을 각각 클릭하여 원하는 색으로 바꾸어 스마트폰의 윗부분을 그립니다.

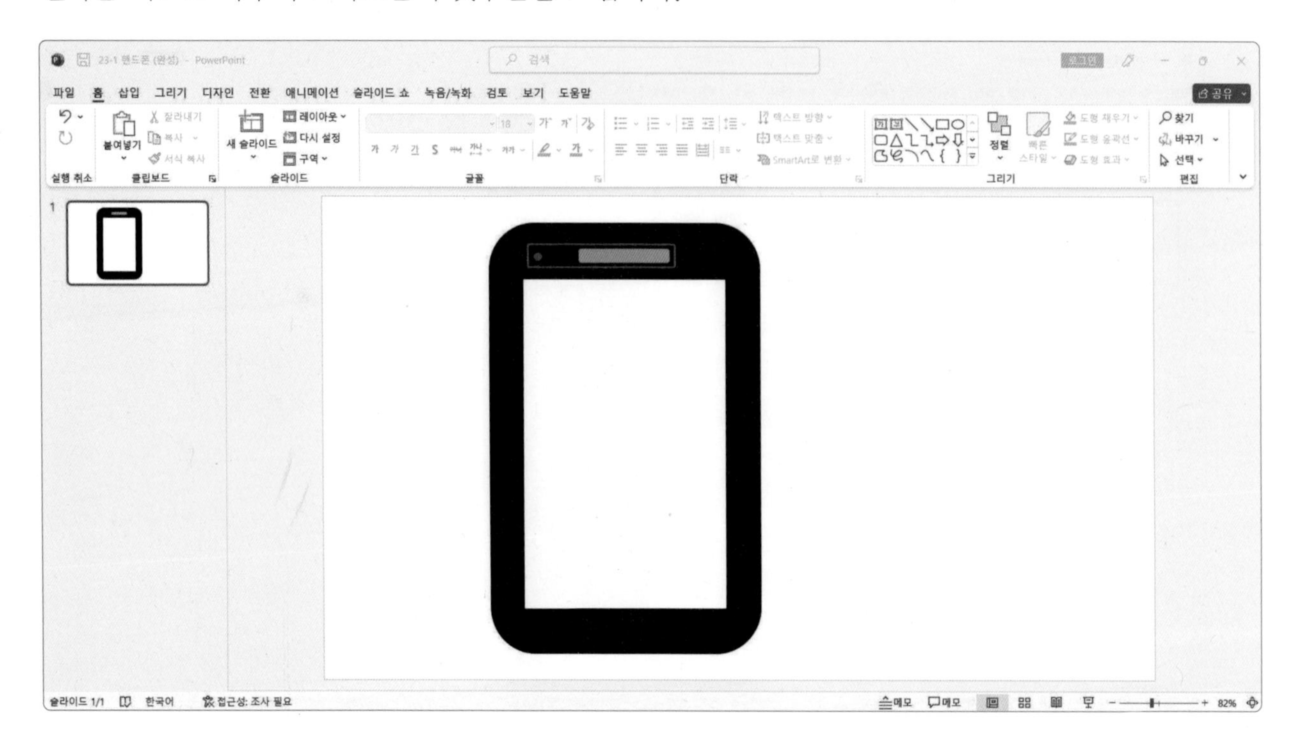

6 [이등변 삼각형(△)]과 [타원(◯)], [직사각형(□)]을 선택해 도형을 그린 후 [도형 채우기], [도형 윤곽선]을 각각 클릭하여 원하는 색으로 바꾸어 스마트 폰의 아랫부분을 그립니다.

02 캐릭터 추가하기

1 [삽입] 탭의 [일러스트레이션] 그룹에서 [3D 모델]의 [스톡 3D 모델]을 선택합니다. [온라인 3D 모델] 창이 열리면 [Avatars]를 선택합니다. 여러 종류의 아바타가 나타나면 삽입할 모델을 선택한 다음 [삽입]을 클릭합니다.

2 아바타의 크기와 방향을 바꾸고 위치를 정합니다.

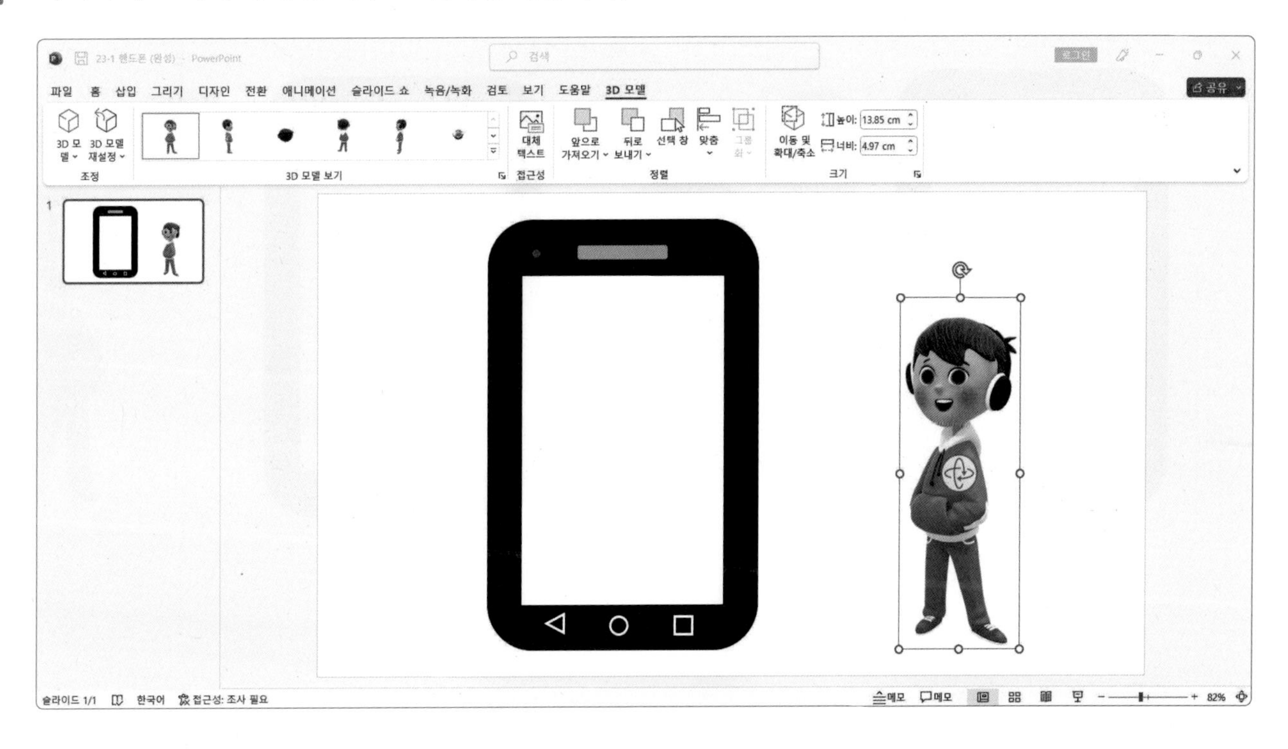

3 [삽입] 탭의 [일러스트레이션] 그룹에서 [도형]을 클릭한 후 [설명선]-[말풍선: 타원형( )]을 선택하고 슬라이드에 드래그해 도형을 그립니다.

4 [도형 서식] 탭의 [도형 스타일] 그룹에서 [자세히( )]를 클릭한 후 '색 채우기-주황, 강조 2'를 선택합니다.

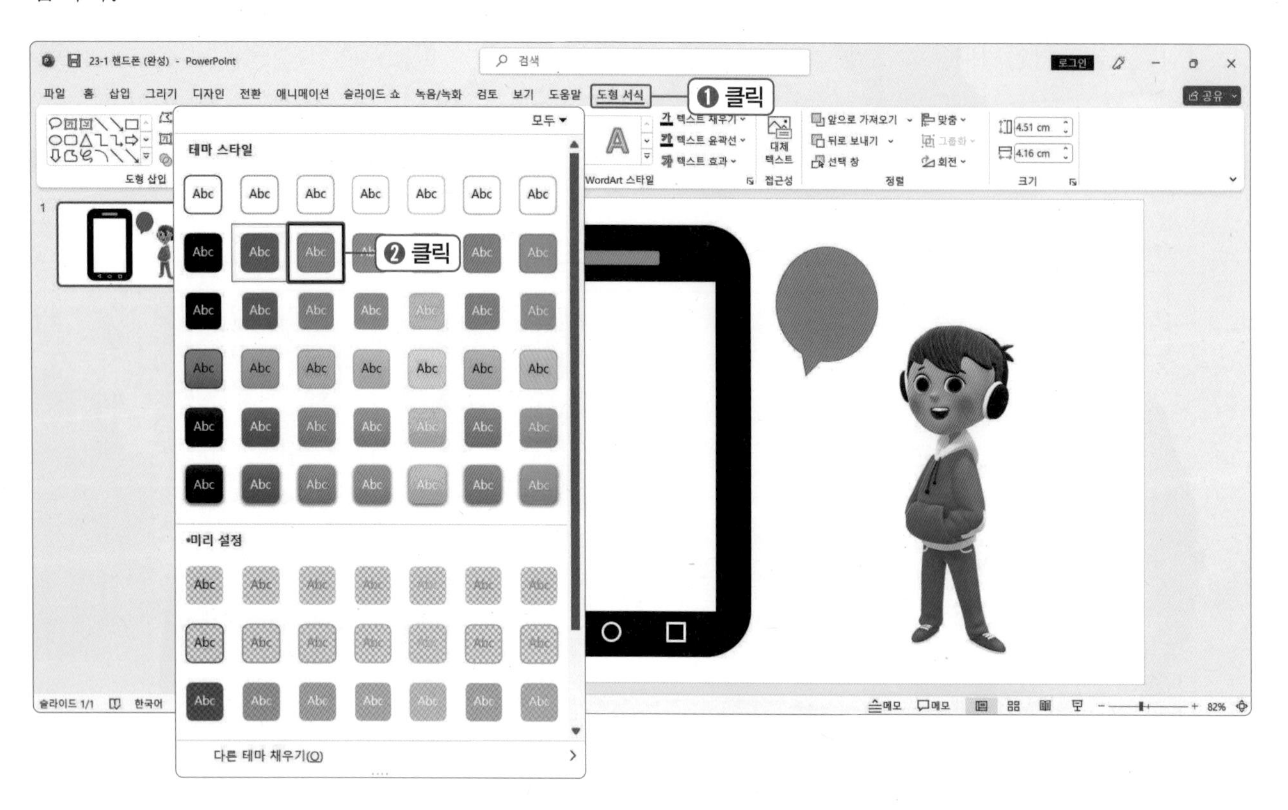

5 도형의 조절점( )을 드래그하여 말풍선 꼬리를 아바타 쪽으로 정한 후 '내 휴대폰'이라고 입력합니다.

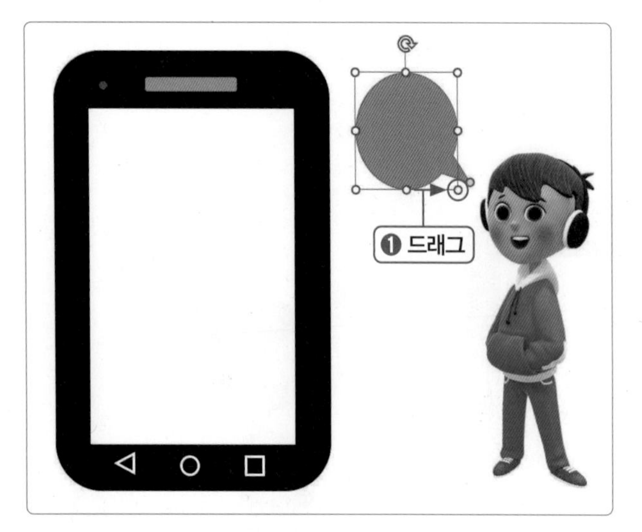

6 '스마트 폰' 도형을 모두 선택하여 [그룹]으로 묶은 후 [애니메이션] 탭의 [애니메이션] 그룹에서 [강조]-[흔들기]를 선택합니다.

7 [미리 보기]를 클릭해 애니메이션을 확인합니다.

① 핸드폰을 완성하고 애니메이션 효과를 넣어 보세요.

▶ 준비 파일 : 없음 ▶ 완성 파일 : 23_혼자해보기1(완성).pptx

② 에어팟을 완성하고 애니메이션 효과를 넣어 보세요.

▶ 준비 파일 : 없음 ▶ 완성 파일 : 23_혼자해보기2(완성).pptx

24 AI 로봇 만들기

파워포인트의 온라인 3D 모델에는 여러 가지 멋진 3D 모델이 있어요. 그중에서 Robots를 골라서 미래의 AI 로봇을 만들어 볼까요.

작품 완성

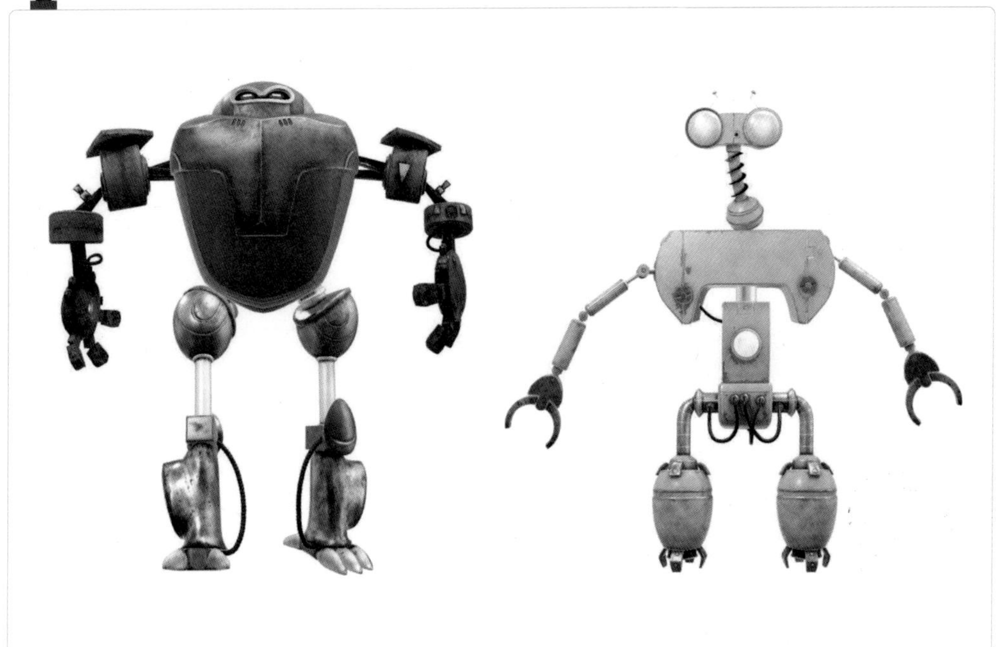

준비 파일 : 없음

완성 파일 : 24_완성.pptx

문장 연습

다음 문장을 소리 내어 읽어본 후 입력해 보세요.

로봇은 똑똑해요.

로봇은 사람을 도와줘요. 로봇은 일을 빨리 해요.

로봇은 자동으로 움직여요. 로봇은 많은 종류가 있어요.

로봇은 공장에서 일을 해요.

로봇은 물건을 옮길 수 있어요. 로봇은 컴퓨터로 조종해요.

로봇은 청소를 할 수도 있어요. 나는 로봇이 정말 궁금해요.

※ 미로를 따라 동물의 다리를 찾아주세요.

01 로봇 만들기

1 [시작( )]을 클릭해 [모든 앱]의 [PowerPoint]를 클릭하여 파워포인트를 실행한 후 [새로 만들기]-[새 프레젠테이션]을 선택합니다. [홈] 탭의 [슬라이드] 그룹에서 [레이아웃]의 [빈 화면]을 클릭합니다.

2 [삽입] 탭의 [일러스트레이션] 그룹에서 [3D 모델]의 [스톡 3D 모델]을 선택합니다.

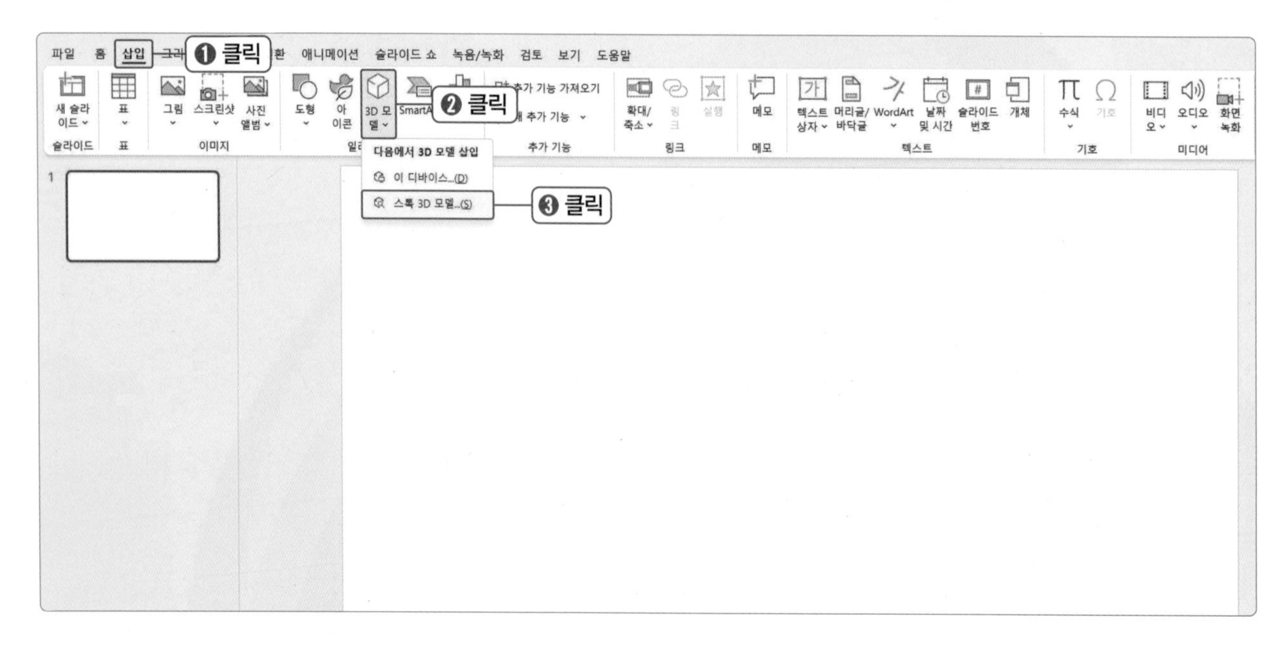

3 [온라인 3D 모델] 창이 열리면 [Robots]을 클릭한 후 로봇 얼굴을 선택하고 [삽입]을 클릭합니다.

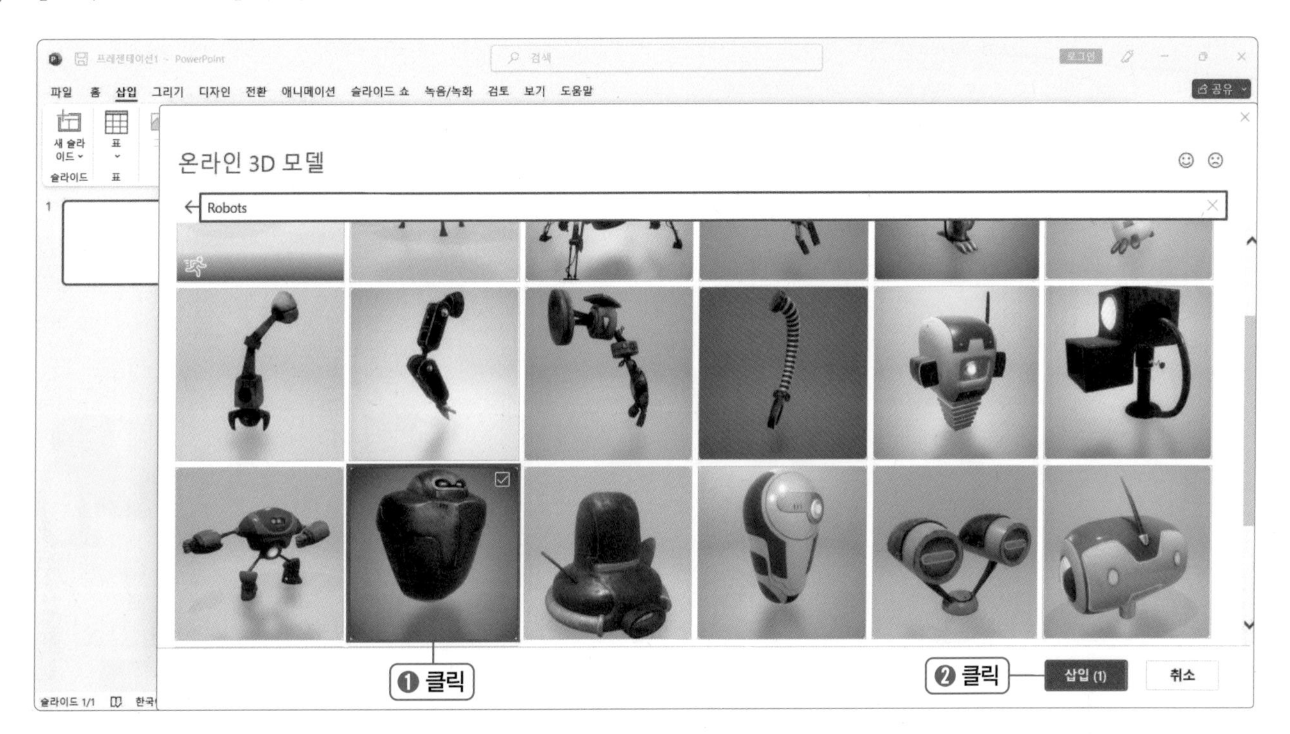

4 삽입한 3D 모델의 크기와 위치를 정합니다.

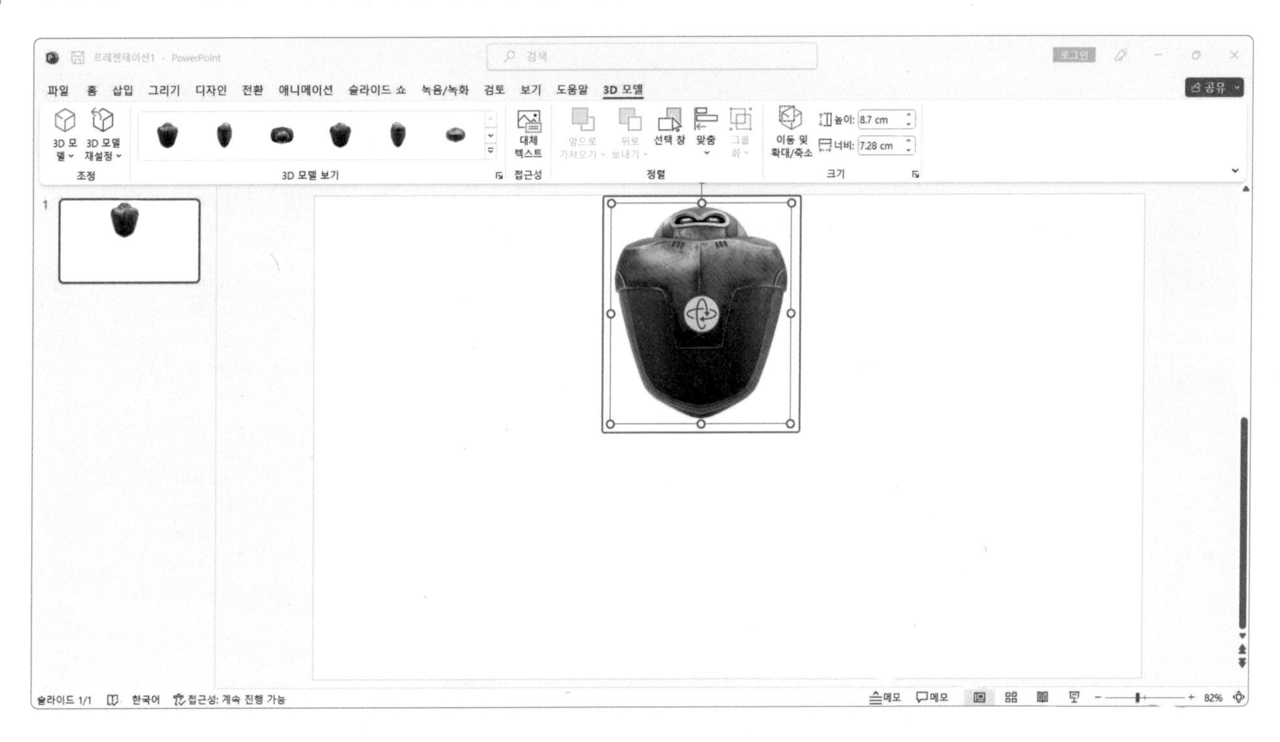

5 [Robots]의 여러 가지 3D 모델 중 '로봇 팔'과 '로봇 다리'를 선택한 다음 [삽입]을 클릭합니다.

6 삽입한 팔과 다리의 위치와 크기를 정한 후 [홈] 탭의 [그리기] 그룹에서 [정렬]-[맨 뒤로 보내기]를 선택합니다.

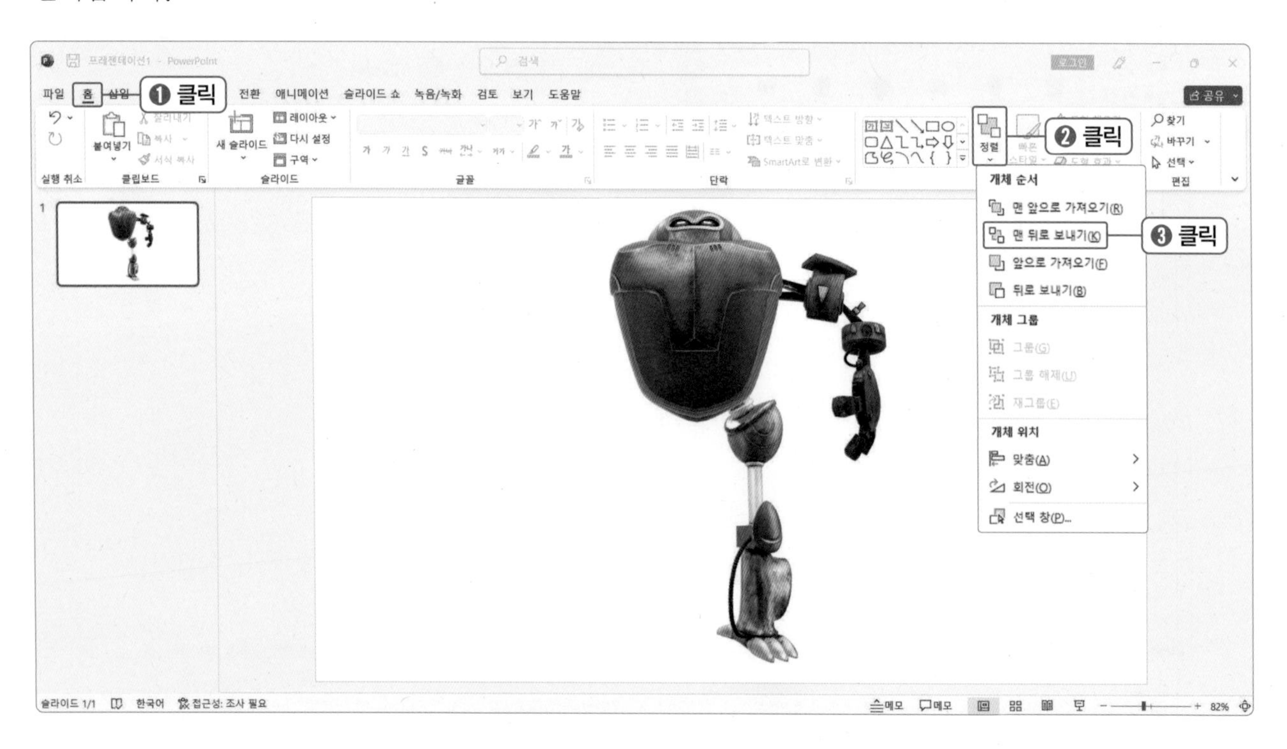

7 '팔'을 선택한 다음 Ctrl 키를 누른 상태에서 드래그해 복사합니다. [3D 모델 보기] 그룹의 [자세히(▿)]를 클릭한 후 '아래쪽 뒤'를 선택한 후 [정렬] 그룹에서 [뒤로 보내기]-[맨 뒤로 보내기]를 선택합니다.

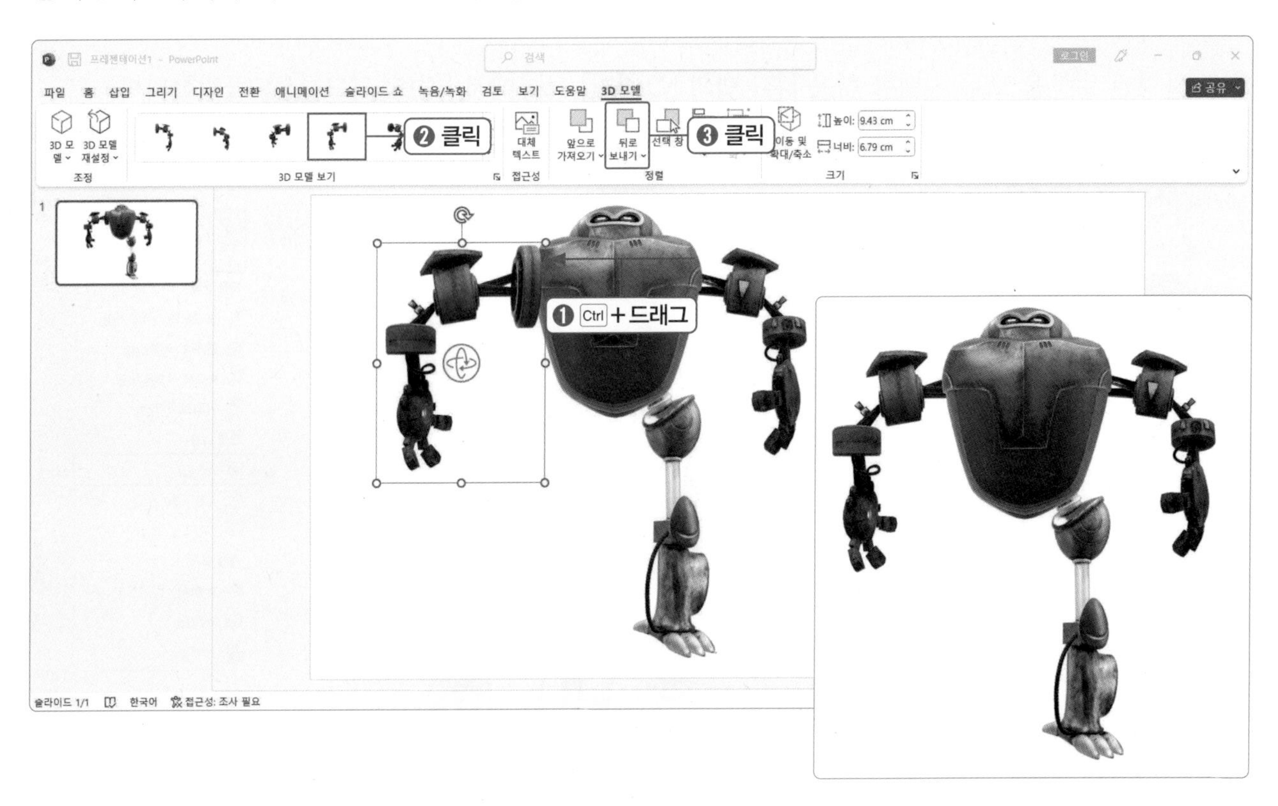

8 '다리'를 선택한 다음 Ctrl 키를 누른 상태에서 드래그해 복사합니다. [3D 모델 보기] 그룹의 [자세히(▿)]를 클릭한 후 '아래쪽 뒤'를 선택한 후 [정렬] 그룹에서 [뒤로 보내기]-[맨 뒤로 보내기]를 선택합니다.

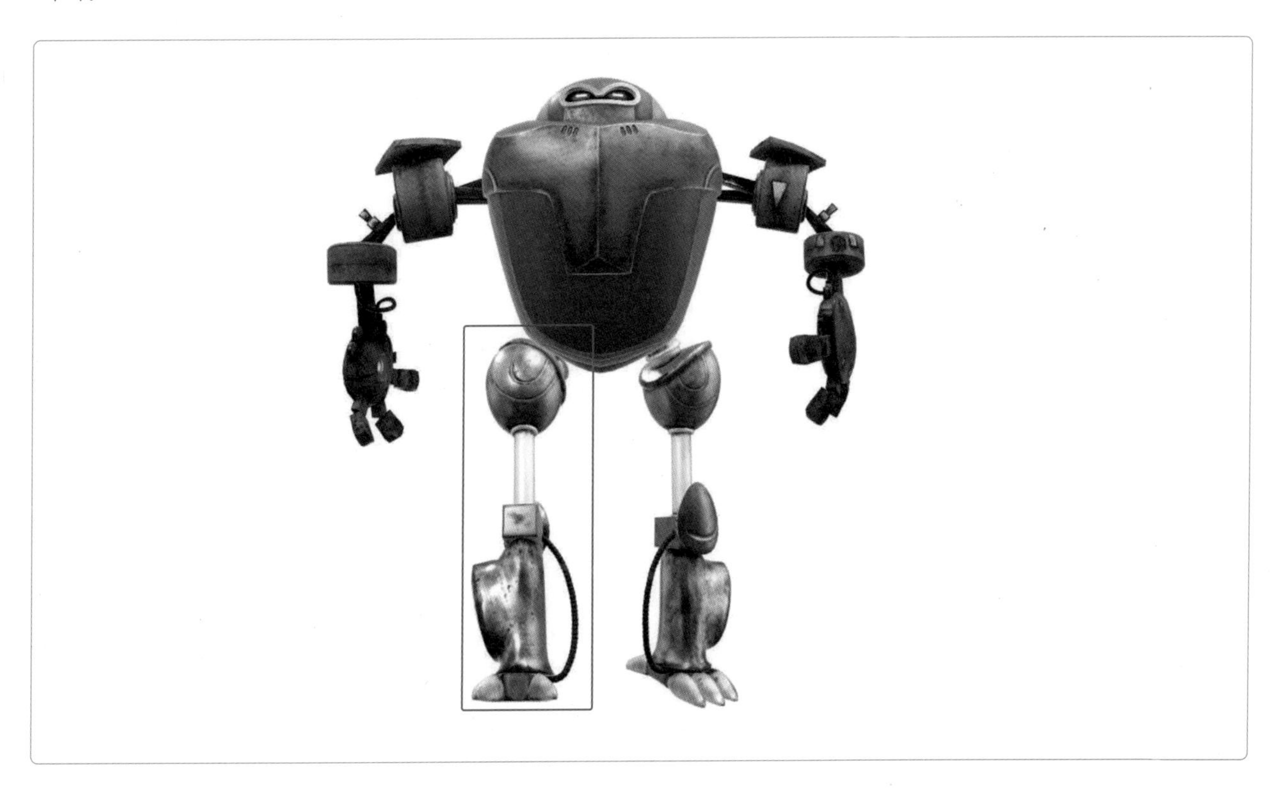

02 로봇 완성하기

1 완성된 로봇을 모두 선택한 다음 [홈] 탭의 [그리기] 그룹에서 [정렬]-[그룹]을 클릭합니다.

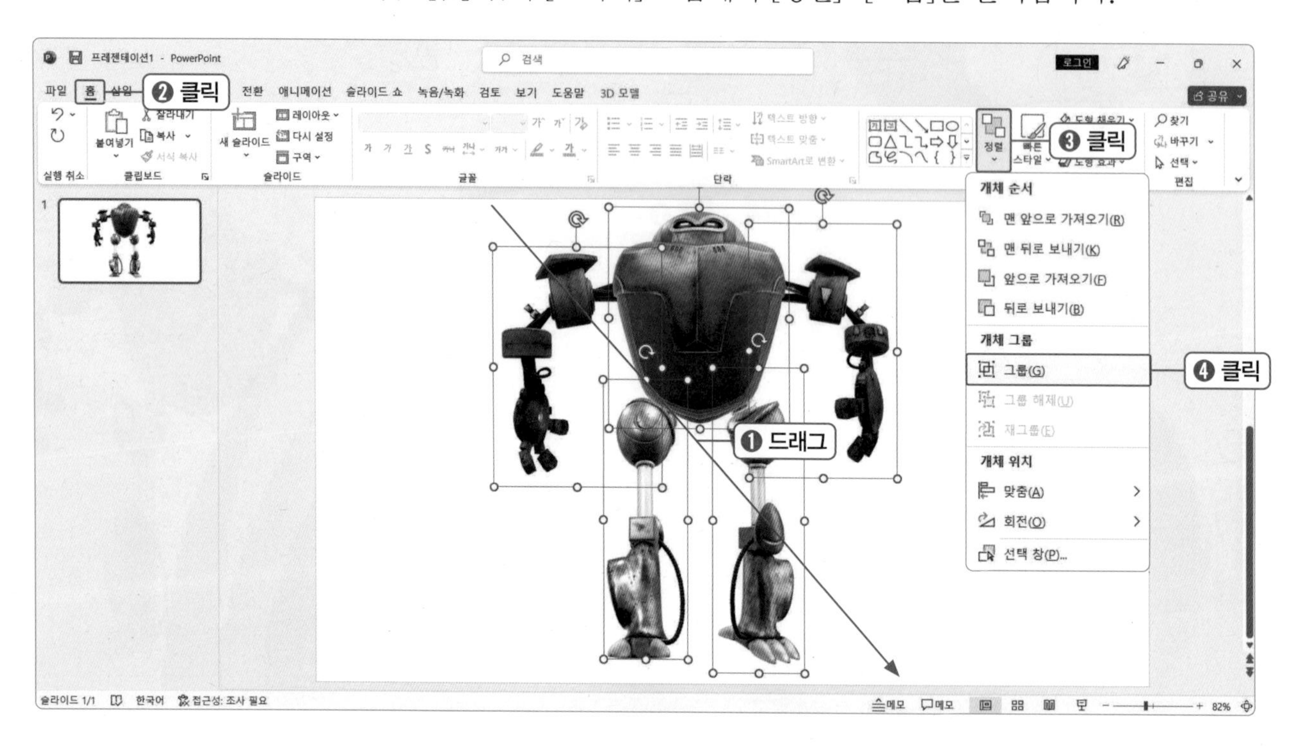

2 새로운 슬라이드를 삽입하기 위해 [홈] 탭의 [슬라이드] 그룹에서 [새 슬라이드]의 [빈 화면]을 선택합니다. 빈 슬라이드가 추가되면 [3D 모델]을 추가해 새로운 로봇을 만들어 보세요.

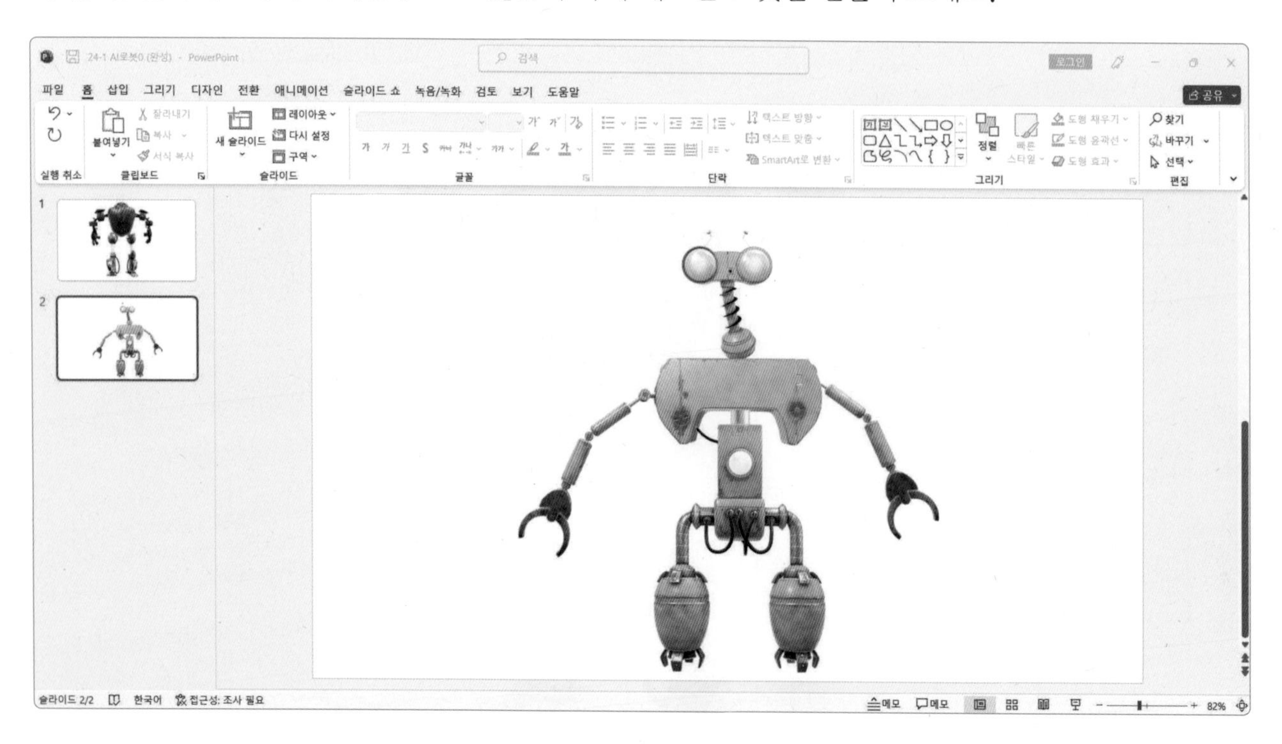

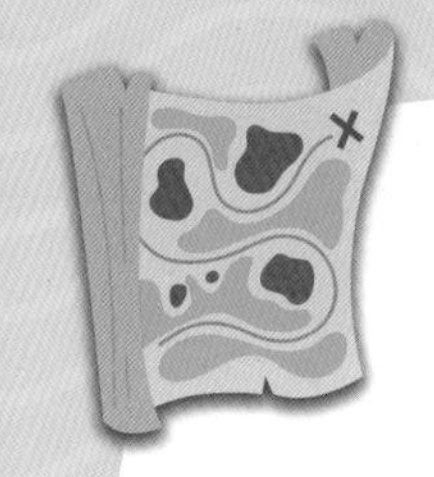

➊ 3D 모델을 사용하여 3D 만화를 완성해 보세요.

▶ 준비 파일 : 없음 ▶ 완성 파일 : 24_혼자해보기1(완성).pptx

② 3D 모델을 사용하여 외계인을 만나는 우주인을 만들어 보세요.

▶ 준비 파일 : 없음 ▶ 완성 파일 : 24_혼자해보기2(완성).pptx

③ 3D 모델을 사용하여 지진이 발생하는 이유를 만들어 보세요.

▶ 준비 파일 : 없음 ▶ 완성 파일 : 24_혼자해보기3(완성).pptx

CERTIFICATE

____

위 학생은 컴퓨터 초급교육 과정을

성실히 이행하였으므로 이 증서를 수여합니다.

20　　년　　월

DATE

____

SIGNATURE